# 抗战时期中国红十字会上海国际委员会研究

崔龙健　著

合肥工業大學出版社

# 《红十字文化丛书》编辑委员会

# 总　　序

150 年前，高举人道主义旗帜，旨在促进人类持久和平的红十字运动在欧洲兴起并迅速走向世界。一百多年来，红十字会为世界和平与发展做出的巨大贡献有目共睹，因而日益受到世界各国、各地区的欢迎，已发展成为与联合国、奥委会并称的世界三大国际组织之一。究其原因，乃其所奉行的七项基本原则——也是红十字文化的内核——涵盖了世界上各种不同文化的共同点，能为文化和制度不同的国家所接受，故而具有强大的生命力。

100 年前，红十字运动东渐登陆中国。在其中国化的发展过程中，红十字会不断吸取中国传统文化的精髓，茁壮成长，逐步形成了“人道、博爱、奉献”的文化内涵，并成为中华文化的瑰宝之一。

百余年来，红十字运动在波澜壮阔的实践中积累了丰富的经验，也留下了许多教训。经验与教训需要上升为理论，也只有理论才能更好地指导红十字事业持续、健康发展。学界、业界对此都进行了持续的关注。

2005 年 12 月 7 日，苏州大学社会学院与苏州市红十字会携手合作，成立全国首家红十字运动研究中心，旨在通过学界和业界的联合，推动和加强红十字运动的理论研究，探究红十字运动中国化的过程与特色，凝练红十字文化价值，探求红十字运动在构建国家软实力和促进中华民族伟大复兴中的地位与作用。同年 12 月 9 日，中国红十字会总会也提出，“确定一批研究课题，组织专家学者开展对国际红十字运动及中国红十字运动的深入研究”[①]。由此，学界、业界共同开展了对红十字运动

① 中国红十字会总会：《关于加强和改进宣传工作的意见》，红总字〔2005〕19 号。

的学术研究与理论探讨。

多年来，红十字运动研究中心除通过专业网站（http：//www.hszyj.net）发布和交流学界、业界动态外，已出版研究成果数十部；帮助一些地方红十字会建立与高校的合作，搭建平台，共同开展研究；举办了首届红十字运动与慈善文化国际学术研讨会；培养了一批专门研究红十字运动的生力军；积累了大量的学术资料。中心主要研究人员还借助在各地讲学的机会，传播重视红十字运动研究的理念。正是在红十字运动研究中心的引领之下，红十字运动研究在中华大地上呈现出生机勃勃的发展态势，并取得了丰硕的成果，“新红学”① 呼之欲出。仅以2011年为例，各地以纪念辛亥革命一百周年为契机，纷纷整理、编辑出版了地方红会百年史；有的红会还与高校合作组建相关研究中心，等等②。通过这些方式，有力地推动了红十字运动研究向更深更广的方向发展。

当今世界正处于大发展大变革大调整时期，多极化、经济全球化深入发展，科学技术日新月异，各种思想文化交流交融交锋更加频繁，文化在综合国力竞争中的地位和作用更加凸显。2011年10月18日，党的十七届六中全会通过的《中共中央关于深化文化体制改革推动社会主义文化大发展大繁荣若干重大问题的决定》，提出要推动社会主义文化大发展大繁荣。11月7日，教育部发布了《高等学校哲学社会科学繁荣计划（2011—2020年）》，大力提升高等学校人才培养、科学研究、社会服务、文化传承创新的能力和水平。12月7日，全国人大常委会副委员长、中国红十字会会长华建敏在中国红十字会九届三次理事会上提出：“要深化理论研究，充分挖掘红十字文化内涵，推进红十字文化中国化，广泛传播人道理念，在全社会推动形成良好的道德风尚。”③ 红十字“文

① 在2009年4月于苏州大学召开的“红十字运动与慈善文化”国际学术研讨会上，红十字运动研究中心主任、江苏红十字运动研究基地负责人、苏州大学教授池子华指出，经过一百多年波澜壮阔的实践发展和学术界呕心沥血的开拓性研究，在人文社科领域构建一门“新红学”——红十字学，条件已经具备，时机已经成熟。见池子华：《创建“红十字学”刍议》，《中国红十字报》2009年4月17日。

② 池子华、郝如一：《2011年红十字理论研究之回顾》，《中国红十字报》2012年1月3日。

③ 《中国红十字会九届三次理事会召开》，《中国红十字报》2011年12月9日。

化工程”已然成为红十字会总体建设目标之一①。进一步加强与拓展红十字运动理论研究，尤其是对红十字文化中国化的研究，已成为历史与现实的呼唤。

有鉴于此，红十字运动研究中心继续发挥高等学校与业界合作的优势，汇聚研究队伍，科学选题，出版一套“红十字文化丛书”，弘扬有利于国家富强、民族振兴、人民幸福、社会和谐的思想和精神，凸显红十字文化在中国文化园地中的地位，使红十字文化在神州大地上更加枝繁叶茂，促进中国红十字事业可持续发展，推动红十字文化的国际交流。

“红十字文化丛书”的出版，得到了中国红十字基金会、江苏省红十字会、苏州大学社会学院、上海市嘉定区红十字会、浙江省嘉兴市红十字会、江苏省盐城市盐都区红十字会等单位的鼎力支持，也得到红十字国际委员会东亚代表处及中国红十字会总会的关心和指导，在此谨致衷心感谢。

池子华

2012年6月于苏州大学





① 池子华：《“文化工程”应成为红十字会总体建设目标之一》，《中国红十字报》2009年12月11日。

# 目　　录

# 图表目录

# 绪　论

1937 年淞沪会战爆发后，上海社会各界人士群起参与救护。为在更大范围内争取更多的经济援助及更有效地组织救护工作起见，由旅沪中外慈善界人士共同发起，于 1937 年 10 月 2 日创建了中国红十字会上海国际委员会（Shanghai International Committee of the Red Cross Society of China），简称上海国际红十字会（Shanghai International Red Cross，缩写为 S. I. R. C.）。经中国红十字会总会授权许可，有以红十字名义独立从事慈善活动的权利。该会在中国红十字会总会前会长颜惠庆等人的筹划下，以“筹募款项，救护难民、伤兵，并调剂各善团”① 为职责，并以执行委员会为核心，迅速搭建起组织体系，同时吸收并整合了中国华洋义赈救灾总会（简称华洋义赈会）、上海国际救济会、中华医学会及其上海支会等与救护有关的上海各社会团体的骨干力量，使各项救护工作得以在短时间内开展起来。除竭力向国内外广为宣传和劝募以外，上海国际红十字会还积极推动设立南市难民区，协助各慈善团体和个人开办伤兵医院、改善难民收容所环境卫生、开展难民医疗和教育，并在上海沦陷以后，统筹承担全沪难民给养重担，以及向上海近郊及南京、汉口、广州等地提供尽可能多的帮助。至 1938 年 10 月 31 日不得已停止直接救济工作，再到 1939 年 3 月 31 日基本结束会务，该会存在时间尽管不长，但为抗战救护事业做出了巨大贡献，并且影响深远。

## 一、选题缘由

上海国际红十字会诞生于淞沪会战时期，在上海沦陷前后，积极从事征募善款、救护伤兵、救助难民等项工作，特别是在 1938 年先后应承 15 个救济团体的援助请求，一度同时维持 17 万难民的给养达 10 个月之久，这一善举不仅使上海难民免遭饥饿和恐慌，也使处于低谷中的上





① 《扩大救济范围》，《救灾会刊》第 15 卷第 1 期（1938 年 3—4 月），第 141 页。

海难民救助事业得以存续。然而，为抗战救护事业做出卓越贡献的上海国际红十字会长期以来却不为人所熟知，这主要是因为该会并不活跃于抗战救护的第一线，尤其是在救助难民的过程中，没有直接开办难民收容所，而是以资助和监督的方式协助其他善团办理收容难民事宜，加上其办事人员大多兼任多个团体职务，使得该会的慈善业绩难以得到准确区分。另外，由于名称简略不当，人们常常将该会与国际红十字会、上海国际救济会相混淆。这些都使得上海国际红十字会“黯然失色”于当时上海百余个从事抗战救护的善团和社会组织之中，而不能引起时人及后世的足够重视，相关研究成果也不多见。故而围绕该会展开学术探讨，对于认识抗战救护及难民救助等问题，均有一定的学术价值和现实借鉴意义。

（一）学术价值

综合来看，对上海国际红十字会进行的研究，其学术价值主要体现在以下三个方面：

一是丰富了中国红十字运动史研究的内容。近年来，中国红十字运动史研究克服了学术研究起步较晚的先天性不足，在红十字区域研究、战事救护、红十字文化传播、红十字青少年、红十字对外交流和史料建设等方面均有建树，尤以红十字区域研究和战事救护研究两方面取得的成果较为丰硕。但是通过梳理现有研究成果不难发现，无论是红十字区域研究，还是红十字战事救护研究，都未将上海国际红十字会纳入主要讨论对象。而且在中国红十字运动史上，类似的派生组织还有日俄战争时期由中、英、法、德、美五国合组的上海万国红十字会，以及辛亥革命时期由沈敦和在上海发起成立的中国红十字会万国董事会，但与此二者相比，上海国际红十字会得到的关注最少。所以，对上海国际红十字会的成立缘由、组织体系和运行模式等内容进行系统的探究，于中国红十字运动史的研究而言，具有一定的学术研究价值。

二是拓宽了区域社会史研究的视野。区域社会史，是20世纪90年代以来学界研究的热点问题之一[①]，其中以对近代上海的区域研究为著，“持续受到海内外学术界的广泛关注，其研究领域不断拓宽，论著数量持续增加，研究专题日趋细化，问题不断深入，研究水准也不断提



① 池子华主编：《中国社会史教程》，安徽人民出版社2009年版，第80页。

高”①。由于上海在中国近代史上的特殊位置和作用，留下了丰富的历史内容，为研究近代上海的文化空间、人口结构、民众生活、秘密社会、社会慈善等方面的内容创造了独一无二的条件。然而在这些研究当中，对上海国际红十字会的关注仍不多见。但是，上海国际红十字会不仅是上海抗战救护的重要内容，而且从中还可以窥见上海在战争状态下的社会面貌，故而对上海国际红十字会的研究，某种程度上可以拓宽上海区域社会史研究的视野。

三是延伸了抗日战争史研究的内涵。抗日战争是世界反法西斯战争的重要组成部分，对近代中国产生了重大影响，因而“抗日战争的研究一直是史学界研究的一个重要课题”②。从抗日战争开始至今，学界从未停止对抗日战争研究的步伐，随着研究主题的不断拓宽和细化，大批颇有分量的研究成果相继问世，囊括了抗战时期的政治、经济、思想文化、外交、社会生活、日军罪行等诸多方面，但 14 年抗战史还远未呈现出其全部原貌，这主要是因为学界“大多把研究趣旨集中在国共第二次合作、正面战场、敌后战场、沦陷区以及中日关系等方面，较少留意抗战伤亡疾病的处理问题”③。近年来，学术界虽对抗战救护和难民救济问题的关注度有所提高，但毫无疑问，抗日战争史研究亟须拓展，正如汤重南所言：“时代和国内外形势及社会发展需要，抗战史学科建设和发展都要求进一步加强抗战史研究。”④ 而上海国际红十字会作为八一三抗战中伤兵救护和难民救济事业中的一个缩影，自然属于抗日战争史研究的重要内容，而且其人道主义性质还超出了战争史研究的范畴。因此，研究上海国际红十字会，在为抗日战争史研究添砖加瓦的同时，也大大延伸了抗日战争史研究的内涵和意义。

总而言之，研究上海国际红十字会，不仅可以推动中国红十字运动史、区域社会史和抗日战争史研究的进一步发展，还能丰富近代慈善史、社会救助史和社会组织学等领域的研究内容。

（二）实践意义

首先，研究上海国际红十字会是以史为鉴的需要。可供借鉴之处主

---

① 李长莉、唐仕春、李俊领：《中国近代社会史研究扫描：2013》，《河北学刊》2014 年第 3 期，第 56 页。

② 李日升、丁留宝、罗国辉、朱海城：《抗日战争史研究综述》，《湖南工程学院学报》（社会科学版）2009 年第 1 期，第 60 页。

③ 戴斌武：《抗战时期中国红十字会救护总队研究》，天津古籍出版社 2012 年版，第 3 页。

④ 汤重南：《我国抗战史研究方兴未艾、大有作为——纪念抗战胜利 65 周年》，《社会科学战线》2010 年第 8 期，第 42 页。

要有两点：一是民间慈善组织在国家无力行使公共救济职能时如何独立完成社会救助活动。随着八一三战事的深入，中国军队逐步退出上海，政府救助机构和中国红十字会总会等主要救助力量亦随之退出，上海沦为“孤岛”，使各项救护工作的开展遇到重重阻碍。然而，正是在这恶劣的环境之下，上海国际红十字会几乎凭借一已之力完成了给养数以十万计难民的壮举，其为给养难民所做出的努力是值得人们敬佩和深思的。二是对中国红十字会改革提供的借鉴。众所周知，中国红十字会发展至今，正面临着一些困境亟待一一破解。上海国际红十字会在组织结构和运作上个性鲜明，即使置于中国红十字运动史上也是独一无二的，因此对其进行历史经验的总结，不仅能更好地厘清中国红十字运动发展的历史脉络，也能为新时期中国红十字会走出低谷提供一些新的思路和线索。

其次，研究上海国际红十字会是弘扬人道主义精神的需要。80 年前，面对空前的国难，慈善界同人不遗余力救难胞出险，尤其是众多外籍人士以人道主义为怀而参与其中，挽救了无数中国人民的生命。正如当时被上海难民记住的“饶神父”一样，他们超越种族、国籍的无私奉献，应当永远为中国人民铭记和感恩。勤劳朴实的中国人民，也应当继承和弘扬人道主义精神，这是义不容辞的历史职责。

此外，上海国际红十字会作为一个战时成立的慈善组织，在救护伤兵和救助难民等方面有诸多创见，故而对其进行全面、系统的研究，对于解决当前世界性的战争难民问题及自然灾害引起的救灾赈灾问题，也有一定的现实意义。

## 二、研究综述

通过以上论述我们可知，上海国际红十字会是中国红十字会抗战救护研究的重要对象和内容，故而与此相关的抗战救护研究状况如何，是关系本论题能否深入的关键。众所周知，国际红十字运动肇始于战争，因而战事救护自然成为红十字会的主要职责之一。作为国际红十字运动的一员，中国红十字运动诞生于日俄战争期间（1904）上海这座中国近代开放的前沿城市，至今已有 110 余年的历史，在中国近代战争灾难救护中发挥了重要作用。然而，这一领域因多种原因而长期被忽视，甚至被遗忘，直到 20 世纪 90 年代，随着社会史研究的兴起，中国红十字运动研究才开始进入学界的视野；近些年来新成果不断问世，其中战事救护研究尤为瞩目，关于抗战时期的研究成果也蔚为可观。所以，对这些研究成果的梳理和发展脉络的剖析，是本研究得以展开的基石。

（一）研究进程与概况

从目前所掌握的资料来看，最先关注中国红十字会抗战救护的人当属时任中国红十字会总会秘书长的庞京周，自华北战事发生以后，他便奔走于京沪之间，就抗战救护事宜进行演说和呼吁；淞沪会战爆发后，他又将中国红十字会总会的抗战救护工作总结成文，向公众披露。其中《抗战中救护事业底一个断面》一文，从全国的救护准备、华北战区的救护和淞沪战区的救护三个方面做了总结陈述，提出准备工作中存在七点不足之处①。继之出版了《抗战与救护工作》一书，阐述了救护团体的组织，救护队的编组，救护经费的筹集，救护人才、材料和工具的储备及救护工作的调度和管理等内容，并以上海八一三救护为例，详细介绍了上海市救护委员会的组建和其他各项伤兵救护工作；他还简要论证了救护与抗战的关系，庞氏认为“救护在全民抗战阵线下，是件援助战士、拥护抗敌的重要工作”②。一年之后，他又出版了《抗战两年中之中国红十字会总会》，主要记述了中国红十字会总会在淞沪战事及南京沦陷前后的救护情形③。此类救护情形在《中国红十字会月刊》中也多有记录，是研究红十字抗战救护问题的第一手资料。其他还有密勒氏的《沪战一年来难民救济概况》、徐崇恩的《远征军救护概况》、汤蠡舟的《抗战中之中国红十字会护士》等夹叙夹议性质的文章④，以及一些报道和评论。

此后，中国红十字会抗战救护问题则鲜被提及，直至20世纪90年代才重新进入学界的视野。从关注中国红十字会救护总队及总队长林可胜开始，学界陆续有相关文章发表⑤，不过多以陈述事实为主。率先做出实质性研究的是薛庆煜，其撰写的《记中国红十字会救护总队与战时

① 庞京周：《抗战中救护事业底一个断面》，《申报》1937年9月7日；《中国红十字会月刊》第27期（1937年9月），第24页；中国红十字会总会编：《中国红十字会历史资料选编，1904—1949》，南京大学出版社1993年版，第350页。

② 庞京周：《抗战与救护工作》，商务印书馆1938年版，第1页。

③ 庞京周：《抗战两年中之中国红十字会总会》，中国红十字会总会1939年编印。

④ 详见中国红十字会总会编：《中国红十字会历史资料选编，1904—1949》，南京大学出版社1993年版。

⑤ 包括陈民：《抗日战争中救死扶伤的华侨生理学家林可胜》，《抗日战争研究》1992年第2期；吕运明：《林可胜与中国红十字会救护总队》，《贵州文史天地》1995年第5期；李筑宁、李丽：《战火中飘扬的中国“红十字”——林可胜与救护总队》，《党史纵横》1996年第9期；李筑宁：《图云关的“红会”支部——抗战时期我党在救护总队的工作》，《党史纵横》1997年第9期；等等。

卫生人员训练所》一文发表在《中国科技史料》1999年第2期上。该文围绕救护总队及林可胜展开了初步探讨，除了概述救护总队和战时卫生人员训练总所及其分所的创建过程外，还介绍了林可胜、美国作家史沫特莱与救护总队的关系，以及简要叙述了救护总队对八路军、新四军的支援和对中国远征军的随军救护。薛氏曾为救护总队队员，所以该篇文章的发表，不仅有学术上的启迪意义，还具有一定的史料价值。又中国红十字会总会编著的《中国红十字会的九十年》，专辟一章就抗战时期的中国红十字运动进行了阐述，涉及抗战救护部分，主要考述了淞沪会战救护、沦陷区的医疗救护、救护总队的成立及业绩、参加远征军救护、林可胜领导抗战救护的功绩等内容①。另外，在资料方面，除中国红十字会总会主编的《中国红十字会历史资料选编，1904—1949》② 略有涉及之外，贵阳市档案馆在抗日战争胜利50周年时编辑的《抗战时期的中国红十字总会救护总队》，公布了21份关于救护总队组织建设和战事救护情形的珍贵档案资料③。

进入21世纪以来，随着中国红十字运动研究的逐步兴起，中国红十字会抗战救护研究得到更多的关注，并取得了相当丰富的研究成果。总体而言，这一时期的研究状况可以2006年为界线，划分为前后两个阶段。

第一阶段的特点是关注度不够高，取得的研究成果也较少，仅有几篇论文零星发表，且没有专著问世。该阶段的研究成果主要被收纳在研究中国红十字运动的著作当中，譬如，由孙柏秋主编，池子华、杨国堂等著的《百年红十字》是中国红十字运动研究取得新突破的标志性著作，其第四章以“十五年间——抗日战争时期的中国红十字”为题，呈现了正面和敌后两个战场的救护情形，并关注了国际医疗队的来华救护④。继《百年红十字》之后，池子华独著的《红十字与近代中国》，依据丰富翔实的历史资料，系统考察了抗战初期的战地救护及全面抗战时期的战事救护、救护总队的组建与变迁、国际援华医疗队等内容，由此深度论述了中国红十字会与近代中国的互动关系⑤。其后池子华又同

① 中国红十字会总会编：《中国红十字会的九十年》，中国友谊出版公司1994年版。

② 中国红十字会总会编：《中国红十字会历史资料选编，1904—1949》，南京大学出版社1993年版。

③ 李筑宁主编：《抗战时期的中国红十字总会救护总队》，贵阳市档案馆1995年编印。

④ 孙柏秋主编：《百年红十字》（池子华、杨国堂等著），安徽人民出版社2003年版。

⑤ 池子华：《红十字与近代中国》，安徽人民出版社2004年版。

郝如一联合主编《中国红十字历史编年（1904—2004）》，以编年的形式记录了中国红十字会的百年史事，涉及抗战时期的有170余条，其中大多与抗战救护有关[①]。从《百年红十字》到《红十字与近代中国》，再到《中国红十字历史编年（1904—2004）》，这三部具有开创性的学术著作，基本呈现了中国红十字会在抗日战争中进行战事救护的总体面貌。

同一时期，池子华还专门发表论文两篇，分别是《抗战初期中国红十字会的战事救护》[②]和《1937年中国红十字会淞沪抗战救护简论》[③]。前者对中国红十字会在1932年淞沪抗战以及长城抗战、绥远抗战中的战事救护进行了较为详尽的论述，作者认为这“三次救护行动，实际上是中国红十字会全面抗战救护的预演”；后者则专门论述了1937年淞沪抗战中的救护行动，首先介绍了中国红十字会于战前在上海的准备情况，其次分述了救护队、急救队、救护医院及伤兵分发站的具体救护工作，最后评论认为“淞沪抗战救护，在中国红十字运动史上，留下了光彩的一页”。此外，李微的《试析抗战时期中国红十字会的救护活动》，从整体上对中国红十字会在抗战时期的战事救护进行了论述[④]。

第二阶段的特点是研究内容逐步向纵深迈进，研究成果的数量显著增加，可以说掀起了一波研究热潮。

首先是论文方面，择其要者介绍如下：

杨红星的《留美医学生与抗战救护》，初步考察了以林可胜、卢致德为代表的留美医学生在抗战初期的战地救护工作，认为林、卢二人在协和医院组建的军医官训练队日后成为中国红十字会医疗救护总队及分队的技术核心力量[⑤]，并在《老协和的留学生与抗战救护》一文中肯定了这一留美医学生群体在民族危亡时刻所做出的举足轻重的贡献[⑥]。之后，薛丽蓉相继发表了两篇关于淞沪抗战救护的论文：其一《1932年淞沪抗战时期上海红十字运动简论》，从总会的战事救护、各分会的协助



① 池子华、郝如一主编：《中国红十字历史编年（1904—2004）》，安徽人民出版社2005年版。

② 池子华：《抗战初期中国红十字会的战事救护》，《江海学刊》2003年第4期。

③ 池子华：《1937年中国红十字会淞沪抗战救护简论》，《徐州师范大学学报》（哲学社会科学版）2003年第4期。

④ 李微：《试析抗战时期中国红十字会的救护活动》，《贵州师范大学学报》（社会科学版）2004年第4期。

⑤ 杨红星：《留美医学生与抗战救护》，见郝如一、池子华主编：《〈红十字运动研究〉2007年卷》，安徽人民出版社2007年版。

⑥ 杨红星：《老协和的留学生与抗战救护》，《北京档案》2011年第9期。

救护、社会各界支援、战后的救助行动四个角度，立体呈现了中国红十字会在1932年淞沪抗战时期的救护行动[①]；其二《1937年红十字会淞沪抗战救护研究》，详细介绍了1937年淞沪抗战期间红十字伤兵救护医院的建立和下关车站伤兵接应所的运作情况，并考察了红十字第一救护队、昆山伤兵分发站和吴县分会的救护行动[②]。该文以总会和地方分会相结合的方式进行研究，使论述更加饱满，呈现更为全面。戴斌武、池子华的《抗战初期中国红十字会战地救护工作述论》，侧重于对中国红十字会动员社会医疗救护力量的考察[③]。董根明的《抗战时期中国红十字会组织的整建与救护工作述评》，在分析中国红十字会组织沿革的基础上，论述了该会的抗战救护工作[④]。

另外，薛丽蓉、张智清、傅亮、呙盼盼、陆赛楠等人的硕士学位论文[⑤]分别涉及江苏、安徽、江西、山东等地分会抗战救护的内容，在分会研究方面具有代表性。而国际红十字会对华援助方面，董晓航、高翔宇的《全面抗战时期国际红十字会对华援助述论——以〈申报〉为中心的考察》[⑥] 和阎智海的《全面抗战时期美国红十字会对华援助简论》[⑦]及其硕士学位论文《全面抗战时期国际红十字组织对华援助研究》[⑧]，都对此做了深入探讨。从他们的研究结果中可以看出，国际红十字组织对华援助的方式是多样化的，派遣医疗队来华参加战地救护只是其中一个

① 薛丽蓉：《1932年淞沪抗战时期上海红十字运动简论》，见郝如一、池子华主编：《〈红十字运动研究〉2007年卷》，安徽人民出版社2007年版。

② 薛丽蓉：《1937年红十字会淞沪抗战救护研究》，见郝如一、池子华主编：《〈红十字运动研究〉2009年卷》，安徽人民出版社2009年版。

③ 戴斌武、池子华：《抗战初期中国红十字会战地救护工作述论》，《历史教学》2010年第18期。

④ 董根明：《抗战时期中国红十字会组织的整建与救护工作述评》，《抗日战争研究》2011年第3期。

⑤ 薛丽蓉：《红十字会在江苏的抗战救护研究》，苏州大学2008年硕士学位论文；张智清：《安徽红十字运动研究，1911—1949》，苏州大学2012年硕士学位论文；傅亮：《江西红十字运动研究，1911—1949》，苏州大学2012年硕士学位论文；呙盼盼：《近代山东红十字运动研究，1904—1949》，苏州大学2012年硕士学位论文；陆赛楠：《南京红十字运动研究，1911—1949》，苏州大学2012年硕士学位论文。

⑥ 董晓航、高翔宇：《全面抗战时期国际红十字会对华援助述论——以〈申报〉为中心的考察》，《黑龙江史志》2011年第13期。

⑦ 阎智海：《全面抗战时期美国红十字会对华援助简论》，见郝如一、池子华主编：《〈红十字运动研究〉2011年卷》，安徽人民出版社2011年版。

⑧ 阎智海：《全面抗战时期国际红十字组织对华援助研究》，苏州大学2012年硕士学位论文。

方面。

戴斌武对中国红十字会救护总队的研究尤为致力，其与池子华联名发表的《中国红十字会救护总队抗战救护述论——以武汉广州会战时期为中心》，对武汉、湖南、赣浙、两广四个区域的具体抗战救护情形进行了论述，通过点、线、面结合研究区域的方式来架构文章是该文的一大亮点①。后戴斌武又独撰《红十字会救护总队与战时三合一政策》一文，系统论述了战时三合一政策的含义、运作和贯彻②。

阎智海的《全面抗战时期上海红十字会煤业救护队战地救护述评》，专以上海红十字会煤业救护队为考察对象。其研究认为这是一支独特的抗日救亡队伍，从 1937 年爆发淞沪抗战到 1941 年初发生皖南事变，在红十字旗帜下从事伤兵救护和转运工作，成为当时中国战地救护体系中不可多得的重要力量③。

池子华、丁泽丽的《中国红十字会华北救护委员会与抗战救护》，对中国红十字会华北救护委员会及其抗战救护活动做了考述，在肯定该委员会的救护成绩的同时，也指出未见开展难民救护工作、救护不及时、前后方队员分配比例失调及部分队员遣散过早等不足④。

徐璐的《淞沪会战中红十字会的人道救援》，着力于考察 1937 年淞沪会战救护，探讨了中国红十字会的战前准备及其战事救护，并以中国红十字会上海煤业救护队和南市难民区为个案研究。在人道救护部分的分析中，该文还就上海国际红十字会做了初步考察，论述了该会的成立背景、组织架构及职能、人员构成、难民救助工作及医疗卫生服务情形⑤，其主要观点在《红十字在上海，1904—1949》一书中也有所体现。

其次是著作方面，主要有三类：

一是将抗战救护作为重要内容予以论述的整体性研究著作。譬如在中国红十字运动区域研究著作中，池子华、郝如一主编的《近代江苏红十字运动（1904—1949）》，虽旨在研究近代江苏红十字组织的历史发展过程，但仍以常熟红十字分会的救护培训工作为例阐述了江苏红十字分

---

① 戴斌武、池子华：《中国红十字会救护总队抗战救护述论——以武汉广州会战时期为中心》，《深圳大学学报》（人文社会科学版）2010 年第 5 期。

② 戴斌武：《红十字会救护总队与战时三合一政策》，《贵州社会科学》2011 年第 2 期。

③ 阎智海：《全面抗战时期上海红十字会煤业救护队战地救护述评》，见严晓凤、池子华、郝如一主编：《〈红十字运动研究〉2013 年卷》，合肥工业大学出版社 2013 年版。

④ 池子华、丁泽丽：《中国红十字会华北救护委员会与抗战救护》，《河北学刊》2014 年第 6 期。

⑤ 徐璐：《淞沪会战中红十字会的人道救援》，苏州大学 2014 年硕士学位论文。

会为抗战救护所做的准备，并论述了淞沪战场、南京战场抗战救护工作的展开①。又如马强、池子华主编的《红十字在上海，1904—1949》，是研究上海红十字运动的一部力作，就上海与中国红十字会历次战事救护做了系统性研究，其中第十章《抗战前期的救护行动》介绍了该会的一·二八沪战救护及华北、绥远抗战救护的组织工作；第十一章《“淞沪会战”爆发前的调整与准备》总述了该会于八一三前夕在上海的救护准备工作；第十二章《“淞沪会战”与红十字会的人道救援》论述了该会在淞沪会战中的救护工作②。另外，台湾学者张建俅的《中国红十字会初期发展之研究》也就抗战救护问题做了较深入的探索，除探讨抗战初期的救护工作以外，着重阐述了全面抗战时期的战地救护工作、战时医疗与防疫、支持三合一政策、寻求外援襄助等内容，并以庞京周、林可胜二人的经历为着眼点，探讨了中国红十字会总会与三合一政策的关系，认为庞氏推动了三合一政策的实施，但贯彻三合一政策的代价是林可胜的去职③。

二是收录了大量与中国红十字会抗战救护相关的文章合集类著作。此类著作均由池子华、郝如一主编，如《红十字运动与慈善文化》收录了张生的《国际红十字会南京分会在南京大屠杀期间的贡献》，戴斌武的《抗战时期中国红十字会救护总队防疫工作述论》，李慧、马红英的《中国红十字会在“一·二八”淞沪抗战中的救护——以〈申报〉为中心》，阎智海、周小蓉的《抗战时期史沫特莱对中国红十字会的贡献》等论文④。再如《中国红十字会百年往事》收录了傅亮的《“一·二八事变”与沪战救护》，吕盼盼的《1937 年中国红十字会淞沪抗战救护略记》，马红英、李慧的《南京大屠杀与红十字会的人道救援》，郝如一、邓通的《林可胜与中国红十字会救护总队的组建》，吕志茹的《英国医生高田宜与援华医疗队》等研究性文章⑤。

三是研究中国红十字会救护总队的专著。戴斌武的两部专著：其一《抗战时期中国红十字会救护总队研究》⑥ 是第一部专门研究中国红十字会救护总队的学术论著，全书通过对救护总队及其活动的条分缕析，

---

① 池子华、郝如一主编：《近代江苏红十字运动（1904—1949）》，安徽人民出版社 2007 年版。

② 马强、池子华主编：《红十字在上海，1904—1949》，东方出版中心 2014 年版。

③ 张建俅：《中国红十字会初期发展之研究》，中华书局 2007 年版。

④ 池子华、郝如一主编：《红十字运动与慈善文化》，广西师范大学出版社 2010 年版。

⑤ 池子华、郝如一主编：《中国红十字会百年往事》，合肥工业大学出版社 2011 年版。

⑥ 戴斌武：《抗战时期中国红十字会救护总队研究》，天津古籍出版社 2012 年版。

"较为完整地复原了救护总队这一抗战时期高度专业化、规模最大的战地救护组织的历史风貌"[①]。其二《中国红十字会救护总队与抗战救护研究》[②]，"对中国红十字会救护总队的成立背景、组建和变迁、救护总队的组织结构与运作、救护总队与政府及总会的关系，以及救护总队在抗战的各个阶段所开展的救护活动等都做了较为深入详尽的考察"[③]。两本专著均史料翔实、考订精细，且在内容上相互补充。它们的相继推出，在丰富中国红十字运动史研究的同时，也将红十字抗战救护问题的研究推向高潮。

在资料建设方面，贵阳市档案馆汇编的《战地红十字——中国红十字会救护总队抗战实录》[④]，分战地通讯、救护报告、总队简讯、组织规程、队员回忆五个部分辑录了救护总队留下的档案资料。该书图文并茂、辑录有序，"是迄今为止唯一一本对救护总队档案加以初步整理的书籍，它的出版既便于专业研究者研究工作的开展，也使得普通读者有机会一睹救护总队之风采"[⑤]。此外，苏州大学红十字运动研究中心一直非常注重资料的搜集和整理，陆续出版了《〈申报〉上的红十字》[⑥]《〈大公报〉上的红十字》[⑦]《〈新闻报〉上的红十字》[⑧]，分别就《申报》《大公报》《新闻报》中关于红十字的新闻报道予以辑录，近来又和上海市红十字会联合推出了《红十字在上海资料长编，1904—1949》[⑨]。这些资料汇编收录了大量关于红十字抗战救护的新闻报道和档案等文献资料，为相关学术研究提供了便利。



① 郭进萍：《战火中闪光的红十字——〈抗战时期中国红十字救护总队研究〉简评》，见严晓凤、池子华、郝如一主编：《〈红十字运动研究〉2013年卷》，合肥工业大学出版社2013年版，第292页。

② 戴斌武：《中国红十字会救护总队与抗战救护研究》，合肥工业大学出版社2012年版。

③ 梁旻：《〈中国红十字会救护总队与抗战救护研究〉述评》，见严晓凤、池子华、郝如一主编：《〈红十字运动研究〉2013年卷》，合肥工业大学出版社2013年版，第299页。

④ 贵阳市档案馆编：《战地红十字——中国红十字会救护总队抗战实录》，贵州人民出版社2009年版。

⑤ 袁灿兴：《〈战地红十字〉简评》，见严晓凤、池子华、郝如一主编：《〈红十字运动研究〉2012年卷》，安徽人民出版社2012年版，第323页。

⑥ 池子华、严晓凤、郝如一主编：《〈申报〉上的红十字》，安徽人民出版社2011年版。

⑦ 池子华、张丽萍、傅亮、汪丽萍主编：《〈大公报〉上的红十字》，合肥工业大学出版社2012年版。

⑧ 池子华、丁泽丽、傅亮主编：《〈新闻报〉上的红十字》，合肥工业大学出版社2014年版。

⑨ 马强、池子华主编：《红十字在上海资料长编，1904—1949》，东方出版中心2015年版。

（二）研究焦点与评析

通过上述梳理我们可知，学界关于红十字会抗战救护问题的关注点较为集中，大致可从中国红十字会总会、地方分会和国际红十字组织三个方面进行总结和概括，具体分析如下。

1. 中国红十字会总会的抗战救护

九一八事变发生后，中日战事拉开序幕，中华民族陷入危亡时刻，国难当头，有识之士奋起抗争。中国红十字会也以“救伤恤难”为天职，经总会通盘擘画，全力投入这场战争救护当中，因而总会得到的关注较多，主要有以下几点：

（1）抗战初期救护的时间段界定

在红十字抗战救护的起始时间和初期救护时间段的划分上，学界存有争议。池子华从历史研究的角度认定1931年9月至1937年7月为初期阶段，并且认为1932年沪战爆发后，中国红十字会才“开始了抗战救护的伟大事业”①。李微则根据红十字救护工作的特点，认为“1937年七七事变至12月南京沦陷”是初期救护阶段，“是红十字会初期救护工作的开始”②。由于二者划分的依据不同，各有短长，前者充分考虑了历史维度，使划分更为客观、全面，但后者的划分能更好地展示红十字救护工作的特点在抗战不同时期的变化。另外，董根明根据红十字会的救护统计数据，将1937年8月14日至1938年4月30日定为第一阶段，将1938年5月至1945年9月定为第二阶段，以此反映“中国红十字会在整个抗战期间的工作成效”③。此种划分的目的是明确的，也具有一定的可操作性，但在划分依据上仍有待商榷。后来，池子华做出进一步划分，将七七事变至南京沦陷这个阶段的战事救护称为“全面抗战初期的战事救护”，戴斌武在其专著中延续了这一做法。

（2）前期救护的绩效评估

抗战初期，在华北战场，由于中国红十字会“在加紧救护准备工作之时，大战不期而至”④，导致救护准备不足，红十字救护力量未能全力

---

① 池子华：《抗战初期中国红十字会的战事救护》，《江海学刊》2003年第4期，第132页。

② 李微：《试析抗战时期中国红十字会的救护活动》，《贵州师范大学学报》（社会科学版）2004年第4期，第47页。

③ 董根明：《抗战时期中国红十字会组织的整建与救护工作述评》，《抗日战争研究》2011年第3期，第63页。

④ 戴斌武、池子华：《抗战初期中国红十字会战地救护工作述论》，《历史教学》2010年第18期，第19页。

投入，使部分地区只能由军医自行救护。在华北战场的救护不力，虽与总会设在上海有一定的关系，不过一·二八沪战爆发后，占据地缘优势的中国红十字会仍旧“仓促负起救护的神圣使命，一度出现救护人员紧缺、经费不足及救护大卡车供不应求等现象”①。不过，池子华认为，“沪战突起，中国红十字迅速做出反应，连夜组织起救护队”②，前后救护伤兵总计8600余名，因而“中国红十字会抗战救护的首次行动取得成功”③。

1932年沪战结束以后，中国红十字会将战事救护的重点转移至北方，委托理事长王培元赴东北视察战灾，以红十字会名义成立了“中国红十字会华北救护委员会”的联合救护组织，并将“东北救护队”纳入该系统。在该组织的统一部署下，北方救护工作始得有序进行，之后便参与了绥远之战的战事救护工作。对此，池子华认为：“通过上述几次救护行动的锻炼，提高了红十字会的使命感和责任感，也使红十字会意识到自身存在的不足。完善自我，强化自身建设，于是提上了红十字会议事日程。”④

所以，七七事变发生后，中国红十字会“以办理伤兵救护为其主要工作，积极展开战地救护活动”⑤，此时的救护准备和开展工作的有效性较前期有明显的提升，但仍然存在一些问题，如李微认为，“由于红十字会及政府部门对战争进程估计不足，在战时救护理念上也存在偏差，因而也出现一些决策上的错误”⑥。至于1937年淞沪会战和南京沦陷前的战事救护工作的具体状况，池子华、戴斌武、薛丽蓉等人都有较为详尽的论述，于此不再赘述。

（3）伤兵医院与伤兵分发站

池子华在研究1937年淞沪会战救护时，初步考察了伤兵医院和伤兵分发站的设立和运行情况，认为中国红十字会先后开办了24所伤兵医院、约定了16所“特别医院”参与救护工作；其后，薛丽蓉粗略介

---

① 薛丽蓉：《1932年淞沪抗战时期上海红十字运动简论》，见郝如一、池子华主编：《〈红十字运动研究〉2007年卷》，安徽人民出版社2007年版，第114页。

② 池子华：《抗战初期中国红十字会的战事救护》，《江海学刊》2003年第4期，第132页。

③ 池子华：《抗战初期中国红十字会的战事救护》，《江海学刊》2003年第4期，第134页。

④ 池子华：《抗战初期中国红十字会的战事救护》，《江海学刊》2003年第4期，第136页。

⑤ 李微：《试析抗战时期中国红十字会的救护活动》，《贵州师范大学学报》（社会科学版）2004年第4期，第47页。

⑥ 李微：《试析抗战时期中国红十字会的救护活动》，《贵州师范大学学报》（社会科学版）2004年第4期，第47页。

绍了江苏等地的红十字救护医院，并重点考察了首都医院的兴衰和下关车站伤兵接应所的运作情况；二人都特别提到昆山伤兵分发站在淞沪会战救护中的重要地位。此外，戴斌武认为，中国红十字会先后在松江、苏州、杭州、无锡等地设立的重伤医院，“减轻了上海各救护医院的压力，同时也为持久抗战救护准备了条件”①，他还介绍了南京伤兵医院的建立和运作情况；李微也述及“南京伤兵医院是红十字会与国民政府合作的产物，也是抗战初期我国最大的伤兵医院”，但同时也指出，“由于中国军队迅速溃败，11月16日，伤兵医院便告结束，造成了资源上的很大浪费”②。

（4）总会抗战救护策略

戴斌武总结中国红十字会在抗战初期的救护工作特点为对伤兵实行收容治疗，南京沦陷后的特点则是组建救护总队以实行流动救护。之所以出现这样的变化，其原因在于该会抗战救护策略的转变，“从庞氏《抗战与救护工作》一书中，我们可以看出庞京周的救护理念呈现的是一个垂直分工的救护体系，救护单位各有职责，最后以医院为战地救护的重心，这正是一·二八战役以来总会一贯的救护策略”③，但随着南京伤兵医院的半途而废，李微认为“中国红十字会原倡导的救护方法已经不能适应战事的发展，必须加以改进”④。于是，在1937年12月6日，国民政府卫生署召集杜月笙、钱新之、庞京周、金宝善等人在汉口开会，商定《红十字会总会救护事业办法》，这意味着总会救护策略的转变，而转变后的策略主要是“组织富有流动性、不受军队编制限制的医疗队”⑤。

（5）中国红十字会救护总队

救护总队作为红十字抗战救护中的一个核心问题，受到学者的格外重视。以戴斌武的两部专著为主要代表，目前学界对救护总队的研究主

---

① 戴斌武：《中国红十字会救护总队与抗战救护研究》，合肥工业大学出版社2012年版，第29页。

② 李微：《试析抗战时期中国红十字会的救护活动》，《贵州师范大学学报》（社会科学版）2004年第4期，第47页。

③ 戴斌武：《中国红十字会救护总队与抗战救护研究》，合肥工业大学出版社2012年版，第34页。

④ 李微：《试析抗战时期中国红十字会的救护活动》，《贵州师范大学学报》（社会科学版）2004年第4期，第47页。

⑤ 戴斌武：《中国红十字会救护总队与抗战救护研究》，合肥工业大学出版社2012年版，第36页。

要包括以下五个方面的内容：第一，救护总队的组建、组织体系、运作和发展变迁，即对救护总队本身的认识，“概括地说，总队部下设1室4股。它们是总队长办公室、医务股、材料股、运输股和总务股”①，戴斌武对此有详尽的考察；第二，救护总队在全国各地的抗战救护工作，自救护总队成立后，其医疗队便遍布各大战区开展救护活动；第三，对总队长林可胜的研究，林可胜是救护总队的核心和灵魂人物，救护总队便是在其流动救护策略的指导下建立和开展救护工作的，因而池子华直接将救护总队最辉煌的时期称为“林可胜时期”（1938—1942）②；第四，救护总队对中国共产党的医疗支援，救护总队因为八路军、新四军提供医疗援助，招致国民政府的不满；第五，救护总队对中国远征军的随军救护，救护总队奉命抽调医护人员编成三个医疗队，由总队长林可胜亲自率领随中国远征军出征，在印缅战场取得了辉煌的救护成绩。

中国红十字会救护总队在抗战救护中发挥了巨大的作用，但它实际上是中国红十字会总会与国民政府妥协下的产物，虽隶属于中国红十字会，并受总会的领导和监督，但总会对它的控制力并不强，尤其“在组织结构、组织运作以及贯彻战时‘三合一’政策等层面凸显政府强势力量与民间力量之间的较量”③。在中国红十字会与国民政府的关系方面，李微认为紧密合作对双方都有一定的好处，但是“自抗战以来，国民党政府一直积极介入红十字会的内部事务，并且逐步加强对红十字会的控制”；也就是说，正是双方紧密合作的关系为国民政府介入红十字会提供了契机，但也“使得中国红十字会在抗战时期逐渐失去了它作为民间团体的本来性质”④。

2. 中国红十字会地方分会的战事救护

在红十字抗战救护问题上，总会取得的成绩是有目共睹的，因此学界给予了较多的关注，而对地方分会的探讨就显得有些薄弱。对于分会的研究，具有代表性的主要是薛丽蓉等人在硕士学位论文中辟专章专节进行的讨论。

---

① 薛庆煜：《记中国红十字会救护总队与战时卫生人员训练所》，《中国科技史料》1999年第2期，第164页。

② 池子华：《中国红十字会救护总队部的“林可胜时期”》（上、下），《南通工学院学报》（社会科学版）2004年第2、3期。

③ 戴斌武：《中国红十字会救护总队与抗战救护研究》，合肥工业大学出版社2012年版，第54页。

④ 李微：《试析抗战时期中国红十字会的救护活动》，《贵州师范大学学报》（社会科学版）2004年第4期，第49页。

薛丽蓉以吴县分会为例，考察了江苏各分会救护工作的几个断面，认为随着上海、苏州等地相继沦陷，江苏各分会先后陷入瘫痪和中止状态，其中南京分会在南京大屠杀期间的人道救护工作因日军阻挠而很难有所作为[①]。陆赛楠在研究南京红十字运动时，持有类似的看法[②]。张智清以芜湖救护队为重点考察对象，进而论述了安徽各分会在数量上的起伏变化，认为“安徽各地分会由于条件有限，在战地救护方面显得较为低沉，除芜湖救护队常见诸报端外，其他分会救护情况较少提及”[③]。傅亮认为，虽然救护总队是红十字会抗战救护的主力，但“江西仅有的南昌、赣县分会也开展了力所能及的战地救护活动”[④]。咼盼盼通过研究莒县分会，展示了山东分会的抗战救护工作。阎智海则通过对上海红十字会煤业救护队的考察，对红十字跨区域救护的开展进行了探讨[⑤]。

由上可知，江苏、安徽、江西、山东等地分会的抗战救护工作开展得较为活跃，但其他地方分会的状况因缺乏研究而无从得知，不过就现有研究成果来看，地方分会也为抗战救护事业做出了不可磨灭的历史贡献。

3. 国际红十字援华行动

目前，学术界对抗战时期国际红十字援华问题的研究，是红十字抗战救护研究中最薄弱的环节，仅有池子华、董晓航、阎智海等做过相关研究。通过对这些研究结果进行梳理我们发现，国际红十字组织参与中国的抗战救护，主要是通过派遣医疗队和医护人员实现的，这些不仅“壮大了中国红十字会救护力量”，而且“医疗队员在红十字旗帜下，甘苦与共，在反法西斯战争中建立了不朽的丰碑”[⑥]。又，张建俅对救护总队中的外籍人员做过考证，认为“截至 1941 年为止，救护总队共有 32

① 薛丽蓉：《红十字会在江苏的抗战救护研究》，苏州大学 2008 年硕士学位论文。

② 陆赛楠：《南京红十字运动研究，1911—1949》，苏州大学 2012 年硕士学位论文。

③ 张智清：《安徽红十字运动研究，1911—1949》，苏州大学 2012 年硕士学位论文，第 46 页。

④ 傅亮：《江西红十字运动研究，1911—1949》，苏州大学 2012 年硕士学位论文，第 66 页。

⑤ 阎智海：《“三十年代青年的光辉榜样”——上海红十字会煤业救护队皖南从军纪实》，见池子华、郝如一主编：《中国红十字会百年往事》，合肥工业大学出版社 2011 年版，第 84—87 页；阎智海：《全面抗战时期上海红十字会煤业救护队战地救护述评》，见严晓凤、池子华、郝如一主编：《〈红十字运动研究〉2013 年卷》，第 216—224 页。

⑥ 孙柏秋主编：《百年红十字》（池子华、杨国堂等著），安徽人民出版社 2003 年版，第 189 页。

名外籍医护人员”①，不过这些外籍医护人员并非都是由国际红十字组织遣派来华的。总之，国际红十字组织在资金、粮食、医药等方面为中国抗战提供了巨大援助，其援华医疗队的战地救护也留下了不少佳话。

（三）问题与研究展望

目前，学界对红十字抗战救护问题的研究，呈现出良好的发展势头，不但有专著出版，而且公开发表的专题论文也都极有分量。从整体上看，这些研究成果是全局考量与区域研究并重，且注重多维视角的运用和资料的挖掘，使研究的深度和广度都有所拓宽，但研究中还是存在一些问题和不足之处。

其一，资料建设需要突破自身的“贫瘠”。资料是史学研究的基础，正如在反思如何深化红十字运动研究时，学者们无不提及资料建设亟待加强的问题。诚然，中国红十字会总会、苏州大学红十字运动研究中心于此倾注了大量心力，但由于红十字运动相关资料分布零散、不成系统，“尤其是地方红十字会史的资料，大多散见于地方志书中的‘卫生’和‘社团’等条目之下，简明扼要，无关痛痒”②，给资料收集和整理工作带来很多困难。关于红十字抗战救护的资料更是如此，除在红十字运动史料汇编中有所涉及之外，专门辑录的资料集仅有贵阳市档案馆所编的《抗战时期的中国红十字总会救护总队》和《战地红十字——中国红十字会救护总队抗战实录》之二种。凡此种种，说明在红十字会抗战救护资料建设方面还有许多工作需要去做；除了整理档案和报刊资料外，还应当关注时人的日记和文集，包括参与战地救护者的回忆录等文献，并且在口述历史和海外资料搜集方面也可做一些努力。

其二，研究的深度和广度皆有待进一步拓展。由于中国红十字运动研究起步较晚，尽管已经取得了不少研究成果，但其在研究的深度和广度方面仍有可供挖掘的空间。就其研究深度来说，目前的研究成果在抗战救护的准备、行动和成绩的描述等方面的论述远远多于理论层次的分析，缺乏更为微观的精细研究。以 1937 年淞沪会战救护为例，学界往往停留在对中国红十字会派遣救护队的数量和成绩的总结上，极少注意到救护队被派出的合理性、在战争期间的变化及救护队员的群体性特征等方面。就研究广度而言，除已提及的各个焦点问题需要继续深化研究

① 张建俅：《抗战时期救护总队外籍医护人员名单考证》，（台北）《近代中国史研究通讯》2001 年第 32 期，第 103 页。

② 杨红星、池子华：《近年来中国红十字运动研究综述》，《河北大学学报》（哲学社会科学版）2009 年第 4 期，第 13 页。

之外，还有一些问题值得去发掘和考究，譬如区域研究的范围尚不广阔、区域与整体的关系尚不明晰等，因此要加强区域研究成果的整合，并注意区域间的差异和共通之处。另外，还需要对理论研究进行必要的探索。目前红十字会抗战救护研究在理论选择和运用方面还不太成熟，但在中国红十字运动研究尚未搭建起完善的研究理论体系之前，对抗战救护研究理论的探索能为整个红十字运动研究理论体系的构建提供参考。

其三，尚未呈现中国红十字会抗战救护的全貌。尽管抗战救护研究已有两部专著和一些极具分量的论文，且“红十字书系”的众多著作大多将抗战救护作为重要内容来阐述，但这并不能完全反映中国红十字会抗战救护的全部面貌。红十字抗战救护其实是一个非常复杂的问题，还有很多需要探讨的地方，譬如总会的战略转移及其影响、抗战救护与抗战时期的中国红十字运动的关系、抗战救护所产生的社会影响、派生组织及其救护工作等等。所以，红十字抗战救护研究不能仅仅关注战地救护部分，还要深入挖掘它与各个方面的联系，这样才能从整体上对中国红十字会的抗战救护事业做一全面的考察。

综上所述，抗战救护是中国红十字会在近代战争救护中历时最长、成绩最著的一次，无论是在中国红十字运动史上，还是在抗日战争史上，都有着深远的意义，这是一个值得关注和重视的课题。不过，红十字抗战救护研究往往以考察战地伤兵救护为重，缺乏对难民救济工作的审视，而上海国际红十字会恰恰在伤兵救护和难民救济两方面都有着优异的表现，故而对上海国际红十字会的研究，对于红十字抗战救护甚至红十字运动的整体研究而言，都是非常有价值的补充。

## 三、研究方法与基本框架

本书以上海国际红十字会为研究对象，旨在通过对该组织的成立缘起、筹建经过、组织体系、经费问题、善业的开展及其遇到的困难和解决办法等问题的考察，揭示该组织运行中存在的各种有利和不利因素，及其在非常时期所发挥的作用，以此凸显该组织为抗战救护事业所做出的重要贡献。

（一）研究方法

本研究主要采用历史实证和文献研究法，在尽可能多地搜集资料的基础上，以原始档案、报刊等文献为据，并剔厘求真，力求做到史论结合、论从史出。

本研究试图从宏观和微观两方面对上海国际红十字会进行多层次的综合考察。在具体论证中，首先，运用历史学与社会学等其他社会科学相结合的研究方法，以跨学科的多维视角，考察研究上海国际红十字会的成立及其组织体系的设立和发展；其次，通过归纳法、定量和定性分析法等，剖析经费来源、募集途径及支出状况；再次，以专题结合个案的研究方法，考察该组织的伤兵救护和难民救济等工作的开展；最后，在时间和空间上对该组织的工作进行综合性绩效评估，并探讨其在抗战救护及制定国际人道法中所起的重要作用。

（二）基本框架

根据上述思路，除绪论以外，本研究主体内容共分为六章：

第一章概述了上海国际红十字会成立的历史背景及筹建过程。日本发动七七事变进而挑起全面侵华战争后，为达到迫使南京国民政府屈服的目的，又在上海挑起第二次淞沪战争。此役双方交战达三个月之久，都付出了惨重代价，其中中国军民伤亡数达四五十万人，更有上百万上海居民沦为难民。尽管中国红十字会总会及上海市救护委员会等组织经先期准备，得以迅速开展救护工作，但是由于在战争环境下很难周全，使得救护工作出现很多困难和不足之处。为在更大范围内更好地组织伤兵救护和难民救济这两项工作，旅沪中外慈善界人士纷纷呼吁成立红十字国际委员会，后经颜惠庆奔走接洽，上海国际红十字会得以初步建立。

第二章考察了上海国际红十字会的组织发展和完善情况。上海国际红十字会因事出草创，在组织架构方面有很多不完善之处。首先，在组织合法性问题上，经过了较长时间的犹疑、徘徊和争论，最后在向日内瓦国际红十字会申请独立章程遭到否决之后，不得不向中国红十字会申请了授权许可。其次，在组织体系建设上，上海国际红十字会除积极制定组织章程和建立组织体系之外，还根据实际工作的需要，不断改进组织结构、完善救济功能。

第三章阐述了上海国际红十字会的经费收支状况。由于募集经费是组建上海国际红十字会和开展救护工作的先决条件，所以该组织甫一成立便制定了筹募法币 1000 万元的目标；除分电国内外慈善团体和侨胞广为宣传和募捐以外，还在上海开展了各种劝募活动，募得相当多的经费。但是因为难民救济工作开支浩繁，经费时有中断之虞，于是上海国际红十字会商定由法籍神父饶家驹赴北美募捐。此次募捐推动了美国“一碗饭”运动的开展，取得了一定的成效。总之，通过努力，上海国际红十字会为上海难民救济工作提供了一定的经费保障。

第四章论述了上海国际红十字会开展救护工作的途径，即整合、协调上海所有与救护相关的资源。上海国际红十字会是在战争中临时筹备的，并无开展救护工作的人事和材料等基础，不过该组织通过整合各种分散资源，达到了迅速开展救护工作的目的。本章以伤兵救护、难民医疗卫生和难民教育三项救护工作的开展为例，展示了上海国际红十字会整合社会资源的具体情形。

第五章探讨了上海国际红十字会在难民救济工作中遇到的困难及应对措施。在救助难民方面，该组织主要遇到了三种困难：一是不能顺利推进对难民收容所的监督工作，由于该组织成立之初，出于避免重复工作的考虑，放弃了自办难民收容所的计划，改为协助各慈善团体办理难民收容所事宜，因此失去了对难民收容所的直接领导权，使各项难民救济工作的开展遇到很多障碍；二是发生了难民给养危机，上海沦陷以后，各慈善团体无力维持难民给养，相继向上海国际红十字会申请援助，于是该组织以一己之力统筹全沪难民给养工作，使难民膳食得到明显改善，不过难民给养一项开支巨大，虽经降低给养标准并推行难民生产，但还是发生了给养困难；三是发生了业主强迫难民迁让房屋事件，沪战爆发后，两租界的许多居民逃离了上海，致使大量房屋空置，遂为各团体辟为难民收容所，或为难民擅自占住，待上海局势稍稍稳定，业主便要求难民迁让，但因迁移难民数量多、时间紧、重建难民收容所选址困难，使难民救助工作再次陷入困境。尽管上海难民救济事业遇到了很多困难，但在上海国际红十字会的努力下均得到了妥善解决。当然，由于难民救济工作十分繁重，上海国际红十字会也不免耗损巨大，为走向终结埋下了隐患。

第六章分析了上海国际红十字会的人道救护行动的成效及影响。通过合作、整合等方式，上海国际红十字会在上海等地方开展了许多救护行动，包括开办残废伤兵医院、设立假肢工场、开展预防伤寒霍乱注射运动、推行新文字和职业教育等等，均获得了良好的社会反响和成效。另外，运用“安全区”概念，在南市设立难民区，不仅保护了数以万计的上海难民，还对将战时保护平民条款写入国际人道法起到了一定的推动作用。

余论部分就上海国际红十字会的国际因素进行了论述，这一因素是使上海国际红十字会不同于同时期的其他慈善组织的最主要因素，它在上海国际红十字会的产生、发展和衰败的过程中发挥了积极和消极的双重作用。

## 四、创新与不足

本研究是在前人研究的基础之上进行的拓展性研究，可能的创新之处主要体现在以下几个方面：

其一，资料挖掘更为充分。本文所使用的资料，除增加《上海医事周刊》《救灾会刊》《国际劳工通讯》等报刊资料以外，还运用了大量的档案资料，特别是上海市档案馆所藏的《颜惠庆日记》、上海公共租界工部局卫生处关于非常时期①的英文档案，以及上海图书馆所藏的《中国红十字会上海国际委员会视察组报告书（民国二十七年七月至十月）》《中国红十字会上海国际委员会救济月刊》等珍贵资料。这些文献资料，对于全面考察上海国际红十字会，是不可或缺的。

其二，研究理论更加明确。本研究以社会学中社会组织理论为研究视角，“按照功能主义或理性主义的观点，社会组织是追求同一目标的成员相互协力以实现共同目标的社会群体”②，这与上海国际红十字会的性质是相符的，所以本研究根据这一理论对上海国际红十字会的产生、发展直至消亡的过程进行了较为详细的考察。

其三，研究内容越发深入。本研究运用跨学科的研究方法，对上海国际红十字会做了综合性的考察。当然，此考察不是做简单的阐述，而是进行更加深入的探究，譬如组织合法性、组织功能完善、经费收支状况及其利弊分析、救护工作的组织途径、难民救济工作遇到的困难及策略应对、地域互动等问题。

同时，本研究也存在很多不足之处，如档案资料的搜集工作不尽完善，包括上海市档案馆所藏的《上海国际红十字会难民诊所各种账目本》因是散卷而无法调阅；又由于笔者能力有限，在研究方法的运用和把握上，以及在文字处理方面，仍显稚嫩等。





① 特指1937年淞沪会战期间。

② 王思斌主编：《社会学教程》，北京大学出版社2010年版，第117页。

# 第一章　上海国际红十字会的缘起及成立

一个半世纪以来，红十字组织的诞生，似乎注定与战争有着不解之缘。19 世纪 60 年代，由于受到索尔弗利诺（Solferino）战役的巨大触动，瑞士银行家亨利·杜南（Henry Dunant）发起成立了红十字国际委员会，国际红十字运动由此而起。20 世纪初，因为一场发生在中国东北的日俄战争，中国红十字运动应运而生；其后历经 30 余年的时代变迁，不断发展壮大，但因中日全面战争的爆发而遭受重大打击，包括 1937 年淞沪抗战的失利，直接导致红十字主要力量退出上海，对上海乃至全国的抗战救护工作都产生了不利影响。不过，在此次淞沪抗战中，在上海催生了一个名为中国红十字会上海国际委员会的红十字组织，扛起了“孤岛”上的红十字救护的大旗。

## 第一节　淞沪会战的爆发及其失利

1937 年 8 月 13 日，日本在上海挑起第二次淞沪战争，中国方面称之为淞沪会战。双方投入总兵力达百余万人，其中日本相继投入了 2 个军 9 个师团约 30 万人，中国则先后投入了 73 个师、11 个独立旅[①]及其他保安团等 70 余万兵力。中国军队虽然占据人数上的优势，但由于武器装备悬殊，加之作战方案不当等因素，结果在日军的优势火力猛烈进攻之下节节败退，最终不得不从上海撤出。是役历时三个月，“是我国（全面）抗战八年，牺牲最大、战斗最惨的一役”[②]。





① 张建基：《八一三淞沪抗战中国军队参战部队考》，《军事历史研究》2006 年第 1 期，第 65 页。

② 唐德刚：《李宗仁回忆录》，华东师范大学出版社 1995 年版，第 508 页。

## 一、日本扩大侵华战争与淞沪会战爆发

1931年九一八事变发生以后，张学良奉行不抵抗政策，蒋介石也因忙于“围剿”中国共产党，而一味寄希望于英法控制下的国联能够主持公道。为转移国际视线，并迫使南京国民政府屈服，日本在上海自导自演，于1932年初发动了一·二八事变，驻沪国民革命军第十九路军奋起抵抗，蒋介石及国民政府却制定了“一面抵抗，一面交涉”的“两面”应对方针。3月3日，日本在英、美、法等国的“调停”下停战，然而此时东北全境已经沦陷。3月9日，日本扶持清废帝溥仪，成立伪满洲国傀儡政权，开始了对东三省长达14年之久的殖民统治。5月5日，日本又迫使国民政府签订《淞沪停战协定》，划上海为非武装区。如此一来，“日本甚至没有经过正式宣战，就对软弱的中国中央政府不断施压，攫取了一块又一块中国领土”①，同时也助长了日本侵略者的气焰。1933年2月，乘中国内战之机，日本重兵侵入热河省，直犯长城沿线，向京津进逼；此役遭到中国守军的奋力抗击，但蒋介石继续推行妥协政策，与日本签订《塘沽协定》，划冀东25县为非武装区，以致长城抗战失败。其间，日本宣布退出国联，在英、法等国姑息与纵容之下更加肆无忌惮，加紧扩军备战。1935年1月，日本向察哈尔省东部发动进攻，并自5月份起策动了一系列分离华北五省（河北、山东、山西、察哈尔、绥远）的事件，其中影响最为恶劣的是殷汝耕公开叛国，成立“冀东防共自治政府”，将冀东22县送入敌手。

1936年2月，日本陆军部分“皇道派”青年军官发动“二二六兵变”，虽遭镇压，但事后广田弘毅内阁的上台，标志着日本国家法西斯主义的确立，第二次世界大战亚洲策源地正式形成。与此同时，日本在中国境内策划内蒙古“独立”，广田内阁又于8月抛出“广田三原则”，其参谋本部并于9月制定《对华时局对策》，吹响了全面侵华的号角。是年11月，日本关东军携伪蒙古军进攻绥远，但在蒋介石的支持下，中国军队傅作义部等大获全胜，粉碎了日本侵吞绥远的阴谋，同时也点燃了全中国人民的抗战热忱。“局势发展至此，已无可收拾，全面抗战的爆发，只是时间问题而已”②。





① ［美］莫里斯·艾泽曼：《美国人眼中的第二次世界大战》（刘群译），当代中国出版社2006年版，第15页。

② 唐德刚：《李宗仁回忆录》，华东师范大学出版社1995年版，第498页。

这场全面侵华的风暴也在日本国内迅速发酵。1937 年 6 月，东京政界内部流传着一则谣言："七夕之夜，华北将重演柳条沟一样的事件。"①同时，在华日军也频繁进行武装演习，至 6 月下旬，华北驻屯军甚至开始在北平西南丰台卢沟桥地区进行夜间演习，这一举动似乎与谣言相呼应。果不其然，7 月 7 日夜间，日本"老调重弹"，蓄意制造事端，发动七七事变，中国守军当场还击，中日全面战争就此拉开序幕。

七七事变发生以后，全国民愤沸腾，一致主张抗战。最先做出反应的是中国共产党，事件发生第二天就向全国通电号召："武装保卫平津，保卫华北！不让日本帝国主义占领中国寸土！为保卫国土流最后一滴血！全中国同胞、政府与军队团结起来，筑成民族统一战线的坚固长城，抵抗日寇的侵掠！国共两党亲密合作抵抗日寇的新进攻！驱逐日寇出中国！"② 7 月 15 日，周恩来应邀参加蒋介石在庐山召开的国防会议，代表中共中央递交了《关于公布国共合作的宣言》，表示愿将红军改编为国民革命军，开赴前线共御外侮。国民政府也在"应战而不求战"③方针的指导下，一面进行外交交涉，一面准备全面抗战。日本则迅速增兵华北，大举进攻平津，7 月 29 日攻占北平，30 日攻陷天津，其后沿平绥、平汉、津浦线向河北、绥远等地进攻，华北陷入危急之中。

此时，由于近卫文麿内阁刚刚上台，日本的准备还不足，遂制定"不扩大方针"，试图将战争仅限于华北，但日本国内一部分激进分子一再叫嚣："如今已进入放弃不扩大方针，断然讨伐中国不法行为新阶段，如仍固执不扩大主义，事变将难以解决。"④ 在华驻军也同时在上海、青岛等地开始撤侨，并不断寻衅滋事，图谋扩大战争。7 月 16 日，日本驻上海第三舰队司令官长谷川清向东京参谋本部呈上《对华作战用兵的意见书》，提出控制上海和南京以置华于死地的建议。7 月 29 日，日本参谋本部制订《中央统帅部对华作战计划》，提出："以中国驻屯军进行作战，在平津地区，特别是在以上作战地区，对中国军队尽力加以沉重打

① ［日］今井武夫：《今井武夫回忆录》（天津市政协编译委员会译），中国文史出版社 1987 年版，第 12 页。

② 中国共产党中央委员会：《中共中央为日军进攻卢沟桥通电》（1937 年 7 月 8 日），原载《解放周刊》第 1 卷第 10 期，见魏宏运主编：《中国现代史资料选编》第 4 辑《抗日战争时期》，黑龙江人民出版社 1981 年版，第 2 页。

③ 《抗战以来重要外交文献》，祖国社 1943 年编印，第 4 页。

④ ［日］日本防卫厅战史室编：《日本军国主义侵华资料长编》上卷（天津市政协编译委员会《大本营陆军部》译校组摘译），四川人民出版社 1987 年版，第 331 页。

击。在情况不得已时，对青岛及上海附近进行作战。”[①] 8 月 8 日，长谷川清根据东京指示，“为应付事态扩大作好一切准备，进行了新的兵力部署”[②]，将长江上游 9 艘军舰调集上海，使在沪日舰达到 12 艘；同时组织在乡军人约 3000 人及壮丁义勇队 3500 人，并调入大批陆战队，使驻沪总兵力达到约 1.2 万人[③]。

8 月 9 日，日本故技重施，炮制了“虹桥机场事件”。是日下午 5 时左右，日本驻沪海军陆战队中尉大山勇夫和一等水兵斋藤要藏携带武器，“乘小汽车越入我警戒线，向飞机场方向直驶，不服制止命令，反向我守兵开枪。守兵初未还击，后该车转入碑坊路，该处保安队士兵闻枪声仰视，该日军官复开枪向之射击，保安队遂还击，一时枪声四起，该车前轮乃跌入沟内。车内一日军官向田内奔走，在附近因伤倒毙。另一军官因伤毙车外”[④]。事后，日本海军态度强硬，长谷川清向东京要求增兵，并命令在日本国内佐世保待命的第二舰队开赴上海，同时要求中国方面撤退保安队，并拆除所有保安队的防御工事。由于《淞沪停战协定》规定上海为不设防城市，中国军队撤出以后，市区仅驻有保安队，所以这一蛮横要求，显然是在挑起战端。于是，南京国民政府军事委员会命令京沪警备司令张治中率第八十七师和第八十八师，于 11 日深夜秘密向上海附近推进，同时命令驻蚌埠第五十六师、驻嘉兴炮二旅一团及驻南京炮十团一营星夜开赴苏州，归张治中指挥[⑤]。日本参谋本部也在 12 日制定了向上海派遣兵力的方案，并和军令部达成了陆海军协同作战的协定及陆海军关于华中作战的航空协定。次日，近卫内阁会议决议：“鉴于当前紧迫的上海方面的形势，为直接保护侨民，决定向上海方面派遣陆军部队；但有关陆军部队的兵数及下令动员的时机，由参谋本部和军令部协议决定之。”[⑥]

---

① 复旦大学历史系编：《日本帝国主义对外侵略史料选编（1931—1945）》，上海人民出版社 1983 年版，第 241 页。

② ［日］日本防卫厅防卫研究所战史室：《中国事变陆军作战史》第 1 卷第 2 分册（齐福霖译），中华书局 1981 年版，第 1 页。

③ 《张治中致蒋介石等密电》（1937 年 8 月 9 日），见中国第二历史档案馆编：《抗日战争正面战场》，凤凰出版社 2005 年版，第 251 页。

④ 《俞鸿钧致军委会等电》（1937 年 8 月 9 日），见中国第二历史档案馆：《“八一三”淞沪抗战史料选》，《历史档案》1985 年第 2 期，第 46 页。

⑤ 《上海作战日记》（1937 年 8 月 11 日），见中国第二历史档案馆编：《抗日战争正面战场》，凤凰出版社 2005 年版，第 263 页。

⑥ ［日］日本防卫厅防卫研究所战史室：《中国事变陆军作战史》第 1 卷第 2 分册（齐福霖译），中华书局 1981 年版，第 8 页。

根据张治中早前判断，倘若日本有如下举动：“敌决派陆军师团来沪，已开始登轮输送时；敌派航空母舰来沪时；敌在长江舰队来沪集合时；敌在沪提出无理要求甚至限期答复时，即可断定敌必发动无疑。”[①]至此战云密布之际，张治中所提要素均已发生，淞沪一战已无回旋余地。

8月13日，日本最终发动了这场淞沪战争。该日凌晨3时，日军突向闸北横滨桥以东及青云桥一带的中国守军开枪挑衅，但中国守军未予还击，“到了九时五十分，日陆战队七八十人图越淞沪铁路，冲往宝山路，我守军乃忍无可忍，当予猛烈还击，日军不支溃退。下午四时，战区扩至八字桥、江湾路、天通庵路等处。五时以后，日军用烧夷弹向我轰击，闸北若干房屋均被燃烧，但我军奋勇冲锋，于硝烟如雾之下，进驻八字桥”[②]。次日，国民政府发表《自卫抗战声明书》，郑重声明：“中国之领土主权，已横受日本之侵略……中国决不放弃领土之任何部分，遇有侵略，惟有实行天赋之自卫权以应之……”[③] 同日，日本海军以无辜者姿态发表了作战声明：“此前帝国海军曾一忍再忍，今则不得不采取必要而有效的一切手段。”[④] 15日，日本政府也公布了《帝国政府声明》，辩称：“中国方面如此轻侮帝国，非法暴戾已极。在中国各地我侨民之生命财产陷于危殆之今日，帝国实已忍至最大限度。为了惩罚中国军队之暴戾，促使南京政府觉醒，于今不得不采取之断然措施。”[⑤]遂以松井石根为司令官，编组上海派遣军，开赴上海作战。近卫内阁又于17日决定“放弃以前所采取的不扩大方针”[⑥]，扩大侵华战争。

## 二、淞沪会战前后的国际态度

淞沪会战是中国抗日战争史上的一场十分重要的战役，表面上是由日本驻沪海军挑起的，但实际上中日双方均有意在此进行一场决战。华

① 《张治中致蒋介石等密电》（1937年7月30日），见中国第二历史档案馆编：《抗日战争正面战场》，凤凰出版社2005年版，第259页。

② 《八一三抗战史》，中国文化服务社东北区社1946年选印，第3页。

③ 《抗战以来重要外交文献》，祖国社1943年编印，第8页。

④ ［日］日本防卫厅防卫研究所战史室：《中国事变陆军作战史》第1卷第2分册（齐福霖译），中华书局1981年版，第4页。

⑤ ［日］日本防卫厅防卫研究所战史室：《中国事变陆军作战史》第1卷第2分册（齐福霖译），中华书局1981年版，第5页。

⑥ 复旦大学历史系编：《日本帝国主义对外侵略史料选编（1931—1945）》，上海人民出版社1983年版，第243页。

北战事打响以后，南京国民政府以一·二八事变为鉴，在上海积极进行布防，虽然一再严令上海保安团“不许对日人有挑衅行为，致惹起无计划之冲突”①，也未同意张治中提出的先发制人战略，然而当战事一经挑起，即命令中国军队给予有力回击，而且比日本更为积极主动。究其原因，首先，从战略层面来看，国民政府早已筹谋夺取战争的主动权，“等到日本占领平津已成事实，一面仍希望像以前一样作地方性事件，为局部之解决，他的目的既在占领平津，其用兵数量及作战计划，亦以占领平津为度……是以我们的作战计划，就不限于平津而争取主动的地位，以展开全面的战斗”②。其次，就国际关系而言，蒋介石仍对欧美抱有幻想，他认为“上海是一个国际都市，欧美人士在此投下大量资金，如在上海和敌人用全力火拼一番，不特可以转变西人一向轻华之心，且可能引起欧美国家居间调停，甚或武装干涉”③；日本方面则认为“要使用必要的兵力，在上海作战中迅速取得优异的成绩，并确保上海。这样可以取得防止各国的干涉、破坏经济中枢、实施大规模的对要地的空袭、打击中国方面的士气的效果”④。所以，从战略意义上讲，淞沪会战是不可避免的，至于何时、如何爆发，除了中日不可改变的国家立场，欧美各国的态度也是一个非常重要的影响因素。

尽管在九一八事变中，国联未能起到应有的作用，但七七事变发生以后，国民政府仍然认为，“在中国据有重大利益的西方列强必不赞成日本扩大侵华。因此，它在对日交涉的同时，力求引起国际社会对卢事的关注，敦促列强出面讲话，企图借列强之力迫使日本作出让步”⑤。蒋介石在7月12日发给宋哲元的密电中也曾提到，“平津国际关系复杂，如我能抗战到底，只要不允签任何条件，则在华北有权利之各国，必不能坐视不理”⑥。然而欧美列强对此均持谨慎的态度，不过英、法要相对积极一些。英国除命令驻东京大使向日本政府提出抗议以外，其外交大

① 《何应钦致蔡劲军等密电》(1937年8月9日)，见中国第二历史档案馆编：《抗日战争正面战场》，凤凰出版社2005年版，第263页。

② 黄绍竑：《五十回忆》，上海世界书局1945年版，第336页。

③ 唐德刚：《李宗仁回忆录》，华东师范大学出版社1995年版，第513页。

④ [日] 日本防卫厅防卫研究所战史室：《中国事变陆军作战史》第1卷第2分册（齐福霖译），中华书局1981年版，第18—19页。

⑤ 陶文钊、杨奎松、王建朗：《抗日战争时期中国对外关系》，中共党史出版社1995年版，第31页。

⑥ 秦孝仪主编：《中华民国重要史料初编——对日抗战时期》第2编《作战经过》第2册，（台北）“中国国民党中央委员会党史委员会”1981年印行，第43页。

臣艾登（Anthony Eden）也于7月12日召见了日本驻英大使吉田茂，以暂停英日修好谈判作为对日本的警告；至于进一步的行动，英国却并不想单独采取，因为“一则英国在远东的军力并不充实，二则欧洲的问题正方兴未艾，三则英国的保守党对于英日间过去的友谊尚恋恋不忘”①。于是在法国的提议下，艾登于20日向美国政府建议，“由英美联合向日本和中国双方政府进行交涉，要求它们发出命令，停止调遣更多军队到作战地区，接受美国政府和我们所提出的旨在结束现存僵局的建议”②；但此时“美国的舆论既倾向于孤立，罗斯福又不愿蹈威尔逊的覆辙”③，因而美国并不想卷入中日冲突之中，而且美国认为英国对于国际关系“另有见解”④，故美国不愿与英国在中日问题上采取联合行动。于是美国国务院婉拒了艾登的建议，并提出：“两国政府在继续共同努力以改变敌对状态时，应各以自己的方式再度敦促日本和中国政府认识维护和平的重要性。”⑤ 在此之前，美国国务卿科德尔·赫尔（Cordell Hull）也在华盛顿召见了中日双方大使，要求两国政府做有效的克制。由于无法获得美国的合作，英国也只能作壁上观。蒋介石对此十分不满，他曾向罗斯福抱怨：“对于美国未与英国合作，努力防止目前能够通过对日本和中国的联合交涉予以防止的危机，我深感失望。中国和世界将铭记1931年西蒙（John Simon）在东北问题上未能与美国合作，而现在英国人将铭记美国的不合作。美国不应丧失它在世界上作为国际正义支持者的威望，如果它继续推行史汀生（Henry L. Stimson）政策，目前的冲突将不会扩展到包括美国在内的其它国家。”⑥

英、美等国步调不一的绥靖态度，其实是对日本的再一次放纵，直到八一三事变发生，各国在华利益受到极大损害，英国才率先于8月18日提出调停方案，要求中日双方军队退出上海，并向中国保证日方不利用公共租界作为根据地，同时向日本方面担保日侨的安全⑦。这一调停

① 张忠绂：《欧美在远东的平行行动》，国民图书出版社1940年版，第8页。

② ［英］安东尼·艾登：《艾登回忆录：面对独裁者》（武雄等译），商务印书馆1977年版，第952页。

③ 张忠绂：《欧美在远东的平行行动》，国民图书出版社1940年版，第11页。

④ 《美国远东政策与英显属一致》，《申报》1937年9月4日。

⑤ ［英］安东尼·艾登：《艾登回忆录：面对独裁者》（武雄等译），商务印书馆1977年版，第954—955页。

⑥ 原载《美国外交文件》1937年第3卷，第460页。转引自陶文钊、杨奎松、王建朗：《抗日战争时期中国对外关系》，中共党史出版社1995年版，第40页。

⑦ 《上海安全问题英提出调停案》，《申报》1937年8月20日。

方案为日本断然拒绝，日本于次日复文声称："日本侨民之生命财产，濒于万分危险……帝国政府对于此等多数侨民自有加以保护之重大职责，而不便以其责任委诸外国。"[①] 20 日，英国再与日本沟通，仍遭拒绝。对此，英国颇感无奈，驻华英军总司令李特（Charles Little）甚至悲观地表示："这对白种人来说是一种耻辱。白种人尤其是英国人苦心经营建立了这座美好的城市，它是远东的一颗明珠。但他们现在却没有力量阻止日本人破坏它或利用它。"[②] 可见，即使日本封锁了中国海岸，威胁到各国商贸往来时，英、美也未对其远东政策稍作改变，美国甚至敦促其侨民"早日他往"[③]，但多数在沪美侨均不愿意放弃其利益而回国。

应该说，英、美两国对于沪战的态度依旧是令人失望的，但国民政府并未放弃争取国际干涉的愿望，还在为此做出努力：首先是与苏联签订互不侵犯条约，苏联与中国在日本问题上有共同利益，国民政府原本希望签订互助条约以牵制日本，可苏联对此并不感兴趣，因为惹火上身之举显然是不明智的，所以苏联提出签订互不侵犯条约，并以援助军用物资为条件。然而互不侵犯条约对于中国争取英、美的支持是不利的，而且蒋介石还认为，"苏俄之外交诡诈无比。如苏俄先与我订立互不侵犯条约，借以威胁倭寇，亦要求倭寇订立互不侵犯条约，而作固守中立之计，此亦不可注意也"[④]，但是中国又需要苏联的物资援助，因而不得不与苏联签订了该项条约。其次是向国联申诉，中国虽然在以往的教训中深知，国联不会有实质性的行动，但国民党中央政治委员会仍于 8 月 26 日向国防最高会议表示："在战争期间，国际间之助力无论如何微小，均有一顾价值，而况国际联盟会员 60 余国，其心理上之同情与精神上之援助，其力量亦正不可忽视。"[⑤] 于是，中国在 8 月 30 日向国联秘书处递交照会，"将日方历次挑衅与举行情形，及我国爱护和平与最后不得已实行自卫之苦衷，向国联提出正式声明"[⑥]。

① "中华民国外交问题研究会"编：《中日外交史料丛编》第 4 辑《卢沟桥事变前后的中日外交关系》，（台北）"中国国民党中央委员会党史委员会"1966 年印行，第 513—514 页。

② 徐蓝：《英国与中日战争 1931—1941》，北京师范学院出版社 1991 年版，第 39 页。

③ 《美政府声明远东政策无变更，撤侨不影响根本政策》，《申报》1937 年 9 月 9 日。

④ 张秀章编著：《蒋介石日记揭秘》下册，团结出版社 2007 年版，第 514 页。

⑤ "中华民国外交问题研究会"编：《中日外交史料丛编》第 4 辑《卢沟桥事变前后的中日外交关系》，（台北）"中国国民党中央委员会党史委员会"1966 年印行，第 348 页。

⑥ 《日本历次侵略，我政府正式向国联申诉》，《申报》1937 年 9 月 11 日。

图 1-1　惨遭日机轰炸后的上海南京路①

然而就在国联会议审议中国申诉期间，日本对南京、广州等不设防城市进行了大规模的轰炸，"激起世界舆论的强烈反对"②。英国的南威尔士矿工联合会首先通过了抵制日货决议案，印度继之③。日本的肆无忌惮，也让英、美的态度有所改变。10 月 5 日，罗斯福在孤立主义势力中心芝加哥发表"隔离演说"，宣称："防止国际间之侵略，尤应认为有无上之必要。不遵法律，犹疫疠也，蔓延全世，有加无已，事殊不幸。当疫疠方兴之际，社会人士固知赞同隔绝病人，以保护公共卫生，不受其传染。余决以和平政策为主旨，并采取适当措施，以免牵入战争之漩涡。"④ 次日，美国国务院发表声明指出，"美国已不得不承认日本在中国之行动，不合国际关系之原则，并违背九国公约与凯洛公约（非战公约）之规定"⑤，正式宣布日本为侵略国。国联大会也在同日一致通过中日问题咨询委员会提交的决议草案，指责日本违反条约义务，对中国予以精神援助；又由于美国为国联非会员国，于是提议召开九国公约签字




① 图片复制自《Nanking Road bombing》，http://www.virtualshanghai.net/Asset/Preview/dbImage_ ID-32760_ No-01.jpeg。

② 陶文钊、杨奎松、王建朗：《抗日战争时期中国对外关系》，中共党史出版社 1995 年版，第 48 页。

③ 《印度国民党对我深切同情》，《申报》1937 年 10 月 1 日。

④ 《八一三抗战史》，中国文化服务社东北区社 1946 年选印，第 18 页。

⑤ 《美国政府正式宣布日本侵略违反条约》，《申报》1937 年 10 月 8 日。

国会议讨论中日冲突①。

原本各方对于召开九国公约签字国会议充满期待。英国国王乔治六世在10月22日出席上议院会议时声称："中日两国冲突，日益演进，联视听所及，不胜关怀，而无辜之非战斗员迭遭天空及海上袭击，死伤频仍，衷怀尤深忧戚，联兹信任最近行将开会之九国公约会议，深冀其能化干戈为玉帛。"② 然而，会议前的种种迹象表明，这仍将是一次失败的会议，因为此时的英、美两国都不想充当带头人的角色，也不会对日本做出有效的制裁及援助中国的举动。一方面，英国生怕激怒日本，以致遭到报复而损害其在香港、马来亚等地的远东权益；另一方面，美国不愿放弃与日本的贸易关系。法国虽然兴致颇高，"但由于内部政局动荡，又忙于应付西班牙内战，无力顾及远东，因此唯英美马首是瞻，也坚决反对讨论制裁问题"③。日本的态度则十分强硬，在未接到会议邀请函之前就非正式声明"决不出席"，同时表示"日本态度，前次答复美国务卿赫尔声明时，已申述对远东事态，欲适用九国公约与非战公约，认识殊不足，所谓情势变更原则，在中日间始能适当处理一切，故适用两约尚非其时"④。

11月3日，九国公约签字国会议在布鲁塞尔召开，至24日举行最后一次会议通过无限期延会决定，其间并未讨论出实质性的成果。但日本还是对欧美集体干涉远东事务有所忧虑，于是邀请德国驻华大使奥斯卡·陶德曼（Oskar Paul Trautmann）出面调停。德国此前在中日之间一直维持着平衡与中立政策，为此也未参加布鲁塞尔会议，所以对于日本提出的和解希望是乐意看到的，但德国是一个聪明的居间斡旋者，只为双方往返转达函电，自己绝不提出具体建议⑤。可是，日本提出的谈判条件过于苛刻，南京国民政府是不可能接受的，尽管德国居中交涉，其结果也只能以失败而告终。

毫无疑问，英、美等国或绥靖或中立的态度，不但使日本看清英、

---

① 《国联大会通过中日案全部文件，主席当签发邀请书，开九国公约国会议》，《申报》1937年10月8日。

② 《英王关怀中日战事，多数无辜平民横遭杀戮，深致痛惜，外相声明促成九国公约会议决心》，《申报》1937年10月23日。

③ 徐蓝：《布鲁塞尔会议与中日战争》，《民国档案》1990年第1期，第103页。

④ 《日外务省解释大陆政策，不惜借战争以掠夺资源，九国公约国会议不出席》，《申报》1937年10月8日。

⑤ ［美］格哈特·温伯格：《希特勒德国的对外政策》下编《发动第二次世界大战，1937—1939年》上册（何江译），商务印书馆1997年版，第235页。

美各国的软弱，从而在淞沪战场上大胆增兵，由此对中国的战略布局产生了不利影响。战事之初，日本驻沪海军陆战队总兵力不到5000人①，是中国可以给予其先发制人打击的良机，但蒋介石寄希望于英美调停，给了日本增兵的时间，以致贻误战机。从8月13日到9月17日，中国军队主动攻击作战，不仅取得“八一四空战”大捷，还对杨树浦、虹口一带的日军形成包围之势。然而前线部队却突然接到不可进攻的命令，“十五、十六两日都是奉令作攻击准备，并没有实行全线攻击，仅将五洲公墓、爱国女学、粤东中学各点攻占”②，直到17日拂晓才奉令继续攻击，然而18日受英国调停的影响，又接到暂停进攻的命令，次日才又开始攻击。如此三番五次的耽搁，不仅影响了前线士气，也妨碍了作战进程，未能及时给予日军以致命打击，导致淞沪战势随之发生了变化。

8月22日深夜，日本上海派遣军抵达川沙河口，与驻沪日本海军协同作战，以主力在吴淞附近强势登陆，迅速占领罗店和吴淞，其后以猛烈炮火攻占宝山县城；9月7日，又抵达了第一批增援部队，松井石根决定继续加强攻势。面对日本约10万优势兵力，中国军队陷入苦战，12日被迫后撤，转入守势作战；17日全线退守北站—江湾—庙行—朝王庙—罗店西南—双草墩之间，与日军对峙。随着时间的推移，战局对中国方面越发不利，从9月下旬至10月1日，日军不断增兵至20万人左右，并制定了《处理中国事变纲要》，明确指出：“军事行动的目标，在于使中国迅速丧失战斗意志。”③ 日本参谋本部又于10月6日调整了作战计划，将“主作战”转移到华中，“预料在最后完成任务之前，今后还不能不花费相当的时间和付出损失；而且这已成为国内外注目之的。如果在上海完全被我方控制之前北方有变，将发生令人极为忧虑之结果。因此，目前刻不容缓的紧急任务，是迅速结束上海战局”④。

---

① ［日］日本防卫厅防卫研究所战史室：《中国事变陆军作战史》第1卷第2分册（齐福霖译），中华书局1981年版，第4页。

② 中国人民政治协商会议全国委员会文史资料研究委员会《八一三淞沪抗战》编审组编：《原国民党将领抗日战争亲历记·八一三淞沪抗战》，中国文史出版社1981年版，第21—22页。

③ 复旦大学历史系编：《日本帝国主义对外侵略史料选编（1931—1945）》，上海人民出版社1983年版，第244页。

④ ［日］日本防卫厅防卫研究所战史室：《中国事变陆军作战史》第1卷第2分册（齐福霖译），中华书局1981年版，第84页。

对于战局的不利转变，国民政府的高级将领们均有节节抵抗、实行长期消耗战的意图，李宗仁就曾见机向蒋介石建议：“淞沪不设防三角地带，不宜死守。为避免不必要的牺牲，我军在沪作战应适可而止。”①然而随着美国及国联宣布日本为侵略国，并决定召开布鲁塞尔会议，使蒋介石一度看到国际干涉的希望，“因鉴于沪战不仅为将来长期抗战之基础，抑且为转移国际视听之枢纽，乃再度拟定攻势计划，以图达成寸土必争之目的”②。于是，南京国民政府重建第三战区，蒋介石自兼总司令，陆续调集部队增援，几乎将全国总兵力的三分之一投入淞沪战场，其中中央军嫡系部队占五分之三，淞沪会战就此达到高潮。其间，中国军队在吴淞以南蕴藻浜、大场一带及北站—杨行—浏河一线，有效阻击了日军迅速攻占上海的计划，不过伤亡也十分惨重。由于广西军队的后续部队未能如期增援，中国军队主力遂自 10 月 23 日起且战且退；25 日，沪西重镇大场失守以后，第三战区只好决定退守苏州河南岸—虹桥—南翔一线，加之此时后方已无部队增援，淞沪战场形势危急。前线将领于是建议将主力后撤，退入苏南国防线抵抗，蒋介石表示同意，但“因此时九国公约国正在比京（比利时首都布鲁塞尔）开会，委员长为争取国际声誉，令再支持三日”③，并于 28 日亲赴苏州，下令淞沪前线将士坚守阵地。

两日之后，日军对苏州河南岸进行猛攻，双方反复争夺近 10 日，死伤惨重。更为不利的是，日本于 10 月 20 日下达增派第十军的命令，拟于 30 日在杭州湾北岸登陆；又将驻沪海军第三舰队分为第三和第四两个舰队，编成中国方面舰队，并由第四舰队担任海州以南沿海作战任务，以协同第十军作战。11 月 5 日拂晓，第十军第六师团、第十八师团及左侧支队在金山、全公亭登陆成功，即分两路向北迂回松江，与上海派遣军一同对苏州河南岸的中国军队形成合围之势。“为打破敌人的包围与巩固南京防卫，蒋介石决定中国军队立即撤退，左右两作战军向吴（县）福（山）国防线转移，以保卫南京，并以一部转移沪杭线方面阻击敌人”④。11 月 11 日，国民政府军事委员会训政处发表了《告上海同胞书》，宣布“我军因为战略上关系，暂时从上海附近向后撤退”⑤。同

① 唐德刚：《李宗仁回忆录》，华东师范大学出版社 1995 年版，第 507 页。
② 陈诚：《陈诚回忆录：抗日战争》，东方出版社 2009 年版，第 35 页。
③ 陈诚：《陈诚回忆录：抗日战争》，东方出版社 2009 年版，第 38 页。
④ 张宪文主编：《中国抗日战争史（1931—1945）》，南京大学出版社 2001 年版，第 285 页。
⑤ 《军委会告上海同胞书》，《申报》1937 年 11 月 12 日。

日，上海市市长俞鸿钧也发表了《告市民书》，对民众进行安抚，“切望吾沪民众不可因战地略移而误滋沮丧，更当因环境较异而益矢忠诚”[①]。是日晚间，担任南市、浦东守卫的第五十五师第一六五旅、警察总队及苏浙行动委员会别动队奉命撤退，上海沦陷。

## 三、淞沪会战中的伤兵和难民

从8月13日到11月11日，经过长达3个月的浴血奋战，中国军队成功打破了日军速战速决的计划，并使日军在淞沪战场上的伤亡达到40672人，其中死亡9115人[②]，不过中方也为此付出了沉重的代价。

首先，中国军队的伤亡是对方的数倍，估计总伤亡数不少于25万人[③]。在前线与后方的密电中，屡见各参战部队伤亡奇重的情形，如9月13日，日军一联队向顾家角、张宅、五斗泾、龚崎阵地攻击，“我龚宅及叙里桥警戒部队伤亡殆尽”[④]；9月20日，日军向孟湾、张宅、王宅之线炮击，“我五十七师三三七团，于张宅附近与敌激战。惟该处阵地突出，致死伤达四分之三，杨九房、王示房附近之三三九团死伤亦大”[⑤]；又如在蕰藻浜南岸阵地，经连日激战，“郭汝栋部仅剩团长二、战斗兵百余名。韦云淞军伤亡旅长四、团长十员，损失奇重”[⑥]；在北站、新闸桥阵地，“我三十三师连日抗战，伤亡甚重，冯师长及雍、王两团长受伤，张旅长池及张团长失踪，官兵仅剩十分之一。第十四、第十八两师伤亡亦甚重”[⑦]。

中国军队凭借血肉之躯殊死奋战，谱写了一曲又一曲壮歌。譬如在守卫罗店战役中，双方激战旬余，中国守卫罗店一线的部队伤亡惨重，“第11师死伤官兵2120多人，第14师死伤849人，第67师死伤3100人，第98师死伤2590人，第56师死伤380人，第75军的第6师两个

---

① 《俞市长告市民书》，《申报》1937年11月12日。

② ［日］日本防卫厅防卫研究所战史室：《中国事变陆军作战史》第1卷第2分册（齐福霖译），中华书局1981年版，第83页。

③ 葛业文：《淞沪抗战》，团结出版社2005年版，第165页。

④ 《顾祝同致何应钦密电》（1937年9月13日），见中国第二历史档案馆编：《抗日战争正面战场》，凤凰出版社2005年版，第359页。

⑤ 《顾祝同致何应钦密电》（1937年9月21日），见中国第二历史档案馆编：《抗日战争正面战场》，凤凰出版社2005年版，第363页。

⑥ 《顾祝同致何应钦密电》（1937年10月24日），见中国第二历史档案馆编：《抗日战争正面战场》，凤凰出版社2005年版，第372页。

⑦ 《顾祝同致何应钦密电》（1937年10月27日），见中国第二历史档案馆编：《抗日战争正面战场》，凤凰出版社2005年版，第373—374页。

旅仅剩 1600 人，我 58 师也牺牲了 1200 人”①。在淞沪战场上，类似血战罗店的情形不胜枚举。

图 1-2　中国军队在战斗②

淞沪之战，几乎无日不战，不可谓不惨烈，“每小时的死伤辄以千计，牺牲的壮烈，在中华民族抵御外侮的历史上，鲜有前例”③。然而在这 30 余万伤亡当中，相当一部分是可以避免的，但由于中国军队的救护体系不健全，“阵地离野战医院又相当的远……前方因缺少担架床和担架兵的原故，有些伤重的都因没有人抬，自己挣扎起来爬行，因流血过多就这样死在路上了”④。前线将领冯玉祥对此抱怨道：“前方的伤兵没有医药，没有包扎所，更没有担架队……离开了前线的伤兵，多半是自己爬出来，死了的无人葬埋……受了重伤的，运到医院，伤口上长了蛆，全都臭了。这样，不应当死的死了，不应当残废的，也残废了。”⑤还有在撤出上海时，“因当时之连络困难，下达命令较迟，各部准备未周，撤退秩序较为混乱”⑥，加之日机日夜轰炸，人马践踏，“溃退之惨，一言难尽”⑦。

---

① 上海淞沪抗战纪念馆编：《口述淞沪抗战（二）》，上海人民出版社 2008 年版，第 48 页。

② 图片复制自《一寸山河一寸血：淞沪会战》，http://www.cnqiang.com/lishi/zsfy/201504/01138791.html。

③ 唐德刚：《李宗仁回忆录》，华东师范大学出版社 1995 年版，第 509 页。

④ 杨再思：《抗战中的伤兵问题》，全民出版社 1938 年版，第 6 页。

⑤ 冯玉祥：《我所认识的蒋介石》，中国文史出版社 2004 年版，第 72—73 页。

⑥ 何应钦：《八年抗战之经过》，（台北）文海出版社 1946 年版，第 18 页。

⑦ 唐德刚：《李宗仁回忆录》，华东师范大学出版社 1995 年版，第 510 页。

其次，此役不仅让上海这座繁华的大都市遍地瓦砾，造成超过37亿元的经济损失[①]，还将全沪及周边地区的居民卷进战火之中，至少造成10万至15万人死亡[②]，并使上百万人背井离乡，沦为炮火下的难民。据报道，“凡是敌骑所踏过的地方，就变成一片焦土，十室九空。因此淞沪抗战三月，向（而）我沪东、闸北、沪西、浦东的灾民不下数十百万，他们都流离失所，在战争、饥饿、寒冷中彷徨着”[③]。

图1－3　闸北大火[④]

八一三时期，日军除对上海城乡进行持续的狂轰滥炸之外，还对手无寸铁的普通百姓烧杀淫掠，手段极其残忍。如8月28日，日机向上海南站投掷了8枚炸弹，该车站内正在候车离沪的难民死伤达六七百人，“死者倒卧于地，伤者转侧呼号，残肢头颅，触目皆是，血流成渠，泥土尽赤，景象之惨，无以复加”[⑤]；9月5日，日机又向北新泾镇轰炸，全镇闹市成为废墟，“总计死者百余名，伤者约三百余名，其中死伤最多处为一已废的石灰窑，缘难民见敌机飞至，奔入窑中躲避，不料竟为

① 熊月之主编：《上海通史》第8卷，上海人民出版社1999年版，第335页。

② 张铨、庄志龄、陈正卿：《日军在上海的罪行与统治》，上海人民出版社2000年版，第130页。

③ 《人道的战士饶神父访问记》，《救亡日报》1937年11月18日。

④ 图片复制自《View of Zhabei consumed by fire（3）》，http：//www. virtualshanghai. net/Asset/Preview/dbImage_ ID-15203_ No-1. jpeg。

⑤ 《日机轰炸南站》，《立报》1937年8月29日。

集中目标，大肆轰炸”[①]；9 月 15 日，日军进入川沙白龙港对面的黄沙滩，将该滩居民三四百人全部屠杀；又攻占北塘的日军退却时，“顾家油车有四龄幼女被腰斩，有五十老妇被奸后，下体复被割裂，对我难民尤残酷异常，施行搜劫后，即以刺刀戳死”[②]；10 月 27 日，日军进占闸北后到处搜查，“遇有未逃避之青年男子，均遭枪杀；年轻女子，莫不遭受奸淫，稍有拒绝，即被击毙……致闸北各马路被杀我民众尸体，触目皆是……尤堪使人发指者，敌军竟将我妇女一批，于前日解往麦根路车站附近，先将衣服悉行褫去，用绳逐一束缚，使其不能动弹，嗣再用火油浇灌全身，分别投入火中焚烧，一时哭声震天，臭气四溢，即在苏州河边境，亦时可嗅觉”[③]，并以三五人为一小队，沿街放火，“闸北全市几成一片焦土”[④]；11 月 12 日，日军占领南市，随即到处纵火，大火在十数处发生，“南市所有繁华区域，现已尽毁一炬”[⑤]；这场大火足足烧了 5 天，日军犹未尽兴，“从十二月、一月、二月直到三月，南市变成火窟，百分之八十以上的房屋，受着火的洗礼，几乎完全是在日军占领以后发生的。无数店铺工厂，仅剩灰烬”[⑥]。毫不夸张地说，在日军的暴行之下，上海历尽人间惨事。

不过，从某种意义上来说，“‘八一三’抗战中的上海难民还是比较幸运的，这些难民比起不少同胞来，至少大部分人还保全了性命”[⑦]。一方面，华北战事爆发以后，有鉴于日本驻沪海军频繁登岸挑衅，上海商民深恐一·二八惨剧再度上演，家境稍稍殷实者，均预先迁徙以避凶焰；另一方面，上海难民还有租界作为避难之所，而且那里还有许多慈善团体在组织救济。虹桥机场事件发生以后，闸北率先进入战时状态，该区域内及毗邻地带的居民，即纷纷向苏州河以南的租界迁避，“由北往南之马路，几尽为搬场之卡车、汽车、塌车、老虎车、黄包车占有，尤以北浙江路、福建路、北河南路、北西藏路最为拥挤，其中贫苦小户、无资雇车者，则自行或挑或扛，左提右携，途为之塞”[⑧]。于是，在

---

① 《北新泾镇已成废墟》，《立报》1937 年 9 月 6 日。

② 《敌在川沙筑飞机场》，《申报》1937 年 9 月 16 日。

③ 《敌军横行闸北》，《申报》1937 年 10 月 30 日。

④ 《闸北全市几成一片焦土》，《申报》1937 年 11 月 6 日。

⑤ 《南市焚烧浩劫》，《申报》1937 年 11 月 15 日。

⑥ ［英］田伯烈：《外人目睹中之日军暴行》（杨明译），江西人民出版社 1986 年版，第 89 页。

⑦ 孙艳魁：《苦难的人流：抗战时期的难民》，广西师范大学出版社 1994 年版，第 117 页。

⑧ 《战时状态下闸北巡礼》，《申报》1937 年 8 月 13 日。

通往租界的外白渡桥上，“人拥挤得如钱塘江的怒潮，奔腾澎湃地在寻求出路”①。仅 8 月 13 日一天，“就有难民六万余人涌入租界”②。

图 1-4　难民涌入租界③

随着战线的逐渐扩大，更多的难民纷至沓来，形成一波又一波难民潮。整个淞沪会战期间，根据难民流向可知，“八一三战争初发前后，闸北、虹口、杨浦等地难民涌入公共租界；8 月下旬，因日机轰炸南市等处，沪南地区难民进入法租界；9 月上中旬，日军在小川沙登陆大肆烧杀，吴淞、罗泾、月浦等村镇难民逃往上海；10 月 22 日闸北沦陷，苏州河北难民涌向租界；日机轰炸浦东，浦东难民渡江逃往南市；日军在金山卫登陆，金山、松江、南汇、浦东等地难民纷纷逃往上海”④。据估计，“当时大约有 150 万人逃入上海公共租界”⑤。

当然，租界里并非绝对的安全，这些逃入租界的难民，“大部分是农民和工人，离开了田舍和工厂，就无法生活；在租界又举目无亲，因冻馁而死的每天有一百多人”⑥。而且，租界常遭流弹威胁，屡酿惨案，

① 竹作同、梅益主编：《上海一日》第 2 部第 1 辑，上海书店 1938 年版，第 15—16 页。

② 陶菊隐：《孤岛见闻——抗战时期的上海》，上海人民出版社 1979 年版，第 3 页。

③ 图片复制自《Refugees flooding into the French Concession》，http：//www. virtualshanghai. net/Asset/Preview/dbImage_ ID-57_ No-1. jpeg。

④ 张铨、庄志龄、陈正卿：《日军在上海的罪行与统治》，上海人民出版社 2000 年版，第 134—135 页。

⑤ ［美］约翰·本杰明·鲍威尔：《鲍威尔对华回忆录》（邢建榕等译），知识出版社 1994 年版，第 299 页。

⑥ 郭霖：《每天：一百以上难民的死亡》，《战时日报》1937 年 12 月 1 日。

难民的生命安全保障受到很大影响，其中典型的例子是发生在8月14日的“大世界惨案”。是日下午4时35分，正当中日空军激战之际，突然从空中坠下两枚巨型炸弹，在爱多亚路大世界门口爆炸，死伤400余人，该处有一部分难民罹此浩劫，“断股折肱，尸横遍地”①。尽管如此，徘徊于租界外的难民为数尚多，“时有拟入租界而被阻止者，东奔西突，为状殊惨”②。更有相当多的难民未能逃出战区，甚至有难民“因爱惜物品，死守屋内，不愿远离，而葬身于炮火之下者，不知凡几”③。

图1－5 大世界惨案④

## 第二节 上海各界的人道主义救护行动

炮火之下，岂有完卵，好在上海各界纷纷组织起来，投入这场战争救护当中。概而言之，当时的救护活动主要有两项重要内容：一是以中

① 《昨大世界门前飞机坠弹惨剧》，《申报》1937年8月15日。

② 《国际救济会拟办华界收容所》，《申报》1937年9月20日。

③ 《八一三救济征信录》，世界红卍字会中华东南各会联合总办事处1939年编印，第23页。

④ 图片复制自《Great World bombing: piled up corpses (graphic)》，http://www.virtualshanghai.net/Asset/Preview/dbImage_ ID-32756_ No-01.jpeg。

国红十字会为主导，组织救护队伍出发前线，援救伤兵和难民出险；二是由其他社会组织尽力收容、疏散难民。由于战事惨烈，救护任务十分繁重，“幸而当局事先绸缪，社会人士的共同努力，国际的间接帮助，才完成了最良好而具有模范的救济事业”①。

## 一、淞沪会战前的救护准备

尽管局部抗战初期，中国红十字会对淞沪、长城各战役均进行了有效的救护，但由于准备仓促，于救护事宜多有滞碍。因此，南京国民政府行政院卫生署和中国红十字会总会深感“救护工作有统一组织，集中力量，以便统筹调整的必要”②，于是特意联络军医署和其他与救护工作有关的机关及团体，于1936年年初在南京设立中央救护事业总管理处，以卫生署署长刘瑞恒为主任，并制定了《非常区域救护事业办法大纲》，指定国防线上各省市为非常区域，令由各该党政机关参加并指导当地红十字会分会、医药团体、医事教育机关、商会及其他与救护工作有关各团体，组设救护委员会，“负责协助并办理战区军民救护工作，以期事前得充分训练准备；临时得以统一调度，不致紊乱重复，漫无计划”③。为此，中国红十字会总会除通令全国各分会参加以外，“并联络总管理处和各界专门人员，特设救护委员会，设立协助供应、支配、训练各事宜”④。

在上海，中国红十字会总会积极组织，从1936年4月即开始筹备，延揽各医药团体及公团代表，于6月1日正式成立救护委员会，以总会会长王正廷为主席，副会长杜月笙、刘鸿生为副主席，设置训练、供应、人事三个分委员会，分别办理各项事宜。该委员会“自开办以至七七事变，对于药材之储备及学员之训练无不努力推行”⑤，所创训练班培养救护人才约计300余人，并在交通大学、务本女子中学、青年会、中华妇女会、护士学校、量才补习学校、海关俱乐部等12处代为培养学员547人。另上海各分会，如松江分会等⑥，也都相继办理了救护训练班。

---

① 张秉辉：《抗战与救济事业》，商务印书馆1937年版，第26页。

② 庞京周：《抗战与救护工作》，商务印书馆1938年版，第3页。

③ 《非常区域救护事业办法大纲》，《中国红十字会月刊》第28期（1937年10月），第54页；《中国红十字会月刊》第40期（1938年10月），第74页。

④ 庞京周：《抗战中救护事业底一个断面》，《申报》1937年9月7日。

⑤ 《中华民国红十字会总会三年来总报告》，《中国红十字会月刊》第57期（1940年3月），第11页。

⑥ 《松江开办救护训练》，《申报》1936年10月28日。

图 1-6　光华大学女生救护队参加救护培训毕业演习①

1936 年 11 月，绥远抗战爆发，上海各界闻人虞洽卿、江问渔、黄炎培等人发起，经与中国红十字会总会接洽，于 11 月 18 日成立上海市救护事业协进会，筹划绥远救护，同时设立训练进行委员会，培训救护人才②。另外，上海市时任市长吴铁城、教育兼社会局长潘公展，也召集各慈善团体负责人，于 11 月 30 日在仁济善堂成立上海慈善团体联合救灾会③。至八一三抗战前夕，包括上述团体在内，世界红卍字会、神州国医学会、煤业公会等上海各界组织，为了适应非常时期的需要，"均准备战地救护及训练工作"④。

七七事变发生以后，抗战救护形势日益紧迫。上海市救护事业协进会根据《非常区域救护事业办法大纲》的规定，决定扩大组织规模，于 1937 年 7 月 20 日改组为上海市救护委员会，由中国红十字会会同上海市商会、上海市地方协会、医药团体、医事教育机关及与救护事业有关的机关和团体，各推代表参加，公推颜福庆为主任，许冠群、俞松筠、翁之龙、郭琦元等人为副主任，下设训练推行委员会、药品供应委员会及总干事；总干事之下分设总务、医务两组，总务组下辖文书、记录、会计、庶务、运输、情报、交际、稽查、慰劳、掩埋等课，医务组下辖

① 图片复制自《光华大学女生救护队参加演习救护》，《世界军情画报》第 11 期（1937 年 7 月），第 5 页。

② 《援绥工作愈见推广：救护事业会昨开首次理事会》，《新闻报》1936 年 11 月 21 日。

③ 《各慈善团体联合救灾会昨成立》，《申报》1936 年 12 月 1 日。

④ 《各团体训练战地救护》，《申报》1937 年 7 月 22 日。

事务、医院、材料、救护队四课，分掌日常会务，以“负责协助并办理上海一带战区（京沪线至昆山为止、沪杭线至松江为止）军民救护工作”[①] 为职责，受国民政府中央救护事业总管理处的指挥和监督。次日，刘瑞恒特意前往上海，当晚便邀集上海医药界及金融界领袖王晓籁、闻兰亭、陆伯鸿、颜福庆等 20 余人，讨论筹划非常时期紧急救护办法。刘氏提出：“在目前华北前线紧张状态之下，对于紧急救护之准备，实有迫切之需要，故各地应即从速设法成立紧急救护团体，并与各地已成立之红十字会及当地卫生机关等保持密切之联络，以准备非常时期之来临。”[②] 22 日，上海各协会、公会、市民会、同乡会、机关、学校等 500 余团体，在市商会议事厅举行抗敌后援会成立大会，并议决通过“本会既经成立，所有本市合法团体，皆应加入本会，一致行动，不得再有任何其他救国性质之团体，单独行动案”[③]，将上海各团体整合成一个整体。

中国红十字会总会也鉴于沪战风云日紧，除扩大训练并积极准备以外，特于 7 月 25 日召开理、监事紧急联席会议，以总会为全国救护事业总汇，负有统筹调度之责为由，规定了非常时期之非常工作办法，即集中培训救护学员，募集巨额捐款[④]，并购置医具、药品。同时，决议将上海市救护委员会办事处迁至新闸路中国红十字会总会内，以便于“在中国红十字会旗帜下，集中力量统一组织，依照日内瓦条例编练救护人员”[⑤]。27 日，总会又召开理事会议，议决加入上海市各界抗敌后援会救护委员会，担任救护工作，并参加上海慈善团体联合救灾会救护事宜[⑥]。这样一来，中国红十字会的救护工作，“很大一部分便融注于慈联

① 《上海市救护委员会工作概况》，《中国红十字会月刊》第 27 期（1937 年 9 月），第 32 页。

② 《刘瑞恒筹商非常时期紧急救护办法》，《时事新报》1937 年 7 月 25 日；《中国红十字会月刊》第 27 期（1937 年 9 月），第 85 页。

③ 《抗敌后援会成立》，《申报》1937 年 7 月 23 日。

④ 为淞沪会战救护做准备，中国红十字会总会曾在 1937 年 7 月 30 日《申报》上发布紧要启事：“查本会为国际法定团体，平日办理医疗卫生赈灾等工作，战时依照日内瓦条约，实施救护事宜。现在时局日趋严重，本总会职任所在，责无旁贷，除已由华北救护分会出发工作及通令全国分会加紧准备外，已迭接前方来电，亟待设立医院购置药物，并设所收容妇孺，以符博爱恤兵宗旨。惟本总会统辖全国分会，应付救护，经费需款浩大。值此存亡绝续之顷，凡我爱国仁人，即希慷慨乐助，踊跃输将，以期减少人类之痛苦，保障民族之生存。时机已迫，诸希垂鉴。收捐处：上海新闸路八五六号本会。本会刻正筹设多量伤兵疗养医院，惟伤兵到达时，须换新制衣服，业已规定式样，估定价格，每人替换三套，合计国币二元二角，如荷爱国同胞源源捐助，无论自行购制或代办，均所欢迎。”

⑤ 《中华民国红十字会总会三年来总报告·沪战救护》，《中国红十字会月刊》第 57 期（1940 年 3 月），第 15 页。

⑥ 《各界积极准备救护训练工作》，《申报》1937 年 7 月 28 日。

会等社团的救助行动中，以收规模效应”[①]。

其他方面同样有所准备。1937 年 8 月 2 日，上海慈善团体联合救灾会举行全体委员会议，议决在北河南路（今河南北路）1 号广义善堂、虹口兆丰路（今高阳路）59 号至圣善堂、博物院路（今虎丘路）131 号中华慈幼协会、真如 50 号警察所等 16 处设立非常时期临时办事处，并制订防护总队训练计划及救济大纲，规定以办理非常时期一切难民救济事项为主旨，除协同党政及各界人士之外，并联合慈善或公益团体，以及联络上海各界抗敌后援会，合力办理[②]。8 月 9 日，上海市社会局等又发起成立上海市救济委员会，统筹非常时期的救济工作，公推潘公展为主席，钱新之、庞京周、宋汉章、屈文六、周邦俊等人为常务委员，王一亭、虞洽卿、王晓籁、杜月笙、林康侯等人为监察委员，分设总务、财务、收容、给养、遣送、医药、训导、警卫、掩埋等组[③]。8 月 13 日，经华洋义赈会分头接洽，由中国红十字会总会、上海慈善团体联合救灾会、世界红卍字会、中国济生会、中华公教会、中国佛教会、上海青年会各派代表，假银行公会成立上海国际救济会，推定关炯之为临时主席，驻沪领事团团长挪威总领事奥尔（N. Aall）、中国工程学会前会长柏韵士（Hans Barents）、公共租界工部局前总办钟思（J. R. Jones）、法籍神甫饶家驹（R. P. Jacquinot）、法国商会秘书傅立德（J. Freder）、王一亭、宋汉章、陆干臣、李规庸、屈文六等 10 人为常务委员，由中外委员“共谋救济工作，以收群策群力之效”[④]。

此外，随着全面抗战的临近，上海各界开始筹备伤兵救护和难民救济事宜。如天主教中华全国公进会总会在会长陆伯鸿的努力下，与中国红十字会及上海慈善团体联合救灾会筹办难民收容所，“得法租界某大医院及某大学当局同意，作为将来之收容所及教养所，并拟组织救护队，派赴前方工作”[⑤]。上海慈善团体联合救灾会也会同各救护团体，在各处积极办理难民收容所及伤兵医院，并聘定运货车 2 辆，购置防毒面具 200 只。全国道路协会亦购置救护车 2 辆，送交中国红十字会，以备救护前线伤兵之用。各山庄、会馆、同乡会在组织掩埋队的同时，还特

① 池子华：《1937 年中国红十字会淞沪抗战救护简论》，《徐州师范大学学报》（哲学社会科学版）2003 年第 4 期，第 86 页。

② 《善团联合救灾会昨议决准备救济防疫》，《申报》1937 年 8 月 3 日。

③ 《上海市救济会昨日成立》，《申报》1937 年 8 月 10 日。

④ 中国第二历史档案馆编：《中国红十字会上海国际救济会工作报告（1937 年 8 月—1938 年 2 月）》，《民国档案》1998 年第 1 期，第 27 页。

⑤ 《红会救护队今日出发，天主教友筹办救济》，《申报》1937 年 8 月 5 日。

将所有房屋让出，“俾协助其他救济团体，办理难民收容所等用，并尽量捐款，以资大量救济”①。

综合来看，由于占据历史、地缘等各种优势因素，所以上海在救护培训、善款募集、救护组织等方面都要优于其他地方，而且经过一番谋划和整合，为淞沪会战救护打下了一个相对良好的基础。

## 二、淞沪会战救护的过程及其特点

1937 年 8 月 13 日下午，随着淞沪会战的打响，上海所有救护团体全体出动，分在两地集中。一在位于福熙路、同孚路的中德医院，由中国红十字会上海市救护委员会集合所有在红十字会受过救护训练的人员进行编队，“编队方法，为第一批就各人住址相近，编入某地防护队，共需六队，每队十人，举队长一人；第二批编入红十字会救护队，约编十队，每队十人；第三批预备队，所有未编入前两批者，悉数编入”②。一在位于北京路、贵州路的湖社，由其他团体编组战地服务队。这两种编队分别出发，各自执行救护任务。各同乡会等则“分持白旗，至租界内各地，招待流离失所之难民”③。

图 1－7　红十字救护队整队出发④





① 《慈善救灾会积极办理收容所，各山庄会馆房屋让出，协助收容及伤兵治疗》，《申报》1937 年 8 月 12 日。

② 《救护组织已有头绪》，《申报》1937 年 8 月 13 日。

③ 《本市救护团体昨日出动》，《申报》1937 年 8 月 14 日。

④ 图片复制自《中国红十字会上海市救护委员会救护队出发时之留影》，《中国红十字会月刊》第 42 期（1938 年 12 月）。

救护开始以后，上海各界均全力以赴，不分昼夜地冒险抢救受伤兵民。具体说来，各项救护工作的展开，主要有以下两个方面的特点：

第一，准备充分，前线救护工作组织有序。由于战前准备较为充分，所以当炮火一响，上海各界可以相对从容应对。其中，作为“全市办理救护事宜之最高机关”①，中国红十字会上海市救护委员会因预先准备募集救护经费、征召救护委员、统计医护人才、设班训练学员、储备药品器具、布置伤兵医院等项工作，所以战事发生后便能立即组织救护队、急救队奔赴前线。在整个淞沪会战中，该会先后组织救护队 10 队、急救队 12 队，开办救护医院 24 所，征集救护汽车 98 辆，特约公私医院 16 所（分别是人和医院、大德医院、大华医院、太和医院、中德医院、生生医院、永川医院、同德医院、同德产科医院、东南医院、红十字会第一医院、红十字会第三医院、惠旅医院、劳工医院、宝隆医院、铁路医院），“分布淞沪前线及上海租界，协同一致，执行救护、输送、医疗等作业，并于接近前线之交通孔道，设置伤兵分发站，为受伤军民办理登记、交换绷带，然后分批指送医院收容”②。由此可见，从前线到后方，各项救护工作在该委员会的组织下，可谓井然有序。

具体而言，首先，在此次沪战发生后的一个星期内，该委员会就组织救护队、急救队分布于江湾、大场、真如、浦东一带，并拨派普善山庄数队掩埋队，从事掩埋工作。救护队主要是筛选民间团体及爱国青年自行组织或个人参加过救护训练的，编成 6 队，每队有 53 人、车 5 辆，并择其干练者委任为队长；其他各业救护团体请求参加者，除煤业公会单独组织了 1 队百余人的救护队以外，余均经审查后，编为急救队 6 队，每队 15 ~ 20 人、车 3 辆③。起初各救护队、急救队尚能互相策应，然而随着战线逐渐延长，原有救护队员不敷调遣，该委员会遂又续编救护队 4 队、急救队 6 队，先后派赴前线协助工作。从淞沪会战开始直至结束，“除南市、浦东、沪西尚驻有多数救护队员外，其他如黄渡、浏河、太仓等地，九十余公里外均有我队员分布其间”④。

① 《上海市救护委员会工作概况》，《中国红十字会月刊》第 27 期（1937 年 9 月），第 38 页。

② 《中华民国红十字会战时工作概况》，中华民国红十字会编宣股 1942 年编印，第 3 页。

③ 《普善山庄急募棺木经费殓埋伤亡兵民》，《申报》1937 年 8 月 24 日；庞京周：《抗战中救护事业底一个断面》，《申报》1937 年 9 月 7 日。

④ 《中华民国红十字会总会三年来总报告 · 救护队之驻在地》，《中国红十字会月刊》第 57 期（1940 年 3 月），第 35 页。

图 1-8　红十字救护队员抢救伤兵现场①

其次，有序开办救护医院、特约合作医院，以满足救护工作的需要。先行成立的是第一至第七及第二十救护医院，继之开办者为第八至第十三及第十八救护医院。在此期间，由于救护医院未能完全成立，为求尽量收容伤兵起见，“乃与沪上原有医院洽商兼收伤兵，由本会津贴各医院每名每日药品、伙食费五角，合计与本会合作之医院凡十六所，各特约医院之床位约共九百张，对于伤兵之收容给与本会助力不少”②，但待救护医院全部成立以后，为了便于管理，自 9 月 10 日起，只保留少数特约医院继续合作。不过，9 月以后，战事趋烈，伤兵日增，不得不又相继开办了 9 所救护医院，总计 24 所救护医院，共有 5229 张床位。这些医院的伤兵收容与遣送工作，都由该委员会规定办法统一指挥③。另外，其他私人团体或个人所开办的伤兵医院，“其组织及经费完全独立，但仍与本会合作，对于伤兵之收容及遣送，悉由本会负责”④。

再次，设立伤兵分发站，分流救护医院的压力。由于战事扩大，运沪伤兵日有 300～900 名之多，就算伤兵医院的床位最多时也不能收容全部，所以自 8 月 22 日起，在第六救护医院内设立一处伤兵分发站，对

① 图片复制自《救护队抢救伤兵之一刹那》，《抗日画报》第 8 期（1937 年 10 月 6 日），第 15 页。

② 《中华民国红十字会总会三年来总报告·特约医院》，《中国红十字会月刊》第 57 期（1940 年 3 月），第 29 页。

③ 《中华民国红十字会总会三年来总报告·救护医院》，《中国红十字会月刊》第 57 期（1940 年 3 月），第 17 页。

④ 《中华民国红十字会总会三年来总报告·其他伤兵医院》，《中国红十字会月刊》第 57 期（1940 年 3 月），第 31 页。

于前线救回的伤兵，在此先察看其伤势轻重，再行分别处理，重者送入医院，轻者暂住所内，等候火车、船只转送后方。第六救护医院于9月20日结束时，该处伤兵分发站迁往枫林桥外交大楼，此处可同时容纳千名伤兵，“内设站长一人、医师二人、护士十余名，司理伤兵换药、包扎事宜；另由市商会童子军团部派童子军一队，驻站内帮同维持秩序，并管理伤兵登记、伤兵输送后方”①。

第二，团体众多，参与抗战救护者均不遗余力。除中国红十字会以外，不管是已有的，还是新成立的社会团体，如上海慈善团体联合救灾会、上海市救济委员会、上海国际救济会、世界红卍字会、黄卍字会、蓝十字会、上海青年会、中国济生会、中国佛教会、救世军、中华慈幼协会、中华医学会、普善山庄、同仁辅元堂等，以及各机关、同乡会等，群起参与救护工作，“其数众多，难以枚举”②。从组织救护队加入前线救护，到在后方成立伤兵、难民医院收治受伤兵民，再到开办难民收容所救助难民，无不竭尽全力，尤以难民工作为著，其中又以上海慈善团体联合救灾会、上海市救济委员会、上海国际救济会及各同乡会表现为优。

由于带有官方背景，上海慈善团体联合救灾会、上海市救济委员会一开始办理难民救助工作，殊为积极。沪战开始前两日，就已调派车辆前往江湾、大场等地收容难民，13日夜晚在大世界收容难民1万余人，翌日清晨又派遣40余辆汽车，奔驰于南市及各马路进行救济，“连日收容难民，已达五万余名”③。然而“大世界惨案”发生时，上海市政府派往上海慈善团体联合救灾会工作的社会局职员全部落荒而逃，黄涵之等人遂在上海慈善团体联合救灾会下面设立救济战区难民委员会（简称慈联会），以屈映光为主任，分设收容、给养、总务、遣送、医务等股，继续办理救济工作，先后设立了65处难民收容所，组织了1队170余人的僧侣救护队④，并开办了4所伤兵、难民医院，至沪战结束时，总共收容难民118464人，其中遣送44195人，救护受伤兵民127200余人⑤，是当时上海规模最大的社会救济团体。

① 《中华民国红十字会总会三年来总报告·伤兵分发站》，《中国红十字会月刊》第57期（1940年3月），第31页。

② 航僧：《上海战时救济概要》，《救灾会刊》第14卷第11期（1937年12月），第118页。

③ 《慈善团体及各医院积极救护伤兵难民》，《申报》1937年8月15日。

④ 《规模最大的救济团体》，《救亡日报》1937年9月22日。

⑤ 航僧：《上海战时救济概要》，《救灾会刊》第14卷第11期（1937年12月），第118页。

上海市救济委员会在组织方面也有所变动，9 月 7 日国民政府行政院通过《非常时期救济难民办法大纲》以后，该会便奉上海市政府饬令，于 10 月 1 日起改组为非常时期难民救济委员会上海市分会，“接收前上海市救济委员会一切事务，主持办理上海市非常时期难民救济事宜”①。该会改组前设立的难民收容所最多时为 104 所，先后收容难民 8.4 万余人，遣送 7 万余人，诊治患病难民 2 万余人②。改组后则新收难民 16474 人，遣送 6361 人，并为 2711 名难民提供了诊疗服务③。

上海国际救济会，作为国际性难民救济团体，虽有很多外籍人士加入，但救助难民也是全力以赴。战事之初，日军以虹口租界为根据地，将虹口、杨浦通往租界的道路阻断，导致这一带居民未能逃出者甚多。该会为救此难民出险，商由法国神父饶家驹带领救济组干员两次冒险前往营救，“所有脱险难民，护送过外白渡桥，投奔亲戚，或迳入本会收容所者为数甚众”④。惜因军事牵制，未能救出更多，遂将登记待救的 2000 余名难民，委托于公共租界工部局相机援救，借此脱险者亦在千人以上。同时，因两租界当局不准难民入境，从太仓、嘉定、宝山逃出的难民，只得在华界与租界接壤之北新泾进退维谷，风雨饥寒交相煎迫，且受日机轰炸威胁。见此凄惨情形，饶家驹遂向租界当局疏通引入，安插于该会各收容所内。后又商得中日军事当局同意，派车出发江湾路、荆州路、昆明路、汇山路一带，救出难民 500 余人，分别运送至该会各收容所给养⑤。该会其时仅设有 3 处难民收容所，在所难民共 7610 人。10 月下旬，战线移至沪西，该地数万难民麇集于法、华交界处，扶老携幼，啼泣载道。经该会竭力说服租界当局同意，由饶家驹、柏韵士、马瑞山、白克礼等人，“向工部局借得卡车五辆，及万国商团蓬车六辆，驰往沪西一带营救，计救出难民一万二千余人”⑥。乃添设 3 处难民收容所予以收容救济，其中位于交通大学第五收容所，被误传驻有中国军队，日军拟加轰炸，鉴于关系重大，该会一面委派饶家驹向日军说明并

① 《非常时期难民救济委员会上海分会成立启事》，《申报》1937 年 10 月 1 日。

② 《市救济会结束前工作》，《申报》1937 年 10 月 2 日。

③ 《救济会市分会拟订鼓励难民移殖方案》，《申报》1937 年 10 月 30 日；《市救济会第四次常委会议决移殖难民》，《申报》1937 年 11 月 6 日。

④ 《上海国际救济会年报（廿六年八月至廿七年八月十五日止）》，上海国际救济会 1938 年编印，第 2 页。

⑤ 《国际救济会救护战区难民》，《申报》1937 年 8 月 29 日。

⑥ 中国第二历史档案馆编：《中国红十字会上海国际救济会工作报告（1937 年 8 月—1938 年 2 月）》，《民国档案》1998 年第 1 期，第 29 页。

无驻军，一面商请法租界当局调派 40 名军警守卫，始得保全。除此之外，该会还开办了 3 所难民医院、1 所肺病医院、1 所麻风医院，其中第五收容所难民医院，“每日住院病人平均约二百五十人左右，门诊二百人以上，为沪上难民医院中规模最大者，虽以时局关系，收容所处于特殊环境之中，但医师及护士仍能继续努力，解除难民疾苦”[①]。

此外，各旅沪同乡会也尽力发挥作用，如宁波同乡会在八一三当天就召开救护会议，议决组织救护队 10 队，每队 20 人，分为随车救护、收容、供应、情报、轮船、医药等组，“并已在民国路四明公所，成立第一收容所；平济利路定海会馆，成立第二收容所，开始办理收容同乡难民，并派员照料返籍同乡”[②]，前后共计遣送同乡难民 16 万余人[③]。当然，也不是所有的同乡会都有如此大的规模，如绍兴、宜兴、常熟等地同乡会仅设登记处，数量不一，以便于办理同乡难民登记和遣送[④]。嗣为集中力量起见，各同乡会于 8 月 29 日成立联合办事处，由广东、浦东、河北、四川、全浙、宁波、湖州、常州、通州、崇启海同乡会担任常务干事，诸暨、绍兴两同乡会担任总务组干事，温州、潮州两同乡会担任遣送组干事，嘉定、松江两同乡会担任交际组干事，“该会办事处决暂设浦东同乡会，主要工作为办理遣送、收容、救济难民事项”[⑤]。

经上海各界中外人士的共同努力，截至 1937 年 10 月底，全沪遣送回籍难民共 64370 名，由沪返内地者则达 371270 名[⑥]。至上海沦陷时，上海仍有难民约 384000 人，设有难民收容所 340 处，“其中公共租界一百五十二所，九万人；法租界四十所，九万四千人（未包括露宿街头者）；南市难民区一百十八所，二十万人（包括靠救济维生的住户及露宿街头者）”[⑦]。伤兵方面，到 1938 年 4 月 30 日救护工作完全结束为止，上海各医院收治兵民 19539 名，由伤兵分发站运送后方各地者 7128 名，由前线直接送往后方各地者 17722 名，合计先后救运受伤兵民

① 中国第二历史档案馆编：《中国红十字会上海国际救济会工作报告（1937 年 8 月—1938 年 2 月）》，《民国档案》1998 年第 1 期，第 33—34 页。

② 王叔达：《八一三上海抗战史》，民强出版社 1937 年版，第 10 页。

③ 《宁波同乡会救护事业收束，各组人员暂行辞退》，《申报》1937 年 11 月 6 日。

④ 《各同乡会遣送难民回籍》，《立报》1937 年 8 月 30 日。

⑤ 《本市各旅沪同乡会成立联合办事处》，《立报》1937 年 8 月 30 日。

⑥ 《自战起迄十月底离沪人数统计，工部局公布难民状况》，《申报》1937 年 12 月 14 日。

⑦ 任建树主编：《现代上海大事记》，上海辞书出版社 1996 年版，第 691 页。

44389 名[1]。

图 1-9　各同乡会在苏州河畔遣送难民[2]

## 三、淞沪会战救护中存在的问题

淞沪会战救护，虽然取得了可观成效，但救护过程并不容易。日军残暴，肆意践踏红十字战地公约，致使前线救护人员的生命安全受到威胁，其中苏克己、陈秀芳等 30 余位医师、护士惨遭杀害。如 8 月 18 日，真如红十字会医院虽然悬挂着巨幅红十字旗帜，仍遭到日机毫无顾忌的轰炸，房屋尽毁之余，死担架队长 1 人，伤医师 1 人、救护员 3 人；8 月 19 日，南翔救护队也遭到日机轰炸，死治疗中的伤兵 2 人，伤 4 人（包括救护队医师 1 人）；8 月 23 日，罗店救护队被日军包围，不仅多名伤兵遭捕杀，救护队员也在被强迫跪下后遭机枪扫射，医师、护士多人因此罹难，其中有护士 1 人逃至上海，被送入中德医院抢救，但不治而亡；8 月 24 日，第五急救队队员 1 人遭日机炸伤；8 月 27 日，第二急救队队员 1 人亦遭日机炸伤；9 月 2 日，第八急救队队员受伤；9 月 13 日，殷行救护队 4 名队员受重伤，1 辆救护卡车被毁[3]。救护车辆虽悬挂有红十字旗帜，也不可幸免，被日机发现后即加以轰炸，故而为避免危险起

① 胡兰生：《中华民国红十字会历史与工作概述》，《红十字月刊》第 18 期（1947 年 6 月 20 日），第 6 页。

② 图片复制自《上海市各地同乡会遣送难民回籍，难民船停泊苏州河之情形》，《抗敌画报》第 1 期（1937 年 9 月 18 日），第 9 页。

③ 《抗战中之救护工作》，《中华医学杂志（上海）》第 23 卷第 11 期（1937 年 11 月），第 1267 页。

见，8月25日起救护车改为夜间工作，“但夜间工作，困难殊多，以不准点灯火，且军用车来往频繁，以致时有互撞及翻车情事”[①]。另外，在遣送难民的过程中，因铁路沿线常遭日机轰炸，“致路线发生障碍，火车无法行驶，故仅赖汽车及轮船输送”[②]，每日输送难民人数因而大为减少。即使这样，输送难民的车辆及轮船也时遭日机轰炸及机枪扫射，以致难民死伤甚众[③]，对遣送工作造成了极大阻碍。

至于救护工作中存在的问题，中国红十字会根据数月工作实际情况认为，“困难而不能使救护工作顺利进行者：（一）工具尚感不敷；（二）租界门禁无定，阻碍交通；（三）日机轰炸，只能昼伏夜行；（四）医院床位有限，有输送无从之时；（五）车辆缺乏，征集维艰，调遣为难；（六）军部卫生队时感不足，不能与救护队联系输送”[④]。具体说来，主要表现为以下几个方面：

一是中国红十字会不公开救护工作的进展情况。在此次淞沪会战救护中，作为救护主力的中国红十字会一反常态，对救护工作不作任何公开的报道，从而引起各方的怀疑与责难。尽管该会及时在《申报》上刊登启事进行解释：“本会综理全国救护，负有重大使命，迩来夙夜布置，紧张万分，尤以沪战当前，各路救伤急如星火，一切办理经过，他日自有详报。乃各界人士感于爱国热忱，纷纷来会探询前线状况，伤亡数字及本会工作详情，本当掬诚相告，然格于军部约束，未便率尔宣扬，惟有埋头做去，暂安缄默。”[⑤] 但这种说辞不足以平息众人疑虑，因此无法取得社会各界最大限度的支持，对救护工作的组织和扩大都产生了不利影响。

二是各救护机关和团体严重缺乏合作精神。由于参与救护的人员及团体众多，虽经各方努力组织，但未尽妥善之处仍多。中国红十字会就认为，在其统辖之下的医院，虽已达到40余所，但各医院“互相间似乏合作表现”[⑥]。各救护团体之间更是如此，对于运送伤兵“完全缺乏类别、布置、分配之工作，伤兵运送全凭卡车夫随意乱送，不顾医院内是

① 《上海市救护委员会工作概况》，《中国红十字会月刊》第27期（1937年9月），第37页。

② 《市救济委员会办理救济情形（上）》，《申报》1937年9月20日。

③ 《市救济委员会办理救济情形（下）》，《申报》1937年9月22日。

④ 《中华民国红十字会总会三年来总报告》，中国第二历史档案馆藏档案，全宗号476，卷号3198。

⑤ 《中国红十字会总会启事》，《申报》1937年8月20日。

⑥ 《抗战中之救护工作》，《中华医学杂志（上海）》第23卷第11期（1937年11月），第1268页。

否有无余留床位，故当时常有伤兵卡车逡巡马路，有数小时之久，而始送到目的地者”[①]。由日内瓦国际红十字会遣派来沪考察日机轰炸红十字救护队员一事的特别代表瓦特维尔（Col. De Watteville），在视察各医院及上海救护工作后也提出，中外各团体在救济伤兵和难民的工作中，切不可荒废好意与精力，“目前最重要诸事之一，厥为通力合作”[②]。这一点在救济难民问题上同样表现得十分明显，各团体相互间的联系与合作甚少，基本上处于各自为战的状态，这就造成难民收容所的办理情形颇不一致，使难民虽同被救济，“乃因善团之办事纷歧，投身之处所各异，以致饮食、衣服、起居、动作、卫生诸端，享受悬殊”[③]。

三是经费与救护材料不敷应用。尽管各救护团体在战前有所准备，在战时也竭力劝募，但救护工作需款孔殷，“虽有各界人士慨为捐助，惟不敷尚巨”[④]，药械、被服等救护材料也颇感缺乏[⑤]。尤其是随着战线的扩大，伤兵和难民人数的不断增加，各救护团体的负担也随之加重，经费支出更为困难，如慈联会所存经费于 1937 年 10 月底时，“只敷二十天之用”[⑥]。经费缺乏对救护工作不无影响，如中国红十字会上海市救护委员会“为财力所限，对此热心投效的青年——尤其是对于受过救护训练的学员——未能尽量罗致，很是歉仄”[⑦]，其运输股也“因物质上设备之不足，工作颇感困难”[⑧]；非常时期难民救济委员会上海市分会，为“节省经费及便利工作”[⑨] 起见，经该会第七次常务会议议决，交由慈联会接办，改名为上海慈善团体联合救灾会难民救济分会（简称慈联分会）。

四是两租界对救护工作的开展多有限制。虽然从 8 月 13 日起，上海公共租界和法租界都对与华界接壤各处铁门实行管制，但当难民奔逃而来时，两租界出于人道主义精神，还是打开了部分铁门和边门，让难民进入避难，各救护团体也能顺利出入。不过，租界当局很快就不准救护

① 《法租界当局对于伤兵之处置》，《各报》1937 年 10 月 1 日；《中国红十字会月刊》第 29 期（1937 年 11 月），第 48 页。

② 《救护伤员难民需要中外团体合作》，《申报》1937 年 9 月 26 日。

③ 李广诚：《统一救济平议》，《中国红十字会上海国际委员会救济月刊》第 1 卷第 3 期（1938 年 8 月），第 1 页。

④ 《慈联会电请先拨十万救济难民》，《申报》1937 年 9 月 2 日。

⑤ 《中国红十字会总会征募药械》，《申报》1937 年 10 月 6 日。

⑥ 《慈联会赈款余存无几》，《申报》1937 年 11 月 8 日。

⑦ 庞京周：《抗战中救护事业底一个断面》，《申报》1937 年 9 月 7 日。

⑧ 《红会输运股缺乏卡车，望各界慷慨捐款》，《申报》1937 年 9 月 27 日。

⑨ 《难民救济会结束，慈联会今接手》，《申报》1937 年 11 月 20 日。

车辆驶入界内，因为难民骤增数万，使他们担心如此下去，“非但有碍卫生，即粮食亦将发生恐慌，故非得将大批难民遣送外埠之后，租界不能再容，即各医院中亦不再收容，各院纵有余额，亦只能备作界内患病或受伤之居民送入”①。经设法交涉，始得准许在租界内组织难民医院，但必须经过工部局派员调查认为合格，并呈准总巡签发派司后，才能照额定人数输送入院。9 月 18 日，鉴于中国当局善意通知前线发现霍乱病症，两租界当局便决定设立隔离医院，并要求将轻伤兵士送往内地医治，重伤者才能送入租界内医院收治。然而，两租界内各医院的床位有限，每日可收容伤兵虽无绝对定额，“惟根据空余床位及重伤平均数而定，大约每天两租界可以收容七十至一百伤兵”②。于是，中国红十字会公告各方，“惟沪战爆发接近特区，自应就租界设院。乃近来伤兵入界频遭顿挫，有妨急救工作，此后自必尽量输送后方治疗”③。此后，两租界当局也一改以往态度，不准难民进入租界④。当然，其间闸北等地难民在逃往租界的途中，遭日军机枪扫射时，“其欲入租界者，皆许通过”⑤。

## 第三节　上海国际红十字会的初步创建

淞沪会战救护中存在的诸多问题，限制了救护工作的全面开展和工作效率的提升，使参与其中的各救护团体及中外慈善界人士倍感压力，尤其是上海人口的急剧流失和战争损坏，导致经费募集日见困难，使得救护工作颇有难以为继之虞。为了避免救护工作陷入困境，各有识之士均认识到伤兵救护和难民救济这两项工作“必须在更大范围内更好地组织起来，才能有效地开展”⑥，因而有必要组建一个国际性的红十字组织，以争取国际社会的广泛同情和援助。于是，上海国际红十字会的成立，便被提上了议事日程。

① 《救护难民发生困难》，《申报》1937 年 8 月 24 日。

② 《法租界当局对于伤兵之处置》，《各报》1937 年 10 月 1 日；《中国红十字会月刊》第 29 期（1937 年 11 月），第 48—49 页。

③ 《中国红十字会总会敬求全沪人士援助内地救护事业启事》，《申报》1937 年 9 月 28 日。

④ 《沪西北郊难民惨状》，《申报》1937 年 10 月 28 日。

⑤ 《敌扫射我难民》，《申报》1937 年 10 月 29 日。

⑥ 颜惠庆：《颜惠庆自传：一位民国元老的历史记忆》（吴建雍等译），商务印书馆 2003 年版，第 302 页。

## 一、旅沪中外慈善人士呼吁建会

鉴于淞沪会战救护工作存在很多不足之处，旅沪中外慈善界人士爰以“国际之立场、人道之正义”①，纷纷向中国红十字会总会时任名誉副会长颜惠庆②表达了这一意见，“亟望有一国际红十字委员会之组成”③，并对这一组织寄予了两点殷切期望：

一是在更大范围内争取援助。随着战事的推进，将会产生更多的伤兵和难民，由此也将会带给救护团体更沉重的负担，“非有巨款不克救济”④，这是当时社会各界的普遍共识。也就是说，以各团体的实力并不能维持多久，故募集经费是最重要的任务；然而仅依靠上海范围内的劝募和来自国内其他地方的声援，在战争状态下势难持久进行，经费来源必有竭蹶的危险，所以要极力争取海外援助。虽然当时海外侨胞及各国慈善团体和个人已经开始捐助，但上海没有专门的国际性组织来从事这一捐款接收及海外宣传与劝募工作，加之中国红十字会忙于全国范围内的救护工作而无暇顾及，因而成立国际红十字委员会，其主要任务之一就是向海外宣传上海乃至全中国的抗战情形，向国际社会传达来自上海的声音，借此谋求国际社会的广泛同情和支持，以拓展救护经费的募集渠道，在更大范围内获得更多的援助。

二是更有效率地组织救护工作。尽管当时上海有众多团体及个人投入这场抗战救护之中，也有局部范围的联络和协作，但由于相互之间缺乏合作精神，难免陷入各自为战的境地，造成“虽然尽其所有救助难

---

① 《红十字会国际委员会成立》，《中国红十字会月刊》第30期（1937年12月），第77页。

② 颜惠庆（1877—1950），字骏人，上海人，民国时期政治家、外交家。早年毕业于上海同文馆，1895年前往美国求学，5年后以优异的成绩自美国弗吉尼亚大学毕业，随后回国执教于上海圣约翰大学，其后曾担任商务印书馆和《南方报》编辑。1908年2月，随同伍廷芳出使美国，担任清朝驻美使馆参赞，由此开启了外交生涯。1909年冬应召回国，任外交部主事。次年参加清廷举行的游学生殿试，授翰林院检讨，升任参议，兼任清华学堂总办。1911年11月，升任外务部左丞。民国时期，先后担任北京国民政府外交部次长、驻德公使、驻丹麦公使、驻瑞典公使、中国出席巴黎和会代表团顾问、外交总长、农商总长、内务总长、国务总理等职。1926年冬移居天津，从事实业活动。1931年复出政坛，先后担任南京国民政府驻美大使、驻苏大使、中国出席国际联盟大会首席代表、上海圣约翰大学董事长等职。抗日战争前后，在上海从事慈善和教育事业，1924—1934年担任中国红十字会总会会长，并于1931—1935年担任中国华洋义赈救灾总会第二任会长。

③ 彭望荃：《上海国际红十字会报告（民国二十六年十月至二十八年三月卅一日）》，中国红十字会上海国际委员会1939年编印，第1页。

④ 《慈联会电请先拨十万救济难民》，《申报》1937年9月2日。

民，但有时也力不从心”[1] 的局面。为了提高救护工作的效率，实有进一步统筹的必要。

因此，成立国际红十字委员会，就是要尽可能地消除分歧，整合中外慈善界资源，协助各团体更有效率地组织和开展救护工作。另外，鉴于上海国际救济会与两租界当局数次就救护事宜协调成功，为减少两租界当局对救护工作的限制和“其他种种麻烦的规定”[2] 起见，当时也需要国际红十字委员会去进行持续有效的沟通，以期获得两租界当局更多的支持。

## 二、颜惠庆为建会积极奔走联络

颜惠庆从青岛来上海避难的第二天，淞沪战事就爆发了。他当时住在法租界内，离虹口、闸北一带的战斗地点很近，目睹了这场战争的残酷，他在自传中这样写道：

> 这是我平生中第一次看到发生在眼皮底下的战争……从我住处的窗户看出去，火光冲天，炮声震耳。有时飞机会飞过中立区，至少有两次炮弹落在中立区，炸死不少市民。至于流弹伤人的事也时常发生。一次，我刚从外面回到靠近法租界西边界的住处，就从边界外传来两声剧烈的爆炸声，我们大吃一惊。后来查实是两颗炸弹爆炸，所幸的是炸弹落在空地上，没有造成太大损失，不过，电线和电话线都断了。有好几次，我们来到上海国际饭店的屋顶上，亲眼目睹了日本飞机轰炸闸北区和日本军舰炮轰火车北站的情况。后来，日军还特别对城南居民区使用了燃烧弹，把很多房子都烧了。我记得，有一天晚上，在饭店屋顶上向南望去，那个地区有 14 处燃起熊熊大火[3]。

在日机狂轰滥炸和猛烈进攻之下，中国军民伤亡惨重，上海各界因而群起参与救护，这些都带给颜惠庆极大的感触。他说：“应该向上海的志愿医生和护士致以崇高的敬意，他们为救死扶伤的神圣事业夜以继日，不辞辛苦；也要向千万慰问者致以崇高敬意，特别是那些女士们，

---

① 颜惠庆：《颜惠庆自传：一位民国元老的历史记忆》（吴建雍等译），商务印书馆 2003 年版，第 302 页。

② 颜惠庆：《颜惠庆自传：一位民国元老的历史记忆》（吴建雍等译），商务印书馆 2003 年版，第 302 页。

③ 颜惠庆：《颜惠庆自传：一位民国元老的历史记忆》（吴建雍等译），商务印书馆 2003 年版，第 300 页。

他们为保家卫国而受伤的战士们带来了微笑和温暖。”① 同时，对于中国军方始终不重视军队医疗服务建设，造成大量国家资金的不必要损耗和重大人员伤亡，他很是愤慨，而且他还发现各救护医院的设备虽然简陋，但仍比军方在后方设立的医院要好得多。

图 1－10　难民逃往租界途中②

不过，最让颜惠庆担心的是逃进两租界一时多达 20 万的难民，他认为，“他们中大多数人无家可归，无食果腹，他们在租界没有工作，没有亲戚朋友，寒冬即将来临，为难民提供住处和食物成为迫在眉睫的事情”③。他同时也对两租界当局的态度和各救护团体的力不从心，深感忧虑。

所以，当颜惠庆收到旅沪中外慈善界人士的呼吁时极表赞同：“为了继续进行和支持救护工作，成立某种形式的国际组织以争取援助，显然是十分必要的，这种援助不仅是资金和技术上的，而且是政治和道义上的。”④ 1937 年 9 月 14 日，颜惠庆首先向胞弟颜福庆讲述了组织红十字委员会的打算；17 日，在与颜福庆再次讨论以后，他先后走访了华洋

① 颜惠庆：《颜惠庆自传：一位民国元老的历史记忆》（吴建雍等译），商务印书馆 2003 年版，第 301—302 页。

② 图片复制自《难民由外白渡桥越苏州河入公共租界》，《战事画刊》第 1 卷第 2 期（1937 年 8 月 26 日），第 15 页。

③ 颜惠庆：《颜惠庆自传：一位民国元老的历史记忆》（吴建雍等译），商务印书馆 2003 年版，第 302 页。

④ 颜惠庆：《颜惠庆自传：一位民国元老的历史记忆》（吴建雍等译），商务印书馆 2003 年版，第 302 页。

义赈会总干事贝克（J. E. Baker）、上海防痨协会副会长马晓尔（Robert Calder Mershall）、中华圣公会港粤教区负责云贵事务的助理主教朱友渔等人，“并留下名片致意”[①]。至于访谈的具体内容现已无从知晓，但与这些当时上海慈善界名流的联络，可以想见颜惠庆主要是征询他们对成立国际红十字委员会的意见，并争取在这一问题上得到他们的支持。

## 三、成功建立国际红十字委员会

经颜惠庆积极奔走联络，组建国际红十字委员会的计划得以迅即付诸实施。9 月 18 日，颜惠庆在静安寺路（今南京西路）国际饭店主持召开国际红十字委员会筹备会议，所接洽各旅沪中外慈善界人士悉数出席。几经商讨，议决成立一个执行委员会来研究国际红十字委员会的筹备事宜，当时推定颜惠庆、白赛德（Major A. Bassett）、邓纳（J. Donne）、马晓尔、蔡增基、冯炳南、安献金（G. Findlay Andrew）、普兰特（W. H. Plant）、礼德（B. E. Read）、饶家驹、李劳生（Rev. R. Rees）、颜福庆、施思明、劳白生（R. C. Robertson）、钟思、田伯烈（H. J. Timperley）等 16 人为执行委员会委员[②]，开始筹备国际红十字委员会的创建工作。

嗣经颜惠庆与中国红十字会接洽，并连日开会讨论，9 月 24 日，在冯炳南府邸举行了执行委员会议，“对于中国红十字会所提供于该会之章程作原则上之通过”[③]，并就该委员会人员组成做了初步任命[④]；同时议决设立五组分委员会，即由颜惠庆组织会章起草工作，饶家驹主持难民救济工作，劳白生主持防疫工作，颜福庆主持救护伤兵事务，施思明主持医务用品置办工作[⑤]，开始着手组织抗战救护工作。当时需要进行的工作主要有：“搭建营帐，租借设备，购买大批粮食和其它必需品，

---

① 颜惠庆：《颜惠庆日记（一九三七——一九五〇）》第三卷（上海市档案馆译），中国档案出版社 1996 年版，第 49 页。

② 彭望荃：《上海国际红十字会报告（民国二十六年十月至二十八年三月卅一日）》，中国红十字会上海国际委员会 1939 年编印，第 1 页；《颜惠庆、施思明 1937 年 10 月 7 日致工部局总董樊克令的信》，上海市档案馆藏英文档案，档号 U1-16-783，缩微号 114。

③ 彭望荃：《上海国际红十字会报告（民国二十六年十月至二十八年三月卅一日）》，中国红十字会上海国际委员会 1939 年编印，第 1 页。

④ 颜惠庆：《颜惠庆日记（一九三七——一九五〇）》第三卷（上海市档案馆译），中国档案出版社 1996 年版，第 51 页。

⑤ 彭望荃：《上海国际红十字会报告（民国二十六年十月至二十八年三月卅一日）》，中国红十字会上海国际委员会 1939 年编印，第 1 页。

向国外募集或订购医疗器械，动员医务人员参与工作，想方设法救治伤员。”①

10月2日，国际红十字委员会在国际饭店召开总务会议，在听取各部门委员会报告之后，又讨论了人事安排问题，最后公推颜惠庆为主席，饶家驹、钟思、普兰特为副主席，由施思明担任秘书，贝纳德（C. R. Bennett）职掌司库；同时在国际饭店成立执行事务所，以贝铁德（C. W. Petitt）、朱友渔为执行干事，负责处理日常事务②。

图1－11　上海国际红十字会主席颜惠庆③

国际红十字委员会的成立，意味着上海国际红十字会的初步建立，颜惠庆是其得以成功创建的重要因素。尽管国际红十字委员会占尽上海慈善资源丰富的地缘优势，以及近代中国慈善事业发展比较成熟的组织优势，但颜惠庆作为发起人，在此间所发挥的作用是不可或缺的。作为民国外交元老级人物，颜惠庆的个人履历十分丰富，在国内外享有一定的声誉，尤其在政界有着举足轻重的地位，而且他具备主持慈善组织的

① 颜惠庆：《颜惠庆自传：一位民国元老的历史记忆》（吴建雍等译），商务印书馆2003年版，第303页。

② 彭望荃：《上海国际红十字会报告（民国二十六年十月至二十八年三月卅一日）》，中国红十字会上海国际委员会1939年编印，第1—2页。

③ 图片复制自《中国全权代表颜惠庆》，《申报月刊》第2卷第1期（1933年1月），第1页。

能力和经验，并具有相当的慈善号召能力。尽管其时“已不在南京国民政府内任职，但以他的威望与资历，其言行在国际国内仍有一定的影响力”①。所以，他相当的社会影响力和优秀的个人组织能力，均为上海国际红十字会所倚赖。更为重要的是，在炮火声中，他为筹建上海国际红十字会积极奔走，终不负上海慈善界所托。不过，上海国际红十字会尚处于草创阶段，仍有很多问题亟待解决。

## 小　结

淞沪会战爆发以后，上海各界群起参与救护，以中国红十字会为代表，经联络上海市救护委员会，积极组织救护队、急救队出发前线，救护受伤兵民出险，并委托普善山庄等派出掩埋队掩埋牺牲兵民尸体；同时，在后方成立救护医院等收治受伤兵民，其他如慈联会、上海国际救济会、世界红卍字会及各旅沪同乡会等团体和个人均尽其所能，投入这场抗战救护当中，取得了良好的成效。不过，在救护过程中也遇到重重困难，尤其是各慈善救济团体收容难民众多，支出浩繁，时有经费不敷之虞。

有鉴于此，旅沪中外慈善界人士纷纷向颜惠庆建议，成立一个国际红十字委员会来主持伤兵救护和难民救济这两项工作。经颜惠庆积极奔走联络，中外慈善界人士于 1937 年 9 月 18 日在上海国际饭店召开了筹备会议，议决推选颜惠庆等中外人士 16 人成立执行委员会负责筹建工作，又经过连日开会讨论，确定了组织框架和工作人员，且于 10 月 2 日原则上通过了中国红十字会拟订的会章。由此，中国红十字会上海国际委员会得以成功创建。





① 陈雁：《颜惠庆传》，河北人民出版社 1999 年版，第 221 页。

# 第二章　上海国际红十字会的组织发展与完善

为了尽快投入抗战救护事业当中，国际红十字委员会是边筹建边着手救护工作的，因而其组织创建工作并不完备。首先，组织合法性问题尚未得到破解。尽管中国红十字会已核准了国际红十字委员会章程，且国际红十字委员会执行委员会也做了原则上的通过，但其创始人颜惠庆对此问题还有犹疑，他仍在尝试向日内瓦国际红十字会申请独立章程。其次，组织结构有待于梳理和完善。现有结构包括组织会章起草、难民救济、防疫工作、救济伤兵事务、医务用品等五组分委员会，它们之间虽然职责明确，但是必须进行重新组合，因为一旦会章得到正式通过，组织会章起草委员会势必因完成使命而被取消，而且防疫工作、救济伤兵事务、医务用品三组分委员会，皆为医学性质，在人员方面多有重叠，有进一步组合的空间。

组织运行涉及方方面面，行政、财务、人事等项，缺一不可。就国际红十字委员会现有组织结构而言，显然无法满足需要，必须对其进行发展和完善，本章就此问题进行考察。

## 第一节　合法地位的确立

通常情况下，依照当时中国政府颁布的慈善法规，任何慈善组织的成立都需要经过一定的法律程序，才能获得合法地位，也才拥有从事慈善活动的权利。所以，获得合法性是国际红十字委员会必须解决的首要问题。

### 一、合法性问题的产生

在未经上海市政府核定并转报南京国民政府内政部之前，国际红十字委员会实为非法组织，其已着手的救护工作也是不合法的。根据行政院于1930年7月19日颁布的《中华民国监督慈善团体法施行规则》第3条明文规定："慈善团体设立时，应先得主管官署之许可，再依民法社团或财团之规定，将应行登记之事项造具清册，呈经主管官署核定。其财产在五千元以下者，汇报内政部备案；在五千元以上者，专报备案。主管官署汇报或专报内政部时，在省由省政府，在特别市由特别市政府转报之。"① 所以，成立国际红十字委员会的登记备案之事，应由中国红十字会向上海市政府申请转报。

因此，国际红十字委员会的合法性获得，原本应该是一个非常简单的问题，之所以变得复杂，是因为颜惠庆等发起人从一开始计划成立的是一个国际性的红十字组织，并没有打算将这一组织纳入中国红十字会的管理体系之下。也就是说，他们要越过中国政府和中国红十字会，直接向日内瓦国际红十字会取得独立授权。

至于为何不愿接受中国红十字会授权，可能是出于如下几点考虑：首先，国际红十字委员会为旅沪中外慈善界人士合组，若将其隶属于中国红十字会，于情理上似有不妥，易打消外籍成员的积极性。其次，国际红十字委员会若能成为国际红十字会的独立成员，即在法理上与中国红十字会处于平等地位，亦与中国红十字会撇清了关系，除不受其控制和影响之外，另有其他的实际利益：一是更便于向国际社会争取援助，二是更便于开展救护工作。因为中国红十字会在淞沪战场上的中立性已受到日方的质疑和挑衅，不仅不能保证红十字救护队员的生命安全，且不能得到两租界当局的充分信任，因而以中国红十字会的名义，与日方及两租界当局已不能进行有效的联络和沟通，于救护工作多有滞碍。另外，一旦上海失陷，中国红十字会必然要退出上海，至少不能在沦陷区公开活动，这也是不得不有所顾虑的。

然而，根据国际红十字会规章，"对于救护事业之团体，如组织上及承认上尚未得到已有该红十字名称团体之同意，则无权用此红十字之名称，虽得政府之允准，亦无效"②；以及根据南京国民政府行政院于1933年6月3日颁布的《中华民国红十字会管理条例施行细则》第39条之规定，"其他团体担任战区卫生勤务时，须得军事长官之许可，与本会协商办理，如用红十字记章者，须先得本会之同意"③。所以，国际

① 徐百齐编：《中华民国法规大全》第1册，商务印书馆1936年版，第820页。

② 《万国红十字会章约汇编（续）》，《中国红十字会月刊》第16期（1936年10月），第14页。

③ 徐百齐编：《中华民国法规大全》第2册，商务印书馆1937年版，第2544页。

红十字委员会如果不接受中国红十字会提交的会章，那么便不能以中国红十字会的名义从事慈善活动，加上又未获得与红十字相关的权利，所以就只能向国际红十字会申请独立会章，因为“世界上新成立的红十字会或经过改组的红十字会，须经国际委员会正式承认，始能加入国际红十字组织”[①]。但是，暂且不论国际红十字会能否同意，就其不经过中国政府和中国红十字会而与国际红十字会直接取得联络而言，也是一个需要斟酌的问题。

## 二、申请独立会章的失败

为了避免与中国红十字会发生冲突，国际红十字委员会执行委员蔡增基曾提出再成立一个新组织的想法，但是颜惠庆对此并不赞同，甚至表示“难于接受”[②]，并用“古怪”一词形容这一提议。他还是坚持主张由国际红十字委员会向国际红十字会申请独立会章，因为恰好当时出现了一个向国际红十字会申请独立会章的契机，那就是日内瓦国际红十字会特别代表瓦特维尔来沪考察。于是，在9月24日执行委员会会议上，颜惠庆邀请瓦特维尔出席。正是这次会议就中国红十字会所提交的章程做了原则上的通过，同时决议委托瓦特维尔，“向日内瓦该会立即提出独立组织章程之请求”[③]。

然而此举甚不合法理，国际红十字会章约早有规定，“关于由某一红会，创办一种万国红十字团体，并起草会章及入会章程等事，大会声明并未由其批准或承认，于某处成立有万国红十字团体名义之会社，且依日来佛（日内瓦）公约之规定，只承认各国红十字会为正式政府承认之红十字会”[④]。因此，国际红十字委员会虽已通过中国红十字会提交的会章，但未经中国红十字会的核准，是不会被国际红十字会所承认的。

鉴于此，颜惠庆最终在这一立场上有所转变，他重新考虑了蔡增基的提议，并于25日与国际红十字会驻华代表卡拉姆（L. P. Calame）通

---

① 中国红十字会总会编著：《中国红十字会的九十年》，中国友谊出版公司1943年版，第332页。

② 颜惠庆：《颜惠庆日记（一九三七——一九五〇）》第三卷（上海市档案馆译），中国档案出版社1996年版，第50页。

③ 彭望荃：《上海国际红十字会报告（民国二十六年十月至二十八年三月卅一日）》，中国红十字会上海国际委员会1939年编印，第1页。

④ 《万国红十字会章约汇编（续）》，《中国红十字会月刊》第27期（1937年9月），第55页。

了电话，告知对方中国红十字会有成立两个组织的打算，“一个隶属于中国红十字会，另一个直属于日内瓦总会”①。不过事与愿违，28 日，瓦特维尔与卡拉姆携备忘录造访颜府，“瓦承认组织委员会不需要其它手续，他重申了关于工作和组成两个委员会的两点意见，对第二点从日内瓦得到的答复是：没有人，也没有钱”②。可见，国际红十字会婉拒了颜惠庆的请求，因此国际红十字委员会申请独立会章的计划归于失败。

这一结果并不让人感到意外，其实从一开始结局就已注定，因为国际红十字会向来十分注重和保护日内瓦协约签字国及其国家红十字会的主权，其章约规定，“凡为日来佛协约签字国，宜指定一红十字会，得有用此标记之权，各国政府亦宜秉其立法权，以保护红十字会，以免受有损害”③，而且任何红十字组织，“在未得到国家红十字中央委员会与其本地中央委员会之准许，不得成立或派遣代表设委员会于海外，或利用红十字会之名义与标记”④；若是无红十字会的国家，“如有外国分会，可请万国红十字委员会允许得以设立，一经成立之后，为红十字会会务起见，应请其于最短时间设立国家红十字会”⑤。所以，在一个主权国家内，国际红十字会只承认一个主权国家红十字会，这是基本原则。

其实，成立国际红十字委员会这样的情形，在中国红十字运动史上并不是第一次发生。辛亥革命前夕，盛宣怀将中国红十字会易名为大清红十字会，故而武汉事起，势不能指望官味十足的大清红十字会能够保持中立，于是沈敦和于 1911 年 10 月 24 日在上海组建中国红十字会万国董事会，合中外董事之力，独自开展战事救护工作。尽管有不得已的苦衷，但此举并不受国际红十字会的欢迎，1912 年 5 月在美国华盛顿召开的第九届国际红十字大会上，曾通过这样一项决议：“传闻有人私设一会，名为万国红十字会，另定入会章程。今由本会决定，无论何国内所有联合会及团体，均不得称为万国红十字会。凡本会所承认者，均系各

① 颜惠庆：《颜惠庆日记（一九三七——一九五〇）》第三卷（上海市档案馆译），中国档案出版社 1996 年版，第 51 页。

② 颜惠庆：《颜惠庆日记（一九三七——一九五〇）》第三卷（上海市档案馆译），中国档案出版社 1996 年版，第 52 页。

③ 《万国红十字会章约汇编（续）》，《中国红十字会月刊》第 26 期（1937 年 8 月），第 25 页。

④ 《万国红十字会章约汇编（续）》，《中国红十字会月刊》第 27 期（1937 年 9 月），第 55 页。

⑤ 《万国红十字会章约汇编（续）》，《中国红十字会月刊》第 27 期（1937 年 9 月），第 56 页。

该国政府按照日来弗条约已经承认之会。”①

## 三、接受中国红会的授权

颜惠庆在得知被国际红十字会拒绝的当日，就召开组织会章起草部门会议，草拟国际红十字委员会章程草案。经两日完稿，颜惠庆并写下了对该章程草案的评论②。10 月 2 日，该章程草案被提交于总务会议讨论，获得通过，并决议“在该会章草案之规定下，实施各项工作，并保留于必要时会章之修正”③。6 日，执行委员会决定向中国红十字会申请“同意发给委员会许可证，并拨款一万元作为办公经费”④，两日之后便得到肯定答复，同时收到许可证草本。执行委员会遂于 12 日正式“通过了章程”⑤，16 日又决议“接受中国红十字会提交之会章，同时放弃向日内瓦国际红会请求独立会章之计议”⑥，将国际红十字委员会正式定名为中国红十字会上海国际委员会⑦，并设会址于国际饭店内。

上海国际红十字会章程，经 11 月 23 日修正，得以最终定稿，是为《中国红十字会上海国际委员会组织大纲》（见附录一）。凡 700 余言，简洁明了地概括了定名、宗旨、会址、职员、执行委员会、财务委员会、分委员会、责任、财务、会员、会期、职权等 13 项内容，是“关

---

① 《万国红十字会在美京华盛顿开第九次联合大会中国红十字会特派驻美公使张荫堂参赞容揆留美学生监督暨本会顾问福开森诸君为代表赴会事毕报告》，见中国红十字会总会编：《中国红十字会历史资料选编，1904—1949》，南京大学出版社 1993 年版，第 391 页。

② 颜惠庆：《颜惠庆日记（一九三七——一九五〇）》第三卷（上海市档案馆译），中国档案出版社 1996 年版，第 52 页。

③ 彭望荃：《上海国际红十字会报告（民国二十六年十月至二十八年三月卅一日）》，中国红十字会上海国际委员会 1939 年编印，第 1 页。

④ 颜惠庆：《颜惠庆日记（一九三七——一九五〇）》第三卷（上海市档案馆译），中国档案出版社 1996 年版，第 54—55 页。

⑤ 颜惠庆：《颜惠庆日记（一九三七——一九五〇）》第三卷（上海市档案馆译），中国档案出版社 1996 年版，第 56 页。

⑥ 彭望荃：《上海国际红十字会报告（民国二十六年十月至二十八年三月卅一日）》，中国红十字会上海国际委员会 1939 年编印，第 2 页。

⑦ 关于上海国际红十字会的成立日期有两种说法：一种认为是通过章程草案的 10 月 2 日，档案和新闻报道中普遍持这一主张；另一种认为是 10 月 12 日，即正式通过章程之日。又《中华民国红十字会总会三年来总报告（续）》中《本会国际委员会工作概况》一节明确表示：“经本总会颁给特许证，于十月二日正式成立，分设办事处于静安寺路国际饭店及河南路华洋义振救灾总会内，开始办公。”〔见《中国红十字会月刊》第 58 期（1940 年 4 月），第 21 页〕故本研究采用 10 月 2 日之说。

于本组织的性质、目标、任务、结构、组织原则、组织成员的权利与义务以及组织活动规则的规定"①，其要件主要有以下几项：

一是对建会宗旨的规定。该章程明确指出："本会以办理善举为宗旨，尤注重于筹募款项，用以救济伤兵、难民，并协助与本会主旨相同之各种慈善事业，但各项事工以与市政当局及其他慈善团体已经实施者不相妨碍为限，并力谋与之合作。"② 此项规定的含义是上海国际红十字会的主要职能是筹募款项和协助各种慈善事业，也就是说，上海国际红十字会并不打算直接参与第一线的救护工作，这是其与其他慈善组织最大的不同。

二是对从事工作范围的界定。该章程规定，"本会设会所于上海，其工作区域以上海市区、英法两租界及其附近各地为范围"③。由此可见，上海国际红十字会的工作区域仅以上海地区为限，然而这一宗旨随着后来时势的变化而有所改变，在战线内移的情况下，其视域不得不面向全国，但也仅以向各地主要慈善组织或救护团体提供资金和医护人员支持而已。

三是对章程效力的设定。该会立会的基本原则是"为谋会务进行顺利及办理各项善举起见，得规定章程细则，所有会员均应遵守之"④。首先，所有会员必须遵守章程的规定，在章程指导下开展工作，不得以上海国际红十字会的名义从事其章程规定以外的事务。其次，章程细则和一切会务经执行委员会议决后不得更改，若有未尽事宜，必须经过执行委员13人以上同意，才能进行修改。再次，全体会员大会经会员5人以上申请，可以由主席随时召集。

四是对会员类型的划分。一般组织的运行，都需要一定数量的组织成员去实现。所谓组织成员，即在该组织中具有一定权利和义务的人，通常情况下称之为会员。参照该会组织章程，根据其会员加入方式的不同，可分为特任会员、基本会员、普通会员和名誉会员：

① 王思斌主编：《社会学教程》，北京大学出版社2010年版，第120页。

② 《中国红十字会上海国际委员会组织大纲》，《中国红十字会月刊》第30期（1937年12月），第31—32页；《救灾会刊》第14卷第11期（1937年12月），第117页。

③ 《中国红十字会上海国际委员会组织大纲》，《中国红十字会月刊》第30期（1937年12月），第31—32页；《救灾会刊》第14卷第11期（1937年12月），第117页。

④ 《中国红十字会上海国际委员会组织大纲》，《中国红十字会月刊》第30期（1937年12月），第31—32页；《救灾会刊》第14卷第11期（1937年12月），第117页。

甲、特任会员　中国红十字会特许委任者；

乙、基本会员　曾出席本会第一次会议者；

丙、普通会员　由执行委员会认可加入者；

丁、名誉会员　由执行委员会认可聘请者[①]。

这四种会员，除由中国红十字会特别委任及出席第一次会议者自动为会员以外，均须得到执行委员会的认可，方可被聘请或加入。其中，名誉会员特指15个创始会员，分别是中国华洋义赈救灾总会、英国华灾救济会、美国红十字会驻沪顾问委员会、美国华灾协济会驻沪委办会、中华基督教全国协进会、檀香山华灾医药协济会、夏威夷基督教救济华灾委员会、法商救济难民慈善奖券救济金支配委员会、旅美华侨统一义捐救国总会、上海银行公会、法国驻沪总领事、上海法租界公益慈善会、澳大利亚红十字会、伦敦中国妇女救济会、菲律宾华侨妇女慰劳会[②]，这些团体在经费上都给予了很大的支持。另外，在上海国际红十字会主持或从事各项会务者为办事委员，除特任会员和基本会员中有少数人担任职务以外，其他办事委员均于中外名流中"择其热心慈善者，罗致聘任"[③]，但此项聘任"均系名誉协助，义务工作，仅小部分系受薪给之协助者"[④]。

五是对责任关系的声明。该章程规定，"本会会员对于本会因工作而负之债务不负任何责任"[⑤]，即会员和会务产生的债务没有任何关系，也不负连带责任。此项规定既有漏洞，也有其积极意义，但对于争取各种慈善人士参与会务和救护事业有明显的推动作用。

至此，上海国际红十字会的合法性问题尘埃落定，各项组织工作也步入了正轨。

---

① 《中国红十字会上海国际委员会组织大纲》，《中国红十字会月刊》第30期（1937年12月），第31页；《救灾会刊》第14卷第11期（1937年12月），第117页。

② 《中国华洋义赈救灾总会档》，中国第二历史档案馆藏档案，全宗号573，卷号72。

③ 《加聘执行委员》，《中国红十字会月刊》第32期（1938年2月），第59页；《救灾会刊》第14卷第12期（1938年2月），第123页。

④ 彭望荃：《上海国际红十字会报告（民国二十六年十月至二十八年三月卅一日）》，中国红十字会上海国际委员会1939年编印，第83页。

⑤ 《中国红十字会上海国际委员会组织大纲》，《中国红十字会月刊》第30期（1937年12月），第31—32页；《救灾会刊》第14卷第11期（1937年12月），第117页。

# 第二节 组织体系的构建

按照上海国际红十字会章程的规定，该会的组织体系主要由执行委员会和分委员会两部分组成，其中“以执行委员会为最高机关，各项会务均由其主持”[①]，并据工作需要而设立各种分委员会，“授权办理各项事业”[②]。这些分委员会又经过若干次调整和重组，最后形成了5个主要的分委员会，“其中之一为募集经费而设，一为运用经费而设，其他三个为施用款项”[③]，分别是宣传与征募委员会、财务委员会、伤兵救护委员会、医务委员会、难民救济委员会。各分委员会分工合作，分别对执行委员会负责，受执行委员会监督。

## 一、执行委员会及其核心地位

执行委员会是上海国际红十字会设立的唯一的协商和决策机关。由于该会未能召开一次会员代表大会，所以执行委员会实际上就是整个组织体系中的最高机关，由主席1人、副主席3人、秘书1人、司库1人、执行干事4人组成，其职责经该会组织章程规定，主要为制定章程及细则、主持各项会务、设立分委员会、定期召开委员会议等。

执行委员会原先以颜惠庆等16人为执行委员，日常会务均经执行委员会定期会议讨论，开会时以满10人为法定人数，“如委员遇有缺额，得自行补充之”[④]。其各项决议由设在国际饭店的执行事务所负责实施，该执行事务所初由法租界公董局前董事白赛德主持，并增聘临时总务主任史蒂夫人（Mrs. C. V. Starr）为执行干事，旋因“亟待举行各项工作之繁重，该委员会向中国华洋义赈救灾总会要求该会同仁之义务合

① 《加聘执行委员》，《中国红十字会月刊》第32期（1938年2月），第59页；《救灾会刊》第14卷第12期（1938年2月），第123页。

② 《中国红十字会上海国际委员会组织大纲》，《中国红十字会月刊》第30期（1937年12月），第32页；《救灾会刊》第14卷第11期（1937年12月），第117页。

③ 彭望荃：《上海国际红十字会报告（民国二十六年十月至二十八年三月卅一日）》，中国红十字会上海国际委员会1939年编印，第2页。

④ 《中国红十字会上海国际委员会组织大纲》，《中国红十字会月刊》第30期（1937年12月），第31页；《救灾会刊》第14卷第11期（1937年12月），第117页。

作”①，遂由华洋义赈会总干事贝克②及其同人接手执行事务所的日常工作，并分设总干事办事处于河南路（今河南中路）505号华洋义赈会内③。

图2-1　总干事贝克参加上海慈善团体欢迎晚宴④

后来因为各种原因，执行委员会多次发生人事变更。首先是田伯烈等人选择退出，执行委员人数因此减少。11月23日修正会章时，为推进各项会务起见，“更使难民得到中外妇女界援助计”⑤，执行委员会决议增补女委员，并于12月7日推定⑥，加聘陈逵夫人、史蒂夫人、爱兰女士（Miss L. Stops）、南施夫人（Mrs. Dans Nance）4人为执行委员，

① 彭望荃：《上海国际红十字会报告（民国二十六年十月至二十八年三月卅一日）》，中国红十字会上海国际委员会1939年编印，第2页。

② 贝克，全名为约翰·厄尔·贝克（John Earl Baker），生卒年不详，美国人。1916—1926年出任北京政府交通部顾问，其间于1921年曾担任华盛顿会议中国代表团顾问。南京国民政府成立后，先后受聘为铁道部顾问、财政部及中央信托局顾问。他在慈善事业方面表现活跃，1920年北方五省旱灾，华洋人士纷起筹赈，美国红十字会慨捐巨款，贝克被公推为美国红十字会代表，举办工赈，修建公路850英里；又经办渭北工赈，开筑泾惠渠，从此在慈善界名声大震。1929年出任美国华灾协济会驻北平委办会总干事，1931年担任国民政府救济水灾委员会运输处处长，放赈粉麦45万吨，又担任中国华洋义赈救灾总会赈务主任及扬子江赈务委员会司库，1936年10月代替章元善出任中国华洋义赈救灾总会总干事。

③ 《红十字会国际委员会成立》，《救灾会刊》第14卷第11期（1937年12月），第112页；《中国红十字会月刊》第30期（1937年12月），第78页。

④ 图片复制自《美人贝克博士……起立致答留影》，《中华（上海）》第98期（1941年2月），第8页。

⑤ 《国际红会增聘执委》，《申报》1937年12月9日。

⑥ 颜惠庆：《颜惠庆日记（一九三七——一九五〇）》第三卷（上海市档案馆译），中国档案出版社1996年版，第70页。

执行委员人数遂定为 19 人；又为集思广益计，做了几次增补。另外，1938 年 2 月 23 日，在颜惠庆的强烈要求之下，执行委员会决议增选中国红十字会总会副会长刘鸿生为执行委员①。最终，执行委员人数增加到 22 人（见附录三）。

在这 22 名执行委员当中，华人执委为 7 人，外籍执委为 15 人，后者是前者的两倍多，而且还有多人在租界当局任职或曾有履职，如钟思于 1931 年 5 月至 1936 年 9 月担任总办，卡奈（J. W. Carney）于 1930 年 3 月至 1939 年 12 月担任外董，普兰特于 1937 年 4 月至 1938 年 10 月担任外董，等等。显然，外籍执委在这个体系核心中拥有更多的话语权。

## 二、分委员会的演变及其职责

经过几番调整，分委员会不仅数量有所精简，职责与分工更趋明确，还被赋予了更多的自主权利，"各有其自身之计划，分别施用领得之款额，并分别登记义务参加之人士，以便分派各项事务"②。具体情形分述如下：

（一）宣传与征募委员会

该分委员会由宣传委员会和征募委员会合并而成，在 10 月 12 日执行委员会会议上，经颜惠庆极力举荐，推任施肇基为主席。其主要职责有两项："（一）对各界宣传沪市及中国其他各地真实之赈灾情况，以及为适应此种情况与夫上海国际红会诸种工作所需之款额；（二）向各界吁求款额，以供救济难民之用。"③ 简而言之，其主要功能就是向国内外进行宣传和募捐。该分委员会为了筹募经费，不曾懈怠，特在上海举办了一系列募捐活动，"不特募集相当成数，且为救难需款情况作有力之公告，并使各界明悉上海国际红会之为慈救机关焉"④。不仅如此，该分委员会更与国外慈善组织及个人联络，广泛劝募。为了随时向捐赠人报告及使各界明了上海与内地救难情形，自 1938 年 6 月起由华洋义赈会宣

① 颜惠庆：《颜惠庆日记（一九三七——一九五〇）》第三卷（上海市档案馆译），中国档案出版社 1996 年版，第 88—89 页。

② 彭望荃：《上海国际红十字会报告（民国二十六年十月至二十八年三月卅一日）》，中国红十字会上海国际委员会 1939 年编印，第 2 页。

③ 彭望荃：《上海国际红十字会报告（民国二十六年十月至二十八年三月卅一日）》，中国红十字会上海国际委员会 1939 年编印，第 2 页。

④ 彭望荃：《上海国际红十字会报告（民国二十六年十月至二十八年三月卅一日）》，中国红十字会上海国际委员会 1939 年编印，第 3 页。

传股负责编印中英文救济会刊，不时在各中外报纸上登载，发行数量约计3500份。

（二）财务委员会

继宣传与征募委员会之后，上海国际红十字会设立了财务委员会，推由贝纳德为主席。1938年6月，贝纳德以职务烦冗、无暇兼顾为由请辞，经执行委员会批准，推由盖士利（W. G. Cassels）继任；8月14日至9月26日由邓克兰代理，其后由史慕尔（A. F. Small）兼理。该分委员会的功能系“助理款项之保管与支付”①。保管方面，经费均须存入银行。首先将所有认捐款项悉数送交河南路办事处汇总，由华洋义赈会稽核股做成详细会计记录并“掣给收据”，然后分别存入执行委员会授权司库以上海国际红十字会名义在花旗银行、汇丰银行和中国银行开立的存款账户。支付方面，所有经费支出均按审批及支付程序进行。财务委员会成立时，便制定了关于支出经费的三项基本原则：“（一）如无现存的款，则不为支用之指拨；（二）未经指拨，款项不得使用；（三）在可能范围内，款额不为总括之支付，凡有账单及请求付款单等之有确定之费用者，送经总干事、办事处分别签发支票。”② 也就是说，上海国际红十字会在账户有存款可供支出的情况下，各分委员会先由主管人员签准账单及请求付款单，然后将是项材料送至总干事办事处，由总干事批阅无误后，在上面签字，同时开出支票。该支票并由办事处会计主任和司库会同签章。另外，该分委员会每周根据各分委员会的支出状况，制作拨款书表送呈执行委员会，“指拨款项经执行委员会之通过，始得支付，非先期经由执行委员会之批准，则不能作逾额之支付”③。

（三）伤兵救护委员会

顾名思义，该分委员会是专为办理伤兵救护事宜而设立的，由颜福庆担任主席，1938年1月后由富文寿接任。由于伤兵救护是上海国际红十字会的重要职责之一，所以这一分委员会在组织结构调整中得以保留。又鉴于当时前线伤兵由中国红十字会救护队送入两租界以后，

---

① 彭望荃：《上海国际红十字会报告（民国二十六年十月至二十八年三月卅一日）》，中国红十字会上海国际委员会1939年编印，第4页。

② 彭望荃：《上海国际红十字会报告（民国二十六年十月至二十八年三月卅一日）》，中国红十字会上海国际委员会1939年编印，第4页。

③ 彭望荃：《上海国际红十字会报告（民国二十六年十月至二十八年三月卅一日）》，中国红十字会上海国际委员会1939年编印，第4页。

“对于救伤事务之改进日见重要”[1]，该分委员会的用武之地愈见广阔。

（四）医务委员会

该分委员会是合并了防疫委员会、医药用品委员会及平民委员会后特设的分委员会，“初由施思明博士为主席，后由黄子方医师继任”[2]。其主要功能包括两个方面：“（一）医药服务，包括义务诊疗所施诊医治难民之有疾病者，及其他药物供应；（二）卫生服务，包括公众健康看护服务、营养服务、防疫、卫生及其他。”[3] 根据工作需要，下设有人事组、医院组、难民卫生组、防疫组、患病难民入院管理及救护车服务组等专门工作小组。

（五）难民救济委员会

该分委员会或简称难民委员会，主要负责难民的衣、食、住等相关事宜，由饶家驹担任主席。1937 年 10 月 4 日，该分委员会召开了第一次会议，就组织功能及工作原则进行了讨论，初步决议：“（一）上海国际红会不拟直接自办或管理任何收容所；（二）上海国际红会拟设法使收容所之状况、管理及费用均标准化；（三）上海国际红会拟于诸已成立之善团不胜负担时予以援助；（四）给予诸善团之援助将采取物质或劳务之方式，直接提供于各收容所，而不以现金补助金之方式给予收容所或各善团。”[4] 难民救济委员会下设视察、难民工作等组，“分工合作”[5]。其视察组尤以“查察组”而闻名，除对各难民收容所进行视察并提出改进建议以外，“更从事于视察食粮之分配，查证难民人数与申报领粮之人数是否相符，并研究可疑之各救灾团体之内容，如发现有假借名义之团体，即报告捕房”[6]。

---

① 彭望荃：《上海国际红十字会报告（民国二十六年十月至二十八年三月卅一日）》，中国红十字会上海国际委员会 1939 年编印，第 5 页。

② 彭望荃：《上海国际红十字会报告（民国二十六年十月至二十八年三月卅一日）》，中国红十字会上海国际委员会 1939 年编印，第 5 页。

③ 彭望荃：《上海国际红十字会报告（民国二十六年十月至二十八年三月卅一日）》，中国红十字会上海国际委员会 1939 年编印，第 6 页。

④ 彭望荃：《上海国际红十字会报告（民国二十六年十月至二十八年三月卅一日）》，中国红十字会上海国际委员会 1939 年编印，第 8 页。

⑤ 《红十字会国际委员会成立》，《救灾会刊》第 14 卷第 11 期（1937 年 12 月），第 112 页。

⑥ 彭望荃：《上海国际红十字会报告（民国二十六年十月至二十八年三月卅一日）》，中国红十字会上海国际委员会 1939 年编印，第 8 页。

## 三、组织体系的特点及形成因素

上海国际红十字会的内部结构，主要由执行委员会、分委员会及工作小组三个部分组成，形成了以执行委员会为最高权力机关、各分委员会及工作小组分工协作的组织体系。从整体上看，这一体系主要存在以下几个方面的特征：

一是重视会章，在制度上明确了组织的基本框架。上海国际红十字会筹备建会时，就专门设立了组织会章起草委员会，并由发起人颜惠庆直接主持，说明此项工作十分重要，从最后形成的章程文本来看，也确实如此。该章程具有很强的指导性，基本明确了上海国际红十字会的性质、业务范围、会员权利及组织结构等内容，使各项工作的开展及成员行为的规范都有章可循。

二是分科设层，使集权与分权并存。实际上，上海国际红十字会通过层层分级，形成第一层决策领导、第二层部门管理、第三层具体执行的三级治理体系，即“整个组织有统一的领导和决策机构，但是各事业部之间又有相对独立的利益、相对独立的市场（服务领域）和相对独立的自主权，从而形成集中决策、分散经营的组织形式”①。其中，执行委员会作为决策机关，拥有绝对的权威，各分委员会及工作小组皆受其领导和监督。但是，各分委员会同时被赋予了相对的独立性，具有一定的人事和业务办理权限，可随工作需要设立各种工作小组。

三是因材施用，组织成员都有较强的工作能力。以各分委员会的主席人选为例，基本按照专业擅长举荐任命。如宣传与征募委员会主席施肇基，原为民国时期资深外交官，刚结束外交生涯不久，其能力对于宣传和募捐工作当绰绰有余；财务委员会主席贝纳德，为花旗银行总经理，主持财务工作应游刃有余；伤兵救护委员会主席颜福庆，时任上海市救护委员会主任委员，正负责医疗救护队的组织工作，负责伤兵救护工作自不在话下；医务委员会主席施思明及黄子方，都是医学专业出身，并都在中华医学会上海支会供职，担任医务工作均能得心应手；难民委员会主席饶家驹，向有救济难民之举，时正在上海国际救济会主持难民救济工作，亦可谓驾轻就熟。

四是严格审计，使经费收支公开透明。上海国际红十字会不仅对经费支付制定了严格的审批程序，而且其款项点验和解存亦由总干事亲自



① 王思斌主编：《社会学教程》，北京大学出版社2010年版，第122页。

监督，还对收支情况建有审计制度，其审计工作聘请当时著名的黄秉章、陈乙明会计师事务所义务担任，另在各大报纸及其救济月刊定期刊布财务报告，以使捐赠人及公众知晓，并接受监督。这一工作使上海国际红十字会得到社会各界的广泛信任。

当然，上海国际红十字会在组织体系方面也存在很多不足之处，譬如会员代表大会制度名存实亡，在该会有限的存在时间里，未能召开一次会员代表大会，因而会员并未在组织管理方面起到任何作用；又如赋予总干事的权力过大，且未能进行有效的监督或遏制，为其独断专权埋下了隐患。

尽管如此，上海国际红十字会自成立以后，组织运行较为顺利、平稳，这主要得益于它构建了一个相对稳定的、高效率的组织体系。作为炮火中成立的慈善组织，上海国际红十字会的组织体系建设的成功主要与中国慈善组织的发展和近代化有很大的关系。明清以降，受西方慈善理念的影响，中国慈善事业逐步走上近代化转型的道路，“相对于传统的慈善事业而言，近代慈善事业发生了明显变化。不仅传统善堂的活动内容有所增加，并且出现了新的活动内容更为广泛的社会公益机构”①。与传统慈善机构组织结构单一的情况不同，新的慈善组织在组织结构上更为复杂和精细，且有明显的差异，呈多元化发展的趋势。南京国民政府建立以后，对慈善组织加强了管理，专门进行过一次全国范围内的整顿，“经过新登记的慈善组织结构上一般具有会员大会、董事会（委员会）、董事长（委员长）、院（所）长、主任（股长）、工作人员等层面。分工、职责明确，各司其职”②。这些因素为上海国际红十字会成功建立稳定的组织体系打下了良好的基础。

## 第三节　部门组织的完善

上海国际红十字会虽然很好地完成了组织体系的搭建工作，但是随着各项救护工作的深入开展，以及抗战和救护形势的不断变化，已有的部门组织及其功能有的尚不能够全部满足工作的需要，所以要在实践中对其不断进行改进和完善。



① 王卫平、黄鸿山：《中国古代传统社会保障与慈善事业：以明清时期为重点的考察》，群言出版社2004年版，第307页。

② 李国林：《民国时期上海慈善组织研究（1912—1937年）》，华东师范大学2003年博士学位论文，第95页。

## 一、工作小组的增设

在各分委员会中，难民委员会的工作最为繁杂，因此需改善之处较多，其下设工作小组的调整也相对较为频繁。最先设立的是视察组，其后次第增设了房舍组、衣服组及难民工作组，再后来增设的是食粮管理组和运输组等。

房舍组是在视察组开展工作数星期以后增设的。之所以要增设这样一个工作小组，是因为视察组在调查中发现，少数难民收容所对房舍的改进有明显的困难之处，“为征服此种困难，以利改善，乃成立房舍组，此组之任务最注意于收容所之标准化”[①]。

衣服组设立于1937年12月初，成员由原金陵女子大学若干校友组成。她们在淞沪战事发生以后，收集衣服、布料散发给各个难民收容所，于是上海国际红十字会将其并入难民委员会，“委由金陵女子大学同学会会长牛惠生夫人主其事”[②]，设办事处于池浜路（今慈溪路）33号[③]；同时为了“避免事务之重复及其他问题起见”[④]，特别规定了衣服组的工作程序：首先由各难民收容所管理员填呈所需难民衣物请求单，再由衣服组派员查视、核证，然后由衣服组筹备并分发至所。据悉，上海各难民收容所中“除慈联团体联合救灾会自行供给衣著者外，均得登记求助”[⑤]。

至于运送衣物，则成立了运输组专司其事。后来，上海国际红十字会办理平粜，从外埠购买米粮，从卸载到存入栈房，再到送至各个难民收容所，“无不有赖于运输”[⑥]；之后在上海国际红十字会统筹全沪难民给养时，亦由该组综理运输。至于粮食采购和分发等事，则特设食粮管理组专门办理。

---

① 彭望荃:《上海国际红十字会报告（民国二十六年十月至二十八年三月卅一日）》，中国红十字会上海国际委员会1939年编印，第9页。

② 《征募难民御寒品》，《中国红十字会月刊》第30期（1937年12月），第79页。

③ 《各校女教员学生参加为难民缝制衣被》，《时报（号外）》1937年12月20日；《中国红十字会月刊》第31期（1938年1月），第79页。

④ 彭望荃:《上海国际红十字会报告（民国二十六年十月至二十八年三月卅一日）》，中国红十字会上海国际委员会1939年编印，第9页。

⑤ 彭望荃:《上海国际红十字会报告（民国二十六年十月至二十八年三月卅一日）》，中国红十字会上海国际委员会1939年编印，第9页。

⑥ 彭望荃:《上海国际红十字会报告（民国二十六年十月至二十八年三月卅一日）》，中国红十字会上海国际委员会1939年编印，第12页。

经过如此几番增设，难民委员会的救济功能愈发完善。后来为了提高工作效率，又对视察组和难民工作组的工作内容进行了“升级”，并开办了难民职业介绍所，下文对此有专门介绍，于此不再赘述。

## 二、对外合作机构的创设

由于上海沦陷以后，伤兵救护工作逐步进入扫尾阶段，上海国际红十字会得以将更多的精力投入难民救助工作之中，然而与此相关的事宜须时常与各个救济团体联络，尤以难民卫生工作在沟通上殊有不便，于是该会联合两租界卫生部门、慈联会及分会等，成立了难民卫生合作委员会①，以杜达（N. B. Doodha）为主席，定期召开联络会议，通报难民医疗卫生工作的各项近况，并就工作中存在的问题交换意见。难民卫生合作委员会自 1938 年 1 月 22 日召开第一次会议，至上海国际红十字会结束救济工作时，共计召开了 19 次会议，各次会议议程见表 2－1。

**表 2－1　难民卫生合作委员会会议议程**

| 会议 | 召开时间（1938 年） | 开会地点 | 主要议程 |
|---|---|---|---|
| 1 | 1 月 22 日 | 池浜路 33 号 | 商议了会议功能，交换了关于各项工作的意见 |
| 2 | 1 月 29 日 | 同上 | 介绍了中华医学会的活动，讨论了诊疗所服务集中化、诊疗所选址、灭虱、卫生服务、隔离患病难民等问题 |
| 3 | 2 月 11 日 | 同上 | 介绍并讨论了流动诊疗所的工作路线、现有诊疗车、慈联第一难民医院、卫生工作者徽章、慈联分会执行委员会报告、难民医院及诊疗所名单、公共卫生护士部工作困难之处等问题 |
| 4 | 2 月 25 日 | 同上 | 讨论了预防霍乱疫苗注射、鱼肝油发放、工部局卫生处监督及合作等问题 |
| 5 | 3 月 11 日 | 同上 | 讨论了杜达提出的大收容所计划以及蚊蝇预防、洗浴和灭虱、诊疗所重组、食物、收容所用水、精神病人的收治等问题 |





① 《难民卫生调查委员会通告》，上海市档案馆藏英文档案，档号 U1-16-1055。

（续表）

| 会议 | 召开时间<br>（1938 年） | 开会地点 | 主要议程 |
| --- | --- | --- | --- |
| 6 | 3 月 25 日 | 同上 | 讨论了门诊病人及交通大学难民医院、广东同乡会难民医院的财务状况、难童数量的统计等问题 |
| 7 | 4 月 7 日 | 同上 | 讨论了法租界诊疗所、未达标难民收容所的卫生状况、公共租界北区难民收容所的用水供应等问题 |
| 8 | 5 月 5 日 | 同上 | 讨论了辅元堂墓地新建难民收容所、伤寒预防注射、督促收容所管理员改进卫生条件、驻所医师填写传染病情每日报告等问题 |
| 9 | 5 月 19 日 | 同上 | 讨论了在医院与工部局卫生处之间建立定期联络机制、新建难民收容所清理公厕卫生的重要性等问题 |
| 10 | 6 月 16 日 | 同上 | 讨论了公共租界北 3 区第 74 难民收容所的环境卫生状况、伤寒、天花、霍乱疫情及灭虱活动、中华医学会医师视察等问题 |
| 11 | 6 月 30 日 | 同上 | 讨论了霍乱疫区难民收容所用水、伤寒疫情、消毒液的提供、如何运送产妇及家属前往产科中心等问题 |
| 12 | 7 月 14 日 | 同上 | 讨论了改变开会地点、将北西藏路 240 号难民收容所迁往辅元堂墓地、难民医院死尸处理等问题 |
| 13 | 7 月 28 日 | 国际饭店<br>2 楼 | 讨论了开会地点变更、霍乱疫情、辅元堂墓地难民收容所、慈联会及分会北西藏路 240 号难民收容所迁移情况等问题 |
| 14 | 8 月 11 日 | 汉口路 223 号<br>工部局卫生<br>处图书馆 | 讨论了霍乱疫情、难民医院的一般情形、改善产科中心湿地及与难民收容所隔开等问题 |
| 15 | 8 月 25 日 | 同上 | 讨论了辅元堂墓地难民收容所管理员的人选、难民医院每日报告中无肺结核统计情况、北西藏路 61 号难民医院搬迁等问题 |

（续表）

| 会议 | 召开时间（1938 年） | 开会地点 | 主要议程 |
|---|---|---|---|
| 16 | 9 月 8 日 | 同上 | 讨论了各难民收容所的婴儿死亡率、霍乱疫情、新闸路难民医院的财务、难民收容所迁移等问题 |
| 17 | 9 月 22 日 | 同上 | 讨论了难民医院的空余床位、延平路新建难民收容所的灭虱及诊疗所等问题 |
| 18 | 10 月 6 日 | 同上 | 讨论了辅元堂墓地难民收容所诊疗所及难民医院、延平路难民收容所诊疗所的安排等问题 |
| 19 | 10 月 27 日 | 同上 | 讨论了难民卫生合作委员会的未来、难民迁移、延平路难民收容所诊疗所、新闸路难民医院等问题 |

资料来源：《一九三七年后紧急状态难民所环境卫生的改善之事》，上海市档案馆藏英文档案，档号 U1-16-1055。

由表 2-1 可知，上海国际红十字会与两租界卫生当局、各救济团体，围绕难民卫生问题，就多项重要工作互通了意见，以促进彼此的理解与合作，取得了良好的效果。所以，当第八次会议讨论是否结束该委员会时，与会人员一致认为，"通过联络和合作，难民卫生合作委员会在之前做了非常有价值的工作"①，最后全票通过决议，将该委员会保留并继续维持。

## 三、对内协调机制的建立

难民卫生合作委员会的成功，使上海国际红十字会认识到各组织间联络与合作的重要性，对内也同样如此。虽然难民委员会通过增设工作小组逐步完善了救济职能，但是以救济难民为职责的医务委员会和难民委员会之间，以及难民委员会下设各个工作小组之间，仍处于相对独立的状态，以致未能形成有效的合力。于是，上海国际红十字会为了统筹各项工作起见，设立了联络与协调委员会，亦以杜达为主席，设办事处于华洋义赈会 406 号房间，聘任李广诚为该办事处主任，定期在国际饭

① 《难民卫生合作委员会第八次会议录》，上海市档案馆藏英文档案，档号 U1-16-1055，缩微号 70。

店二楼召开难民工作内部联络会议（见表2－2）。

**表2－2 上海国际红十字会联络与协调委员会会议表**

| 会议次数 | 召开日期（1938年） | 开会时间 | 结束时间 |
|---|---|---|---|
| 1 | 3月18日 | 17：15 | 18：40 |
| 2 | 4月1日 | 17：15 | 18：20 |
| 3 | 4月21日 | 17：15 | 18：15 |
| 4 | 5月6日 | 16：00 | 18：15 |
| 5 | 5月20日 | 17：15 | 18：30 |
| 6 | 6月3日 | 16：15 | 17：30 |
| 7 | 7月1日 | 16：15 | 18：30 |
| 8 | 8月5日 | 16：15 | 18：00 |
| 9 | 9月16日 | 16：15 | 17：55 |
| 10 | 10月28日 | 16：30 | 19：00 |

资料来源：《一九三七年后紧急状态难民所环境卫生的改善之事》，上海市档案馆藏英文档案，档号U1－16－1055。

联络与协调委员会每次召开会议时，均要求各个主持难民救济工作的负责人准备一份简短的工作报告，向与会者介绍近期工作情形、遇到的困难及实用而有效的解决办法[①]。如首次会议由杜达主持，其后难民委员会房舍组主任克劳福德（O. C. Crawford）、食粮管理组主任法毅尔（Rev. S. C. Farrior）、总干事贝克、收容所工作组主任费起夫人（Mrs. Robert Fitch）、医务委员会难民卫生组主任侯祥川及两位委员代表、医务委员会主席黄子方先后做了报告，其间由诸与会委员进行了讨论和评议[②]。

自1938年8月5日会议起，该项联络会议与视察组的工作会议合并进行。此次会议上，弗莱彻女士（Miss Lucy Fletcher）代表视察组做了发言，她提到难民收容所中存在三个问题："一是有必要剔除自给难民；



① 《上海国际红十字会联络与协调委员会1938年3月9日致全体与会者的信》，上海市档案馆藏英文档案，档号U1－16－1055，缩微号46。

② 《上海国际红十字会联络与协调委员会1938年3月18日会议录》，上海市档案馆藏英文档案，档号U1－16－1055，缩微号51。

二是很多难民收容所没有烹饪蔬菜的工具；三是绝大多数难民收容所拥挤不堪。”[①] 这一认识得到与会委员的广泛认同。

10月28日，上海国际红十字会联络与协调委员会召开了最后一次会议，首先由杜达概述了视察组10个月来的工作报告，并向各视察员及各难民救济团体提供的合作致以诚挚的谢意。然后他公布了几项重要公告：“（一）自10月31日起，除执行委员会以外，所有分委员会及工作小组都将终止工作，今后仅以经费募集与分配为职责；（二）10月31日以后，执行委员会每月召开会议一次，并指定代表7人组成常务委员会；（三）常务委员会通过主席和干事调查，向执行委员会提供经费分配建议；（四）执行委员会由以下人员组成：颜惠庆、施思明、卡奈（执行委员会）、饶家驹（难民委员会）、施肇基（宣传与征募委员会）、史慕尔（财务委员会）和黄子方（医务委员会）；（五）医务工作将由中国红十字会医务委员会接管；（六）难民给养，将由上海难民救济协会征募经费，以协助各救济团体继续维持，该会在虞洽卿的主持下，已于10月20日成立，又为确保密切合作，该会并发起成立了一个联络委员会，由各团体派两名代表参加。”[②] 其后，由各个难民工作小组负责人或代表分别做了简要的总结报告，其间并合影留念。

总之，难民救济工作是一项系统性工程，由于牵涉面广泛，所以既需要分工，又需要一定的合作。上海国际红十字会对外的难民卫生合作委员会及对内的联络与协调委员会的设立，在很大程度上打破了有关机构各自为战的状态，将各项难民工作统合到一起，实现了信息共享，同时也增进了彼此之间的信任和合作，这是上海国际红十字会在组织发展方面的一大亮点。

## 小　结

上海国际红十字会的创建过程颇为曲折，主要是在合法性获取及组织定位问题上，经过了一段较长时间的犹疑和徘徊，甚至是争论。但在向日内瓦国际红十字会申请独立会章失败以后，最终接受了中国红十字

① 《上海国际红十字会联络与协调委员会及视察组1938年8月5日联席会议录》，上海市档案馆藏英文档案，档号U1-16-1055，缩微号122。

② 《上海国际红十字会联络与协调委员会及视察组1938年10月28日联席会议录》，上海市档案馆藏英文档案，档案号U1-16-1055，缩微号151。

会原先拟定的会章，并重新申请了授权许可。

不过，上海国际红十字会在组织体系建设方面较为顺利，不仅积极制定了组织规章，构架了组织体系，还根据实际工作的需要，不断改进组织结构，完善了救济功能。同时，在继承近代慈善组织体系的基础上，上海国际红十字会还有所创新，即设立了联络与协调委员会等联络机关，将已经分工明确的各个工作小组重新联络起来，互通互信，很大程度上弥补了科层制引起的非人格倾向的负面影响，这对于中国近代慈善事业的发展而言，毫无疑问是一种进步。

# 第三章　上海国际红十字会的经费募集与支配

经费是一个组织维持正常运行的基本条件，也是一个新成立的组织首先要面对和解决的问题。正如中外慈善界人士合组上海国际红十字会一样，其之所以能成立的一个重要原因，便是当时的救护工作缺乏足够的经费支持，并且诸人都感到募捐困难，加上“中日战事逐渐开展，难民、伤兵大见增加，各项救济事务因而益形繁剧，费用开支自必数倍于昔，若不早为之备，临时筹措，难期应付裕如”[①]。所以，筹募经费实际上是上海国际红十字会的重要任务和使命，而且各分委员会的设定也都与经费有着紧密的联系，可见经费问题的重要性是不言而喻的。

上海国际红十字会甫一成立，就抛出筹募 1000 万元[②]的短期募集目标，以备“今后六个月应用之计划”[③]，并分电国内外慈善团体和侨民，请求捐助。上海国际红十字会从成立到结束，一直都在不遗余力地筹募捐款，虽然最终还是未能达到预期目标，但是在战时能够募集到巨额款项已非易事，这其中主要得益于南京国民政府及其财政部的鼎力支持，以及海内外慈善人士的慷慨捐赠。

当然，上海国际红十字会也以谨慎的态度对所募经费进行了保管和支配，并且秉承国际红十字运动的宗旨，不分畛域、种族和国籍，尽可能对全沪难民实施救助，充分体现了国际主义和人道主义精神。

---

① 《红十字会国际委员会成立》，《救灾会刊》第 14 卷第 11 期（1937 年 12 月），第 112 页；《中国红十字会月刊》第 30 期（1937 年 12 月），第 77 页。

② 《红十字会提出一千万元目标》，上海市档案馆藏英文档案，档号 U1-16-783，缩微号 116；《中外人士组国际委员会》，《中国红十字会月刊》第 29 期（1937 年 11 月），第 68 页。

③ 《红会国际会定期举行募捐运动》，《中国红十字会月刊》第 30 期（1937 年 12 月），第 65 页；《申报》1937 年 11 月 26 日。

# 第一节　国内多元化劝募的实施

1937 年 10 月 21 日，为了募集所需款项，上海国际红十字会专门开会讨论“向社会呼吁以及开展宣传工作等事，对募捐工作也作了规划”①。具体而言，首先在上海开展了一系列的劝募活动，除建会时要求中国红十字会拨款 1 万元作为办公经费外，还请求国民政府财政部进行拨款；另开展了一次社会劝募活动，但这次公开劝募主要是出于宣传上海国际红十字会的成立和上海战时困境的目的，结束之后就没有再次主动举办类似的社会劝募活动，转而主要依靠慈善团体和个人的捐赠。

## 一、国民政府善款的请拨

对于筹募 1000 万元的目标，中国红十字会 1 万元的拨款显然远远不够，而向社会劝募又存在不确定性，所以如何募集到如此多的善款成为一项重大的挑战。在颜惠庆等人的思忖下，上海国际红十字会将目光转向了南京国民政府财政部。

1937 年 10 月 21 日至 23 日，颜惠庆先后两次走访了时任财政部长的孔祥熙，要求拨款。他向孔祥熙说明了上海国际红十字会的工作性质和所需要的资金，同时以“政府通过拨出第一笔经费可以树立一个榜样，使下一步民间募捐得以顺利开展”② 为说辞，成功说服了孔祥熙，“孔答应立即拨付 20% 现金和 80% 公债券③，两项共计 100 万元”④。旋于 11 月初照数领到应用⑤，并由大陆银行义务代管救国公债券⑥。

---

① 颜惠庆：《颜惠庆日记（一九三七——一九五〇）》第三卷（上海市档案馆译），中国档案出版社 1996 年版，第 58 页。

② 颜惠庆：《颜惠庆自传：一位民国元老的历史记忆》（吴建雍等译），商务印书馆 2003 年版，第 303 页。

③ 1937 年 8 月 26 日，为应付国难起见，南京国民政府在上海杜美路 70 号设立救国公债劝募委员会总会，发行救国公债法币 50000 万元，债票分为万元、千元、百元、五十元、十元、五元 6 种，规定年息 2 厘，20 年后付息，30 年后还本，除现金外，有价物品均可购充，并在国内外广设分会进行募集、代收款项。

④ 颜惠庆：《颜惠庆日记（一九三七——一九五〇）》第三卷（上海市档案馆译），中国档案出版社 1996 年版，第 59 页。

⑤ 《财部拨助战时救济费》，《中国红十字会月刊》第 30 期（1937 年 12 月），第 78 页。

⑥ 彭望荃：《上海国际红十字会报告（民国二十六年十月至二十八年三月卅一日）》，中国红十字会上海国际委员会 1939 年编印，第 4 页。

这笔巨款，实际上只有20万元现金，80万元的救国公债券在未售出时，尚不能作数，所以上海国际红十字会仍然面临着经费不足的问题。“嗣以难民麕集，开支浩繁，公债既尚未售完，所募捐款又不敷应用”①。在这般情形之下，上海国际红十字会不得不委托宣传与征募委员会委员田伯烈前往汉口，向财政部陈明困难，恳请拨款30万元以利救济。财政部准其所请，前后分3次将款项由中央银行汇出。财政部拨款详情如下表所示：

**表3-1　南京国民政府财政部拨款表**

| 次序 | 日　期 | 款　项 | 备　注 |
|---|---|---|---|
| 第1次 | 1937年10月 | 100万元（救国公债80万元、现币20万元） | 经主席颜惠庆连续两次走访时任财政部长孔祥熙而得 |
| 第2次 | 1938年1月 | 30万元 | 宣传与征募委员会委员田伯烈躬赴汉口恳请财政部续助，分3笔拨付，其余两笔拨款的时间是6月4日、7月13日 |
| 第3次 | 1938年5月 | 3万元 | 行政院长孔祥熙*拨款5万元汇交法国大使那齐亚（Paul E. Naggiar）作为法租界当局救济难民经费，法大使转拨上海国际红十字会3万元 |

*1938年3月，国民政府实行改组，孔祥熙被任命为行政院长，兼财政部长、中央银行总裁。

资料来源：《红会国际会财部拨款》，《新闻报》1937年10月29日；《红会国际会财部拨助百万》，《申报》1937年10月29日；《财部拨助战时救济费》，《救灾会刊》第14卷第11期（1937年12月），第113页；《红会国际会又领到财部难民救济费》，《中国红十字会月刊》第32期（1938年2月），第42页；《财部续发救济费现币三十万》，《中国红十字会月刊》第32期（1938年2月），第62页；《救灾会刊》第14卷第12期（1938年2月），第125页；《孔财长汇款救济难民》，《中国红十字会月刊》第36期（1938年6月），第25页；《法大使拨到救济费》，《中国红十字会上海国际委员会救济月刊》第1卷第1期（1938年6月），第4页；《中国红十字会月刊》第38期（1938年8月），第28页；《一百万元拨给红十字会》，上海市档案馆藏英文档案，档号U1-16-783，缩微号116；颜惠庆：《颜惠庆日记（一九三七——一九五〇）》第三卷（上海市档案馆译），中国档案出版社1996年版，第59页。

① 《财部续发救济费现币三十万》，《中国红十字会月刊》第32期（1938年2月），第42页、第62页；《救灾会刊》第14卷第12期（1938年2月），第125页。

虽然有财政部拨款，但是到1937年年底，上海各救济团体仍然难以为继，上海国际红十字会不得不于1938年先后担负15个救济团体所收容的约17万名难民之膳食，顿时开支浩繁，“不数月间，捐项拨款行将告罄”①。见此困难，南京国民政府行政院赈济委员会特予以协助，决定接济该会25万元，首批15万元于4月14日由汉口中央银行汇到，此后按月拨助10万元②。

加上之前财政部名义上共计拨付的135万元，南京国民政府对上海国际红十字会的拨款占该会募捐总收入的三分之一还要多，可见国民政府对上海国际红十字会的支持力度是相当大的，这与先后担任财政部长、行政院长的孔祥熙有很大关系。根据各家媒体的报道，孔祥熙对于颜惠庆的说辞颇以为然：其一，“孔财长以此次战事，忠勇将士守土卫国壮烈牺牲，官兵受伤颇多，战区平民受铁蹄之蹂躏与日机之轰炸，到处肆虐，惨无人道，以致流亡载道，即淞沪一带，已不下数十万人，深滋悯恻，认此举为急不容缓之图”③；其二，“中外人士本于正义人道，慨解仁囊，以事救济者已数见不鲜，今该会既能集合中外名彦，扩大组织，群策群力，共谋救济，洵足为人群造福，深致嘉许，虽在军用浩繁，库款奇绌之时，当即饬发一百万元，交该会具领应用，以示提倡”④。可见，正是颜惠庆的说辞触动了孔祥熙，才使得孔祥熙毫不犹豫地做出了拨款的决定。当然，颜惠庆等人的政治影响力也是国民政府提供支持的重要原因。

## 二、社会劝募活动的举办

为达到筹募1000万元的目标，除去国民政府的拨助，上海国际红十字会还积极向国内外热心人士分途募集。“第以成立伊始，工作紧张，虽经向海外各埠呼吁求助，而上海方面，除乐善好施之士自动输助外，

① 《赈委会拨到救济费》，《中国红十字会月刊》第38期（1938年8月），第27页；《中国红十字会上海国际委员会救济月刊》第1卷第1期（1938年6月），第3页。

② 《赈委会拨到救济费》，《中国红十字会月刊》第38期（1938年8月），第27页；《中国红十字会上海国际委员会救济月刊》第1卷第1期（1938年6月），第3页。

③ 《中外人士组国际委员会》，《新闻报》1937年10月25日；《中国红十字会月刊》第29期（1937年11月），第69页。

④ 《中外人士组国际委员会》，《新闻报》1937年10月25日；《中国红十字会月刊》第29期（1937年11月），第69页。

尚未公开征集。”[①] 故而此次向社会广为劝募，其方式主要有三种：一是刊登募捐启事；二是举办募捐活动周；三是创立三元救命会，广征会员，收缴会费。其中，前两种主要是出于宣传的目的。

（一）刊登募捐启事

为了扩大宣传，形成更大范围内的影响，刊登募捐启事是最直接有效的方式，其文[②]如是。

**中国红十字会上海国际委员会为难民伤兵请命**

地址：上海河南路五〇五号；电话：九五二九七；电报挂号：二〇一二

敬启者：淞沪战祸爆发以来，战区数百万居民，均已流离失所，纷纷扶老携幼，向租界避难；率多流浪街头，无衣缺食，露宿风餐，困顿情形，殊堪怜惜！同时前线将士，在弹雨枪林中浴血战争，遭大炮飞机伤残者，厥状更惨！虽经中外各善团收容救护，无如日久人多，给养医药，均感困难；更值天时转冷，又须筹备御寒衣被；若不广事征募，来日方长，何足以善其后？中外慈善界同人，爰本正义人道主旨，特组织本会，除伤兵、难民不分国籍概予救济外，并筹募大宗捐款，为调剂各善团之需，刻查上海一埠，救济、救护费用日达五万元左右，日后战区扩大，更将随而加增！同人等熟思详计，须募集国币一千万元，方足以应六个月内之需要，除由国民政府拨助一百万元外，其余九百万元，不得不向中外热心人士作将伯之呼。伏祈，推好施乐善之忱，念恤难救灾之急，俯加赞助，慨赐输将，俾劫后余生，得资苏活！仁风义举，薄海同钦，固不独本会感谢已也。

宣传筹募主任　施肇基

中国红十字会上海国际委员会　委　员　长　颜惠庆　谨启

总　干　事　贝　克

这份启事不仅言辞恳切，还详述了必须募集1000万元的原因，除试图以难民惨状博得同情之外，复以颜惠庆、施肇基、贝克三人姓名落

① 《上海募捐定期举行》，《中国红十字会月刊》第30期（1937年12月），第79页；《救灾会刊》第14卷第11期（1937年12月），第113页。

② 《中国红十字会上海国际委员会为难民伤兵请命》，《中国红十字会月刊》第29期（1937年11月），第76页；《中国红十字会上海国际委员会筹募救济费》，《新闻报》1937年12月13日；《红会函请各界宏施输助》，《时报（号外）》1937年12月16日；《中国红十字会月刊》第31期（1938年1月），第77页。

款，以增强号召力。虽无法统计出该启事所能募得捐款的具体数额，但就当时报纸的媒介作用而言，当有一定的宣传与募捐效果。“自在报章披露后，中外团体、个人自动输助者颇为踊跃。”①

（二）举办募捐活动周

1937年12月1日至8日，上海国际红十字会在上海举办了募捐活动周，“吁请本埠各界人士踊跃捐输，共襄善举”②。以“七日之期”③筹募10万元为目标，并在南京路（今南京东路）129号设立征求赞助会办事处，以便捐赠人咨询、接洽。

图3-1　上海国际红十字会募捐队员在募捐大会会场合影④

此次募捐活动，形式多样，可谓“精彩纷呈”。首先是街头募捐，为了扩大宣传和使募捐者明了详细情形，特于1日上午9时起，分派中外500名衣着红十字会白色救护服的护士，手持募捐箱，在南京路等处，向来往中外人士劝募，并有中英文说明书请求赞助，分年捐1元、普通捐5元、赞助捐10元、补助捐25元、特别捐不等。其次是聚餐大会，中午12时半，国际友谊社假国际饭店举行聚餐大会，兼招待中外慈善家，以表谢意。颜惠庆、颜福庆、朱少屏及英、美、比、葡等国领事共数十人出席，首由沪江大学校长刘湛恩致辞，继由颜惠庆、饶家驹、颜福庆等做演讲，并派4位女士到场发售红十字赛银小圆形中英文纪念徽章。再次是茶会，下午5时至7时，上海国际红十字会在静安寺

① 《经收捐款报告》，《中国红十字会月刊》第30期（1937年12月），第80页。

② 《红会国际会定期举行募捐运动》，《申报》1937年11月26日；《中国红十字会月刊》第30期（1937年12月），第65页；《红十字会国际委员会募捐运动周》，《中国红十字会月刊》第31期（1938年1月），第61页。

③ 1937年12月3日，日本陆军在上海南京路举行入城仪式，且由极司非而路（今万航渡路）向虹口换防，交通上发生阻碍，募捐因此中辍数十小时，募捐周遂延长了二日。

④ 图片复制自《会场中之女生募捐队》，《国闻周报》第14卷第48期（1937年12月6日），第1页。

路美国妇女俱乐部举行盛大的开幕典礼，中外慈善界、医学界、商界、各领署代表等百余人到场，颜惠庆、饶家驹分别做了关于募捐意义和南市难民区情形的主题演讲，贝克则报告了会务状况及经过，其间还安排了护士表演红十字救护[①]。

募捐周第2日，由青心、中西、培成、穆尔堂及工部局女校等学校共同组织街头募捐队，分赴公共租界和法租界的热闹区域募捐，“各队员均穿白色看护制服沿街募捐，态度和蔼，各界亦以灾黎待救，莫不踊跃捐输”[②]。为了增加捐款人的兴趣，特制有精美日历和红十字纪念徽章相赠。

图3－2　上海国际红十字会组织街头募捐[③]

12月8日，上海国际红十字会假座虞洽卿路大上海戏院举办中西慈善音乐大会，由唐士煊夫人负责，聘请中外歌剧家演唱义务戏，票价分为1元、2元、3元三种[④]，“各界仕女购票参加，尤形踊跃，售票所得，系（悉）以充救济难民之需”[⑤]。

此次募捐周于10日结束，募捐成果颇丰。“自一日至八日，已募得五万二千三百余元。八日至昨晚（十日），确数未结，惟当在二万元左右，故总数当在七万元以上云云”[⑥]。

募捐周结束以后，与该募捐相关的活动都暂告结束，不但“圆形徽

① 《红十字募捐周开幕》，《中国红十字会月刊》第31期（1938年1月），第64—66页。

② 《各校女学生沿街募捐救济难民，红十字募捐周积极推动》，《新闻报》1937年12月3日。

③ 图片复制自《南京路上女生募捐情形》，《国闻周报》第14卷第48期（1937年12月6日），第1页。

④ 《红十字国际委会定期演义务戏》，《申报》1937年12月4日；《红会国际会筹办义务戏》，《中国红十字会月刊》第31期（1938年1月），第64页。

⑤ 《红会昨举行音乐会》，《申报》1937年12月9日。

⑥ 《红十字捐运动周今日结束》，《中国红十字会月刊》第31期（1938年1月），第74页。

章不再发售”，赞助会办事处也终止工作，“今后各界捐款，请迳送河南路五〇五号四楼该会总干事办事处”[①]。唯有精美的日历在1938年元旦来临之际仍有发售，并制备了两种可供挑选，“一为案头日历，每只一元五角；一为可悬挂之日历，每帧一元，装订咸称美备”[②]。

（三）创立三元救命会

当募捐周结束之后，上海国际红十字会又因给养难民需款浩繁，维持匪易，诸委员遂在总办事处开会讨论善后办法，经议决创立“三元救命会”。1938年1月7日，设办事处于华洋义赈会四楼，由干事骆传华负责接洽[③]，以广征会员，“不论何人，只须月纳三元，即可为该会会员”[④]。会费之所以规定为月捐3元，“盖以难民口粮日需一角，每月三元，即可维持一人之生命，故取此义而定会名”[⑤]。又因平摊计算，每日须捐1角，所以此次征募会员活动被称为“一角救难运动”。是会创立，旋于各大报纸上刊登征募启事：

敬启者：上海慈善团体收容之难民，数在二十万人以上，给养浩繁，开支巨大，非妥筹办法，势必难以持久！本会以筹募款项，办理救济，并协助各善团为使命，鉴此前途，殷爱殊甚！除向中外各界劝募捐款外，复成立三元救命会，广征会员，共襄善举。凡愿每月捐助国币三元，为难民救济费者，均可加入。缘难民口粮，日需一角，每月三元，即可维持一人之生命。世多悲天悯人、乐善好施之士，如果各就衣食日用，月节三元，惠捐本会，则聚沙为塔，集腋成裘，难民生计，不难解决。用作将伯之呼，敬请鼎力赞助，并广劝亲友，相偕入会，俾嗷嗷哀鸿，资生有望，此本会所馨香祷祝者也！[⑥]

尽管当时上海处在极为困难的时期，但这“将伯之呼”在“孤岛”上还是得到了积极响应。由于颜惠庆、施肇基、刘湛恩、贝克、普兰特

① 《红十字捐运动周今日结束》，《中国红十字会月刊》第31期（1938年1月），第74页。

② 《两善团售日历、贺片》，《中国红十字会月刊》第31期（1938年1月），第80页。

③ 《红会国际会创三元救命会》，《新闻报》1938年1月8日。

④ 《国际红会救命会会员踊跃》，《晨报》1938年1月8日；《中国红十字会月刊》第32期（1938年2月），第44页；《红会国际会创三元救命会》，《新闻报》1938年1月8日。

⑤ 《三元救命会成立》，《中国红十字会月刊》第32期（1938年2月），第63页；《救灾会刊》第14卷第12期（1938年2月），第125页。

⑥ 《中国红十字会上海国际委员会征求三元救命会会员》，《中国红十字会月刊》第31期（1938年1月），第88页。

等旅沪中外名流率先入会，并函请各界，“广劝入会”[①]，于是入会者甚形踊跃。根据《中国红十字会上海国际委员会救济月刊》记载，该救命会成立8个月内共征募会员500余人，缴纳会费颇为可观[②]。即便在上海国际红十字会停止直接救济工作以后，“新会员加入者仍极踊跃”[③]，最终加入会员人数，当在“一千五百人以上”[④]。至该会结束时，收缴会费达592300元[⑤]。

## 三、团体、个人的捐赠

经过宣传和劝募，以及国民政府的倡导，上海国际红十字会渐为海内外所知晓，并赢得了各慈善团体和个人的充分信任，大批捐款因此源源而来，成为该会的一个非常重要的经费来源。与国民政府拨款、集中举办劝募活动的性质不同，来自公众的捐赠极为分散，且数额有限；公众捐款或代为募集的形式更是五花八门。现从个人和团体两个方面予以阐述。

（一）个人捐款

在所有募捐方式中，个人捐款是非常重要的一种，一般由各捐款人或委托人直接送交上海国际红十字会总干事办事处。从上海国际红十字会在各报端刊发的鸣谢文章来看，个人捐款主要有以下几种方式：

一是直接捐款。捐款人多以难民麇集受饥煎寒袭、露宿风餐惨状而恻然悯之，中有名叫谢静权的女士，时任某小学教员，慨然将60元薪资捐于上海国际红十字会，充作难民救济费用。“闻女士家非素封……月薪不过三十元，今以两月辛苦所得悉数捐助，不稍吝惜，其仁风义举，

① 《三元救命会成立》，《中国红十字会月刊》第32期（1938年2月），第63页；《救灾会刊》第14卷第12期（1938年2月），第125页。

② 《救灾会刊》第15卷第1期（1938年3—4月）刊有《三元救命会报告》一文，内有报道“自成立之日起，至本年三月二十六日止，加入该会者约有六百人，共纳捐款二千八百余元”之说；另1938年5月28日《中国日报》刊文“迄现在止，已有八百余人，共纳捐三千八百余元”。按照逻辑，二者报道的数字颇为可信，但都与《中国红十字会上海国际委员会救济月刊》中的记录出入过大，本文遂以上海国际红十字会官方刊物为准。

③ 《红会三元救命会新会员参加踊跃》，《申报》1938年11月10日。

④ 彭望荃：《上海国际红十字会报告（民国二十六年十月至二十八年三月卅一日）》，中国红十字会上海国际委员会1939年编印，第4页。

⑤ 彭望荃编纂《上海国际红十字会报告》中《捐款诸君名录》一节特作说明：“在三元之数额内所列诸君皆系‘一角捐’之捐助人，其认定之款项，系经常按月送致者。”故依此计算得出此数额。

侠骨慈肠，洵巾帼之师表也！”[①] 又摄影专家赫德门（T. A. Hultman），摄成中日战事照片300余张，在上海大新公司举办展览，所售门票颇为可观，除去开支后，尚有千元余留，“赫君复加助百元，共计一千一百四十五元零五分，送交红会国际会，俾充救济”[②]。还有旅沪波斯侨民先后捐助了3850元，旅沪荷兰侨民移捐了公主诞生庆祝费2000元[③]，等等。

二是购买公债。听闻上海国际红十字会向国民政府财政部领取了80万元救国公债，“积存尚多，正拟售充救济”[④]，有郑伯昭、陈秋山二位“富而好仁”者慨然购买。郑氏购买了10万元，陈氏购买了2万元，指定作为购买难民衣被之用。“业经依照办理，并赠红十字旗一面，以留纪念。当此冰雪隆冬，严寒砭骨，哀哀灾黎正苦无衣卒岁，忽然温来挟纩，当感覆被之恩也！”[⑤]

三是纪念赠金。“为对于上海国际红会救难共作同情之表示，若干家属及其友人多有送致纪念赠金，以纪念彼等已故之亲友”[⑥]。根据赠金的具体纪念情形，可分为两种助赈形式。

第一种是寿仪助赈。譬如位于爱多亚路（今延安东路）1010号利亚公司的老板黄佐文，为商界巨子，交游广阔，素著盛名，有“晏平仲”之称。“近值海屋添筹，诸亲友纷纷馈赠贺仪，藉表庆祝。黄君垂念难民苦况，因于四月二十二日，将所收国币一百六十二元七角四分，移助本会，俾资救济”[⑦]。又上海大陆银行经理叶扶霄，为金融界巨擘，亲族交游几遍全国，适值寿臻耳顺，群议称觞庆祝，“先生以战祸方殷，不愿再事靡费，婉词辞谢，意甚恳挚。该行同人不忍过拂其意，议将所集贺仪移充救济，藉代祝嘏。先生闻而义之，亦慨拨筵资，凑成九百二

① 《谢静权女士慈善可风》，《中国红十字会月刊》第30期（1937年12月），第80页；《救灾会刊》第14卷第11期（1937年12月），第113页。

② 《摄影名家慷慨捐输》，《救灾会刊》第15卷第1期（1938年3—4月），第141页。

③ 《国际红会续收到海外捐款》，《华美晨刊》1938年2月10日；《中国红十字会月刊》第33期（1938年3月），第48页。

④ 《郑、陈二君慨购巨额公债》，《中国红十字会月刊》第32期（1938年2月），第64页；《救灾会刊》第14卷第12期（1938年2月），第125页。

⑤ 《郑、陈二君慨购巨额公债》，《中国红十字会月刊》第32期（1938年2月），第64页；《救灾会刊》第14卷第12期（1938年2月），第125页。

⑥ 彭望荃：《上海国际红十字会报告（民国二十六年十月至二十八年三月卅一日）》，中国红十字会上海国际委员会1939年编印，第3页。

⑦ 《利亚公司主人寿仪助赈》，《中国红十字会上海国际委员会救济月刊》第1卷第1期（1938年6月），第5页；《中国红十字会月刊》第38期（1938年8月），第31页。

十六元六角，于九月二十七日由王绥之先生送交本会”[1]。

第二种是赙仪助赈。如上海浙江实业银行总经理李馥荪夫人吴蕙芳，染患肺炎，医治无效，不幸于1938年3月14日病逝。李氏贵为银行界巨子，平日对于慈善事业，赞助甚力，其妻吴氏亦好扶危济困，尤为社会所称道，夫妻原本伉俪情深，骤膺鼓盆之戚，自伤奉倩之神，回忆夫人生时之好善与难民眼前之苦况，并为提倡黜华崇实计，因于讣告中声明：“花圈联幛，概不受领，如蒙赙助，请以现款捐助河南路五〇五号中国红十字会上海国际委员会，用恤灾黎而增冥福。”[2] 李氏交游素广，致送赙仪者，有宋子文、孔祥熙、杜月笙、贝淞荪、刘鸿生、朱吟江、宋汉章、李叔明等各界闻人300余人。至4月19日止，上海国际红十字会总共收到移助款4281元。

又上海国际红十字会教育委员会副主席刘湛恩，时任沪江大学校长，在教育界深有威望，且向来热心慈善事业，不幸于4月7日上午8时半惨遭狙击殉难[3]。其夫人王立明女士，“以博士生前好善，特仰体遗志，普告亲友：敬辞花圈联幛，请以赙金送交红会国际会或国际救济会，移充救济灾童之用”[4]。刘氏生前亲友门生遍布全国，馈赙赠金总额为568元[5]。为此，上海国际红十字会曾专门登报鸣谢，其文以《中国红十字会上海国际委员会鸣谢启事》为题：“敬启者：本会难民教育委员会副主席刘湛恩博士，惨遭狙击，重伤谢世。刘夫人痛悼之余，复能善体遗志，承讣告亲友，将赙仪分助本会，俾充救济。急公忘私，良深钦佩！除汇登报纸奉扬仁风外，兹先将四月十九日前经收数额，详细披露，藉资征信并鸣谢忱。”[6] 计有颜惠庆、贝克、朱博泉、李馥荪、施肇基、奚玉书、刘鸿生、陈逵夫妇、徐新六、朱吟江、中华基督教女青年会全国协会、立信会计师事务所、中国妇女会、上海市地方协会、中国太平洋国际学会等中外个人和团体，总共捐赠498元。

又有寓居新重庆路（今重庆北路）的谢桐候，原为浙江镇海人，好

---

① 《叶扶霄君寿仪助赈》，《中国红十字会上海国际委员会救济月刊》第1卷第5期（1938年10月），第4页。

② 《李夫人赙仪助赈》，《救灾会刊》第15卷第1期（1938年3—4月），第142页。

③ 1938年3月28日，南京伪维新政府成立，刘湛恩因拒绝出任伪教育部部长而惨遭日伪暴徒狙击，不幸逝世。

④ 《刘府移赙助赈》，《救灾会刊》第15卷第1期（1938年3—4月），第142页。

⑤ 彭望荃：《上海国际红十字会报告（民国二十六年十月至二十八年三月卅一日）》，中国红十字会上海国际委员会1939年编印，第4页。

⑥ 《中国红十字会上海国际委员会鸣谢启事》，《救灾汇刊》第15卷第1期（1938年3—4月），第145页。

善乐施，夙著仁声。5 月 14 日，假净土庵为其封翁莲卿公设灵祭奠，亲友前往吊唁者甚众，所赠赙仪殊丰。“谢君垂念难民之苦况，因将所收现币，移充救济，所有拨助本会之三百元，当于翌日亲自备函送来。”①

此外，纪念赠金中数额较大者，还有李铭夫人纪念赠金 4406 元、Nancy S. Brown 女士纪念赠金 537. 04 元、刘景芳纪念赠金 412. 92 元、袁近初纪念赠金 273 元②。

四是游艺筹赈。居住在麦特赫司脱路（今泰兴路）306 号的丽都花园主人，对于公益慈善，向为热心赞助，其以上海国际红十字会担任难民给养，开支浩繁，需款迫切，特邀集艺术明星，于 9 月 5 日、6 日两天晚上 7 时半举行游艺大会，定票价每人 1 元，场内并不募捐。以门票所入悉充赈款，两日共收票价 10524. 60 元。③

（二）团体捐赠

上海国际红十字会在筹募经费的过程中，得到上海各界的鼎力支持，与个人捐款方式多样的特点类似，上海各组织、团体所采用的募捐形式也各有不同。

其一，集资捐款。典型代表是劳勃生路（今长寿路）公益纱厂同人，赞助善举，向具热忱，“近以收容所难民均倾家荡产，处水深火热之中，罹饥袭寒侵之苦，全赖协力救济，始有生全之望，特由全体职工合集一百七十四元九角二分，连同职员捐款二十二元，共计一百九十六元九角二分，送交红十字会国际委员会，以充救济费用”④。又海格路（今华山路）海格公寓职工屠幸章等 40 人，经执行委员陈逵夫人演述难民苦况，努力劝募，受其感动，慨然解囊输助，“合捐国币三十元零五角，交由陈夫人转送充赈”⑤。还有麦根路（今秣陵路）永安纺织第三厂全体职工，夙著热心公益之名，遇有水旱灾荒，无不慷慨解囊，“特

① 《谢府赙仪助赈》，《中国红十字会上海国际委员会救济月刊》第 1 卷第 1 期（1938 年 6 月），第 5 页；《中国红十字会月刊》第 38 期（1938 年 8 月），第 31 页。

② 彭望荃：《上海国际红十字会报告（民国二十六年十月至二十八年三月卅一日）》，中国红十字会上海国际委员会 1939 年编印，第 3—4 页。

③ 《丽都花园游艺筹赈》，《中国红十字会月刊》第 40 期（1938 年 10 月），第 12 页；《丽都举行筹赈游艺会》，《中国红十字会上海国际委员会救济月刊》第 1 卷第 5 期（1938 年 10 月），第 5 页。

④ 《公益职工热心救济》，《中国红十字会月刊》第 32 期（1938 年 2 月），第 61 页；《救灾会刊》第 14 卷第 12 期（1938 年 2 月），第 124 页；《公益纱厂职工热心救济》，《申报》1937 年 12 月 10 日。

⑤ 《职工热忱助赈》，《中国红十字会上海国际委员会救济月刊》第 1 卷第 1 期（1938 年 6 月），第 5 页；《中国红十字会月刊》第 38 期（1938 年 8 月），第 31 页。

于（1938年）八月间集资四百七十八元一角四分，捐赠充赈。上月十日又送到四百九十八元五角七分”[①]。

其二，节日移酬。每逢春节、圣诞等中外节日，必有一番庆祝，或家庭设宴团聚畅饮，或亲友之间互赠礼物，亘古相传。当此国难，于是纷纷停止馈赠，节减膳食，移充救济。上海国际红十字会所收是项捐款较多，如中和灯泡公司移助经售商店赠品费2000元、西人歌咏团员12人庆祝圣诞费105元、无名氏某君圣诞赠品费55元、宝兴工业原料号年终筵席资50元、菲律宾 T. R. Pabalalnn 及 Ariadna 两女士节减膳食费各10元[②]。

其三，抽薪助赈。鉴于上海国际红十字会给养难民众多，虽尽力张维，非有长期捐款，终感难期持久，于是香港路银行业同业公会发起薪给捐，“其办法规定各行同人，以每月所入捐助百分之二，由各行会计处代为收集”[③]。经向中国、中央、交通、农民四银行分别劝募，中国、中央两行各捐17500元，交通银行捐款1万元，农民银行捐款5000元，共计5万元先行拨助，其中2万元指定救济南京难民[④]。同时仍行继续捐助，每月所得总数，不下2万余元[⑤]。上海国际红十字会认为，这是“维持救济之善法”[⑥]，遂由施肇基函请上海市商会允予积极提倡，旋得回复，上海市商会对于“此种扣薪救济难民办法，亦颇赞同，故希望各同业服务同人能继起效法”[⑦]。于是，上海市商会通告各业同业公会一体仿办，通告原文略谓：

迳启者：接中国红十字会上海国际委员会宣传筹募组主任施肇基先生函称，“本会由中外慈善界同人所组织，以筹募捐款、调剂各救济善团为使命，数月以还，本埠难民麇集各收容所，经费支绌，纷纷请求补

① 《永安纺织三厂职工集资助赈》，《中国红十字会上海国际委员会救济月刊》第1卷第5期（1938年10月），第4页。

② 《移酬节食惠济灾黎》，《中国红十字会月刊》第32期（1938年2月），第61—62页；《救灾会刊》第14卷第12期（1938年2月），第124页。

③ 《银行业捐薪救济难民》，《中国红十字会月刊》第34期（1938年4月），第27页。

④ 《银行公会热心劝募救济费》，《中国红十字会月刊》第32期（1938年2月），第48页；《银行同业抽薪助赈》，《中国红十字会月刊》第32期（1938年2月），第63—64页；《救灾会刊》第14卷第12期（1938年2月），第125页。

⑤ 《银行业捐薪救济难民》，《中国红十字会月刊》第34期（1938年4月），第27—28页。

⑥ 《银行同业抽薪助赈》，《中国红十字会月刊》第32期（1938年2月），第64页；《救灾会刊》第14卷第12期（1938年2月），第125页。

⑦ 《银行业捐薪救济难民》，《中国红十字会月刊》第34期（1938年4月），第28页。

助，已感应付为难。近以国际救济会、慈联会及其分会所办各收容所一百四十余处无力维持，难民十五万人概由本会给养，负担益形重大，而其余善团之商请救济者，且纷至沓来，此后责任之艰巨，更将数倍于今日，若不向各界热心人士普遍求助，势必难以持久。周者，银行业同业公会，为协助本会起见，特发起抽收薪给捐百分之二，以充救济。业经拨款五万元，嘉惠流亡，良非鲜浅。素仰贵会领袖商业，用特函恳转商各业，仿照银行业办法，按月征收，迳送本会”等语到会。查本市近来每周死亡人数，据各报所载，几七八倍于从前，同人在今日幸有职业而衣食粗能自给者，当怀替人解衣推食之志，勉自节省其一部分，以为贫苦同胞续命之资。语云：“人之欲善，谁不如我。”本会将此觇各公会之成绩焉，愿共勉之①。

上海商界素以急公好义著称，接到上海市商会通告以后，行见群起响应，书业、木业及潮糖杂货业首先应募，输将极为踊跃②。

其四，组织拨助。此种方式是指以组织或团体的名义进行拨款助赈，主要有两类形式。一种是组织募捐机构代为募捐。如上海市教育界为救济战区儿童，特组织募集儿童救济金委员会，向市内各学校征募，并指定上海国际红十字会和霞飞路（今淮海中路）新华银行为收款处，所募救济金为数不少③。又上海市太平、安平、丰盛三保险公司联合办事处同人，热忱善举，特组织太安丰同人难民援助协会，按月筹募捐款，协助救济，“其八月份一百七十一元九角五分，业于上月二十一日送交本会”④。另有苏州东吴大学，为基督教监理会所设最高学府，历史悠久，其职员、学生向甚热心公益，特乘八一三纪念之期，组织献金委员会，就师生中展开募捐，“至八月卅一日止，业经集有一千零十八元一角二分，由童希天、张培扬二君送交中国华洋义赈救灾总会转致本会

① 《市商会函请各公会提薪救济难民》，《力报》1938年1月28日；《中国红十字会月刊》第32期（1938年2月），第53—54页。

② 《市商会积极提倡薪给捐》，《中国红十字会月刊》第32期（1938年2月），第64页；《救灾会刊》第14卷第12期（1938年2月），第125页。

③ 《教育界募集灾童救济金》，《新闻报》1938年4月10日；《中国红十字会月刊》第35期（1938年5月），第25页。

④ 《太安丰同人难民援助协会慨助赈款》，《中国红十字会上海国际委员会救济月刊》第1卷第4期（1938年9月），第4页；《中国红十字会月刊》第40期（1938年10月），第49—50页。

矣”[①]。另一种是从已有经费中予以拨助。如华洋义赈会全体人员加入上海国际红十字会后，“大部分的基金与海内外捐助也随组织移转到上海国际委员会”[②]。其时该会并未进行募捐工作，但各项捐款仍络绎不绝，业于1月20日召开第165次会议，议决“本会近来所收捐款，凡经指充救济难民者，暂行拨交中国红十字会上海国际委员会应用”[③]。又中国妇女会为上海闺阁名流所组织之公益团体，“除捐赠难民产妇医院开办费及第一月经费外，复将国币二千八百九十二元及港币一千八百九十七元四角五分”[④]，输助上海国际红十字会，俾资应用。公共租界工部局亦从向各游艺场所征收的娱乐捐中抽拨是项捐款3万元，后又续助了2.5万元，以资挹注[⑤]。汇丰银行也于9月5日捐助了5000元[⑥]。还有某救济团体慨助1.5万元，交由施肇基转致，“并嘱隐匿真名，有功不居”[⑦]。

其五，慈善奖券。为筹集难民救济费，驻沪法商特开设慈善奖券公司发行奖券，“规定以券资百分之三十分拨各慈善团体，俾充赈款”[⑧]。其首期奖券售款应派救济金7.5万元。1938年8月31日，法商救济难民慈善奖券救济金支配委员会假法国商会召开第二次会议商讨分配办法，主席饶家驹，委员颜惠庆、安献金（柴斯伯代）、李规庸、麦克诺登（Brig. –Gen. E. B. Macnaghten）等出席，当经决议支配上海国际红十字会30750元，并对该救济金的使用提出了几点建议：“（甲）据中国麻疯（风）协会之请求，请酌拨救济金之一部分作为救济麻疯（风）难民

① 《东吴大学热心助赈》，《中国红十字会上海国际委员会救济月刊》第1卷第4期（1938年9月），第5页；《中国红十字会月刊》第40期（1938年10月），第50页。

② 黄文德：《非政府组织与国际合作在中国：华洋义赈会之研究》，（台北）秀威资讯科技2004年版，第299页。

③ 《捐款拨助红会国际会》，《救灾会刊》1938年第15卷第1期（1938年3—4月），第144页。

④ 《中国妇女会慨助赈款》，《中国红十字会上海国际委员会救济月刊》第1卷第1期（1938年6月），第5页；《中国红十字会月刊》第38期（1938年8月），第30页。

⑤ 《工部局又拨到娱乐捐》，《中国红十字会上海国际委员会救济月刊》第1卷第4期（1938年9月），第4页；《中国红十字会月刊》第40期（1938年10月），第49页。

⑥ 《汇丰银行慨助赈款》，《中国红十字会上海国际委员会救济月刊》第1卷第5期（1938年10月），第4页。

⑦ 《救济团慨助赈款》，《中国红十字会上海国际委员会救济月刊》第1卷第6期（1938年11月），第5页；《中国红十字会月刊》第42期（1938年12月），第24页。

⑧ 《国际红会收到慈善奖券救济金》，《新闻报》1938年9月7日；《国际红会收到慈善券救济金》，《大美报》1938年9月7日；《中国红十字会月刊》第40期（1938年10月），第19页；《慈善奖券公司拨到难民救济金》，《中国红十字会上海国际委员会救济月刊》第1卷第5期（1938年10月），第5页。

之用；（乙）据徐家汇难民收容所之请求，请拨给该会三千元；（丙）据第一特区市民联合会救济难民委员会之请求，请酌拨该会一部分款项。”① 后又从第二期提出的救济金中续拨了27891.34元②，第三期奖券开奖后又得以派拨2万元③。三期慈善奖券总计拨助上海国际红十字会78641.34元。

图3－3　中美篮球慈善赛合影④

其六，慈善赛事。《大美晚报》英文版、《申报》及西侨青年会曾于1937年12月13日联合举办“申报杯”中美篮球慈善赛，在静安寺路西侨青年会篮球房举行，比赛采用三赛两胜制，初定以后每年举办一次，并在申报馆、大美晚报馆、西侨青年会、中青年会、时许洋行、华东运动器具公司及麦令斯俱乐部等处预售门票，楼下2元，楼上1元。“此项比赛，一切开支由发起人负担，全部门票收入悉数捐助难民。预定以

① 《难民奖券救济会支配救济金》，《新闻报》1938年9月2日；《中国红十字会月刊》第40期（1938年10月），第11页。

② 《慈善奖券公司拨到难民救济金》，《中国红十字会上海国际委员会救济月刊》第1卷第5期（1938年10月），第5页。

③ 《慈善奖券公司拨到第三期难民救济金》，《中国红十字会上海国际委员会救济月刊》第1卷第6期（1938年11月），第5页；《中国红十字会月刊》第42期（1938年12月），第24页；《第三期奖券救济金支配》，《新闻报》1938年11月4日；《中国红十字会月刊》第42期（1938年12月），第22页。

④ 图片复制自《为筹款救济难民而举行之中美篮球赛两队健儿》，《国闻周报》第14卷第50期（1937年12月20日），第1页。

大部捐助上海国际红十字会，其余捐助国际难民救济会，另在其中提出一小部分捐助西青耶诞节中华苦儿同乐会。以后每年比赛收入，临时再行决定”[①]。上海市理发业同人也曾举办同业篮球慈善赛，“所售门票，悉充善举，前往观赛者颇众，共收票资一百五十元，业由愚园路二百三十号百乐理发公司送交中国红十字会上海国际委员会，指充难民寒衣之用”[②]。又上海国际红十字会函请委托俞斌祺筹办游泳慈善对抗赛，并由俞氏请示中华全国体育协进会总干事沈嗣良及协会游泳委员凌奇陶加以赞助，定于 1938 年 9 月 3 日晚在丽都游泳池举行[③]。

此外，还有其他的非现金捐赠，如新闻报馆坚持慨捐广告费用。上海国际红十字会劝募捐款的启事向由《新闻报》《申报》《大公报》等报馆捐助，“自《申报》《大公报》迁汉出版后，上海历史久远之报馆，仅有《新闻报》馆一家，其广告仍按月捐登一次，从未间断”[④]。又如广东路 17 号英商宝隆洋行，捐助西贡米 20 袋，俾充赈品[⑤]。

通过对国内募捐情况的呈现，我们可以清楚地看到，从国民政府到民间组织，从旅沪外人到劳苦大众，都给予了上海国际红十字会极大的支持，其中国民政府的拨款和倡导尤为明显，这是 1930 年南京国民政府主导社会事务后“不复拨款委托私人团体办赈”[⑥] 的一个例外。颜惠庆在自传中也提到，“财政部长当即同意从新发行的国债中拨 100 万元给国际委员会，这为我们这个组织的工作开了个好头”[⑦]。然而，不管是政府的拨款，还是来自社会公众的无私捐赠，都是在其本身处于极度困难的情况下完成的捐助，这不仅基于他们对上海国际红十字会的充分信任，也是对其救护工作的肯定，从另一个角度也说明上海国际红十字会的宣传与征募工作是卓有成效的。

---

① 《中美慈善篮球赛》,《大美晚报》1937 年 12 月 9 日；《中国红十字会月刊》第 31 期（1938 年 1 月），第 73 页。

② 《理发业慈善篮球赛，票资悉充寒衣捐》,《申报》1938 年 10 月 26 日；《理发业举行慈善篮球赛》,《中国红十字会上海国际委员会救济月刊》第 1 卷第 6 期（1938 年 11 月），第 5 页；《中国红十字会月刊》第 42 期（1938 年 12 月），第 24 页。

③ 《慈善游泳赛华队产生经过》,《新闻报》1938 年 9 月 8 日；《中国红十字会月刊》第 40 期（1938 年 10 月），第 19 页。

④ 《新闻报馆慨捐广告》,《救灾会刊》第 15 卷第 1 期（1938 年 3—4 月），第 142 页。

⑤ 《宝隆洋行输粟助赈》，《中国红十字会上海国际委员会救济月刊》第 1 卷第 2 期（1938 年 7 月），第 4 页；《中国红十字会月刊》第 40 期（1938 年 10 月），第 33 页。

⑥ 《救灾会刊》第 14 卷第 7 期（1937 年 4 月），第 55 页。

⑦ 颜惠庆：《颜惠庆自传：一位民国元老的历史记忆》（吴建雍等译），商务印书馆 2003 年版，第 303 页。

# 第二节　国际援助的获取

在更大范围内筹募捐款，是成立上海国际红十字会的组织目标之一。该会的国际定位的意图就是不拘囿于上海一隅，“不仅在国内进行，而且在海外各地进行”①，使宣传与募捐工作国际化。在施肇基的领导下，上海国际红十字会宣传与征募委员会，“除在当地进行密集的募捐活动以外，还接触了不少国外慈善组织和友好人士，期望他们帮助上海国际红十字会募集救济资金”②。

## 一、欧美各国的捐助

欧美各国对于援助华灾救济向来已久，如“1920—1921 年中国救灾达到了史无前例的规模，救灾总资金 3700 万美元，近 40% 来自于国外，其中美国是主要来源国”③。此次沪战突起，上海国际红十字会“临危受命”，担当救济经费筹募大任，经向海内外广泛募集，“并由该会主席颜惠庆博士、筹募兼宣传主任施肇基大使、总干事贝克博士等，电请驻美大使王正廷博士，通知美国各慈善机关、华侨团体，将捐款汇寄该会，以便集中分配、调剂各地救济费用。此外，驻英、法等国大使处，亦有相同之电发出”④，旋得“友邦团体、个人同情我国者，纷纷汇寄捐款，协助救济”⑤。兹将大致情形分述如下。

（一）美国方面

近代中国多灾多难，屡得美国慈善救济。“自战事发生以来，美国各善团抱救灾恤邻正义，募助中国救济难民经费，为数甚巨”⑥，并得到美国时任总统富兰克林·罗斯福（Franklin D. Roosevelt）的大力支持。

---

① 颜惠庆：《颜惠庆自传：一位民国元老的历史记忆》（吴建雍等译），商务印书馆 2003 年版，第 303 页。

② 《国际红十字会展开救济活动合作》，上海市档案馆藏英文档案，档号 U1-16-1057，缩微号 167。

③ 蔡勤禹：《近代中国民间组织——华洋义赈会研究》，华东师范大学 2003 年博士后研究工作报告，第 63 页。

④ 《财部拨助百万》，《申报》1937 年 10 月 29 日。

⑤ 《友邦捐款续有汇到》，《中国红十字会上海国际委员会救济月刊》第 1 卷第 1 期（1938 年 6 月），第 4 页；《中国红十字会月刊》第 38 期（1938 年 8 月），第 29 页。

⑥ 《美国各善团助华》，《申报》1938 年 12 月 20 日。

罗斯福总统不仅函请美国红十字会募捐百万美金救济中国难民，还向全国民众广泛呼吁[①]。截至1938年11月10日止，在美募款救济中国战时难民的团体总计募得美金775598元，并组织有中国教会赈济委员会、美合众国中国灾赈会、中华人民赈救联会、美国红十字会驻沪顾问委员会及美国华灾协济会驻沪顾问委办会等团体在华支配款项[②]。据贝克报告，由美国红十字会驻沪顾问委员会和美国华灾协济会驻沪顾问委办会直接支配的金额总数达美金496000元，“其中以上海所收到之美国捐款为最巨，计美金57164元、华币484410元”[③]。

该两驻沪顾问委员（办）会与上海和华洋义赈会颇有渊源，且都是上海国际红十字会的创始会员。沪战发生后，两驻沪委员（办）会即拟办理上海战时救济，要求华洋义赈会由四川召回总干事贝克，筹谋共同合作，“并请全会职员一致协助，经执委会议决许可；旋由本会与以上两委办会、中国红十字会及中外慈善界同人数度磋商，乃决定合组中国红十字会上海国际委员会”[④]。所以，来自美国的救济款项拨给上海者，均由上海国际红十字会领取应用。此外，由美国捐赠的碎麦、罐头及医药用品等，其关于分配一节，亦由上海国际红十字会负责[⑤]。

**表3-2 上海国际红十字会接收美驻沪两委会支配款额**

| 美国红十字会驻沪顾问委员会 | | 美国华灾协济会驻沪顾问委办会 | |
|---|---|---|---|
| 序号 | 款额（法币/元） | 序号 | 款额（法币/元） |
| 1 | 60000.00 | 1 | 60000.00 |
| 2 | 52980.10 | 2 | 50000.00 |
| 3 | 30000.00 | 3 | 40000.00 |
| 4 | 20000.00 | 4 | 30000.00 |
| 5 | 18018.02 | 5 | 17937.21 |
| 6 | 6000.00 | — | — |
| 7 | 5000.00 | — | — |

① 《美募金救济我难民》，《申报》（汉口版）1938年1月28日。

② 《美人救济中国难民》，《申报》1938年11月24日；《美国各善团助华》，《申报》1938年12月20日。

③ 《美人救济中国难民》，《申报》1938年11月24日。

④ 《参加战时救济》，《救灾会刊》第14卷第11期（1937年12月），第114页。

⑤ 《美红会捐助中国难民粮食及医药用品等》，《申报》1938年10月12日。

（续表）

| 美国红十字会驻沪顾问委员会 | | 美国华灾协济会驻沪顾问委办会 | |
|---|---|---|---|
| 序号 | 款额（法币/元） | 序号 | 款额（法币/元） |
| 8 | 8.82 | — | — |
| 合计 | 192006.94 | 合计 | 197937.21* |

*据《中国红十字会上海国际委员会救济月刊》第1卷第1期（1938年6月）和《中国红十字会月刊》第38期（1938年8月）所载《英美两大善团又汇到赈款》一文，截至1938年5月，美国华灾协济会驻沪顾问委办会已拨付捐款总计法币203937.21元，此处以《上海国际红十字会报告》所载签发收据为准。

资料来源：彭望荃：《上海国际红十字会报告（民国二十六年十月至二十八年三月卅一日）》，中国红十字会上海国际委员会1939年编印，第16—81页。

据表3-2所示，美国驻沪两委会共计拨助389944.15元，在上海国际红十字会所募集海外捐款中所占比重约为34%。此外，美国其他团体、个人亦颇有赞助，诸如纽约美国蛋业公会、美国花旗银行、美国钢铁公司、华盛顿中国之友等等，其中侨居中国多年的史蒂夫人，在夏威夷岛组织成立了基督教救济华灾委员会，旨在与美国基督教协进会合作，“筹募振款，救济我国兵灾，其会员大多为各大礼拜堂及社会团体代表……力量极为充实”①。

（二）英国方面

来自英国的捐款，主要是由英国华灾救济会进行筹募的。鉴于上海难民的困顿情形，上海英国总商会及“中国社会”上海分会，“本救灾恤邻正义，特开联席会议，佥认救济难民为当前迫切问题”②，乃于1937年9月间，电商伦敦“中国社会”，拟仿照英国救灾成例，筹募救济基金，以充援在华惨罹战祸之中外难民。当承热烈赞助，并蒙伦敦市长极力倡导，在伦敦成立了华灾救济基金筹募会，由英国红十字会、英国教会联合会及伦敦“中国社会”等团体合作主持劝募，“英国人士闻

① 《夏威夷礼拜堂华灾救济委员会成立》，《中国红十字会上海国际委员会救济月刊》第1卷第5期（1938年10月），第5页；《司蒂尔夫人组织救济华灾会募款救济》，《申报》1938年10月29日；《司蒂尔夫人组织救济华灾会》，《中国红十字会月刊》第42期（1938年12月），第20页。

② 《英国华灾救济会之创立与其工作概况》，《中国红十字会上海国际委员会救济月刊》第1卷第4期（1938年9月），第6页。

风兴起，踊跃输将，慨助金钱、衣服及医药用品，为数颇巨”[①]。又为便利救济起见，经议决在上海设立中央执行委员会，每月制就预算，视情形需要，拨助上海及其他商埠各救济团体，并于11月9日在英国驻沪领事馆举行了首次会议，由英总领事主持，议决设立中国难民、英国罹灾侨民、各国罹灾侨民及供给医药四调查委员会，专司赈款之分配、事项之查察，每星期于中央执委会开会时提出建议。“至所有衣服及医药用品，为谋分拨便利计，特由香港总督派遣委员，就地管理其事，悉依各地需要，分别拨给”[②]。

英国华灾救济会劝募成绩甚佳，总计接济上海国际红十字会善款323715.68元，约占其所收海外全部捐款数的28%，仅次于美国驻沪顾问两委会，详见表3-3。

表3-3　上海国际红十字会收到英国华灾救济会救济款

| 序号 | 款额（法币/元） | 序号 | 款额（法币/元） |
|---|---|---|---|
| 1 | 50000.00 | 14 | 3000.00 |
| 2 | 50000.00 | 15 | 3000.00 |
| 3 | 46000.00 | 16 | 2500.00 |
| 4 | 40000.00 | 17 | 2440.00 |
| 5 | 40000.00 | 18 | 2000.00 |
| 6 | 30000.00 | 19 | 1891.96 |
| 7 | 12603.94 | 20 | 1680.52 |
| 8 | 10000.00 | 21 | 1615.09 |
| 9 | 10000.00 | 22 | 900.00 |
| 10 | 4626.15 | 23 | 643.68 |
| 11 | 4000.00 | 24 | 424.42 |
| 12 | 3361.05 | 25 | 28.87 |
| 13 | 3000.00 | 总计 | 323715.68 |

资料来源：彭望荃：《上海国际红十字会报告（民国二十六年十月至二十八年三月卅一日）》，中国红十字会上海国际委员会1939年编印，第16—81页。

① 《英国华灾救济会之创立与其工作概况》，《中国红十字会上海国际委员会救济月刊》第1卷第4期（1938年9月），第6页。

② 《英国华灾救济会之创立与其工作概况》，《中国红十字会上海国际委员会救济月刊》第1卷第4期（1938年9月），第6页。

可见，英国华灾救济会“为上海国际红十字会及全国救济难民团体之重要捐助者”[1]。其他如英国童子军协会亦多有捐助，前有彼明汉及奚登汉两地童军组织合助捐款，均由其上海分会转致上海国际红十字会支配[2]。

（三）国际红十字方面

欧美国家的募捐，与其本国红十字会有着紧密的联系，基本上都是通过本国红十字会来进行筹募和捐款的。如美国红十字会除设立驻沪顾问委员会支配捐款外，还直接向上海国际红十字会捐助了1.5万元，英国红十字会也主持了英国华灾救济会的劝募活动。其他如日内瓦国际红十字会经募了1485.15元，由瑞士驻沪领事转送上海国际红十字会，指充救济难童之用[3]。澳洲红十字会赞助力度仅次于美国红十字会，计分5次分别汇到7799.61元、3190.72元、2894.21元、485.79元、376.64元，合计捐助14746.97元[4]。

另据颜惠庆报告，加拿大红十字会联合救世军及各教会，“在多郎度合组救济中国战区难民协会，推定屈文六君为会长，从事劝募，协助救济”[5]。意大利红十字会及政府于1938年4月间，“亦募集大宗治疗器具及药品，拟捐赠我国，其大部分将交本会支配。刻已运至香港，不日即可到沪”[6]。意大利驻华大使还专为此事特晤颜惠庆，预行知照，“并称如本市需要此项物品，义（意）红十字会等可尽量捐赠，至政府已捐之一批，预定分为三份，一分（份）送至汉口，一份由内地教会支配，

① 《英国华灾救济会之创立与其工作概况》，《中国红十字会上海国际委员会救济月刊》第1卷第4期（1938年9月），第6页。

② 《国际红十字会救济难童》，《导报》1938年5月27日；《中国红十字会月刊》第36期（1938年6月），第38页；《友邦捐款续有汇到》，《中国红十字会上海国际委员会救济月刊》第1卷第1期（1938年6月），第4页；《中国红十字会月刊》第38期（1938年8月），第29页。

③ 《国际红十字会救济难童》，《导报》1938年5月27日；《中国红十字会月刊》第36期（1938年6月），第38页；《友邦捐款续有汇到》，《中国红十字会上海国际委员会救济月刊》第1卷第1期（1938年6月），第4页；《中国红十字会月刊》第38期（1938年8月），第29页。

④ 彭望荃：《上海国际红十字会报告（民国二十六年十月至二十八年三月卅一日）》，中国红十字会上海国际委员会1939年编印，第16—81页。

⑤ 《国际红会执委会议》，《新闻报》1938年3月24日；《红十字会国际委员会扩大救济全国难民》，《文汇报》1938年3月24日；《中国红十字会月刊》第34期（1938年4月），第33页。

⑥ 《意红会捐助大宗治疗用品》，《中国红十字会上海国际委员会救济月刊》第1卷第1期（1938年6月），第4页。

一份则送至上海交国际红十字会分配”①。

综上，英、美等国及其红十字会的捐赠，是上海国际红十字会海外捐款的一个重要来源。如果说红十字会是一个国际性的人道主义组织，国际红十字会各签约国红十字会有相互援助的义务，那么各国红十字会捐款背后则是各国民众对于中国战时难民的同情和支持。那时，资本主义世界不断爆发经济危机，法西斯气焰日益增长，欧洲大陆本身也处于全面战争的边缘，所以海外捐款主要集中在英、美、澳等暂未受到战争威胁的国家和地区；但即便处于战争烟云笼罩之下，各国对于中国难民依然有所关怀，如上海国际红十字会捐款名录所载者，还有法国驻沪总领事经募了3万元、荷兰华灾救济委员会捐助了4411.76元、荷兰海港公司捐助了1000元、中法友谊会捐助了1000元、大英火轮船公司捐助了150元、荷兰安达银行捐助了100元、法国火轮船公司捐助了25元，等等。

## 二、海外侨胞的捐赠

海外侨胞虽身处异国他乡，但始终与祖国有着割不断的联系，国内历次灾荒均见他们慷慨捐输，他们也是上海国际红十字会海外募捐的重要对象。据侨务委员会1934年调查统计，华侨散居世界各地59处计7838895人，以东南亚和美洲为最②。这700多万侨胞对于国内抗战赞助甚勤甚殷，“卢沟桥事变发生后，政府尚未举行募捐，救国公债虽未公布，而尚未开始劝销之时，华侨之捐助抗战运动，早已风起云涌，侨务委员会收到之捐款，自七月二十二日起至‘八一三’止，计收到捐款十八宗，数达八万余元”③。

抗战爆发后，“政府即着意于华侨捐输工作上，曾先后派遣大员多位往海外宣传，推销公债，募筹款项”④。上海国际红十字会一经成立，便分电海外侨民团体予以协助。如1937年12月，鉴于上海各救济团体及难民收容所纷纷请求补助，上海国际红十字会“益感筹募捐款不容稍懈，复特电纽约驻美大使王正廷博士（及各埠领事），请转知各侨民团

① 《义国捐赠药品》，《国民日报》1938年4月22日；《中国红十字会月刊》第35期（1938年5月），第33页。

② 萧吉珊：《我国海外华侨总数之调查》，《时事月报》第11卷第3期（1934年9月），第87—88页。

③ 上海社会科学院历史研究所编：《“八一三”抗战史料选编》，上海人民出版社1986年版，第319页。

④ 邓铿章：《华侨学生与华侨捐输》，《今日评论》第1卷第17期（1939年4月），第9页。

体拨款协助"[①]。经此呼吁求助，"海外华侨应募甚为踊跃"[②]，尤以妇女界热心救济。如危地马拉女侨胞，经驻危地马拉总领事夫人劝募，慨助难民救济费，顷于1938年3月25日由驻危地马拉总领事馆送到，并附函略谓："旅瓜（危地马拉）华侨，现仅七百余人。自卢沟桥事变发生后，即从事筹募捐款，接济国内救济团体，至现在止，已达一万五千四百余美金，而在商务冷淡之秋，认购救国公债，亦甚踊跃；至旅瓜女侨，为数不过二三十人，经卢夫人施丽莲女士之奔走劝募，认捐难民救济费者，辄多慷慨解囊。兹将卢夫人经募美金三百七十六元五角（合国币一·二九五·四九元）随函汇上，请检收充赈，并给收据。"[③]

又如檀香山华侨，对于国内公益慈善事业夙著热忱，"捐助中国华洋义赈救灾总会之款，先后不下数十万元"[④]。嗣以筹赈便利，复经中外慈善界同人组织檀岛中国救灾协会，专就当地筹募捐款，协济国内各善团，军兴以后则将赈款汇交上海国际红十字会，俾充难民救济。又以国内受伤患病兵民为数甚巨，经成立檀岛华灾医药协济会，就地筹募，接济上海国际红十字会治疗兵民费用，其所汇捐款，"指定半数用于上海，余充各埠之需"[⑤]。

据上海国际红十字会捐款名录统计，海外华侨团体捐款较大者，计有檀香山华灾医药协济会180000元、旅美华侨统一义捐救国总会50000元、伦敦中国妇女救济会10105.26元、菲律宾中国妇女救济会10000元、檀香山华人教堂华灾救济委员会8474.32元、纽约全体华侨抗日救国筹饷总会6616.35元、澳洲维多利亚城中国基督教救济委员会1687.73元、檀香山中华基督教会1315.79元、美国舍路华侨拒日救国后援会1000元、驻墨芝省辉埠抗日救国会974.74元、棉兰华侨筹振祖国难民慈善金委员会189.25元，共计270363.44元，约占上海国际红十字会海外捐款总数的24%。

① 《红会国际委员会成立战区救济委办会》，《新闻报》1937年12月10日；《中国红十字会月刊》第31期（1938年1月），第74页；《海外捐款源源汇到》，《救灾会刊》第14卷第12期（1938年2月），第124页；《中国红十字会月刊》第32期（1938年2月），第60页；《国际红会续收到海外捐款》，《华美晨刊》1938年3月1日；《中国红十字会月刊》第34期（1938年4月），第23页。

② 《瓜地马拉女侨胞慨助赈款》，《救灾会刊》第15卷第1期（1938年3—4月），第142页。

③ 《瓜地马拉女侨胞慨助赈款》，《救灾会刊》第15卷第1期（1938年3—4月），第142页。

④ 《檀岛侨胞热心救济》，《救灾会刊》第15卷第1期（1938年3—4月），第141页。

⑤ 《檀岛华侨又汇到医药费》，《中国红十字会上海国际委员会救济月刊》第1卷第1期（1938年6月），第4页；《中国红十字会月刊》第38期（1938年8月），第30页。

现款之余，还有大量衣物[①]、药品捐赠，陆续输将仁浆义粟，海外侨胞颇为不易。首先就华侨本身而言，其生存环境并不乐观，除遭遇资本主义经济危机以外，还遭到居留地政府的各种苛例，据侨务委员会统计，其时已达117种之多[②]。其次就国内抗战捐款来说，且不论长期以来的捐输，侨胞亦颇有负担，“截至二十七（1938）年五月止，英属马来亚捐款公债合计数达二千四百余万元，实为首屈一指。若依人口比例计之，则菲律宾侨胞人数约十一万，捐款及公债总数已达菲币八百万元，平均每人负担菲币约八十元，是为初期捐输之冠”[③]。何况国内对于海外募捐并无通盘计划，募捐机关异常复杂，“有属中央的，有属地方的，名目繁多，花样百出，使侨胞莫知适从”[④]。

## 三、饶家驹北美募捐

前文已述及，美国募捐得到了罗斯福总统的支持，这是因为1937年12月发生了两件让罗斯福大为震惊的事件：一是美国军舰“帕奈”号遭日机击沉，二是南京大屠杀。1938年年初，罗斯福致信美国红十字会，呼吁全国捐助中国。然而，美国红十字会一贯的政策是向个人直接劝募，而不搞募捐运动，但是罗斯福的信件在报纸上刊登后，得到美国政商各界的积极响应，均认为募捐运动是必要的[⑤]。于是，“沉重的压力让美国红十字会不得不制订更为积极的救济计划来作为回应。总统已经确定了具体的筹款目标这一信息已经公之于众，红十字会领导人担心如果达不到这一目标，将使总统、红十字会甚至美国蒙羞”[⑥]。在此情形之下，上海国际红十字会接到美国红十字会的来电，询问中国难民情形，电称：“此间亟须中国难民及救济情形等材料，以资宣传，请详细电复，如无家可归之难民人数，及其急切之需要；全国孤儿之数目，是否有发

---

① 《香港运到大批赈衣》，《中国红十字会上海国际委员会救济月刊》第1卷第2期（1938年7月），第4页；《中国红十字会月刊》第40期（1938年10月），第32—33页。

② 《各国政府虐待华侨苛例计达百十七种》，《时事月报》第11卷第3期（1934年9月），第88页。

③ 上海社会科学院历史研究所编：《“八一三”抗战史料选编》，上海人民出版社1986年版，第320页。

④ 邓铿章：《华侨学生与华侨捐输》，《今日评论》第1卷第17期（1939年4月），第9页。

⑤ 参见［美］阮玛霞：《饶家驹安全区：战时上海的难民》（白华山译），江苏人民出版社2011年版，第123—124页。

⑥ ［美］阮玛霞：《饶家驹安全区：战时上海的难民》（白华山译），江苏人民出版社2011年版，第124页。

生饥荒之情形。"[①] 并建议"施（肇基）君和饶（家驹）神父去美国"[②]。上海国际红十字会迅由贝克搜集资料电复，其在电末呼吁："在此一万五千万人民中，有三千万人因田园破毁，流亡至附近省份，而处于困难之情境中；上海有难民十七万人，经红十字会之给养。兹因振款枯竭，望美国红十字会能于短期内募得百万元美金，以助该会救济工作之赓续进行。"[③] 上海国际红十字会此时正苦于经费筹措，因此决定"爰推饶氏赴美一行，藉与彼邦慈善界取得密切联络，而宏救济"[④]。

1938年4月5日，上海国际红十字会召开会议，"通过了关于代表权的规定"[⑤]，旋于19日决定了行程，但施肇基决定不去，改由其次子施思明陪同饶家驹前往。21日，上海国际红十字会又召开布置行程会议，并议决给饶家驹北美之行造势，由颜惠庆写信给在纽约的王正廷、美国红十字会主席诺曼·戴维斯（Norman Davis）等人予以声援。为突出饶家驹的慈善形象，他在信中还生动刻画了饶家驹的样貌，信中这样写道："作为一名'传教士中的政治家'，饶家驹神父给人印象深刻，他身材高大，身躯瘦弱，身着黑色的教士服，上面饰以国际红十字会的会徽，会徽是一个色彩醒目的蓝环中加一个红十字。他蓄着白色山羊胡，一双敏锐而又和善的眼睛总是能给那些受伤病和贫困困扰的人们带来心灵上的慰藉。"[⑥]

故而饶家驹尚未起行，就得到来自中国、法国、美国的多位官员写信声援，"这些信送达美国国务院和白宫，为他在华盛顿的高端访问铺平了道路"[⑦]。于是在5月2日，饶家驹启程赴美。




---

① 《美国红会调查中国难民现状》，《导报》1938年5月20日；《中国红十字会月刊》第36期（1938年6月），第33页。

② 颜惠庆：《颜惠庆日记（一九三七——一九五〇）》第三卷（上海市档案馆译），中国档案出版社1996年版，第91页。

③ 《红会电复美红会我国遭战灾难民达万五千万》，《新闻报》1938年5月21日；《中国红十字会月刊》第36期（1938年6月），第34页。

④ 《饶神父赴美联络美国慈善界推进在华救济事宜》，《新闻报》1938年5月4日；《中国红十字会月刊》第36期（1938年6月），第21页。

⑤ 颜惠庆：《颜惠庆日记（一九三七——一九五〇）》第三卷（上海市档案馆译），中国档案出版社1996年版，第97页。

⑥ 原载1938年5月25日《泛太平洋通讯社》B卷，转引自［美］阮玛霞：《饶家驹安全区：战时上海的难民》（白华山译），江苏人民出版社2011年版，第124—125页。

⑦ ［美］阮玛霞：《饶家驹安全区：战时上海的难民》（白华山译），江苏人民出版社2011年版，第124页。

图 3-4　法籍天主教神父饶家驹①

饶家驹（1878—1946），原名罗贝尔·夏尔·埃米尔·雅基诺·贝桑热（Robert Charles Emile Jacquinot de Besange），是法籍天主教神父。1878 年出生于法国桑特市（Saintes），16 岁时加入耶稣会，1913 年受命来华传教，先后担任徐汇公学监学、上海虹口圣心堂教区牧师、法国驻沪陆海军与公共租界万国商团中校随军神父、公济医院理事会主席、上海天主教办各外侨子弟学校童子军指导员、大上海建设委员会委员等职。初到上海时不慎失去右臂，故被人称为“独臂神父”。1920 年，饶家驹参加上海华洋义赈会，开始投身于慈善事业。1922 年，因参与援助安徽赈灾，受中国政府三等嘉禾章表彰。1926 年，担任上海华洋义赈会会长。1927 年，在北伐战争中因在闸北营救修女和儿童而名声大噪，此后致力于赈灾和难民救济事业。一·二八淞沪抗战期间，在复旦大学操场和徐家汇等地建立难民收容所救济难民。1937 年淞沪会战爆发当日，上海国际救济会成立，饶家驹担任该会常务委员兼救济组副主任，负责难民救济事宜②。其后加入上海国际红十字会，主持难民救济工作。

饶家驹赴北美募捐是从所乘加拿大“皇后”号轮船上开始的，他借机对乘客发表了演说，并号召他们捐款，“此项捐款由船公司当局，直

① 图片复制自《Father Jacquinot de Besange，S. J.》，南市难民区监察委员会编：《中国上海“饶家驹区”的故事》（英文版），上海别发书局 1939 年版，第 5 页。

② 《上海国际救济会启事》，《申报》1937 年 8 月 24 日。

接汇寄中国"[1]。在抵达华盛顿之前，他先后在檀香山、温哥华等地募捐，这种小范围的筹募，使得"许多关心中国紧急局势的人士认为饶家驹这种低调的方式募集不到中国急需的大量资金"[2]。这一情形在饶家驹抵达华盛顿之后出现了转折。饶家驹在法国驻美大使的帮助下，获得美国国务院的推荐信，从而得以晋谒罗斯福总统，面陈中国难民的困顿情形，并获批了总数达70万美元的中国救济计划[3]。"饶神父并于事后向报界发表谈话，吁请救济中国难民；并谓罗斯福总统曾称：美亟愿以全力赞助救济之事。"[4]

旅美期间，饶家驹先后在美国中、东部各州募捐，"一次典型的募捐运动包括先在当地进行公开宣传，接着就中国和难民问题发表演说，再接下来无疑就是呼吁出钱和收款"[5]。6月17日，在中国难民救济会会长小西奥多·罗斯福（Theodore Roosevelt Jr.）上校的鼎力相助下，饶家驹在纽约唐人街组织了一场"旧中国之夜"的大型募捐晚会，"由此在美国全国范围内发起了一系列被称为'一碗饭'晚会的宣传活动"。所谓"一碗饭"运动（"Bowl of Rice" Party），就是举办一种备有各种节目的简单招待会，邀请各界人士参加，自由捐款，数额不定，"介于买一碗米饭与买一顿正餐的费用之间"[6]。据小罗斯福宣称，"全国四十八州中，共有二十城市举行此项运动，参加者一百余万人，美国境内为人道主义而举行之运动，当以此次规模最大"[7]。又据饶家驹发回上海的电报，"现在美国进行之募款援助中国难民运动，颇得当地人民之热烈响应，上月在美国各州一千六百余城市举行之'一碗饭'劝募运动，所得捐款共达美金百万元"[8]。



① 《饶神甫发表谈话》，《生活日报》1938年8月2日；《中国红十字会月刊》第39期（1938年9月），第18页。

② ［美］阮玛霞：《饶家驹安全区：战时上海的难民》（白华山译），江苏人民出版社2011年版，第123页。

③ ［美］阮玛霞：《饶家驹安全区：战时上海的难民》（白华山译），江苏人民出版社2011年版，第127页。

④ 《饶神父抵美晋谒总统罗斯福》，《新南星》第4卷第7—8期（1938年8月），第32页。

⑤ ［美］阮玛霞：《饶家驹安全区：战时上海的难民》（白华山译），江苏人民出版社2011年版，第128页。

⑥ ［美］阮玛霞：《饶家驹安全区：战时上海的难民》（白华山译），江苏人民出版社2011年版，第128页。

⑦ 《二千城市举行一碗饭运动》，《申报》（汉口版）1938年7月17日。

⑧ 《饶神父在美电告一碗饭捐得美金百万》，《生活日报》1938年7月7日；《中国红十字会月刊》第38期（1938年8月），第15页。

在旧金山举办了最后一场大型募捐活动之后，饶家驹“以使命完成，乃整束行装，由温哥华乘亚洲‘皇后’号轮回华”[①]。7 月 20 日，道经日本横滨时，赴神户访友籐川一雄；30 日，搭乘法国游船公司“斐立斯罗梭”号，于 8 月 1 日晨 7 时抵沪，于当天下午 5 时在办事处接待了各报记者，简单报告了北美之行的经过，略谓：“余此次抵美后，目睹彼邦朝野人士，对中国被难民众之关切与同情，使余留深刻之印象。余沿途所经车站或埠头，当地人士及新闻界，均殷殷询问中国灾情。余抵檀香山时，该处华侨热烈欢迎，余曾演讲二次。抵美京后，曾拜谒罗斯福总统，并日夜与其政界及慈善界人士往还，并曾作广播演说，以推进募捐运动。当中日战争发生后，美国红十字会等即发起劝募捐款一百万美金，救济中国难民运动，现以该国人士一致热烈推动，已距预定目标不远。”[②]

饶家驹此前曾在香港、汉口募捐，“结果尚称圆满”[③]。此次北美募捐之行也较为顺利，取得了令人满意的结果，不仅达到了在美扩大宣传上海乃至全中国难民救济问题的初期目标，还推动了美国“一碗饭”运动的开展，在为中国难民增募了大批善款的同时，也间接帮助美国维护了“慈善尊严”。

经过几番筹募和争取，上海国际红十字会从海外募得捐款总计 114.4 万元，占全部捐款数的 36.55%。其他方面，如“医务人员之参加，药品、治疗器械之供给”[④]，亦颇得赞助。毫无疑问，海外援助是上海国际红十字会乃至全中国抗战救护一个强有力的支撑。“超过两千人已经为上海国际红十字会救济资金作出了贡献，其中绝大多数是华人。在国外很多地区的华侨和友好人士慷慨解囊，特别是美国、英国、夏威夷、菲律宾群岛和加拿大。在收到的国外捐款中，那些来自美国红十字会、华洋义赈会纽约分会、英国华灾救济会、旧金山旅美华侨统一义灾

① 《副委员长饶神父返沪》，《中国红十字会上海国际委员会救济月刊》第 1 卷第 3 期（1938 年 8 月），第 3 页；《中国红十字会月刊》第 40 期（1938 年 10 月），第 42 页。

② 《饶神甫发表谈话》，《生活日报》1938 年 8 月 2 日；《中国红十字会月刊》第 39 期（1938 年 9 月），第 17—18 页。

③ 《国际红会执委会议》，《新闻报》1938 年 3 月 24 日；《红十字会国际委员会扩大救济全国难民》，《文汇报》1938 年 3 月 24 日；《中国红十字会月刊》第 34 期（1938 年 4 月），第 33 页。

④ 《欧战爆发捐款将减少》，《中华日报》1939 年 9 月 6 日；《中国红十字会月刊》第 52 期（1939 年 10 月），第 23 页。

救济会是迄今为止数额最大的”①。

## 第三节　经费筹募的成效及影响

上海国际红十字会自征募捐款以来，通过多方努力，扩大了宣传覆盖面，提高了知名度，因而“中外团体、个人及各埠侨胞之慷慨协助者，为数甚巨”②，应该说取得了不错的成效，为各项救护工作的展开争取了经费支持，使收支总体处于良好的平衡状态。不过，这只是一些表面现象，其更深层次的实质内容尚有待进一步探讨。

### 一、经费收支的总体状况

据《上海国际红十字会报告》的记载，上海国际红十字会从接收首笔捐款，到最后结束时结算，在不到一年半的时间里，共计募得经费3129926.74元，同时支出2908088.70元，支出约占总收入的93%，大致情形见表3－4。

表3－4　上海国际红十字会收支报告

（1937年10月22日—1939年3月31日）

| 收入项 | 法币（元） | 支出项 | 法币（元） |
|---|---|---|---|
| 捐　款 | 3089342.86 | 拨助其他善团款项 | 483915.61 |
| 银行存款利息 | 2658.59 | 办公费 | 26943.68 |
| 卖得金 | 22882.23 | 本市募捐运动费用 | 6837.99 |
| 汇兑利益 | 1551.96 | 伤兵治疗费用 | 201021.01 |
| 救国公债利息 | 8141.88 | 难民救济费用 | 1853393.23 |
| 退还款项 | 5349.22 | 医药费用 | 336067.18 |

① 《国际红十字会展开救济活动合作》，上海市档案馆藏英文档案，档号U1－16－1057，缩微号167；《红会国际会四月来工作汇报》，《救灾会刊》第15卷第1期（1938年3—4月），第139页。

② 《国际红会续收到海外捐款》，《华美晨刊》1938年2月10日；《中国红十字会月刊》第33期（1938年3月），第48页。

（续表）

| 收入项 | 法币（元） | 支出项 | 法币（元） |
|---|---|---|---|
| 收入总额 | 3129926.74 | 支出总额 | 2908088.70* |
| 结　余 | | 221838.04 | |

*1939 年 5 月 29 日《申报》所刊载《红会经募捐款三百余万》一文指出，上海国际红十字会支出总额为 3089342.86 元，说明该会在基本结束会务以后仍有支出。

资料来源：彭望荃：《上海国际红十字会报告（民国二十六年十月至二十八年三月卅一日）》，中国红十字会上海国际委员会 1939 年编印，第 87 页。

从表 3－4 中可以看出，上海国际红十字会对于经费管理较为成熟，经费来源并不仅限于捐款一项，其他如银行存款利息、救国公债利息及汇兑利益等各项收益也很可观，计有 40583.88 元。不过，捐款当然是最为重要的经费来源，在总收入中比重高达 98.7%。其各种经费来源可分为四类：政府捐赠、海外捐助、国内捐款及其他收入。其中，南京国民政府以拨助现款及救国公债总计 135 万元占据最大份额，海外捐助 114.4 万元和国内捐款 59.23 万元分居其后，各项捐款数额及所占比重如下图所示：

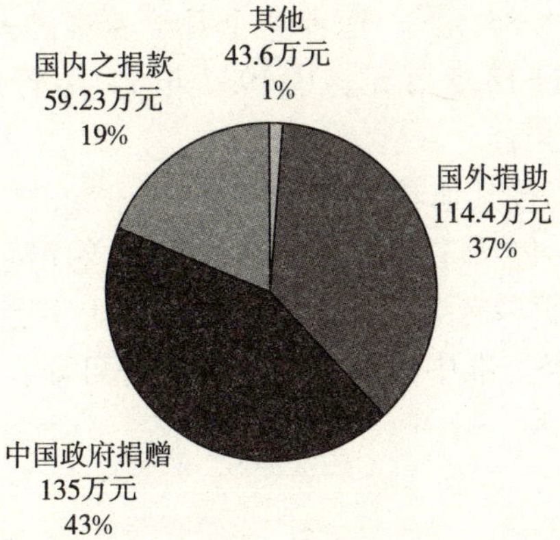


图 3－5　上海国际红十字会接收各类捐款数额及比重①

此四类捐款源源汇交于上海国际红十字会，除部分款项可从资料中





① 彭望荃：《上海国际红十字会报告（民国二十六年十月至二十八年三月卅一日）》，中国红十字会上海国际委员会 1939 年编印，第 88 页。

找出寄、收款记录外，大多数款项已无从考证。至于各支出款项的详细记录同样如此，所以现在也只能大概了解支出情况，其主要支出项数额及所占比重见图3－6。

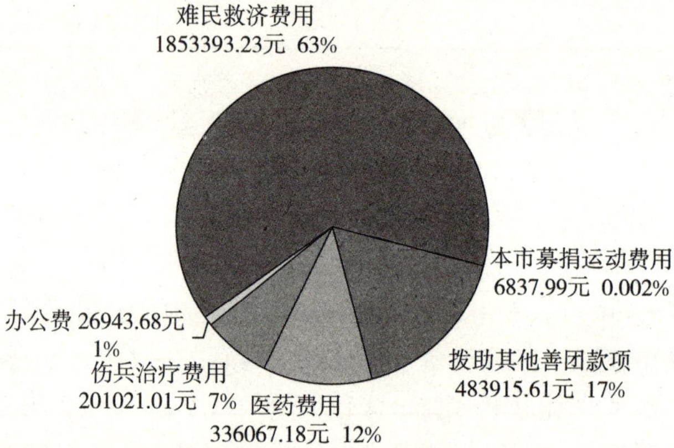


图3－6　上海国际红十字会主要支出项及比重①

（一）难民救济费用

难民救济费用在所有支出项中比例最大，主要用于上海难民的给养和收容所基础设施的改善，“其中食粮费用占主要部分”②。难民给养一项，每人最初月需1.85元③，而前5个月给养难民人数都在10万人以上，月需费用要超过18.5万元。从1937年11月至1938年6月，合计花费1447911.49元④。

（二）拨赠及指拨其他救济团体经费

上海国际红十字会最初的组织定位是为各善团经费后盾，因而对各伤兵、难民救济组织多有拨赠，后期对中国红十字会也有拨助。后又扩大了救济范围，“经呈准中国红十字会领到许可证，此后全国各地之难

① 彭望荃：《上海国际红十字会报告（民国二十六年十月至二十八年三月卅一日）》，中国红十字会上海国际委员会1939年编印，第88页。

② 彭望荃：《上海国际红十字会报告（民国二十六年十月至二十八年三月卅一日）》，中国红十字会上海国际委员会1939年编印，第88页。

③ 《中国红十字会国际委员会一年来工作概况》，《中国红十字会月刊》第41期（1938年11月），第57页。

④ 《本会九月来收支汇报》，《中国红十字会上海国际委员会救济月刊》第1卷第3期（1938年8月），第3页。

民救济均得办理"[1]，并组织了支配赈款顾问委员会负责此项工作，共计向南京、汉口、广州、开封、苏州及华北等地拨助经费 30044.47 元[2]。此项费用还包括捐款人指定拨款，如檀香山华灾医药协济会曾汇到5万元，"指充长沙难民医药之用，该会已复函照办"[3]。

（三）伤兵治疗费用

上海国际红十字会名下各伤兵医院，"其费用之大部分多由私人支持"[4]，但仍以每一伤兵每日拨赠5角，每月拨款之数见图3－7，此项拨赠合计 171616.97 元。另外，伤兵一进入伤兵医院即去除了兵士资格，经医治痊愈出院时即为平民，须遣送返籍，所需川资及置办平民服装费用也多由私人捐赠，"惟在遣送之后期，上海国际红会亦拨赠若干，每人自四元至十元不等"[5]。

（四）医药费用

该项费用主要由医务委员会拨赠于各收治难民的医院，计有25所，"医院之请求拨赠者，先期由医院之视察员于视察后报告医务委员会，请求批准"[6]。然后，医务委员会根据各医院先前月份受诊难民及贫穷就诊情形，每月分别拨赠现金和医药用品。截至1938年10月31日，拨赠各医院共计现金 174330.01 元，医药用品价值 61755.37 元[7]。

① 《国际红会执委会议》，《新闻报》1938年3月24日；《红十字会国际委员会扩大救济全国难民》，《文汇报》1938年3月24日；《中国红十字会月刊》第34期（1938年4月），第33页。

② 《国际红会组织振款顾问委会》，《导报》1938年6月4日；《中国红十字会月刊》第37期（1938年7月），第23页；《支配赈款顾问委员会成立》，《中国红十字会上海国际委员会救济月刊》第1卷第2期（1938年7月），第3页；《中国红十字会月刊》第40期（1938年10月），第30页。

③ 《檀岛华侨汇到长沙医药费》，《中国红十字会上海国际委员会救济月刊》第1卷第6期（1938年11月），第5页；《中国红十字会月刊》第42期（1938年12月），第23页；《檀岛华侨续汇捐款》，《新闻报》1938年11月28日；《中国红十字会月刊》第43期（1939年1月），第14页。

④ 彭望荃：《上海国际红十字会报告（民国二十六年十月至二十八年三月卅一日）》，中国红十字会上海国际委员会1939年编印，第5页。

⑤ 彭望荃：《上海国际红十字会报告（民国二十六年十月至二十八年三月卅一日）》，中国红十字会上海国际委员会1939年编印，第5页。

⑥ 彭望荃：《上海国际红十字会报告（民国二十六年十月至二十八年三月卅一日）》，中国红十字会上海国际委员会1939年编印，第6页。

⑦ 彭望荃：《上海国际红十字会报告（民国二十六年十月至二十八年三月卅一日）》，中国红十字会上海国际委员会1939年编印，第6页。

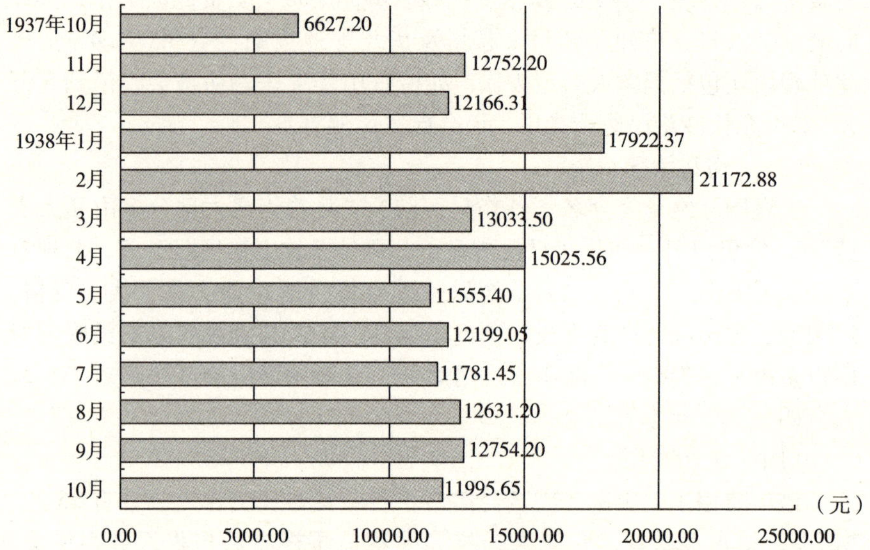


图3－7　上海国际红十字会每月拨赠各伤兵医院款额
（1937年10月—1938年10月）①

（五）办公费用

该项费用包括因宣传与征募工作而支出的费用，以及水费等各项杂费、少数办事人员的薪酬、《中国红十字会上海国际委员会救济月刊》的印刷费等，饶家驹赴北美的差旅费也包括在内。此项费用在所有支出中占极少份额，“仅占全部经费千分之十五而已”②，主要是办事人员的薪酬一项省去了大笔费用，“盖以中国华洋义振救灾总会全体人员之服务，及多数参加工作者，均属义务职也”③。

上述收支情形，均由上海国际红十字会出具收支及资产负债报告表，经黄秉章、陈乙明会计师事务所点验资产，并对各项账册和单据进行详细查核，认为没有疑义，“其内容翔实，足以表示”④。

① 彭望荃：《上海国际红十字会报告（民国二十六年十月至二十八年三月卅一日）》，中国红十字会上海国际委员会1939年编印，第5页。

② 《中国红十字会上海国际委员会经济概况》，《中国红十字会月刊》第36期（1938年6月），第45页。

③ 《国际红十字会发表财务给养报告》，《新闻报》1938年6月27日；《中国红十字会月刊》第37期（1938年7月），第38页。

④ 彭望荃：《上海国际红十字会报告（民国二十六年十月至二十八年三月卅一日）》，中国红十字会上海国际委员会1939年编印，第87页。

## 二、经费使用的不足之处

上海国际红十字会的收支状况，总体上处于较为理想的状态，收支相抵，没有发生负债情形，这是它在经费方面表现出的最大特点。至于其他特征，兹依据该会财务委员会报告及各纸媒的报道披露，笔者爬梳得出该会各月份的具体收支情况，或可从中探讨一二。

表3-5　上海国际红十字会各月份收支

| 截止时间 | | 收款总数（元） | 支出总数（元） | 结余（元） |
|---|---|---|---|---|
| 1937年 | 10月 | 68245.12 | — | 68245.12 |
| | 10月29日 | 1068245.12 | — | 1068245.12 |
| | 11月 | 1104175.18 | 98066.23 | 1006108.95 |
| | 12月 | 1357078.77 | 401372.17 | 955706.60 |
| 1938年 | 1月 | 1531887.09 | 877198.76 | 654688.33 |
| | 2月12日 | 1594328.83 | 1110152.08 | 484176.75 |
| | 3月 | 1679729.20 | 1249624.20 | 430105.00 |
| | 4月 | 1937014.61 | 1527931.78 | 409082.83 |
| | 5月28日 | 1968138.85 | 1814953.74 | 153185.11 |
| | 6月25日 | 2194847.09 | 1984486.98 | 210360.11 |
| | 7月30日 | 2404476.28 | 2222195.79 | 182280.49 |
| | 8月27日 | 2475119.03 | — | — |
| 1939年 | 3月31日 | 3129926.74 | 2908088.70 | 221838.04 |

资料来源：《经收捐款报告》，《中国红十字会月刊》第30期（1937年12月），第80页；《救济费收支报告》，《中国红十字会月刊》第32期（1938年2月），第62页；《红会国际会举行执委会》，《文汇报》1938年1月29日；《中国红十字会月刊》第32期（1938年2月），第54页；《红会国际会四月来工作汇报》，《救灾会刊》第15卷第1期（1938年3、4月），第139页；《红十字会国际委会募得捐款》，《文汇报》1938年3月11日；《中国红十字会月刊》第34期（1938年4月），《中国红十字会上海国际委员会经济概况》，《中国红十字会月刊》第36期（1938年6月），第43—44页；《国际红十字会发表财务给养报告》，《新闻报》1938年6月27日；《中国红十字会月刊》第37期（1938年7月），第39页；《报告财务及给养概况吁请各界捐助书》，《中国红十字会上海国际委员会救济月刊》第1卷第1期（1938年6月），第2页；《本会九月来收支汇报》，《中国红十字会上海国际委员会救济月刊》第1卷第3期（1938年8月），第3页；密勒氏：《沪战一年来难民救济

概况》,《中国红十字会月刊》第39期(1938年9月1日),第36页;第28页;《赈款收支报告》,《中国红十字会月刊》第40期(1938年10月),第33页;《一月来赈款收入报告》,《中国红十字会上海国际委员会救济月刊》第1卷第3期(1938年8月),第4页;《中国红十字会月刊》第40期(1938年10月),第43页;《十一月来现款收入总报告》,《中国红十字会上海国际委员会救济月刊》第1卷第4期(1938年9月1日),第5页;《中国红十字会月刊》第40期(1938年10月),第52页。

据上述数据显示,上海国际红十字会的收支总体呈平行增长的态势,其中收项在1937年10月份有一个爆发式的增长,这是南京国民政府拨款的结果。此后各月收入起伏不大,较为稳定,只有1937年12月前后和1938年6月前后出现小幅度增长,此两段时期,主要是由于上海国际红十字会先后举办了红十字募捐周活动,并派遣饶家驹赴北美募捐,都获得了令人满意的结果。但是,又经过数据比对,我们发现上海国际红十字会在收支方面的表现并不十分乐观。

首先,主要支出项分月支出数额均不稳定。前九个月支出数据表明,主要支出项除伤兵治疗费因淞沪战事结束而持续下降以外,难民救济费和医药费两项均忽增忽减,呈波浪式增长或下降。这两项费用都用于难民救济,与难民人数的变化有很大的关系。经过不断遣送难民回籍,并随着淞沪战事暂告结束,难民人数应当趋于稳定,但是考虑到难民流动性较强,进进出出在所难免,加上收容新难民和物价波动因素,这些影响都在上海国际红十字会各月支出中表现出来。

其次,各月份收支相抵,实则入不敷出。1937年12月以后,上海国际红十字会各月份的收支实际上是处于入不敷出的状态,尤以1938年1月和3月较明显,曾两度使上海国际红十字会陷入经费竭蹶的境地。这一情形发生的主要原因是各月份募捐收入起伏不定,而且所得又无法满足该月份的支出;另一个原因是可供支配的现金存款没有数据显示的那么多,南京国民政府100万元的拨款中有80%的救国公债,是需要出售才能变现的。

另外,从结余情况来看,自有支出以后,结余就基本呈持续下降的趋势。以1938年1月和4月前后下降最快,这两个时期都与难民救济有关,前者是接受各救济团体的请求,担任难民给养,耗费骤繁;后者是由于物价上涨,难民给养费用增加。至5月底,上海国际红十字会仅有结余153185.11元,不敷难民给养一月之用,说明该会在承担难民给养之后,财务状况并不乐观。

## 三、经费问题中的利弊

上海国际红十字会以向海内外各方劝募的方式，为上海乃至全国伤兵、难民救济事业争取了相当多的经费，所募款项“足够维持大约 4 万伤员和 20 万难民 12 个月的开销（每人每月以 3 元法币计算）”①；而且至该会结束时，经费尚结余 221838.04 元，资产负债率为零，此为上海国际红十字会所取得的最为直接的积极成果。不过，这是以提前停止所有救济工作为条件的，所以分析往往不能停留于表面，而要透过现象看其本质。综合考察上海国际红十字会的经费问题，还有如下几点值得深思：

一是经费筹募和支配中均彰显了国际主义与人道主义精神。在上海国际红十字会募集和支配捐款的过程中，国际主义与人道主义精神主要体现在两个方面：一是捐赠人方面，以日内瓦国际红十字会为代表的各国红十字会自不待言，而来自欧美各国民众及旅沪外籍人士的慷慨解囊和帮助，则实实在在是国际主义与人道主义的驱使；二是支配捐款方面，上海国际红十字会秉承红十字人道宗旨，“凡属难民，不分国籍，概予拯卹”②，如见俄侨困苦不堪，便先后三次拨款 9000 元，以资救济③。

二是对于募捐形势的判断过于乐观，于救济工作不无影响。上海国际红十字会最初提出募集 1000 万元的目标，但最终募得款项不及三分之一，说明上海国际红十字会对于当时的募捐环境没有做充分的调研和预测。首先是社会劝募没有达到预期目标，在一次执行委员会议上，出席者还就“中国人对慈善和宣传事业的漠不关心”④ 多有抱怨，但仍怀揣期望，“上海为中外通商巨埠，人口众多，如各就衣食日用月节三元，移充救济，则聚沙为塔，集腋成裘，难民生计，当不难解决”⑤。然而现实是残酷的，“自战事西迁后，上海金融业重心内移，工商团体资产阶

① 颜惠庆：《颜惠庆自传：一位民国元老的历史记忆》（吴建雍译），商务印书馆 2003 年版，第 303 页。

② 《拨款救济俄籍难民》，《中国红十字会月刊》第 32 期（1938 年 2 月），第 68 页；《救灾会刊》第 14 卷第 12 期（1938 年 2 月），第 127 页；《红会国际会拨款救济俄籍难民》，《中国日报》1938 年 3 月 16 日；《中国红十字会月刊》第 34 期（1938 年 4 月），第 30 页。

③ 《拨款救济俄籍难民》，《中国红十字会月刊》第 32 期（1938 年 2 月），第 68 页；《救灾会刊》第 14 卷第 12 期（1938 年 2 月），第 127 页；《红会国际会拨款救济俄籍难民》，《中国日报》1938 年 3 月 16 日；《中国红十字会月刊》第 34 期（1938 年 4 月），第 30 页。

④ 颜惠庆：《颜惠庆日记（一九三七——一九五〇）》第三卷（上海市档案馆译），中国档案出版社 1996 年版，第 82 页。

⑤ 《三元救命会成立》，《中国红十字会月刊》第 32 期（1938 年 2 月），第 63 页；《救灾会刊》第 14 卷第 12 期（1938 年 2 月），第 125 页。

级相继迁港，及西南各省暨海外侨胞捐款亦集中香港或汉口，因之沪市捐款锐减”①。即便是留守上海者，也或因失去工作和其他原因而沦为贫穷或难民，社会劝募势难持久进行。

海外募捐也同样不可持续。“海上善士对于国际红十字会以及其他救济机关维护备至，惟战事方殷，其所盼望于各界继续襄助者，为日方长，正未有艾也”②，而且随着战区扩大，海外捐赠“亦渐及于华中及广东等各地”③，美国华灾协济会还为此制订了分区赈济计划④，由此上海所得捐款日渐减少。为争取更多善款，上海国际红十字会并未放弃努力，派员携带摄影机，到各难民收容所拍取数百种难民生活情形，以送往海外扩大宣传⑤。不幸的是1939年后欧战全面爆发，“国际捐款势将大为减少，甚致断绝，盖战争残酷，各国将自救不遑，吾人今后唯有己力是视，以拯救被难灾黎”⑥。

尽管募捐形势非常严峻，仍然有言论乐观地认为上海不乏乐善好施之士，“试以四百万居民与难民十三万相较，约三十与一之比，虽非尽有为善余力，但于三十人中求一月捐三元救济难民者，当非奢望。商店虽无明确之统计，总在十三万户以上，平均每户月任难民一人之救济费，更非难事”⑦，如此乐观就显得有些盲目了，对于救护工作的开展及扩大产生了一定的影响，以致经费结余时刻处在紧张状态。

三是难以把握欧美各国捐助中国难民背后的政治、经济动机。对于捐赠动机，虽然欧美各团体一再声称，“并无政治作用，纯抱人类互助正义，救济无辜难民”⑧，且鲜有直接证据说明其有其他目的，但以美、

① 《工部局协助解决本市难民居住问题》，《大美报》1938年9月4日；《中国红十字会月刊》第40期（1938年10月），第14页。

② 《中国红十字会上海国际委员会经济概况》，《中国红十字会月刊》第36期（1938年6月），第42页。

③ 《美国华灾协济会确定分区赈济计划》，《申报》1939年2月25日。

④ 分区赈济的主要区域为：黄河西段，黄河东段，扬子江中段（汉口、九江、安庆、芜湖），扬子江下段（南京、苏州、杭州、上海近郊、上海城厢），华北（冀晋察绥鲁及黄河北岸、鲁省中部及西部、鲁省东部），广州，后方各地（湖南、广西、陕西、贵州），其他。

⑤ 《国际红会摄取难民生活影片》，《大美报》1938年7月27日；《中国红十字会月刊》第38期（1938年8月），第26页。

⑥ 《欧战爆发捐款将减少》，《中华日报》1939年9月6日；《中国红十字会月刊》第52期（1939年10月），第24页。

⑦ 《上海难民今后之救济》，《中国红十字会上海国际委员会救济月刊》第1卷第5期（1938年10月），第1页；《中国红十字会月刊》第41期（1938年11月），第4页。

⑧ 《英国华灾救济会之创立与其工作概况》，《中国红十字会上海国际委员会救济月刊》第1卷第4期（1938年9月），第6页。

英为主的欧美各国政府倡导捐赠背后是否抱有政治、经济利益动机，是令人起疑的。近代中国为资本主义列强所瓜分，美、英等国在中国的利害关系至为复杂，中日战事爆发前后，欧美各国在华利益逐渐受到来自日本的威胁，“沦陷区内之吾人财产，横遭摧残，或竟被拒绝入内，整个的市场，尽为日货所攘夺，内河及沿海之航行，为日轮所垄断，吾人之既得权益，已经画出明显的‘？’了”[①]。美、英等国政府对于远东局势大感忧虑和不安，均表示要维护各自在华利益[②]，所以日本不断扩大战果，也就意味着美、英等国在华利益的失去。要想保住在华利益，美、英等国并无其他选择，唯有支持中国抗战一途，美国罗斯福总统就曾表示，“凡目无法律，蔑视人道，在国际上造成不安与无政府状态者，爱好和平各国，尤应努力加以反抗，抑此种状态造成之后，倘欲不被殃及，决非采取孤立或中立政策所能济事也”[③]，而且捐助中国难民，或许也是加强在华政治影响力的一种方式。

四是社会劝募活动在扩大宣传的同时留下了负面影响。上海国际红十字会以社会劝募增加了知晓度、扩大了影响力，取得了一定的宣传效果，但也有负面效应的出现。曾有民众向上海国际救济会投函告发，谓发现有假冒红十字会名义者在法租界外滩附近劝募难民捐，因其事后留下收条上字句不通，且所盖图章上“SHANGHAI”字样正好弄成反面，而为人察觉，时就近店铺多出是项捐款，款额由 1 角至 5 角不等[④]。又有上海慈联救济会已停职的收容所管理员汪孝若，纠合失业青年王中华等 3 人，冒名慈联会及国际红十字会名义，持捐簿在新闸路一带向各大商店及住户募款，顷由法租界警务处捕房缉拿查明，并提起公诉[⑤]。为此，上海国际红十字会宣传与征募委员会特发出声明：“敬启者：本会成立以来，除于去年十二月在本埠举行募捐运动时，曾有各校男女青年向众代募捐款外，嗣后从无派员沿途劝募情事，乃近接多处电话，谓有以本会名义在新闸路一带募捐者，显系不肖之徒，假名渔利，殊堪痛

① 上海社会科学院历史研究所编：《“八一三”抗战史料选编》，上海人民出版社 1986 年版，第 501—502 页。

② 《美政府重申不放弃远东权益》，《申报》1937 年 8 月 29 日。

③ 上海社会科学院历史研究所编：《“八一三”抗战史料选编》，上海人民出版社 1986 年版，第 527 页。

④ 《假冒红十字会骗难民捐》，《公平日报》1938 年 4 月 12 日；《中国红十字会月刊》第 35 期（1938 年 5 月），第 24 页。

⑤ 《冒名募款被捕》，《力报》1938 年 5 月 24 日；《中国红十字会月刊》第 36 期（1938 年 6 月），第 37 页。

恨，除密查办法外，用特函请贵报将此函披露，以免各界受欺，如有慈善家惠助捐款，请迳送河南路五〇五号四楼本会总干事办事处，或拨电话九一七六八号，以便派人收取。”①

据现有资料显示，上海国际救济会、慈联会等救济团体，向由各捐赠人自动捐送到会，从未派人在外劝募，仅有上海国际红十字会曾有街头募捐活动，而为不法分子所利用，由此带来的负面影响是始料未及的。

## 小　结

上海国际红十字会正式成立以后，经费是其首先要解决的问题，因为这是维系组织运行、开展各项救护工作的前提条件之一。为此，该会经执行委员会商议，提出募集1000万元的目标，并规划了一系列的募捐活动，将募捐工作由简单的纸媒呼吁，扩大为主动向国内外开展募捐活动。在国内，首先向社会各界扩大宣传，除向南京国民政府财政部申请拨款外，并举办了募捐周活动，另创立了“三元救命会”，广纳会员，收取会费。经此募捐活动加以宣传，上海各团体和个人捐助甚为踊跃，捐款形式也呈多样化，如纪念赠金、游艺筹赈、抽薪助赈、慈善赛事门票收入等等。海外方面，委托驻美大使王正廷等人积极宣传、筹募，各国红十字会等慈善团体及友好人士襄助颇多，尤以海外华侨赞助甚殷。

上海国际红十字会由此在海内外扩大了影响，募集到相当多的经费，不过支出亦多，包括难民救济费用、伤兵治疗费用、医药费用、办公费用及拨助其他救济团体等项，尤其是在承担全沪难民给养以后，开支更巨，每月收支相抵，结余均不敷下月难民给养之费。遂由饶家驹赴香港、汉口等地募捐，旋接受美国红十字会的邀请，又赴北美募捐，在美期间收获颇丰。

综之，上海国际红十字会虽然以打破上海各救济团体募捐常规的方式募集到了所需经费，为各项救护工作提供了经费支持，但其在经费问题上的处理措施也存有利弊之分，在彰显国际主义和人道主义精神的同时，也留下了一定的不良影响。



① 《红会声明》，《华美报》1938年5月25日；《中国红十字会月刊》第36期（1938年6月），第36—37页。

# 第四章　合作与整合：上海国际红十字会救护行动的组织途径

成立于1937年淞沪会战烽火中的上海国际红十字会，由于“并无其自身之技术人员及设备”①，若要迅速组织并开展专门的人道救护工作，殊非易事。但总的来看，上海国际红十字会各项救护工作的推进并不缓慢，这主要归因于它构建了相对科学、完善及开放的组织体系，使其拥有了较强的吸收和整合能力，而且该会“力谋与当地善团联络，期

图4－1　某伤兵医院一角②

① 《上海国际红十字会医事委员会报告（1937年11月30日）》，《中华医学杂志（上海）》第24卷第1期（1938年1月），第46页。

② 图片复制自《×伤兵医院之一角》，《战地画报》第1期（1937年11月），第21页。

免事工之重复”[①]，因而能够将其时与救护有关的分散资源整合进来，为己所用，并因此成为当时上海规模最大的慈善团体。至于上海国际红十字会是怎样具体开展各项救护工作的，其中又有什么不同之处，本章选择从伤兵救护、难民医疗与卫生防疫、难民教育三个方面分别展开论述。

## 第一节　多种方式：伤兵救护工作的开展

随着战事扩大，“军事碰撞加剧，伤兵运沪日有数百名，多时近千名，而上海各救护医院床位最多时仅 5000 余张，势不能全部收容”[②]，加上两租界的种种限制，伤兵救护工作日形困难。尽管中国红十字会在战地救护方面不遗余力，但有限的救护能力仍然使其捉襟见肘，这一点在后方伤兵医院的医疗能力上同样表现得十分明显，“当时上海不下于 27 家医院需要照顾大约 4700 名伤兵”[③]，医护人员和床位都远远不能满足收治伤兵的需要。各伤兵分发站也承受着巨大的压力，其中“大量伤兵的运入，使得枫林桥伤兵分发站的运送伤兵能力受到严重挑战”[④]。然而，这些因保家卫国而受伤的将士们，“自应善为治疗，俾免痛苦”[⑤]。处于此种情形之下，对于中途介入伤兵救护事宜的上海国际红十字会而言，如何有效地开展这项工作，是对该会同人智慧的极大考验。因为伤兵救护工作纷繁复杂，包括战地救护、伤员转运和医药治疗等多个方面，而且根据上海国际红十字会的组织设计，救护伤兵一事由伤兵救护委员会负责，不过该分委员会势单力薄，很显然以当时的条件组织战地救护队出发前线救护，不啻为一种极其冒险且不现实的选择，但这并不代表该会就此在伤兵救护方面不能有所作为。

---

① 《红会国际会四月来工作汇报》，《救灾会刊》第 15 卷第 1 期（1938 年 3—4 月），第 138 页。

② 池子华：《1937 年中国红十字会淞沪抗战救护简论》，《徐州师范大学学报》（哲学社会科学版）2003 年第 4 期，第 88 页。

③ 《两所红十字伤兵医院开设，外籍医师和天主教姐妹进行医疗服务》，上海市档案馆藏英文档案，档号 U1-16-784，缩微号 145。

④ 《另一所红十字医院开设，需要更多中国护士》，上海市档案馆藏英文档案，档号 U1-16-783，缩微号 126。

⑤ 《新药业公会热心救护》，《救灾会刊》第 14 卷第 11 期（1937 年 12 月），第 114 页；《中国红十字会月刊》第 30 期（1937 年 12 月），第 81 页。

## 一、普通伤兵救护

首先，以人员指导和经费资助为主要形式合作开办伤兵医院，为伤兵提供医药救治。与其他善团直接设立伤兵医院的做法不同，上海国际红十字会选择此种合作模式，总计开办了5所伤兵医院。这些伤兵医院主要是由私人或团体组织开设的，在向上海国际红十字会申请后，由该会给予“番号”及人员和经费支持。各伤兵医院详情如表4－1所示。

**表4－1　中国红十字会上海国际委员会伤兵医院**

| 医院名称 | 成立时间（1937年） | 院长 | 地址 | 床位 | 收治伤兵 |
|---|---|---|---|---|---|
| 第一伤兵医院 | 10月 | 托德 | 枫林桥（中山纪念医院原址） | 500 | — |
| 第二伤兵医院 | 10月 | 兰森 | 枫林桥（国立上海医学院原址） | 500 | — |
| 第三伤兵医院 | 10月 | 柏尔森 | 姚主教路（今太平路）200号（国立税务专门学校第一分校原址） | — | — |
| 第四伤兵医院 | 11月11日 | 富文寿 | 延平路申园足球场（中国红十字会第一救护医院分支机构原址） | 200 | 176 |
| 第五伤兵医院 | 11月6日 | 徐翔荪 | 宁波路（今淮海东路）33号楼上（大陆舞厅原址） | 200 | 178 |

资料来源：《另一所红十字医院开办》，上海市档案馆藏英文档案，档号U1-16-783，缩微号126；《中国红十字会上海国际委员会第四医院公函》，上海市档案馆藏英文档案，档号U1-16-784，缩微号62-63；《中国红十字会上海国际委员会第五救护医院致工部局的信》，上海市档案馆藏英文档案，档号U1-16-784，缩微号64-66；《一九三七年收容中国伤兵医院情况》，上海市档案馆藏英文档案，档号U1-16-793；《新药业伤兵医院开始收容伤兵》，《申报》1937年11月9日。

表中所示前四所伤兵医院均由私人开设。据有关档案记载，“在上海国际红十字会的赞助下，为伤兵设立的两所医院，在枫林桥著名的中山纪念医院内开办，它们有同时容纳1000名伤兵的能力”①，此即上海

① 《两所红十字伤兵医院开设，外籍医师和天主教姐妹进行医疗服务》，上海市档案馆藏英文档案，档号U1-16-784，缩微号145。

国际红十字会第一、第二伤兵医院，都由当时杰出的医师领导：从香港[①]来的托德（P. J. Todd）医师和他的医生、护士同事负责第一伤兵医院；第二伤兵医院则由外科医师兰森（F. T. Ranson）负责，并由来自中国内地会的伍斯利女士（Miss L. Woosley）担任夜间主管，英格兰女士（Miss C. England）担任麻醉师。“其间医生、看护，多数为外籍人士及天主教女士，业经收容伤兵及中西贫病难民多人，并由日内瓦万国红十字会代表瓦特维尔通知中日双方军事当局特予注意”[②]。

同样在上海国际红十字会的支持下，第三伤兵医院在国立税务专门学校第一分校校内设立，其“经营方法与上海国际红十字会第一、第二伤兵医院相同”[③]，由柏尔森（W. S. Parsons）担任院长，怡和洋行总办潘志衡负责财务和业务管理。

第四伤兵医院开办于申园球场，此处原为中国红十字会第一救护医院[④]分支机构所在地，通风设施和卫生条件相对较好，在原有200张床位的基础上还可增设不少于50张床位，由富文寿担任院长，其他医护人员都是广东籍的志愿者[⑤]。

第五伤兵医院的开办略有不同，先由上海市新药业公会筹办于宁波路大陆舞场旧址，“经月余之规划经营，始于日前成立，院长为徐翔荪，辅助其事者为许晓初、许冠群、周邦俊、屠开征、潘垂统等”[⑥]。该院经新药业公会同人悉心谋划，内部医药设施及布置较为周备，“医师、护士均挑选学识、经验富足者充任，至药物器械等，尤得各同业之充分供应”[⑦]。该院还向上海市商会商调30名童子军团员维持院内秩序，同时函请上海国际红十字会“给予番号，藉资识别，并恳派员指导，俾臻完

① 一说广东，详见《另一所红十字医院开设，需要更多中国护士》，上海市档案馆藏英文档案，档号U1-16-783，缩微号126。

② 《万国红十字会成立伤兵医院，十二伤兵医院救出沪西难民》，《申报》1937年10月28日；《两所红十字伤兵医院开设，外籍医师和天主教姐妹进行医疗服务》，上海市档案馆藏英文档案，档号U1-16-784，缩微号145。

③ 《另一所红十字医院开设，需要更多中国护士》，上海市档案馆藏英文档案，档号U1-16-783，缩微号126。

④ 中国红十字会第一救护医院位于胶州路397号贫儿院，院长是宋梧生。

⑤ 《1937年11月17日致工部局卫生处的信》，上海市档案馆藏英文档案，档号U1-16-784，缩微号60；档号U1-16-793，缩微号13。

⑥ 《新药业公会主办伤兵医院缺乏被褥》，《申报》1937年11月9日。

⑦ 《伤兵医院近况，新药业布置扩充，青年会征求物品》，《申报》1937年11月14日。

善”①。原函云：“迳启者：敝会适应需要起见，借宁波路三十三号楼上（大陆舞厅原址）筹创伤兵医院，拟设二百病床，开办伊始，所有医药给养，由会自理，请贵处赐予番号，并派员指导为荷。”② 业经上海国际红十字会予以承认，列入该会第五伤兵医院，“藉资协进”③。该院原本只是借用大陆舞厅二楼，但自开办便收治伤兵170余人，“空间相当拥挤，卫生设施也不理想”④，遂又打扫三楼以扩充。经过一个多月的精心医治，多数伤兵治愈出院，留院者仅余36人，“为撙节开支起见，将留居伤兵并入第三救护医院”⑤，该院则于12月21日宣告结束。

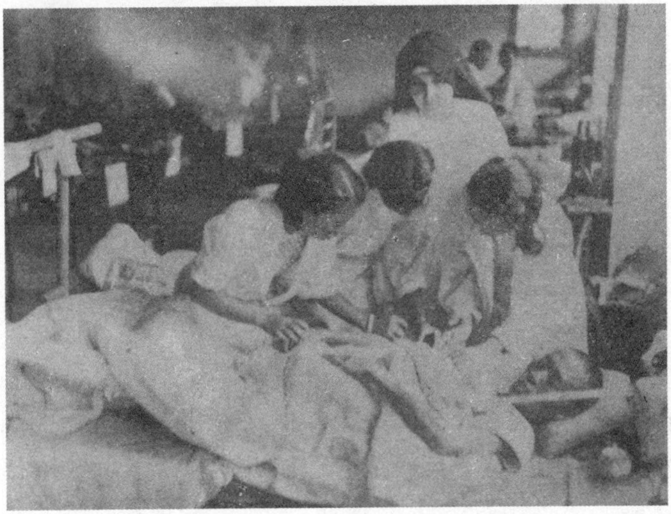

图4－2　天主教修女查看伤兵⑥

其次，与公共租界工部局保持联络，积极协调、沟通与伤兵救护相关事宜。上海国际红十字会办理伤兵救护，另一与其他善团做法不同的是，该会与两租界当局取得联系，并就此事保持密切沟通，尤其与工部

① 《新药业公会热心救护》，《救灾会刊》第14卷第11期（1937年12月），第114页；《中国红十字会月刊》第30期（1937年12月），第81页。

② 《新药业伤兵医院开始收容伤兵，昨函国际红会编定番号》，《申报》1937年11月9日。

③ 《红会国际委员会工作近讯》，《申报》1937年11月12日。

④ 《1937年11月17日致杜克的信》，上海市档案馆藏英文档案，档号U1－16－784，缩微号60；档号U1－16－793，缩微号13。

⑤ 《第五救护院结束》，《社会朝报》1937年12月22日；《中国红十字会月刊》第31期（1938年1月），第79页。

⑥ 图片复制自《Wounded soldiers being in treatment》，《血战画报》第2期（1937年10月），第12页。

局卫生处联系最为频繁，协调事务主要有如下几项。

图4－3　红十字救护汽车运送伤兵①

一是就租界因防疫限制运送伤兵事进行沟通。对于租界限制运送伤兵入内的做法，上海国际红十字会曾试图与工部局卫生处沟通，以期解除限制。1937 年 10 月 27 日，上海国际红十字会便致信副处长杜克（E. F. Duck），询问解除限制的可能性，并提出可解除限制的两点原因：一是根据前一段时间的记录观察，霍乱病例正在快速减少；二是伤兵人数连日来不断增加，若能将新受伤的伤兵送入公共租界内所有伤兵医院，定能缓解当前救护伤兵的紧张形势②。工部局卫生处针对以上两点，很快做出回复："我们医院每天还会收治少数霍乱病例，可见疫情并没有接近尾声，但我也不反对将新的伤兵直接送入公共租界登记在册的任何一所伤兵医院医治。"③ 可见，面对上海国际红十字会有理有据的"咨询"，工部局卫生处难以找到拒绝的理由，只好在不情愿中默许了。

---

① 图片复制自《救护车出动救护死伤》，《战事画刊》第1卷第3期（1937年9月1日），第18页。

② 《1937 年 10 月 27 日致杜克的信》，上海市档案馆藏英文档案，档号 U1-16-786，缩微号 24。

③ 《杜克 1937 年 10 月 29 日致颜福庆的信》，上海市档案馆藏英文档案，档号 U1-16-786，缩微号 25；档号 U1-16-793，缩微号 15。

二是协助工部局卫生处登记每日空余床位。为掌握各医院空余伤兵床位情况，以利于合理、有效地安排运送伤兵入院救治，工部局卫生处每日对辖内各医院住院伤兵人数及空余床位数进行统计。由于早在10月2日，上海国际红十字会就曾致信工部局卫生处，提出“对于新设立的医院极表欢迎，但同时也表示会跟中国红十字会的做法一致，将这些医院列入上海国际红十字会的观察名单”①。所以，上海国际红十字会也就两租界各医院伤兵床位进行统计，并与工部局卫生处共享数据，但是由于各伤兵医院的床位数量并不固定②，有时会视伤兵人数和设施条件增减床位，导致统计数据存在一定的误差。

1937年10月27日上午9时15分，贝克给工部局卫生处打电话反映这一情况，告知对方，上海国际红十字会在统计公共租界和法租界内各伤兵医院的空余床位时遇到了一点困难。贝克还说到，他在与卫生处处长最近一次谈话中，得知工部局卫生处的统计数据也不够精确，因此他建议卫生处对各医院实际的伤兵床位进行一次检查，并要求法租界当局也采取同样的行动③。

这一建议为工部局卫生处所采纳，且迅速付诸实施，并在杜克11月3日致贝克的信中，如是进行了通报：“正如您所建议的那样，我已对公共租界所有医院伤兵床位进行了检查，尽管既有医院（救护医院除外）的数据更有弹性，但统计回执会尽可能地做到准确。我还就此事与拉鲍士医生（Dr. Rabauče）有过接洽，他说法租界各医院伤兵床位总计2642张，今日空余床位138张。”④ 贝克称赞了工部局卫生处的这一做法，并对此表达了谢意⑤。上海国际红十字会也就公共租界内各伤兵医院进行了一次详细的检查，从10月30日起，每日汇报数据都尽量做到准确无误⑥。

---

① 《颜福庆1937年10月2日致杜克的信》，上海市档案馆藏英文档案，档号U1-16-787，缩微号96。

② 《1937年11月2日致杜克的信》，上海市档案馆藏英文档案，档号U1-16-784，缩微号140。

③ 《伤兵床位》，上海市档案馆藏英文档案，档号U1-16-784，缩微号139。

④ 《杜克1937年11月3日致贝克的信》，上海市档案馆藏英文档案，档号U1-16-784，缩微号141；档号U1-16-793，缩微号16。

⑤ 《贝克1937年11月5日致杜克的信》，上海市档案馆藏英文档案，档号U1-16-784，缩微号142。

⑥ 《1937年11月2日致杜克的信》，上海市档案馆藏英文档案，档号U1-16-784，缩微号140。

三是就开办伤兵医院事通报工部局卫生处备案。上海国际红十字会名下5所伤兵医院，除了前两所位于与法租界毗邻的华界，第三所在法租界内，第四、第五所便处于公共租界管辖地界，根据工部局的要求，须向其卫生处报告备案。上海国际红十字会伤兵救护委员会遂于11月17日去函，告知新近开设的两所伤兵医院已在该会组织序列，以及这两所伤兵医院的名称、地理位置、床位数量、院长人选等基本情况，并谓“工部局卫生处关于开办伤兵医院的规定，已转发给该两所伤兵医院的负责人”①。

据此，上海国际红十字会第四伤兵医院于同日发去公函一封，略谓：“敝院业于十一月十一日在延平路申园球场正式成立，定名为中国红十字会上海国际委员会第四医院，暂定病床二百位，聘富文寿医生为院长主持院务，相应函请查照、登记为荷。”② 随后，第五伤兵医院也发去公函，函文如是：“迳启者：敝院由上海市新药业同业公会主办于本月六日，成立地点在宁波路三十三号，共有床铺一百八十只，现在收容伤兵一百七十名，院长徐翔荪，副院长周邦俊、许超，医务委员会委员颜福庆、吴利国、俞松筠、顾毓琦、姜振勋、曾立群、薛雪舲、庄畏仲、蒋绍宋、龚元炳、乌讯卿、秦道源、钱声一、徐济华、沙允武等，办事员共六十八人，用特备函奉达，即请查照见荷。此致公共租界工部局卫生处。国际上海红十字会第五救护医院启，电话18952号，中华民国廿六年十一月十九日。”③

由于该备案仅就两所伤兵医院的设立情况做登记，没有涉及财产申报，所以上海国际红十字会财务委员会于11月29日致信工部局卫生处，声明已于11月1日起接收宁波路33号房屋作为第五伤兵医院，请求确认④。伤兵救护委员会亦于次日致信重申：“该医院已于1937年11月6日接收了此处房屋。”⑤ 旋得工部局卫生处于12月1日回信予以确认⑥。

① 《1937年11月17日致杜克的信》，上海市档案馆藏英文档案，档号U1-16-784，缩微号60；档号U1-16-793，缩微号13。

② 《中国红十字会上海国际委员会第四医院公函》，上海市档案馆藏英文档案，档号U1-16-784，缩微号63。

③ 《中国红十字会上海国际委员会第五伤兵医院公函》，上海市档案馆藏英文档案，档号U1-16-784，缩微号64-66。

④ 《1937年11月29日致杜克的信》，上海市档案馆藏英文档案，档号U1-16-784，缩微号67。

⑤ 《1937年11月30日致杜克的信》，上海市档案馆藏英文档案，档号U1-16-784，缩微号68。

⑥ 《杜克1937年12月1日回信》，上海市档案馆藏英文档案，档号U1-16-784，缩微号69。

# 二、残废伤兵救助

至1938年2月前后，随着伤兵先后治愈出院，上海各伤兵医院相继关闭，伤兵救护工作告一段落。据中华医学会此前对外声称，其时上海各伤兵医院内留院治疗伤兵总数已不足千人①，其中大多数为残废伤兵。嗣以残废伤兵尚未告痊为由，“某西籍基督教医师建议于上海国际红十字会开设一残废伤兵医院，以事收容失腿失臂之兵士”②。

上海国际红十字会残废伤兵医院，遂由该会伤兵救护委员会开办于是年1月10日，后于2月1日迁入位于古拔路（今富民路）与蒲石路（今长乐路）交叉口原由上海商界组织的第十七救护医院。此处原系3层大厦，共有100张床位，后加盖了4间棚屋，又放置了60张病床③。该残废伤兵医院由美籍骨外科医师单惠泉（Dr. Thornton Stearns）担任院长，虞心炎担任副院长。初有医师4人（包括正、副院长在内）、敷裹者4人、女看护15人。由于办事人员“不都是义务性质”④，所以视医院工作的需要，随时增减办事人员，“至最后二月，仅有全日工作医师1位，半日工作医师2位，及护士6名而已”⑤。

图4-4 上海国际红十字会残废伤兵医院全体办事人员合影⑥

该残废伤兵医院一经开幕，便从第二十三救护医院转来48名断肢

① 《许多伤兵医院关闭》，《大陆报》1938年2月6日；上海市档案馆藏英文档案，档号U1-16-784，缩微号149。

② 邓淑媛：《上海各教会于非常期间之工作》，《申报》1939年4月10日；《申报》（香港版）1939年4月21日。

③ 《上海国际红十字会残废伤兵医院报告》，《上海医事周刊》第4卷第45期（1938年11月7日），第2页。

④ 苏迅：《残废伤兵医院》，《中国红十字会月刊》第35期（1938年5月），第56页。

⑤ 《上海国际红十字会残废伤兵医院报告》，《上海医事周刊》第4卷第45期（1938年11月7日），第2页。

⑥ 图片复制自《中国红十字会上海国际委员会残废伤兵医院服务同人合影》，http：//auction. artxun. com/pic-553025576-0. html。

伤兵入院接受治疗，“当为装置皮面木腿”[①]。医院迁址后，除收治第十七救护医院余留伤兵94名外，2月份又入院残肢伤兵180名[②]。这200多名残废伤兵，受步枪伤的甚少，“百分之八十以上全被重炮的弹片所伤，一小部分由于飞机的炸弹”[③]，因炮弹和炸弹一般是离地面一二尺处爆炸，所以其中腿部受伤的又占了80%左右。

据当时调查，这些伤兵中级别最高的为营长，90%为普通士兵且农民出身，来自湖北和河南籍的最多。他们中间，“由于国家思想投军的占百分之四十，因家庭贫苦而当兵的百分之三十，为打土匪而投军的占百分之三十。不识字的百分之四十，略识字百分之三十，受过相当教育的有百分之三十”[④]。

截至5月31日，该院共为这些残废伤兵实施手术130次，“计截去上腿者101名，截去下腿者35名，截去上臂者10名，截去下臂者2名”[⑤]，并装置假肢103具。所装假肢原先为购买皮制假肢，系向北平协和医学院骨科工场定制，计长腿26元、短腿21元。因耗费不菲，英国救济会捐助购买人造假肢专项资金350英镑[⑥]，但远远不敷应用。于是，该会在2月间向北平协和医学院商请技师王连元等二人来沪，在该残废伤兵医院内设立工场，制造假肢。

相较于制造假肢，装置假肢更为困难，耗时也更长。“伤兵之残肢业已痊愈者，先装以暂用假肢，使其学习行路，同时使残肢收缩坚硬。往往残肢有疤须行割除，待割除收口后，始装假肢。残肢生疤者颇多，经X光检查，发见骨内略有发炎。有数伤兵之残肢中有死骨片，须行取去。残肢未完全痊愈及须去疤者，最后始装假肢。”[⑦]

---

① 《上海国际红十字会残废伤兵医院报告》，《上海医事周刊》第4卷第45期（1938年11月7日），第2页。

② 《残废伤兵医院工作报告》，《中国红十字会上海国际委员会救济月刊》第1卷第2期（1938年7月），第6页；《中国红十字会月刊》第40期（1938年10月），第39页。

③ 《遗留沪滨的残废战士》，《中国红十字会月刊》第34期（1938年4月），第77页。

④ 苏迅：《残废伤兵医院》，《中国红十字会月刊》第35期（1938年5月），第59页。

⑤ 《残废伤兵医院工作报告》，《中国红十字会上海国际委员会救济月刊》第1卷第2期（1938年7月），第6页；《残废伤兵医院》，《上海医事周刊》第4卷第28期（1938年7月11日），第1页；《残废伤兵医院工作报告》，《中国红十字会月刊》第40期（1938年10月），第40页。

⑥ 《许多伤兵医院关闭》，《大陆报》1938年2月6日；上海市档案馆藏英文档案，档号U1-16-784，缩微号149。

⑦ 《上海国际红十字会残废伤兵医院报告》，《上海医事周刊》第4卷第45期（1938年11月7日），第2页。

虽然装置假肢的过程烦琐，但残废伤兵在医院内的生活并不单调，“不特给以相当之工作，抑且予以适宜之娱乐”①。医院内不仅有流通图书室可供阅读，还有京戏调剂枯燥的医院生活。又由于残废伤兵已经失去作战能力，出院后即为平民，为不使其再失去生存与自立能力起见，医院授予他们适当的教育与技能培训。文化教育方面，由上海市商会童子军庄瑶卿、刘明传等10余人义务担任，一般在下午3时至5时上课，有国文、算术、歌唱等课程②。技能培训方面，“所授工艺，为针织、藤工、制皂、国艺、缝纫、染色及修理钟表、无线电机等”③，除针织部特聘教员外，其他均由各界热心技师义务教授，“其学员最多者，当推化学、针织及钟表修理三部”④。经过教授，残废伤兵们在医院时已能制作墨水、苍蝇拍、肥皂等物品出售，《上海医事周刊》为此专文吁请，“凡关心残废伤兵之幸福及关心该院者，望购买此等出品”⑤。

对于此种有规律的医院生活，伤兵们均感满意，他们为给医院减少麻烦，特发起成立伤兵自治会，旨在自己管理自己，维持医院的秩序。由黄埔军校六期生孟子寿担任会长，下设总务、交际、指导、文书四组，其中指导又细分为工务、教务、事务三股。在伤兵自治会的组织下，每病室推选两名组长负责管理工作，并开办星期壁报，发表伤兵自己的作品⑥。一言以蔽之，丰富的医院生活，不仅有助于排解伤兵失去健全身体的苦闷心理，还增加了他们的职业技能，不致出院后就流落街头。然而作为代价，上海国际红十字会需要每月为此花费6000元⑦。

至此，入院各残废伤兵待装配完假肢，验明行动无碍后，均可出院。因为他们基本不愿回到沦陷后的家乡，所以陆续遣送后方，并发给精心特制的伤兵证，上面列明该伤兵的“编号、姓名、年龄、籍贯、等

---

① 《残废兵士百余接骨》，《华美报》1938年5月12日；《中国红十字会月刊》第36期（1938年6月），第26页。

② 苏迅：《残废伤兵医院》，《中国红十字会月刊》第35期（1938年5月），第57页。

③ 《残废伤兵医院近况》，《中国红十字会月刊》第38期（1938年8月），第40页；《本会一年来工作概况》，《中国红十字会上海国际委员会救济月刊》第1卷第5期（1938年10月），第4页。

④ 《中国红十字会残废伤兵医院报告摘要》，《中华医学杂志（上海）》第24卷第7期（1938年7月），第563页。

⑤ 《残废伤兵医院》，《上海医事周刊》第4卷第27期（1938年7月4日），第1页。

⑥ 苏迅：《残废伤兵医院》，《中国红十字会月刊》第35期（1938年5月），第57页。

⑦ 苏迅：《残废伤兵医院》，《中国红十字会月刊》第35期（1938年5月），第56页。

级、军队、残废部位、何院医治、未从军前职业以及残废所学技能”①等内容。

除4名伤兵在院死亡之外，遣送先后分为3批进行。首批124人于5月底出院，其余留院残废伤兵，按照假肢运送与装配所需时间推测，若要全部装上假肢，至少需要3个月的时间，这其中除了若干断肢伤兵，“尚有残肢伤兵多名，其受伤之穴孔中，有浓汁凝聚，均经施以手术，并取去伤坏之骨”②。于是，第二批49人在虞心炎亲往照料之下，于9月1日用车分运至金利源码头逐一登上“宝利”轮赴温州，“此次遣送者，系最难治疗之伤兵，所有断腿折臂，均已配接假肢，而曲腿、短腿、坠足，亦经改正妥善，绝无残废外表矣”③。最后一批54人则于10月22日输送出院，其中有17人选择留沪，包括4名残废难民，当予就地遣散。经此遣散，残废伤兵医院仅余有11人留待转院，该院亦因伤兵大幅减少而随即宣告结束④。

图4-5　部分残废伤兵合影⑤

① 苏迅：《残废伤兵医院》，《中国红十字会月刊》第35期（1938年5月），第59页。

② 《残废伤兵医院工作报告》，《中国红十字会上海国际委员会救济月刊》第1卷第2期（1938年7月），第6页；《中国红十字会月刊》第40期（1938年10月），第40页。

③ 《残废伤兵遣送赴瓯》，《中国红十字会上海国际委员会救济月刊》第1卷第5期（1938年10月），第5页。

④ 《残废伤兵医院结束》，《上海医事周刊》第4卷第43期（1938年10月24日），第5页。

⑤ 图片复制自《残废伤兵医院摄影》，《中国红十字会上海国际委员会救济月刊》第1卷第1期（1938年6月），第4页。

## 第二节　团体合作：难民医卫工作的推行

上海国际红十字会的医疗及卫生服务，主要面向难民群体，但该会因事出草创，没有专门的医学人才可用，所以并无开展此项服务的医事基础。为了解决这一问题，上海国际红十字会医务委员会将中华医学会及其上海支会的骨干力量整合进来，“即以该会之职员担任秘书工作，该会之会员担任技术工作”[①]，以提供医学人员和一切技术上的支持[②]。

### 一、难民医疗救助体系的构建

进行伤兵救护的同时，上海国际红十字会的医疗服务也及时展开，并且重点面向难民群体。当时两租界内难民聚集，导致生存环境急遽恶化，加上“营养不足、寒暖失调”[③]，以致疾病滋生，难民中患病者日渐增加，并有引发疠疫的危险；而雪上加霜的是，“当时租界内各药房皆因时势关系，药物少所囤积，某几种重要药品，一时甚形缺乏”[④]。对此，上海国际红十字会医务委员会就上海医事现状及物品短缺专门做了一份调查，其调查报告显示：关于医药用品，“酒精、以脱（Ether）二物，因战事发生及运输困难，存货短少，颇形缺乏；麻醉药品，向由南京政府专卖，故此物目前亦甚为缺乏；由于流行病之发生，若干生物学的制品亦将见需要”[⑤]。医务方面，受收入锐减、物价高涨及免费病人数量不断增加等因素影响，现有各平民医院承受了巨大的压力，维持匪易，自若干难民医院设立之后，其难民床位已见减少，但在收治患病难民之保送、入院以及治愈难民出院等手续办理问题上还甚感棘手。尽管当时大多数难民收容所聘有特约医师为难民诊病，但诊病工作大抵不甚

① 《中国红十字会上海国际委员会医务委员会第一季工作概要》，《中华医学杂志（上海）》第24卷第3期（1938年3月），第241页。

② 《上海国际红十字会医事委员会报告（1937年11月30日）》，《中华医学杂志（上海）》第24卷第1期（1938年1月），第46页。

③ 《本会第一难民医院报告（二十七年十二月至二十八年十月）》，《中国红十字会月刊》第58期（1940年4月），第89页。

④ 彭望荃：《上海国际红十字会报告（民国二十六年十月至二十八年三月卅一日）》，中国红十字会上海国际委员会1939年编印，第5页。

⑤ 《上海国际红十字会医事委员会报告》（1937年11月30日），《中华医学杂志（上海）》第24卷第1期（1938年1月），第46页。

规律，服务效率也不高，而且各难民收容所诊疗所均感人才及医药用品甚为缺乏，另南市难民区亦急需医疗卫生方面的服务，“南市难民区之监事会，将该区全部卫生及诊疗事务，委托上海国际红十字会医事委员会办理”①。因此，为谋此项难民医疗工作的顺利推进，上海国际红十字会全力打造了一个全面覆盖立体式的难民医疗救助体系。

（一）难民医疗救助体系概述

难民医疗救助体系的组成，由上海国际红十字会组织并给予人员、经费支持，免费为难民提供医疗服务的机构，主要包括难民医院、难民收容所诊疗所和专科医院三个部分，其中难民医院是整个医疗体系的主体及核心机构。为了搭建这样一个医疗体系，该会主要是从以下三个方面着手的：

一是补助并增设难民医院。针对两租界内各医院床位不能满足需求的情况，医务委员会最初决议设立1所中央难民医院，后根据实际情形开设了难民第一及第二医院，并以第一难民医院为难民医院总办事处②。

上海国际红十字会第一难民医院开办于1937年12月1日，商借前上海铁路医院院址（海格路476号）而成立，“专收各收容所患病难民免费住院治疗”③，由黄子方担任名誉院长，张信培为院长，张承学为副院长④，日常工作分设医务、护理、事务三部门负责办理。“医师方面，除主任医师外，内、外科各设驻院医师专司诊治，并特聘专科顾问医师逐日莅院诊治及指导，又有东南医学院派来实习医师多人助理诊治。护理方面，分护士长、护士、护士助理及助手等级，护士皆系国内正式护士学校毕业，并领有中华护士会公考文凭者，护士助理及助手亦均遴选训练有素者充任之。事务方面，分会计、文书、事务三项，分别执行职务。此外，更设司药及检验员专司处方调剂及临床化验等工作”⑤。可

① 《上海国际红十字会医事委员会报告》（1937年11月30日），《中华医学杂志（上海）》第24卷第1期（1938年1月），第46页。

② 《中国红十字会上海国际委员会医务委员会第一季工作概要》，《中华医学杂志（上海）》第24卷第3期（1938年3月），第244页。

③ 《本会第一难民医院报告（二十七年十二月至二十八年十月）》，《中国红十字会月刊》第58期（1940年4月），第89页。

④ 《中国红十字会上海国际委员会第一难民医院》，上海市档案馆藏英文档案，档号U1-16-1059，缩微号59。

⑤ 《本会第一难民医院报告（二十七年十二月至二十八年十月）》，《中国红十字会月刊》第58期（1940年4月），第89页。

见，第一难民医院的组织尚称完备，又承上海铁路医院借用全部器械、药品、被服、家具等①，医院设备因此也相对齐全。该处原有三层洋房，除将辟作手术室、药剂室、消毒室、隔离室、太平间、传达室、厨房、水灶各一间，以及两间储藏室外，其余各种办公室及医师、护士等宿舍亦经辟出，另将底层及二楼辟为病室，并就院内网球场搭建席棚一座充作病室，共计摆放病床120张，按男女病情支配，不分等级。后来，残废伤兵医院结束时，将其木建手术室全间拆赠，以作办公室及化验室使用。总之，第一难民医院的开办过程颇为顺利，但其第二难民医院的创办则显得命途多舛。

上海国际红十字会第二难民医院筹办于1937年11月底，初选址天主堂街类思小学与晓明女校校舍，继用第二救护医院房屋办理，并于12月初开始收治病人。旋因该两所学校筹划复课，请求收回校舍，乃迁至海格路国际第五难民收容所（原为交通大学工程馆），“甫经立足，又以战事西移，环境变更，不得不再谋搬迁，经多方寻觅，始择定祈齐路霖生医院旧址（今岳阳路190号）为院所，稍事修葺，即行收治病人，并设置病床一百五十只，俾便住院”②。开办以来，截至1938年4月，免费治愈患病难民甚多，只因上海国际红十字会以经费支绌而核减补助费用，由原来住院病人每人每日补助5角、门诊病人每人每次补助5分③，减至每人每日补助住院费3角、药品费1角，遂将床位减少50张以节省开支，并商准慈联会，送治难民时，每人每日补助津贴5角，“同时自沪变后，市内人口激增，病家众多，医师每感缺少设备完善收费相当低廉之医院可送，为兼筹并顾起见，自五月一日起，另辟病室，酌收纳费病人，以资维持，而应社会需要”④。随着医院性质发生了变化，于是其更名为上海国际红十字会第二医院。

① 《海格路476号上海国际红十字会第一难民医院报告》，上海市档案馆藏英文档案，档号U1-16-1059，缩微号62。

② 朱功宏：《上海国际红十字会第二医院半年来治疗难民报告》，《中国红十字会上海国际委员会救济月刊》第1卷第4期（1938年9月），第1页；《中国红十字会月刊》第41期（1938年11月），第62页。

③ 《上海国际红十字会医事委员会报告》（1937年11月30日），《中华医学杂志（上海）》第24卷第1期（1938年1月），第47页。

④ 《上海国际红十字会第二医院近讯》，《上海医事周刊》第4卷第22期（1938年5月30日），第3页。

第二医院由黄子方、朱功宏二位医师主持，并由朱功宏担任院长，组织方面与第一难民医院基本相同。迁至祁齐路以后，医院设施较为完备，此处也是三层西式楼房，“底层及三楼为普遍病室，二楼为头、二等病室，各室均设有水汀及浴室，并有抽水马桶、浴缸等卫生设备。至医疗设备，如各种手术器械、新式手术台、无影手术灯、爱克司光、紫光灯、化验仪器等，无不尽有”①，而且院内小园浅草平铺，环境优美、清静，特别适宜病人疗养。

此外，先经上海国际红十字会派遣视察员视察，并将视察结果报告其医务委员会核准②，第二医院“与广仁、同仁、宝隆、仁济、公济、时疫等医院；中华麻风、难民肺病等疗养院，特约治疗难民，分别门诊、住院，按月给与相当津贴；而其他善团所办难民医院，如救世军交通大学医院、广东难民医院、上海工人医院、难童医院等，亦均受该会之补助”③。补助分为现款和药物两种，原先补助办法为：“住院病人津贴费四分之一限领药物，四分之三系现金；门诊病人则每三千病人得领价值七十元之药物。”④ 后因经费紧张，从 1938 年 3 月起，将各该医院划分为三类进行补助，第一类医院住院病人每人每日可获补助现金 3 角、药物计值 1 角，第二类医院补助为每人每日现金 1 角 5 分、药物计值 1 角，第三类医院仅补助每人每日药物计值 1 角，另各医院门诊病人每人每日补助药物计值 2 分⑤。包括上海国际红十字会两所难民医院在内，全埠共有 25 所医院接受上海国际红十字会拨赠经费及药品，为难民免费提供疾病救治，其中有 12 所医院为以一部分床位供应患病难民的平民医院，其余 13 所则是专为难民而设的难民医院（详见表 4 - 2）。

---

① 朱功宏：《上海国际红十字会第二医院半年来治疗难民报告》，《中国红十字会上海国际委员会救济月刊》第 1 卷第 4 期（1938 年 9 月），第 2 页；《中国红十字会月刊》第 41 期（1938 年 11 月），第 63 页。

② 《上海国际红十字会医务委员会一年报告》，《上海医事周刊》第 5 卷第 1 期（1939 年 1 月 2 日），第 2 页。

③ 《难民医院之组织与补助》，《救灾会刊》第 14 卷第 12 期（1938 年 2 月），第 126 页；《中国红十字会月刊》第 32 期（1938 年 2 月），第 66 页；《红会注意难民医药事项》，《中国红十字会月刊》第 36 期（1938 年 6 月），第 35 页。

④ 《中国红十字会上海国际委员会医务委员会第一季工作概要》，《中华医学杂志（上海）》第 24 卷第 3 期（1938 年 3 月），第 244 页。

⑤ 《1938 年 3 月难民卫生服务报告》，上海市档案馆藏英文档案，档号 U1-16-1055，缩微号 185。

**表4-2 上海国际红十字会难民医院及特约难民医院概览**

| 类 别 | 名 称 | 地 址 | 电话 |
| --- | --- | --- | --- |
| 普通医院 | 上海国际红十字会第一难民医院 | 海格路476号 | 20806 |
| | 上海国际红十字会第二难民医院 | 祁齐路172号 | 74566 |
| | 中国红十字会第一医院 | 海格路363号 | 70163 |
| | 仁济医院 | 山东路145号 | 90166 |
| | 宝隆医院 | 白克路（今凤阳路）415号 | 34314 |
| | 慈联会难民救济分会第一救济医院 | 爱多亚路（今延安东路）730号 | 96564 |
| | 慈联会难民救济分会第二救济医院 | 小沙渡路（今西康路）1000号 | 35457 |
| | 上海疗养卫生医院 | 莫利爱路（今香山路）51号 | 72528 |
| | 同仁医院（第一医院） | 九江路219号 | 17213 |
| | 同仁医院（第二医院） | 白利南路（今长宁路）3713号 | 21843 |
| | 广慈医院（第一医院） | 金神父路（今瑞金二路）197号 | 70044 |
| | 广慈医院（第二医院） | 吕班路（今重庆南路）149号 | 81570 |
| | 上海国际救济会难民医院 | 北河南路上海市商会内 | 43177 |
| 传染病院 | 老年病弱肺病疗养院 | 小沙渡路 | 36519 |
| | 上海时疫医院 | 虞洽卿路（今西藏路）25号 | 92412 |
| | 工部局隔离医院 | 北海路162号 | 91055 |
| | 难民肺病疗养院 | 白利南路35号 | 22618 |
| | 国立麻风医院 | 池浜路41号 | 36563 |
| 儿童医院 | 难民儿童医院 | 慕尔鸣路（今茂名北路）65号 | 37844 |
| | 上海国际红十字会难民婴儿临时医院 | 威海卫路（今威海路）737号 | 36811 |
| 妇女及产科医院 | 西门外妇孺医院 | 徐家汇路（今方斜路）850号 | 70216 |
| | 广仁医院 | 爱文义路（今北京西路）361弄2号 | 30921 |
| | 惠旅医院 | 爱文义路130A号 | 90274 |
| | 广仁医院（第二医院） | 愚园路838号 | 20690 |
| 神经病医院 | 上海普慈疗养院 | 闵行北桥（来往需通行证）闵行路（今沪闵路）12号 | |

（续表）

| 类 别 | 名 称 | 地 址 | 电话 |
|---|---|---|---|
| 孤儿育婴堂 | 中华慈幼协会（男4岁至14岁、女6岁至16岁） | 博物院路131号 | 18356 |
| | 国际红十字会小儿室（6岁以下） | 极司非而路（今万航渡路）185号 | — |
| | 皖寿森难童收容所（男6岁至8岁、女8岁至12岁） | 福煦路（今延安中路）841号 | 75852 |
| | 中华慈幼协会难民收容所 | 大西路（今延安西路）116号 | 22838 |

资料来源：《国际红十字会发表难民医院一览表》，《中国红十字会月刊》第35期（1938年5月1日），第27—30页。

二是开设难民流动诊疗所及在大型难民收容所开设固定诊疗所。自沪战发生至是年11月间，中华医学会上海分会曾组织了第一处难民收容所诊疗所，“此即后来以‘难民第一诊疗所’闻名者是，继其后复有各善团所组织之难民收容所诊疗所多处”①。上海国际红十字会则根据其调查结果，规定：“凡收容所收容难民超过一千人者，得于所内设立诊病所；收容所收容难民不满一千人者，得排入巡回诊疗所巡回程序内，按时前往诊视。”② 依据此项原则，并应慈联会关于协助诊疗患病难民的请求，首先在其所办的收容所实行③。“每一收容所诊疗所工作人员为医师一人，护士一人或数人，并侍者一人。每一流动诊疗所各有专用之汽车一辆，工作人员为医师一人，护士一人，并侍者一人”④。初由中华医学会捐助医务车3辆，“每辆全日可至八个收容所诊治，每周两租界各



① 彭望荃：《上海国际红十字会报告（民国二十六年十月至二十八年三月卅一日）》，中国红十字会上海国际委员会1939年编印，第6页。

② 《上海国际红十字会医事委员会报告》（1937年11月30日），《中华医学杂志（上海）》第24卷第1期（1938年1月），第47页；《中国红十字会上海国际委员会医务委员会第一季工作概要》，《中华医学杂志（上海）》第24卷第3期（1938年3月），第243页。

③ 《筹设难民庇寒所》，《华美夜报》1938年1月6日；《中国红十字会月刊》第32期（1938年2月），第42页。

④ 彭望荃：《上海国际红十字会报告（民国二十六年十月至二十八年三月卅一日）》，中国红十字会上海国际委员会1939年编印，第6页；《上海国际红十字会报告》，《上海医事周刊》第4卷第51期（1938年12月19日），第4页。

收容所平均有两次诊治之机会"[①]，每次大概可诊治150～200名患病难民[②]。嗣因患病难民为数甚多，"虽经派遣医生前往诊治，第以车辆无多，难免稽延时日，此于难民健康影响甚巨"[③]，于是上海国际红十字会向各大公司、商行高级人员及住家常有自备汽车者，公开征借。通过上海国际红十字会的努力，由其主持的难民收容所诊疗所共计有6处、流动诊疗所8处，可为70多个难民收容所提供医药服务，覆盖难民人数当在4.2万人左右[④]。同时，各救济团体所办难民收容所开设的诊疗所，凡有1位合格医师在内主持者，均可申请补助[⑤]，最终有20处诊疗所通过审核，计有上海国际救济委员会第一、第二、第三、第六、第四十九、第六十九及第一百难民收容所，工部局难民诊疗所、黄卍字会难民诊疗所、南市教会难民诊疗所、广东难民诊疗所、普慈医院、花柳病诊疗所、徐家汇难民诊疗所、济众医院、约翰大学难民诊疗所、难民齿科诊疗所、难民眼科诊疗所及难民麻风诊疗所等[⑥]，均由上海国际红十字会免费供给医药用品，"其标准以每难民一千人为单位，每月给计值七〇元之药用品"[⑦]。

三是联合救济团体组办各种专科医院，扩充医务，以满足社会需求。如因难民婴儿死亡率逐有增加，上海国际红十字会特创设难民婴儿临时医院于威海卫路737号，"专门服务6岁以下难民儿童"[⑧]，并于1938年1月8日下午3时举行了隆重的开幕典礼，颜惠庆、施肇基、

① 《红会国际委员会办理医务指导及征募衣被》，《时报》1937年12月18日；《中国红十字会月刊》第31期（1938年1月），第77—78页。

② 《红会注意难民医药事项》，《中国红十字会月刊》第36期（1938年6月），第35页。

③ 《红会国际委员会征借自备汽车》，《申报》1937年12月9日；《红会国际会购米举办平粜》，《新闻报》1937年12月9日；《中国红十字会月刊》第31期（1938年1月），第72页。

④ 彭望荃：《上海国际红十字会报告（民国二十六年十月至二十八年三月卅一日）》，中国红十字会上海国际委员会1939年编印，第6页；《上海国际红十字会报告》，《上海医事周刊》第4卷第51期（1938年12月19日），第4页；《上海医事周刊》第5卷第25期（1939年6月19日），第1页。

⑤ 《上海国际红十字会》，《上海医事周刊》第4卷第23期（1938年6月6日），第3页。

⑥ 《上海国际红十字会医务委员会一年报告》，《上海医事周刊》第5卷第1期（1939年1月2日），第3页。

⑦ 彭望荃：《上海国际红十字会报告（民国二十六年十月至二十八年三月卅一日）》，中国红十字会上海国际委员会1939年编印，第6页。

⑧ 《近来许多伤兵医院关闭》，《大陆报》1938年2月6日；上海市档案馆藏英文档案，档号U1-16-784，缩微号149。

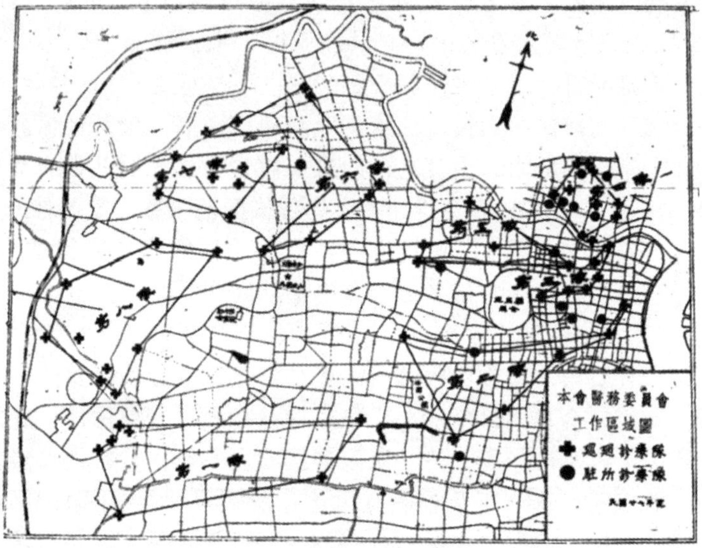


图 4－6　上海国际红十字会难民收容所诊疗所及流动诊疗所工作区域图①

屈文六等中西人士约 100 余人出席，“极一时之盛”②。又如上海难民产妇医院，开办于 1938 年 6 月 6 日，其开办是因为当时上海难民依旧众多，且三分之一为妇女，这其中产妇人数甚多，“以公共租界一区而论，平均月有千人，原有产科医院，殊感不敷容纳”③，上海国际红十字会便联合上海国际救济会、慈联会及其分会、中华医学会、中华联青社、中华慈幼协会、全国基督教女青年协会、上海女青年会、中华妇女会、妇女联谊社、安息日会、救世军及公共租界工部局卫生处，特组一所大规模难民产妇医院以应需要，各派员成立筹备会，“除该会总干事贝克博士为当然委员外，当推定朱友渔夫人为主席，郭克悌夫人为秘书，韦伯祥君为司库兼财务组主任，陆梅僧君为设计组主任，黄逸慧医师为医务组主任，富文寿夫人为衣服组主任，陈鹤琴君为教育组主任，赵夫人为

① 图片复制自《本会医务委员会工作区域图》，《中国红十字会上海国际委员会救济月刊》第 1 卷第 1 期（1938 年 6 月），第 7 页；《中国红十字会月刊》第 38 期（1938 年 8 月），第 39 页。

② 《国际红会设难民婴儿医院》，《新闻报》1938 年 1 月 10 日；《中国红十字会月刊》第 32 期（1938 年 2 月），第 45 页。

③ 《红会国际会组织产妇医院》，《时报》1938 年 5 月 15 日；《中国红十字会月刊》第 36 期（1938 年 6 月），第 29 页；《国际红会等组织难民产妇医院》，《导报》1938 年 6 月 8 日；《中国红十字会月刊》第 37 期（1938 年 7 月），第 27 页。

慈幼组主任，余英杰夫人为宣传组主任，共同筹备”[①]。并经勘定劳勃生路111号为院址，设置床位200余张，还就其20余亩空地搭建大席棚4座以为产妇家属住宿，俾得就近照料。该医院由中西医药两界派遣医师或供应器械、药品等物赞助，其中安息日会疗养院拨用百余床铺及其他用品，并派医师、看护与庶务各1人，前往服务。上海难民产妇医院一经开幕，便通知各难民收容所，“遇有分娩，即行送入”[②]。

（二）难民医疗救助的主要内容

难民医疗服务体系的成功构建，保障了难民医疗服务工作的顺利开展。依据所提供医疗服务的性质，其主要内容包括如下几个方面：

一是难民诊病已形成了一套较为成熟的入院与出院程序。该入院与出院程序较为简单，即患病难民先由收容所诊疗所或流动诊疗所医师诊断病情，其后送往各难民医院诊治；需住院治疗者须有该管医师签具入院请求书，并经登记、诊察、沐浴、剃头、更衣等手续，方能送入病房接受治疗。出院时，由医院填具表格，写明病情及治疗建议[③]，并由该医院备车送回原收容所[④]。但由其他医院转入上海国际红十字会第一难民医院者，“须仍由原来送往医院接回”[⑤]。病人住院期间，由医师酌量情形制定膳食，以辅助、增进治疗效能，计分全膳（一菜一汤）、软食、流质三种，“菜肴均采取富有维他命者为主，如病人营养不足者，再由医师酌定，另予牛奶、鸡蛋、豆浆、牛肉汤、赤豆、汤面及鱼肝油、橘子等”[⑥]。又因部分医院未能设置门诊，遇有急症，仍派医师前往诊治，对于急需送院情形，则规定有《重症难民送医办法》：

---

① 《难民产妇医院开幕有期》，《中国红十字会上海国际委员会救济月刊》第1卷第1期（1938年6月），第8页；《中国红十字会月刊》第38期（1938年8月），第40页；《国际红会等组织难民产妇医院》，《导报》1938年6月8日；《中国红十字会月刊》第37期（1938年7月），第28页。

② 《难民产妇医院近讯》，《中国红十字会上海国际委员会救济月刊》第1卷第2期（1938年7月），第6页；《中国红十字会月刊》第40期（1938年10月），第39页。

③ 《1938年3月难民卫生服务报告》，上海市档案馆藏英文档案，档号U1-16-1055，缩微号185。

④ 朱功宏：《上海国际红十字会第二医院半年来治疗难民报告》，《中国红十字会上海国际委员会救济月刊》第1卷第4期（1938年9月），第2页；《中国红十字会月刊》第41期（1938年11月），第64页。

⑤ 《上海国际红十字会医事委员会报告》（1937年11月30日），《中华医学杂志（上海）》第24卷第1期（1938年1月），第47页。

⑥ 《本会第一难民医院报告（二十七年十二月至二十八年十月）》，《中国红十字会月刊》第58期（1940年4月），第92—93页。

（一）公共租界各收容所，如有重症难民送院医治者，日间打电话三一五〇〇号，夜间则打二〇八〇六号；法租界收容所，应打八二〇五五号，请求派遣救护车，送往适当医院。惟车辆无多，故须预行接洽。

（二）为便利遣送病人入院计，中华医学会上海分会、上海慈善团体联合救灾会救济战区难民委员会及其难民救济分会卫生组，均可代办送院接洽手续，调查有无空余床位，及男女老幼数额。

（三）何种疾病应送何种医院，须由医师诊断决定之，以免误送被拒。

（四）拟送病人入院时，可打电话二〇八〇六号上海海格路四七六号接洽①。

二是为患病难民提供医务指导及救护车服务。如上所提及，患病难民该送入哪所医院救治，除由医师诊断之外，并由上海国际红十字会提供专门性医务指导。上海国际红十字会第一难民医院内特附设有患病难民入院管理及救护车服务组，逐日对各难民医院及特约医院空余床位数量进行调查与登记（其中经与工部局卫生处联络，由后者每日提供公共租界平民医院空余床位数量②），“办理按照病类支配病人送院事宜”③。至于其具体工作，“每晨由负责之职员以电话向各院询问病床余额，同时约定各收容所当局及各公众护士，遇有病人须入院时，即电话通知该服务组。病车一辆，由该组指挥运送病人至指定之医院”④。该救护汽车借自其前身上海铁路医院，车牌为111，专为运送患病难民使用，并不作他用，有关费用全由上海国际红十字会承担。后经黄子方致信工部局卫生处副处长杜克，代为向税务处申请免费执照，旋由工部局车务办事

① 《重症难民送医办法》，《新闻报》1938年5月6日；《中国红十字会月刊》第36期（1938年6月），第23页；《规定重症难民送医办法》，《中国红十字会上海国际委员会救济月刊》第1卷第1期（1938年6月），第8页；《中国红十字会月刊》第38期（1938年8月），第38页。

② 《一九三七年中国红十字会所办伤兵医院及其病员床位报告》，上海市档案馆藏英文档案，档号U1-16-783，缩微号111、112、122、127。

③ 《本会第一难民医院报告（二十七年十二月至二十八年十月）》，《中国红十字会月刊》第58期（1940年4月），第96页。

④ 彭望荃：《上海国际红十字会报告（民国二十六年十月至二十八年三月卅一日）》，中国红十字会上海国际委员会1939年编印，第6—7页；《上海国际红十字会医务委员会报告》，《上海医事周刊》第5卷第2期（1939年1月9日），第2页。

处同意，发给一张临时免费执照，每季度可免税75.60元[①]。

三是购买短缺药品储存及供应。早在1937年10月间，上海国际红十字会医务委员会就曾以沪市药用品殊形短缺为由，购贮爆炸性类（乙醚、酒精等）、麻醉性类、菌苗类及杂类（优洛托平、福尔马林等）药品，“以备转售各医院应用”[②]，并推荐各医院“以成本价购得火酒、金鸡纳霜、破伤风抗毒素以及其他药用品”[③]。12月起，其在中华医学会内成立中央药用品贮存所，存储各方捐赠及自办药用品，以便集中分配供给，并就所贮药用品名称及价格开列清单，各难民医院及难民收容所诊疗所可照单请求供给[④]；同时各医院“每月按照上一月中每一医院施诊人数而定多寡”[⑤]，诊疗所则悉以规模大小领取具体数量[⑥]。若该医院或诊疗所还欲采购其他必需用品，如器械及试验用具等，则须请该贮存所出面购买。在药用品分发事宜上，上海国际红十字会与英国中华救济会医事委员会“合作甚为密切”[⑦]。另外，各伤兵医院结束时，其所有用品均由上海国际红十字会接收，贮存于汉口路115号，并派定外籍办事委员亨利（R. T. Henry）专管其事，“凡欲借用该项用品者，均可前往接洽”[⑧]。对于那些不在上海国际红十字会供应药用品名单上的诊疗所，如位于北海宁路680号上海国际救济会第六难民收容所，虽设有固定诊疗所，但缺少药物[⑨]。像这样的情况，可察看其附近是否有由上海国际红十字会供应药用品或药用品充足的诊疗所，以便考虑将其取消。后经

① 《一九三七年后紧急状态难民医院的设立及收费等杂事》，上海市档案馆藏英文档案，档号U1-16-1059，缩微号48-51。

② 《中国红十字会上海国际委员会医务委员会第一季工作概要》，《中华医学杂志（上海）》第24卷第3期（1938年3月），第241页。

③ 彭望荃：《上海国际红十字会报告（民国二十六年十月至二十八年三月卅一日）》，中国红十字会上海国际委员会1939年编印，第7页。

④ 《上海国际红十字会报告》，《上海医事周刊》第5卷第25期（1939年6月19日），第2页。

⑤ 《上海国际红十字会医务委员会一年报告》，《上海医事周刊》第5卷第1期（1939年1月2日），第2页。

⑥ 《上海国际红十字会医事委员会报告》（1937年11月30日），《中华医学杂志（上海）》第24卷第1期（1938年1月），第47页。

⑦ 《中国红十字会上海国际委员会医务委员会第一季工作概要》，《中华医学杂志（上海）》第24卷第3期（1938年3月），第245页。

⑧ 《国际红会办理难民卫生事宜》，《文汇报》1938年2月17日；《中国红十字会月刊》第33期（1938年3月），第50页。

⑨ 《上海国际红十字会难民健康委员会主席侯祥川1938年2月25日致杜克的信》，上海市档案馆藏英文档案，档号U1-16-1037，缩微号197。

工部局卫生处察验，从该难民收容所步行两分钟就可到达位于北河南路330号的一处诊疗所，所以该难民收容所开设诊疗所“看上去是不必要的”[①]。

四是征用及调遣各类医务人才。该项工作实与中华医学会医事人员任用部合作，原由余濱主持其事，介绍医师及护士约400人担任各种工作。为了适应难民医院及难民收容所诊疗所发展的需要，1937年12月1日，其被改组为上海国际红十字会医务委员会医事人员任用小组，以黄子方为主席委员，并于一个月内向14所难民医院及难民收容所诊疗所分配医事人员197人，“其中有医师55人，护士65人，其他药剂师等77人。以国籍言，则有英籍24人，美籍1人，法籍8人，罗马尼亚1人，苏俄1人，德、匈各1人”[②]。由此可见，在与上海国际红十字会的合作中，“中华医学会在分派医师及护士一项工作上，已形成一人材流通机关”[③]。

五是长效监督各难民医院及诊疗所免费治疗工作。对于固定诊疗所，上海国际红十字会均派人按时前往考查；而流动诊疗所则须每周填具法定报告表，呈送医务委员会难民卫生小组查核；难民医院情形相同，“凡经核准而领取津贴之各医院，均须按月填具法定之报告表”[④]，并由上海国际红十字会定期组织视察。以上各医疗机构，均在报告表得到核准后，方可领取补助津贴，其中办理欠善者，则及时督促改善。

此外，在辅助疾病诊断方面，上海国际红十字会极力为此项服务创造条件。如1938年2月间，与同仁医院第二医院达成合作意向，设立诊断化验所，免费为各难民医院及诊疗所做诊断化验工作，每日派专人至上述医院及诊疗所收集须化验标本，并送发化验报告。是月，还与中比镭锭医院合作，免费为患病难民做X光检查[⑤]。

---

① 《杜克1938年3月10日致上海国际红十字会难民健康委员会主席侯祥川的信》，上海市档案馆藏英文档案，档号U1-16-1037，缩微号200。

② 《中国红十字会上海国际委员会医务委员会第一季工作概要》，《中华医学杂志（上海）》第24卷第3期（1938年3月），第242页。

③ 《上海国际红十字会医事委员会报告》（1937年11月30日），《中华医学杂志》第24卷第1期（1938年1月），第48页。

④ 《中国红十字会上海国际委员会医务委员会第一季工作概要》，《中华医学杂志（上海）》第24卷第3期（1938年3月），第245页。

⑤ 《上海国际红十字会医务委员会报告》，《上海医事周刊》第5卷第2期（1939年1月9日），第2页。

## 二、难民卫生防疫工作的推进

作为难民医疗卫生服务的重要内容，除了医疗救助之外，难民卫生问题也不容忽视，尤以防疫任务为重。上海国际红十字会与工部局卫生处、中华医学会等团体合办租界内难民卫生事宜，为此付出了不少努力，不仅在其医务委员会下设防疫及卫生小组，而且又联合成立上海联合防疫会，委托中华医学会主持其事，办理难民卫生视察、清理、教育及防疫注射等事项，以防患于未然。

（一）办理难民卫生防疫的重要性

追溯人类历史，战乱往往造成大疫，这是因战争破坏居住环境所致；战场内外尸体纵横，必然污气四溢，“同时市民受战事影响，生活降低，大多穷处一隅，恶浊不堪，尤足为疫病之媒介”①。淞沪会战打响半月左右，上海就出现了麻疹病例，由于种种原因，两租界当局直到10月的第二周才采取预防措施，但为时已晚，仅记录在案的就有超过1000人受到感染，大约50%感染者死亡②，其中多数受感染难童死于并发症支气管炎。然而，除了将已发现的感染者送入医院隔离治疗之外，当局无从阻止麻疹在难民中传播③。据工部局卫生处不完全统计，1937年9月29日至11月4日，在公共租界难民收容所发现麻疹感染539例，其中183例死亡，并且感染人数每周都有不同幅度的增长④。

此次暴发麻疹疫情之所以未能及时防控，致其持续传染，除了不易阻隔传播途径等客观原因之外，还有诸多不利于防控的人为因素。据上海国际红十字会调查，尽管两租界卫生部门每日派遣医师巡视各难民收容所，但因医师数量严重不足，加上有些难民收容所管理员不配合，甚至瞒报疫情，以致各巡视医师并不能及时发现麻疹感染者，延误了治病时机，造成死亡率一度居高不下（见表4-3）。

① 《国际红会推动防疫》，《文汇报》1938年3月4日；《中国红十字会月刊》第34期（1938年4月），第25页。

② 因为难民秩序混乱，一些感染者躲避了观察，实际死亡率可能要略低。

③ 《难民收容所爆发麻疹》，上海市档案馆藏英文档案，档号U1-16-1051，缩微号57。

④ 《麻疹在难民收容所》，上海市档案馆藏英文档案，档号U1-16-1051，缩微号62。

**表4-3 难民患麻疹死亡调查结果**

| 年 | 月 | 死亡人数 | 难民总数 | 死亡率(1/10000) | 占难民全部死亡原因比重(1/100) |
|---|---|---|---|---|---|
| 1937年 | 10月 | 116 | 64189 | 18.7 | 65.9 |
| | 11月 | 602 | 91033 | 66.1 | 89.6 |
| | 12月 | 432 | 95671 | 45.2 | 67.1 |
| 1938年 | 1月 | 87 | 93621 | 9.3 | 44.2 |
| | 3月 | 21 | 84864 | 2.5 | 14.4 |
| | 4月 | 13 | 80156 | 1.6 | 12.7 |

资料来源：侯祥川：《华人饮食标准及难民饮食问题》，《中华医学杂志（上海）》第25卷第3期（1939年1月），第139页。

贝克对此十分不满，他在致慈联会全体办事人员的信中严厉指出，“麻疹已经爆发，并且对所有难民收容所的健康都是一个巨大的威胁，若非各难民收容所管理员与巡视医师合作，势必将造成很高的死亡率”①。以延平路一新设难民收容所为例，按照霍乱防控经验，当人口快速增长时，新开设的难民收容所在传染病防治方面还是比较有利的。但因该难民收容所只有一位医师定期照料，无暇为每一位难民做个人检查，因此在开设后的短短一周内，就因感染麻疹而死亡12例。然而，当工部局卫生处有关人员就此事前往询问时，该收容所管理员却声称，医师每天都来收容所巡视，且他自己在这方面也没有任何抱怨。为此，工部局卫生处建议上海国际红十字会派遣一名工作人员予以协助，在巡视医师到达收容所之前一小时，先行检查，并挑选出感染者，“这将会节省很多时间，而且能保证每一个感染者都能接受治疗”②。但是，工部局仅在其医院一楼为麻疹病人设置了80张隔离床位，远远不敷应用，而且在准备预防血清方面也遇到一些困难，尽管杜克表示，如果有志愿者愿意捐血，该问题就能克服，并且已在报纸上说明此举能够挽救生命，“但到目前为止，得到的响应是微弱的”③。

① 《贝克1937年11月19日致慈联会全体同仁的信》，上海市档案馆藏英文档案，档号U1-16-1051，缩微号56。

② 《一九三七年后紧急状态难民患有传染病员之杂件》，上海市档案馆藏英文档案，档号U1-16-1051，缩微号60。

③ 《杜克1937年11月30日致贝克的信》，上海市档案馆藏英文档案，档号U1-16-1051，缩微号61。

由此可见，在上海国际红十字会介入难民卫生防疫工作之前，两租界的卫生防疫状况令人担忧。

（二）进行难民卫生防疫的途径

上海国际红十字会原本仅在各难民医院增设隔离病床，以此治疗患疫难民，同时利用难民收容所诊疗所及流动诊疗所，分别由张信培、苏德隆负责诊疗和清洁，“按日为各收容所难民诊疗，及除虱洗浴”[1]。至1938年4月，鉴于天时转暖，疫疠极有可能乘机暴发，而收容所中难民杂处，尤宜及早预防，遂又更为积极推进难民卫生与防疫工作。

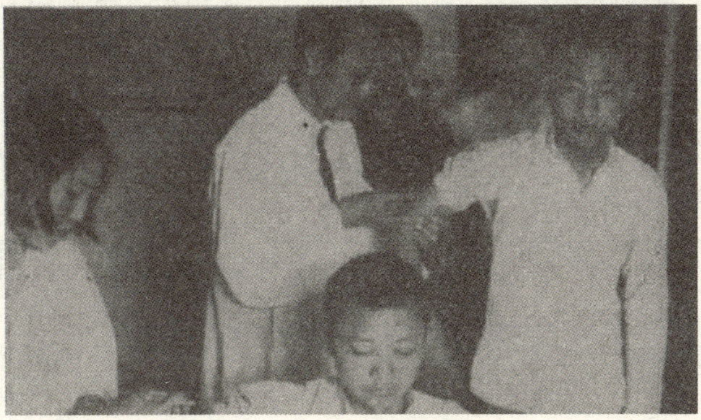

图4-7　为难民进行防疫注射[2]

一是发起伤寒霍乱预防注射运动。4月11日，上海国际红十字会医务委员会召开传染病防控会议，议决向全部上海难民（3岁以下除外）进行伤寒霍乱预防注射，并从无自来水直接供应的难民收容所最先开始；会议还就组织程序及注射次数与剂量达成共识，即给予每人两次注射方为有益，10岁及以上第一次注射0.5cc，第二次注射1.0cc，10岁以下仅为一半剂量[3]。根据会议部署，上海国际红十字会预计每月须为此项运动拨款1000元，首先购备大量伤寒霍乱混合疫苗足供12万人之

① 《国际红会办理难民卫生事宜》，《文汇报》1938年2月17日；《中国红十字会月刊》第33期（1938年3月），第50页。

② 图片复制自《上海难民习艺所：卫生处注射防疫针》，《中华（上海）》第66期（1938年6月），第25页。

③ 《上海国际红十字会医务委员会传染病防控委员会会议录》，上海市档案馆藏英文档案，档号U1-16-1052，缩微号32。

用[①]。此种混合疫苗系委托上海卫生试验所，与新亚洲制药厂协商，专门制造供应的一种预防霍乱伤寒混合疫苗（不包括副伤寒甲、乙）[②]，其每立方厘米含有5亿伤寒杆菌和20亿霍乱杆菌。之所以加入20亿霍乱杆菌，是基于上海卫生试验所以往防疫注射实践经验而配制的，因为他们发现，“当第二次或第三次注射预防霍乱疫苗时，每立方厘米射入20亿杆菌是最佳效果，如果仅仅注射一次，剂量就要增加到每立方厘米须含有80亿杆菌，而且隔周进行第二次注射（特别是第三次），不管射入多少剂量，其免疫效果都要比注射一次好”[③]。其次是组织了3组防疫注射队，每队由医师1人、护士2人及侍者1人组成，分别由刘纪元、杨传声、俞祖光三位医师率领，于4月18日开始轮赴各收容所，为难民免费注射，“预计至迟至七月中旬，全沪三十万难民，均可注射完毕”[④]。其间应难民收容所方面请求印制防疫证，“凡经医师注射预防针者，均给以防疫证”[⑤]。

上海國際紅十字會醫務委員會
霍亂傷寒預防注射證明書
Cholera Typhoid Inoculation Certificate
Medical Committee
Shanghai International Red Cross
第　號
姓名　年歲　性別 男 女
業經本會醫學會注射霍亂傷寒菌苗此證
日期　醫師簽字

图4-8　上海国际红十字会所制防疫证[⑥]

为了更好地推进此次防疫注射运动，贝克于4月21日致信所有相关善团，请求给予配合，信中称：“由于上海拥塞的环境，红十字会和两

① 《办理难民防疫工作》，《中国红十字会上海国际委员会救济月刊》第1卷第1期（1938年6月），第8页；《中国红十字会月刊》第38期（1938年8月），第38页。

② 《黄子方1938年4月27日致工部局卫生处处长朱尔登的信》，上海市档案馆藏英文档案，档号U1-16-1052，缩微号30-31。

③ 《黄子方1938年5月14日致朱尔登的信》，上海市档案馆藏英文档案，档号U1-16-1052，缩微号46。

④ 《办理难民防疫工作》，《中国红十字会上海国际委员会救济月刊》第1卷第1期（1938年6月），第8页；《中国红十字会月刊》第38期（1938年8月），第38页。

⑤ 《上海国际红十字会》，《上海医事周刊》第4卷第30期（1938年7月25日），第4页。

⑥ 《上海国际红十字会医务委员会霍乱伤寒预防注射证明书》，上海市档案馆藏英文档案，档号U1-16-1052，缩微号51。

租界卫生当局要求我们，注意传染病传播的危险性，除非采取预防措施阻止其暴发。已准备提供防疫接种，特别是预防伤寒和霍乱注射。请按照要求，在你们的权限之下，力促各收容所管理员，采取一致措施协助为所有难民注射之医师。并请注意供给充足的自来水及完备的洗浴设施，这些对于预防皮肤病特别需要。"[①] 同时，上海国际红十字会也向其他医院如上海公济医院等免费提供疫苗，以为其门诊及住院病人作注射之用[②]。

二是推进难民卫生清理运动。上海国际红十字会医务委员会，曾于1938年1月间，组织成立了难民收容所卫生服务团，并"择一颇有学力工程师"指导，考察各收容所中卫生情形；同时从难民中选出原先的水泥匠、木匠和电气匠约150人，组成卫生工作队，前往各收容所中服务，处理排水及修缮房屋、厨灶、厕所等事[③]。因为经查勘，上海国际红十字会认为，大多数难民收容所卫生管理实在不合理想，所以积极开展难民卫生运动，派杜达主持该运动一切事宜，"第一步实行清除工作，所有各难民所内部，按日请由两租界工部局卫生处之卫生清洁队，洒臭药水……此外并有扑灭臭虫、白虱专员，分赴各所服务"[④]。又因房屋破坏、潮湿过重和使用不洁面巾，难民中患上疥疮、癞癣等皮肤病及沙眼等眼病者甚多，贝克遂提议，并征得各善团同意，"增发防毒药水，清除收容所潮湿不洁，及每难民发给面布及毛巾各一，以防痧（沙）眼症之传染"[⑤]。

此外，由于溽暑时节，难民用水较多，而公共租界中区各难民收容所，"均因并无水管接进房屋，故所内饮水十分缺乏，若不及早补救，势必立刻致病，生命堪虞"[⑥]。于是，上海国际红十字会一面向社会动员

---

① 《贝克1938年4月21日致所有善团的公开信》，上海市档案馆藏英文档案，档号U1-16-1052，缩微号28。

② 《黄子方1938年4月18日致上海公济医院院长钱伯斯的信》，上海市档案馆藏英文档案，档号U1-16-1052，缩微号26。

③ 彭望荃：《上海国际红十字会报告（民国二十六年十月至二十八年三月卅一日）》，中国红十字会上海国际委员会1939年编印，第7页；《上海国际红十字会报告》，《上海医事周刊》第5卷第25期（1939年6月19日），第3页。

④ 《国际委员会进行难民所卫生运动》，《生活日报》1938年7月19日；《中国红十字会月刊》第38期（1938年8月），第21—22页。

⑤ 《收容所潮湿过重难民多患皮肤病》，《生活日报》1938年7月26日；《中国红十字会月刊》第38期（1938年8月），第25—26页。

⑥ 《国际红会拟募款装水管》，《新闻报》1938年6月25日；《中国红十字会月刊》第37期（1938年7月），第36页。

募捐，一面通知各救济团体及其难民收容所，“对于难民用水，务令充足，如无力添办用具、装设机件，可向本会请求领用或资助”①。

三是加强难民卫生宣传与教育。1937 年 12 月中旬，上海国际红十字会医务委员会设立公共卫生护士部，专为难民提供各项卫生服务，工作范围包括“难民妇婴健康指导、病人之护视隔离及送院、防止传染病卫生教育、分发鱼肝油及豆乳及训练收容所中年轻女子为卫生服务员”②。从 1938 年 4 月起，“规定每星期二、五（孕妇）、一、三（儿童）等日，为之分别诊察。对于就诊难童，先为沐浴、剪甲、洗发、衡体重、验体格，然后再施简易诊察，并由看护表演健康习惯，以示其母”③。

图 4－9　上海国际红十字会教育委员会组织演讲④

另外，为了使难民明了卫生要义，上海国际红十字会“特聘医药家义务担任演讲，并不举行集会形式，系由各员亲赴各所分组向难民讲

① 《资助用水设备》，《中国红十字会上海国际委员会救济月刊》第 1 卷第 2 期（1938 年 7 月），第 4 页；《中国红十字会月刊》第 40 期（1938 年 10 月），第 34 页。

② 《上海国际红十字会报告》，《上海医事周刊》第 5 卷第 25 期（1939 年 6 月 19 日），第 2 页；彭望荃：《上海国际红十字会报告（民国二十六年十月至二十八年三月卅一日）》，中国红十字会上海国际委员会 1939 年编印，第 7 页。

③ 《孕妇儿童健康诊察》，《中国红十字会上海国际委员会救济月刊》第 1 卷第 2 期（1938 年 7 月），第 6 页；《中国红十字会月刊》第 40 期（1938 年 10 月），第 40 页。

④ 图片复制自《上海国际救济会给予难民的教育》，《自由谭》创刊号（1938 年 9 月 1 日），第 23 页。

述”①。嗣以时值夏令，时疫最易发生，预防工作刻不容缓，上海国际红十字会一面特请中华医学会编印《夏令卫生须知》，检送各善团转发各收容所广为张贴，“就饮食、起居、环境诸方面详为指导，并附传染病医院一览，以便送疗”②，并通告各收容所管理员，“密切注意难民夏季卫生，以免发生疫疠，并危及公众健康”③；一面商与该会教育委员会，加讲夏令卫生常识，由冯炳南承担经费，委托杨馥根、钱颂平、李永清、杨奋程分途演讲，每人每周可到约 15 处难民收容所，每处讲述约在 1 小时以上，均为详细说明预防霍乱、扑灭蚊蝇、洗涤等清洁卫生的重要性，“听讲者甚为踊跃，并能依照实行”④。

四是补充难民营养，以增强抵抗力。1938 年初春，由于膳食中缺乏丙种维生素，多数难民患上轻性坏血病，症状表现为无食欲、齿龈及皮下出血等⑤，“幸发觉后即将青叶之菜蔬与橘皮水供给难民，故未扩大成灾”⑥。但说起此病预防也极简单，取新鲜橘皮切碎，以开水泡之作为茶饮即可。缘此，上海国际红十字会向社会各界广泛征集橘皮，“转送慕尔堂，煮成饮料，分送各所，以供难民解渴”⑦。又鉴于传染病死亡人数中，难童比例较高，为增强难童抵抗力起见，特由公共卫生护士部负责向难童发放鱼肝油⑧，每周发放数量平均为14479 盎司（见表4-4）。另给予上海难民儿童营养委员会经费及技术上的支持，“尤以最初数月中

① 《国际委员会进行难民所卫生运动》，《生活日报》1938 年 7 月 19 日；《中国红十字会月刊》第 38 期（1938 年 8 月），第 22 页。

② 《告诫难民注意卫生》，《中国红十字会上海国际委员会救济月刊》第 1 卷第 3 期（1938 年 8 月），第 4 页；《中国红十字会月刊》第 40 期（1938 年 10 月），第 46 页。

③ 《红会筹办大批难民春衣》，《时报》1938 年 4 月 29 日；《中国红十字会月刊》第 35 期（1938 年 5 月），第 39 页。

④ 《演讲夏令卫生常识》，《中国红十字会上海国际委员会救济月刊》第 1 卷第 2 期（1938 年 7 月），第 5 页；《中国红十字会月刊》第 40 期（1938 年 10 月），第 36 页。

⑤ 《难民之食物》，上海市档案馆藏英文档案，档号 U1-16-1032，缩微号 8；侯祥川：《华人饮食标准及难民饮食问题》，《中华医学杂志（上海）》第 25 卷第 3 期（1939 年 1 月），第 140 页。

⑥ 侯祥川：《华人饮食标准及难民饮食问题》，《中华医学杂志（上海）》第 25 卷第 3 期（1939 年 1 月），第 138 页。

⑦ 《征求橘皮》，《中国红十字会上海国际委员会救济月刊》第 1 卷第 1 期（1938 年 6 月），第 5 页；《中国红十字会月刊》第 38 期（1938 年 8 月），第 31—32 页。

⑧ 《卫生视察员和护士部关于难民收容所的主要职责》，上海市档案馆藏英文档案，档号 U1-16-1055，缩微号 41。

预备豆乳以分发于年在十四岁以下之难童之工作时为最”①。自 1937 年 11 月至 1938 年 10 月，该委员会共计分发豆乳 2731416 磅、豆饼 4547159 枚，每月领取豆乳、豆饼难童人数最多时达到 37057 人。

如上所述，虽然伤兵救护和难民医疗卫生都与医事相关，但上海国际红十字会将这两项工作分属于不同部门，以致开展工作的方式不尽相同。伤兵救护委员会主要采取经费资助和技术支持的方式帮助个人或团体设立伤兵医院，而医务委员会则是采用团体合作的做法。二者虽各有优劣，但毫无疑问都取得了成功，不过两相比较，“医务委员会之事工，尤呈活耀”②。

**表 4－4　上海国际红十字会每周发放鱼肝油数量统计**

<table>
<tr><th colspan="3" rowspan="2">发放地</th><th colspan="5">发放对象</th><th colspan="2" rowspan="2">每周发放数（盎司）</th></tr>
<tr><th colspan="2">收容所数</th><th colspan="2">难童数</th><th>医院数</th></tr>
<tr><td rowspan="9">公共租界</td><td rowspan="3">中区</td><td>1</td><td>16</td><td rowspan="3">38</td><td>485</td><td rowspan="3">1184</td><td rowspan="8">—</td><td>1710</td><td rowspan="3">4172</td></tr>
<tr><td>2</td><td>10</td><td>375</td><td>1318</td></tr>
<tr><td>3</td><td>12</td><td>324</td><td>1144</td></tr>
<tr><td>北区</td><td>3</td><td colspan="2">35</td><td colspan="2">1152</td><td colspan="2">4060</td></tr>
<tr><td rowspan="4">西区</td><td>1</td><td>13</td><td rowspan="4">49</td><td>308</td><td rowspan="4">1496</td><td>1093</td><td rowspan="4">5437</td></tr>
<tr><td>2</td><td>9</td><td>209</td><td>900 *</td></tr>
<tr><td>3</td><td>10</td><td>430</td><td>1510</td></tr>
<tr><td>4</td><td>17</td><td>549</td><td>1934</td></tr>
<tr><td colspan="2">共计</td><td colspan="2">122</td><td colspan="2">3832</td><td>3</td><td colspan="2">13669</td></tr>
<tr><td colspan="3">其他</td><td colspan="2">—</td><td colspan="2">—</td><td>—</td><td colspan="2">810</td></tr>
<tr><td colspan="3">总计</td><td colspan="2">—</td><td colspan="2">—</td><td>—</td><td colspan="2">14479</td></tr>
</table>

* 不包括发给新闸路清凉寺难民收容所 160 盎司。

资料来源：《统计》，上海市档案馆藏英文档案，档号 U1-16-1055，缩微号 42。

① 彭望荃：《上海国际红十字会报告（民国二十六年十月至二十八年三月卅一日）》，中国红十字会上海国际委员会 1939 年编印，第 7 页；《上海国际红十字会报告》，《上海医事周刊》第 5 卷第 25 期（1939 年 6 月 19 日），第 2 页。

② 《中国红十字会上海国际委员会医务委员会第一季工作概要》，《中华医学杂志（上海）》第 24 卷第 3 期（1938 年 3 月），第 241 页。

# 第三节　个体整合：难民教育工作的筹办

1937年11月间，上海国际红十字会难民委员会谋划组织教育委员会，以便着手难民教育事宜。同样由于没有关于教育方面的人员和基础，于是聘请时任公共租界工部局教育处华人处长陈鹤琴负责筹划，“推举各方专门人才分任领导及设计”①。初以沪江大学校长刘湛恩及郑西谷、叶梁露等19人为教育委员，“从事筹备难童教育办法，协助各慈善机关解决难民教育诸问题”②。迭经开会讨论，制订了一个初步的教育计划，分别从儿童教育、成人教育和职业教育三个方面着手实施，“儿童教育的工作由一位《教育评论》的编辑、哥伦比亚大学师范学院的博士负责，成人教育委员会由一位在男青年会最早从事群众教育的工作者主持，职业教育委员会的主席由全国职业教育协会的一位成员担任”③。正是以这样的方式，吸收了当时上海教育界精英进入该委员会工作，与开展医疗卫生服务如出一辙，但稍有不同的是教育人员的来源更为广泛，而不是以某一个团体或组织人员为班底。

## 一、筹办难民教育的原因

难民教育是一种战时特殊教育。沪战发生以后，上海各项社会事业遭到重创，教育也不例外，各教育机关大多遭损毁而被迫迁移或中断，“除安全区域尚能一本其本来状态，继续办理外，战区及沦陷区教育，就随而停顿，不过安全区域也麇集着多数的难民，因而难教问题随之发生”④。尽管当时激战正酣，难民教育问题仍然引起上海教育界的极大关注。1937年9月5日，上海市战区小学教职员联合会假青华中学召开成立大会，讨论了多项议题，其最终的议决内容包括“与慈善团体接洽实施难民教育”⑤。其他社会团体，如上海市战时普及教育服务团、中国民

---

① 《傅若愚君主持难民成人教育》，《同工》第166期（1937年12月），第42页。

② 《熊希龄发起组织街童教育会》，《申报》1937年11月14日。

③ 陈鹤琴：《上海的难民教育》，见陈秀云、陈一飞编：《陈鹤琴全集》第6卷，江苏教育出版社2008年版，第206页。

④ 陈鹤琴：《一年来的上海难民教育》，《中国红十字会上海国际委员会救济月刊》第1卷第6期（1938年11月），第2页；《中国红十字会月刊》第42期（1938年12月），第4页。

⑤ 《战区小学校教职员会成立，决定实施战时教育》，《申报》1937年9月6日。

生教育学会、上海青年教育社等教育团体，以及上海职业界救亡协会服务部、红卍字会等救济团体，对难民教育一节均有注意[①]，然而并未进行大规模的难民教育。由于难民集中之地是收容所，所以收容所才是“施行难民教育最理想的地方”[②]，可是主办收容所的各善团忙于应付难民收容与给养，“尚未暇顾及难民教育问题，到了收容工作渐有端绪，接着就举办难民教育了”[③]。这其中当然也包括上海国际红十字会，但是它因为没有直接举办难民收容所，所以并不能像其他善团一样可在自身所办的难民收容所中施行难民教育，而是面向上海全部难民进行此项工作，其性质要比各善团自办要更复杂、更困难。那么，为何上海国际红十字会也要介入难民教育工作？这主要有两点原因：

首先是由于难民教育的重要性。关于此点，时人多有总结和阐述。从消极方面说，难民从战火中逃出，家破人亡者比比皆是，其心理创伤和恐慌感是相当严重的，即便收容所予以收容，使其饱食暖衣，但其终日无所事事，“当然不是最好的办法”[④]。从积极方面说，“难民情绪又不仅需要安慰，还需要发扬，将思家情绪变为爱国情绪；难民思想需要培养，不仅是防止邪念，更是要成健全的观念；难民行为需要指导，也不只防遏问题，更是造成良好的行为”[⑤]。如果说单纯的难民给养是物质上的救济，那么难民教育就是精神上的救济，这是难民救济应该包括的两个重要方面，救济难民不仅仅是给予他们住宿和食粮那样简单，还要关注难民精神层面的抚慰等问题，“这种（精神）给养和物质给养，其重要相等，也许比物质给养更属重要”[⑥]。

另如陈鹤琴所言，“现在难民的情形实在是为难民服务和谋幸福的

---

① 《战时普教服务团工作积极进行》，《申报》1937年9月20日；《民生教育学会施行难民教育》，《申报》1937年9月23日；《职救服务部征求技工人才登记》，《申报》1937年9月27日；《红卍字会前线救护伤兵，各收容所先后举办难民教育》，《申报》1937年10月4日；《救亡工作汇报》，《申报》1937年10月19日。

② 马昌实：《教育短评：难民教育问题》，《战时教育》第4期（1937年10月25日），第2页。

③ 陈鹤琴：《一年来的上海难民教育》，《中国红十字会上海国际委员会救济月刊》第1卷第6期（1938年11月），第2页；《中国红十字会月刊》第42期（1938年12月），第4页。

④ 王一方：《难民的精神给养和难民教育》，《中国红十字会月刊》第34期（1938年4月），第1页。

⑤ 陈科美：《难民教育的几个基点》，《中国红十字会月刊》第31期（1938年2月），第2页。

⑥ 王一方：《难民的精神给养和难民教育》，《中国红十字会月刊》第34期（1938年4月），第1页。

良好机会。在人口密集的收容所里，整千整万的难民预备受教育。有了教育，这些儿童将长成为国家有用的公民；有了教育，各收容所的难民会变成有益于社会的人们”[①]。意思是说，对难童施以教育，于国家和个人发展前途有莫大关系；对难民加以教育，对于维持收容所秩序和缓解救济压力皆有所裨益。这些难民大多是无知识无技术且无法回乡的农民，其中又以妇女和老人居多，若不施以职业教育，将来走出收容所，如何自力更生势必成为一大社会难题。单就这一点而言，难民教育的重要性也是不言而喻的。

其次是由于难民教育现状混乱。各善团推行难民教育殊不一致，有的办理妥善，成绩斐然；有的根本不予重视，管理混乱。究其原因，“一种以为难民只要给养不缺乏，已算尽其收容的能事，教育何必多问！还有一种是敷衍门面的，难儿班、成人班居然都有，但平时的上课、训导，既不能上轨道，也没有整个的计划。这样办法，耗费很多的经费，其功效值等于零”[②]。为增进难民教育的办理效果，郑西谷认为，办理难民教育要有统一的行政、专责的人员、适当的教材及相当的经费和设备[③]，这4点因素既是上海国际红十字会着手难民教育的优势，也是其所需努力的方向。

## 二、难民教育的办理过程

至于上海难民教育的办理过程，经陈鹤琴等人划分为五个时期：“（一）各所自动组织儿童教育班，由各所指导员兼任教师，所用教材、授课时间也不相同；（二）各主办机关看到难教的重要，就在办公处先后成立教育组，管理教育事宜，并派视导员到各所视导；（三）中国红十字会上海国际委员会担任各所给养后，成立教育委员会，主持各所难民教育事宜，同时慈联会、慈联分会亦成立教导委员会，国际救济会设立教育组，协助难教。一切教育用品，概由教育委员会供给；（四）教育委员会成立办公处，统一难民教育行政，并且视导各所教育工作；

① 陈鹤琴：《上海的难民教育》，《中国红十字会月刊》第31期（1938年1月），第4—5页。

② 王一方：《难民的精神给养和难民教育》，《中国红十字会月刊》第34期（1938年4月），第2页。

③ 郑西谷：《对于难民教育实施的意见》，《中国红十字会月刊》第31期（1938年1月），第7—9页。

（五）推进成人教育和职业教育，增加视导员、演讲员和难教教师。”[①]根据此项划分，上海国际红十字会办理难民教育总共经历了三个时期，但实际上后两个时期并不易于从时间上进行彻底区分，因此下面以1938年1月为界，粗分为两个时期予以分别阐述。

（一）难民教育组织筹备期

经陈鹤琴全力擘画，难民教育的组织规模初具，即以陈鹤琴为教育委员会主席、刘湛恩为副主席，主持难民教育一切事宜，并在圆明园路169号四楼设立办事处。办事处常驻工作人员有干事4人、办事员5人，以赵传家为主任，负责处理日常行政事务、调整各收容所难民教育及供给课业用品等事。另聘师范学校以上或大学教育科毕业者为教育视导员（11人）、职业教育和体育教育视导员（各1人），以陈济成、朱少屏为视导长，“领袖计划难民之推进及扩展”[②]。这些视导员均曾担任教育行政及视导任务，富有工作经验。他们每人负责指导10～15个难民收容所，每日轮流至各收容所视察，每周将视察报告提交难民教育委员会办事处审核，并参加视导会议，报告视察经过及所遇到的困难。

教育委员会成立后，推进工作颇为迅速。首先开会讨论了难民教育经费预算、教师聘任和奖惩、师资培训办法、难民教育实施计划、新文字教育及卫生教育推进办法等重要问题，均经决议后交各组分别实施；其次为难童学校征求课业用品等[③]，并派视导员分赴各难民收容所视察校舍及设备情形。如陈鹤琴、刘湛恩等人分别于12月6日参观了救世军所办交通大学难民收容所和青年会所办法租界吕宋路难民收容所，这两个收容所都设有难童学校，青年会并为妇女设立了女红班，“惜地方太小，难民缺少活动机会”[④]。11日，又视察了中华基督教联合会设立在胶州路、昌平路之第十八难民收容所和救世军设立在徐家汇各难民收容所，“对于难民每日生活及教养情况询问尤详，诸委员均认为难民应有相当工作，以资生产，正计划实施劳工教育”[⑤]。

---

① 屠伯施：《难民教育过去、现在、将来》，《申报》1938年10月10日；陈鹤琴：《一年来的上海难民教育》，《中国红十字会上海国际委员会救济月刊》第1卷第6期（1938年11月），第2页；《中国红十字会月刊》第42期（1938年12月），第5页。

② 陈鹤琴：《一年来的上海难民教育》，《中国红十字会上海国际委员会救济月刊》第1卷第6期（1938年11月），第2页；《中国红十字会月刊》第42期（1938年12月），第6页。

③ 《各私校学生捐助难民教育用品》，《申报》1937年12月9日。

④ 《红十字会委员赴收容所参观》，《新闻报》1937年12月9日；《中国红十字会月刊》第31期（1938年1月），第71页。

⑤ 《教育组委员视察难民生活》，《新闻报》1937年12月12日；《中国红十字会月刊》第31期（1938年1月），第75页。

（二）统管难民教育时期

1938 年初至 10 月底，是上海国际红十字会办理难民教育的重要时期。这一时期的难民教育主要围绕儿童教育、成人教育和职业教育三个方面进行，“尤注重于儿童之教育”①。此三项教育工作分别由萌卢爱德、傅若愚和何清儒主持。嗣为谋积极推行起见，复聘庞任公为秘书，以华丁夷为儿童教育组主干兼总务、李万育为成人教育组主干、郑文汉为职业教育组主干，协助进行；并加聘王复旦、李瑞华、奚均礽等 20 余人为视导员，逐日赴各收容所视察、指导，以期在各收容所普遍设立儿童班和成人班。“复自三月份起，大规模推进新文字运动及职业教育，以期最短期内达到铲除难民中文盲之目的，并使获得相当职业训练”②。其中各项工作详情，略述如次。

1. 师资方面

师资方面主要办理教师登记、培训及委派工作，并订发收容所教育人员服务规程。除慈联会及其分会自行委派教师之外，由上海国际红十字会委派的教师主要有三种，分别由各难民收容所中合格指导员充任、社会热心人士义务担任、难民教育委员会登记的合格人员直接委派。其中，登记委派的教师以师范学校或高中师范科、普通科以上毕业生为合格标准，并由教育委员会严格审查后，加以聘任。教师人数最多时合计有 580 人。

凡经委派的教师，每人每日最少工作 4 小时，每人须担任两个班级的教学工作，每个班级以 50 人为标准，并由上海国际红十字会发给津贴，“由教育委员会聘任教师，每月津贴车资八元；慈联会委派之教师，每月津贴车资六元、饭食六元；慈联分会委派之教师，每月津贴菜资六元”③。又经考核，慈联会及其分会委派的教师中，得成绩优良者 63 人，分别给予 4 元作为奖励④。

在这期间，上海国际红十字会还分别对慈联会及其分会委派的教师进行了 4 次师资培训，地点分别在四川路（今四川中路）青年会及爱多

① 彭望荃：《上海国际红十字会报告（民国二十六年十月至二十八年三月卅一日）》，中国红十字会上海国际委员会 1939 年编印，第 13 页。

② 《难民教育实施近况》，《救灾会刊》第 15 卷第 1 期（1938 年 3—4 月），第 143 页。

③ 陈鹤琴：《一年来的上海难民教育》，《中国红十字会上海国际委员会救济月刊》第 1 卷第 6 期（1938 年 11 月），第 3 页；《中国红十字会月刊》第 42 期（1938 年 12 月），第 8—9 页。

④ 《难民教育工作汇志》，《中国红十字会上海国际委员会救济月刊》第 1 卷第 1 期（1938 年 6 月），第 7 页；《中国红十字会月刊》第 38 期（1938 年 8 月），第 36 页。

亚路（今延安东路）浦东同乡会大楼，“由该会主席陈鹤琴、干事庞任公二君，讲授新文学、注音符号、常识教学法及训导方法，复请马静轩君讲授国语及算术教学法，马卢若女士指导唱歌”①。又以养成初级体育行政人员为目的，在卡德路（今石门二路）和爱文义路（今北京西路）路口的国光中学创办体育训练班，聘请邵汝干、王怀琪、张元生、闻完元等人，从8月24日开始对各收容所指导员70余人施训，“课程有体育原理、比赛方法、国术、田径大意、球类运动、器械操、简易体操及各种游戏教材等”②，培训时长为两星期，“后经考试及格者六十人，并组织同学会，以便联络”③。

图4－10　教难童唱歌④

2. 儿童教育方面

规定凡6岁至15岁难童，不分男女，除少数因病免学、缓学外，一律强制入学，并根据普通小学六年编制，按程度分班。旋经上海国际红十字会调查143处难民收容所情况，发现均有难童留养，该会遂审度情形，“先由八十四处收容所中，招集学龄难童一七〇七三人，施以适当教育；其余五十九处，尚有难童一三〇〇〇人，则拟徐图推广”⑤。课程

① 《难民教育工作汇志》，《中国红十字会上海国际委员会救济月刊》第1卷第1期（1938年6月），第7页；《中国红十字会月刊》第38期（1938年8月），第36页。

② 《体育训练班成立》，《中国红十字会上海国际委员会救济月刊》第1卷第4期（1938年9月），第5页；《中国红十字会月刊》第40期（1938年10月），第54页。

③ 陈鹤琴：《一年来的上海难民教育》，《中国红十字会上海国际委员会救济月刊》第1卷第6期（1938年11月），第4页；《中国红十字会月刊》第42期（1938年12月），第13页。

④ 图片复制自《上海设备较良的收容所……教难童唱歌》，《中华（上海）》第60期（1937年12月），第32页。

⑤ 《难童教育志要》，《中国红十字会月刊》第32期（1938年2月），第65页；《救灾会刊》第14卷第12期（1938年2月），第126页。

主要分国语、算术、常识、唱歌、体育五科。其中算术采用儿童书局出版的复兴算术教科书；常识则采用教育委员会自编、由商务印书馆出版的《民众常识》，“每周出版一次，每期篇幅计四开、新文纸两页，内容丰富”①。至于授课时间，各难民收容所可根据自身环境订定课程表，一份留所、一份送交难民教育委员会存查（如表4－5）；每日最早从上午8时起，最迟到下午6时止，具体时间可自由安排，但要保证每班每天授课时间不少于2个小时，每星期不得少于12个小时；每堂课以40分钟为标准，不得少于30分钟。

**表4－5　难民教育每日课程表（以上海国际救济会为例）**

| 时间 \ 课程 \ 年级 | 一年级 | 二年级 | 三年级 | 四年级 | 五年级 | 成人班 | 妇女班 | 刺绣班 | 生产儿童 |
|---|---|---|---|---|---|---|---|---|---|
| 7：30—8：20 | | | 新文字 | 新文字 | 新文字 | | | | |
| 8：30—9：10 | 体操 | 体操 | 国语 | 国语 | 国语 | | 新文字 | 作1 | 作2 |
| 9：20—10：00 | | | 常算 | 常算 | 常算 | 体操 | | 作1 | 作2 |
| 10：00—12：00 | | | | | | | | | |
| 12：10—13：00 | 新文字 | 新文字 | | | | | | 作1 | 作1 |
| 13：10—14：00 | | | | | | 新文字 | | 作1 | 作1 |
| 14：10—14：50 | 国语 | 国语 | 体操 | 体操 | 体操 | | | 作1 | 作1 |
| 15：00—15：40 | 常算 | 常算 | | | | | | 作1 | 作1 |
| 16：00—16：40 | 唱歌 | 唱歌 | 唱歌 | 唱歌 | 唱歌 | | | 作1 | 作1 |
| 16：30—18：00 | | | | | | | | | |
| 18：10—19：00 | | | | | | | | 新文字 | 国语 |

资料来源：蔡哲传：《难民教育》，《上海青年》第38卷第3期（1938年2月），第63页。

上述统一规定只是进行儿童教育的第一项工作，第二项是设置流通图书馆。该会总计募得4042本儿童读物，其中愚园路金氏及静安小学

① 《编印民众常识》，《中国红十字会上海国际委员会救济月刊》第1卷第3期（1938年8月），第5页；《中国红十字会月刊》第40期（1938年10月），第47页。

合计捐赠3562本①，经分门别类，由视导员每周分发各收容所轮阅。

第三项工作是编订儿童节庆祝办法。“本年四月四日，为第七届儿童节，上海虽因环境关系，不能作大规模之庆祝，而收容所中之难童，则仍可在教室举行纪念”②，因而拟订《各收容所难童之纪念儿童节办法》，函发各收容所参照办理，内容主要包括：

一、各收容所儿童班于四月四日一律停课一天（成人班仍须照常上课），集合所内已入学或未入学之男女儿童于教室，举行儿童节纪念会；

二、儿童节纪念会于四月四日上午十时至十一时举行；

三、儿童节纪念会之重要节目规定如下：

（1）唱歌：儿童节歌；

（2）报告：儿童节纪念简史及纪念意义；

（3）故事：由教师讲解古今伟人之儿童时代轶事；

（4）表演：由难童自行表演各种歌舞或游戏；

四、四月四日儿童节在所内或教室内可张挂家庭教育图书，（该项图书可向博物院路一三一号五楼中华慈幼协会领取），并缮贴标语；

五、举行儿童节纪念会时，欢迎所外附近儿童参加，并请难童家长参观；

六、举行纪念会时，本会派指导员参加指导，对于办理成绩优良之收容所予以书面奖励（发奖状）；

七、参加纪念会之难童，本会酌发赠品，以资纪念（该项赠品须由本市各中小学生所捐赠）；

八、各收容所举行儿童节纪念会后，须将开会情形及筹备经过，用书面报告本会，以便存查③。

上海国际红十字会还特别函告各中小学校，转知在学儿童捐赠难童纪念品。不久，静安小学等18所小学、光华附中等4所中学，以及中国儿童旬刊社、科学仪器馆、中国国货公司、中国化学工业社、丽华公司、中法药房、协兴运动器具制造厂等公司，“纷纷捐赠难民食物、衣服、书籍、玩具、卫生用品、体育用品、现款”④。又蒙中华慈幼协会函

---

① 《难民教育工作汇志》，《中国红十字会上海国际委员会救济月刊》第1卷第1期（1938年6月），第7页；《中国红十字会月刊》第38期（1938年8月），第36页。

② 《征求儿童节难童纪念品》，《救灾会刊》第15卷第1期（1938年3—4月），第141页。

③ 《红会教委会规定儿童节难童纪念办法》，《文汇报》1938年3月30日；《中国红十字会月刊》第34期（1938年4月），第35—36页。

④ 《征求儿童节难童纪念品》，《救灾会刊》第15卷第1期（1938年3—4月），第141页。

请公共租界工部局，于儿童节当天免费开放花园，以便组织儿童团体游览，“凡本市各小学校之小学生，以及各难民收容所之难童，届时如欲结队前往公园游览者”①，均可在4月1日以前，备函教育委员会接洽。儿童节当天，各视导员也都分别前往各收容所视察，“并分发糖果，以资鼓励”②。另向61处收容所颁发了儿童节纪念会优良成绩奖状。

第四项工作是举办儿童教育考试。为检验儿童教育效果，以及便于升学起见，特于6月5日、6日对各收容所儿童班成绩分别以低、中、高三级进行测验考核，总共有13940名难童参加考试，其中参加低级考试者1695人、参加中级考试者2572人、参加高级考试者9673人。考试之前，教育委员会订定考试办法如下：

一、本会为考核各收容所儿童班教育成绩，并使难童出所升学起见，特制定本考试办法，饬令遵照办理；

二、各收容所儿童班之考试，由本会主持，届时派令各组干事及视察员前往负责办理，并协同评阅试卷，阅卷采取集中方式，调派各所教师担任之；

三、各所受教儿童，均须参加考试，应由各指导员先行造送学籍表，以备依据，表内无姓名之学生，不得与试，其有自行参与者，成绩概不核计；

四、考试采用测验法，内容包括国语、常识及算术三种，试题由本会就各年级混合拟制，评阅时依照各级及格标准核定成绩；

五、考试场所为各收容所原教室，或借用寝室；

六、考试日期为六月六日至十日，各级轮流举行，另行编订时间表，印发各所遵照；

七、成绩及格之儿童，均由本会印发修业证明书，各年级成绩优良之前五名，则颁发奖状或奖品鼓励之；

八、试场规则另订之；

① 《国际红会为儿童节征求赠品》，《华美晨刊》1938年3月29日；《中国红十字会月刊》第34期（1938年4月），第34页。

② 陈鹤琴：《一年来的上海难民教育》，《中国红十字会上海国际委员会救济月刊》第1卷第6期（1938年11月），第4页；《中国红十字会月刊》第42期（1938年12月），第10页。

九、考试因病缺席者，不准补考①。

该考试办法分发给各收容所准备照办，并由教育委员会编印试题，分国语、算术和常识三科，每科满分为20分。“国语方面，有选择、填字、问答等法，及默读、测验、作文等，算术题分四则及应用两种，常识则兼用选择、填字、问答三法……每种试题之难易，依据年级程度排列之，各阶段之前十题为一、三、五年级，后十题为二、四、六年级，每阶段共计六十题，限九十分钟完卷”②。监考教师由教育委员会各干事、视导员等，以及聘请慈联会及其分会、国际救济会教育人员担任，每人每日任考4所至7所不等；阅卷仍由各监考人员担任，将各儿童成绩记录于统计表中。根据最终统计结果，决定以算术10分、国语12分、常识8分为及格标准，及格儿童计有3229人（约占参加考试总人数的23%），“分别通知各所作升留级标准，并填发修业证明书”③。

最后是订定第二期儿童教育改进计划。仍以难童除免学、缓学外都须入学为原则，凡有缺席或无故不到者，先以劝导入学，继续缺席者则处以停止一餐给养、停止收容或采用其他办法处罚。设施方面，遇有教室不敷应用时，则由视导员会同收容所管理员设法利用寝室代替，并函商各收容所主办善团，对于教师调动不宜过多。

3. 中学教育方面

鉴于难民教育只限于儿童和成人，“至中等教育则付阙如，本年七月间在各收容所中，查得中等程度之难胞为数甚多”④。为设法补救起见，教育委员会于1938年8月底分函上海各公立、私立中学，“商请添设难民免费学额，培养中等程度之失学难胞”⑤，并拟定《难民免费学额简则》14条：

一、本会为免除中等程度难民之失学，培养为有用人才起见，特请

① 《难童考试办法业经订定》，《文汇报》1938年4月27日；《中国红十字会月刊》第35期（1938年5月），第36—37页；《订定难童考试办法》，《中国红十字会上海国际委员会救济月刊》第1卷第1期（1938年6月），第6—7页；《中国红十字会月刊》第38期（1938年8月），第35页。

② 《难童考试举办经过》，《中国红十字会上海国际委员会救济月刊》第1卷第2期（1938年7月），第2页。

③ 陈鹤琴：《一年来的上海难民教育》，《中国红十字会上海国际委员会救济月刊》第1卷第6期（1938年11月），第4页；《中国红十字会月刊》第42期（1938年12月），第11页。

④ 《本市五万余人受难民教育》，《申报》1938年11月4日。

⑤ 《红会函商各中学添设难胞免费学额》，《文汇报》1938年8月31日；《中国红十字会月刊》第39期（1938年9月），第27页。

上海公私立各中等学校设立难民免费学额救济之；

二、各公私立学校对本会之请求得自由酌定；

三、各校设立难民免费学额，由各校自定之，但至少初、高中各一名；

四、此项学额一经规定，至少须维持一年，但希望能使受免费学生至一阶段为止；

五、受免费学额之学生，须经各收容所主持人具函本会请求，方可报名；

六、免费学生须绝对遵守各校校规，如有不守校规及其他不正当行为或懈怠学业，各该校得处罚或予除名；

七、免费学生不分性别，但须依照各校之规定；

八、免费学生须身体健全，品行端正，努力学业者为合格；

九、免费范围：

(1) 全部学费（如有宿舍者免全部宿费）；

(2) 全部书籍费（膳费在收容所时间内，由收容所负责，将来收容所结束时另筹之）；

(3) 全部杂费；

十、免费学生有代各该校公共服务之义务；

十一、免费学生用考试方式决定之；

十二、免费学生须受本会之指导与监督，每学期终学业成绩报告单，须呈交本会检阅；

十三、各学校对于免费学生，如有困难，得随时通知本会协助之；

十四、各学校对于免费学生如认为满意，而予以其他生活上之援助（如学校师生能集合斥资捐助该生生活费者），尤为欢迎①。

根据该简则，各收容所中具有相当程度者，9月2日至7日赴教育委员会办事处报名，11日参加在北京路垦业大楼华东基督教联合中学举行的考试，15日公布考试结果，依成绩高低录取。计参加初中考试者179人，录取122人；参加高中考试者35人，录取21人。所有录取考生，“除通知各所于五日内办理保送手续外，并分函各校请予培植”②。

① 《国际红会救济中学程度失学难民》，《新闻报》1938年9月6日；《中国红十字会月刊》第40期（1938年10月），第17—18页。

② 《考送中学程度失学难童》，《中国红十字会上海国际委员会救济月刊》第1卷第5期（1938年10月），第5页。

兹将保送情形列表于后：

**表4-6　中学程度失学难童免费学额**

| 序号 | 校　名 | 初中免费学额 | 高中免费学额 | 免费学额总数 |
|---|---|---|---|---|
| 1 | 民治中学 | 4 | — | 4 |
| 2 | 治中女中 | 2 | — | 2 |
| 3 | 竞志女中 | 5 | — | 5 |
| 4 | 文化中学 | 2 | 2 | 4 |
| 5 | 浸会中学 | 2 | — | 2 |
| 6 | 香港中学 | 4 | — | 4 |
| 7 | 稽山中学 | 2 | 3 | 5 |
| 8 | 国光中学 | 2 | 1 | 3 |
| 9 | 上海法学院附中 | 3 | 2 | 5 |
| 10 | 沪清中学 | 6 | 2 | 8 |
| 11 | 京江中学 | 4 | 2 | 6 |
| 12 | 东亚体专附中 | — | 1 | 1 |
| 13 | 上海职业学校 | — | 1 | 1 |
| 14 | 上海模范中学 | 2 | — | 2 |
| 15 | 肇和中学 | 1 | — | 1 |
| 16 | 镇江师范附中 | 2 | — | 2 |
| 17 | 爱国女中 | 4 | 4 | 8 |
| 18 | 浦东中学 | 1 | — | 1 |
| 19 | 市中中学 | 2 | — | 2 |
| 20 | 持志学院附中 | 3 | 2 | 5 |
| 21 | 国际中学 | 57 | — | 57 |
| 22 | 崇德女中 | 1 | 1 | 2 |
| 23 | 乐华中学 | 5 | — | 5 |
| 24 | 东南女子体育师范附中 | 8 | — | 8 |
| 合　计 | | 122 | 21 | 143 |

资料来源：《考送中学程度失学难童》，《中国红十字会上海国际委员会救济月刊》第1卷第5期（1938年10月），第5页。

4. 成人教育方面

17 岁至 40 岁难民，不分性别，皆努力劝导入学，课程以识字教育为主，辅以演讲、说书、电影、体育等科，“尤注重品性及卫生之训练”①。识字教育包括特别开设新文字和注音符号班，采用商务印书馆出版的《市民千字课》和《民众读本》为识字教材。根据难民识字程度分四阶段教学，全程为期 3 个月，每日教学时间由各收容所自定，有少数收容所选择在晚间上课。演讲课主要以道德、卫生知识讲演为主，其中卫生演讲已做简单介绍，道德演讲亦由杨馥根等 4 人分别担任，“三月内讲题为自助、品格、责任、节俭、互助、勇敢、公益、诚实等，计到六十收容所，共讲二百四十次”②。又为增进兴趣，特置两架幻灯，并向上海普益社借到 700 余张幻灯片，“由各演讲员携赴各所，轮流放映，同时为之详细说明”③。说书课聘请弹词家 6 人担任，分途弹唱《水浒》《英烈传》《岳传》《金台传》等，4 月底因经费紧张而停办；电影教育系与电影教育社合作，轮流至有电力设备等条件的收容所放映，“影片除关于卫生之清洁衣服、扑灭蚊蝇等外，并有卡通幻变片及笑片，共二十余张”④。体育课由各体育指导员负责，前以难民缺乏运动而有碍健康，于是举办了各项体育运动，如健身操、球类比赛等，其中早操为“各所盛行之体育”⑤，计有 76 处难民收容所按时举行早操，占全数 50% 以上，每天参加早操难民有 7000 余人，占全部难民人数的 25% 以上⑥。

5. 职业教育方面

职业教育分为职业训练和生产教育两种，前者选择原有职业技能的难民，加以指导和训练，兼授服务常识；后者则招募智巧且努力于谋生者，聘请专门技师教以谋生技能，包括洗衣、刺绣、草织、肥皂、缝

① 彭望荃:《上海国际红十字会报告（民国二十六年十月至二十八年三月卅一日）》，中国红十字会上海国际委员会 1939 年编印，第 13 页。

② 《难民教育工作汇志》，《中国红十字会上海国际委员会救济月刊》第 1 卷第 1 期（1938 年 6 月），第 7 页；《中国红十字会月刊》第 38 期（1938 年 8 月），第 36 页。

③ 《演讲加映幻灯》，《中国红十字会上海国际委员会救济月刊》第 1 卷第 3 期（1938 年 8 月），第 6 页；《中国红十字会月刊》第 40 期（1938 年 10 月），第 48 页。

④ 《电影教育续志》，《中国红十字会上海国际委员会救济月刊》第 1 卷第 3 期（1938 年 8 月），第 5 页；《中国红十字会月刊》第 40 期（1938 年 10 月），第 47—48 页。

⑤ 《难民体育汇志》，《中国红十字会上海国际委员会救济月刊》第 1 卷第 2 期（1938 年 7 月），第 5 页；《中国红十字会月刊》第 40 期（1938 年 10 月），第 37 页。

⑥ 陈鹤琴:《一年来的上海难民教育》，《中国红十字会上海国际委员会救济月刊》第 1 卷第 6 期（1938 年 11 月），第 4 页；《中国红十字会月刊》第 42 期（1938 年 12 月），第 13 页。

纫、木工、花边等22种[1]。

## 小 结

上海国际红十字会成立于淞沪会战突起之时，纯属临时筹备，本身并无人员和设施基础，但它通过合作和整合的方式，将上海各种与救护相关的分散资源集中起来，达到了迅速组织和立即开展各项救护工作的目的。

通过考察上海国际红十字会慈善整合及运用过程，我们可知各种慈善资源的整合，归根结底就是人的整合。为了实现这一整合，它主要通过两种途径：一是接纳工作团队，如与中华医学会及其上海支会合作开展难民医疗和卫生防疫工作；二是吸收优秀个人，如委托陈鹤琴、刘湛恩、郑西谷等教育专家办理难民教育工作。这些招募而来的成员，来自旅沪社会各界，成分颇杂，有政治家、教育家、社会活动家、医生、商人及教会人士等，其中多数人在两个及以上组织中任职，但上海国际红十字会仍将他们吸纳进来，并委以大任。究其原因，在于诸委员多为慈善界所熟知，或富有办理慈善救济实践经验，或有一技之长，或在社会上有一定的名望，皆非等闲之辈，实为非常重要的慈善资源。如此进行吸收整合，上海国际红十字会便能轻而易举地构建起一个庞大且覆盖全上海的组织网络，不仅能使组织顺利运行，也有助于各项救护工作的顺利开展。

然而，各团体及个人加入上海国际红十字会以后，并非完全像传统慈善组织那样以血缘或地缘关系为纽带，而是凭借人道主义精神，以业缘关系走到一起，并进行分工合作。所以，上海国际红十字会实际上是“一种规划及合作的组织”[2]。

① 陈鹤琴：《一年来的上海难民教育》，《中国红十字会上海国际委员会救济月刊》第1卷第6期（1938年11月），第4页；《中国红十字会月刊》第42期（1938年12月），第10页。

② 《上海国际红十字会医事委员会报告》（1937年11月30日），《中华医学杂志（上海）》第24卷第1期（1938年1月），第46页。

# 第五章 上海国际红十字会难民救济工作的困境与调适

通过慈善整合和协调合作，上海国际红十字会迅速而成功地开展了伤兵救护和难民救济工作。这两项重要工作的顺利推进虽然都是建立在整合与合作基础之上的，但在性质和内容方面可谓迥异。如难民救济工作不仅涉及范围更为广泛，除业已述及的难民医疗、卫生及教育等方面以外，还包括难民收容所、难民给养及生产等项，其复杂程度也远甚于伤兵救护工作；而且难民救济形势“瞬息万变”，这使得上海国际红十字会在救济难民的过程中，会遇到很多不能预见的困难。为了应对和解决这些困难，上海国际红十字会必须不断对难民救济策略和工作计划进行调整。

## 第一节 收容所办理计划的否定与调整

难民收容所是“难民聚居的集团”[①]，是救济团体开展难民救济工作的重要载体。然而，上海国际红十字会经过仔细分析当时上海的难民救济情形，出于统筹全局的考虑，决定放弃这一重要载体。此举意味着该会同时放弃了对难民收容所的直接管理权，转而致力于改善全沪难民收容所的设施和环境。由于“查收容所中有数处情形极欠满意，大都系因坐落地点及房屋不适宜之故，惟各所缺少秩序，或竟致发生营私舞弊情事，实系管理收容所之人员不善措理所致”[②]，所以该会为了协助各救济团体有效办理收容所事宜，组织了视察员赴各所随时细心查察，分别记

① 李百强：《收容所的纪律问题》，《中国红十字会上海国际委员会救济月刊》第1卷第4期（1938年9月），第1页；《中国红十字会月刊》第41期（1938年11月），第1页。

② 孙孟刚：《中国红十字会上海国际委员会视察组报告书（民国二十七年七月至十月）》，中国红十字会上海国际委员会1939年编印，第5页。

录有无应需改善之处，或办法妥善值得他所效法之点，据此致函各主管团体注意核办。此种监督之法虽有成效，但不足为喜，因为它对各所缺乏足够的约束力。为此，上海国际红十字会不断调整关于收容所的工作计划，希冀通过施加自己的影响力，促使各主管善团及其收容所不断完善，以提供给难民一个更好的生活环境。

## 一、收容所自办计划的放弃

还在上海国际红十字会筹备建会之时，原计划由饶家驹负责组织难民收容所两处①,“收容当地及各国旅沪难民，尤注意于俄籍无告穷民”②。然而，该会随后就否定了这一计划，因为当时难民救济形势的发展，已不需要增开难民收容所。原因在于：

首先，现有难民收容所能基本满足收容需要。据上海国际红十字会调查，其时两租界内约有难民 10 万人，其中在公共租界容身者 62425 人，在法租界者 29568 人，其余散处街头，“除数千难民无法觅得收容所者外，所有难民均住入收容所内”③。也就是说，在该会成立前后，由于租界内的难民人数得到控制，加之各救济团体还在设法向内地遣送，所以不需要新成立的慈善组织再开办难民收容所，以避免造成资源的浪费。

其次，各救济团体收容难民均尽心尽力。救济团体中有相当一部分为旧有慈善组织，它们不仅有丰富的救济经验，其实力也不用担忧；另有一部分善团，虽是战事发生后成立的，但从事各项救济工作十分积极、努力。因此，从难民、收容所的数量和救济团体的实力综合来看，其时上海的救济团体及其收容所完全可以满足那一阶段的难民救济的需要。

再次，上海国际红十字会的难民救济功能并不在于开办难民收容所。就该会成立的目的和性质而言，旅沪中外慈善界人士所寄予的初衷和期望，是不同于其他救济团体的，其难民救济工作也不应拘囿于开办

---

① 《中华医学会关于难民和伤兵当前情况概述》,《上海时报》1937 年 11 月 6 日；《战线前移使形势更简单》,《北华捷报》1937 年 11 月 6 日；上海市档案馆藏英文档案，档号 U1-16-783，缩微号 125-126。

② 《万国红十字会成立》,《申报》1937 年 10 月 28 日；《万国红十字会筹组难民收容所》,《时事新报》1937 年 10 月 28 日；《中国红十字会月刊》第 29 期（1937 年 11 月），第 71 页。

③ 彭望荃：《上海国际红十字会报告（民国二十六年十月至二十八年三月卅一日）》，中国红十字会上海国际委员会 1939 年编印，第 8 页。

难民收容所这狭隘一隅，而是要立于统筹全局的角度，在更大的范围内发挥它的作用，体现它的价值，因而的确不需要该会再开办难民收容所，来重复各救济团体的工作。

在这种情况下，“上海国际红会之功能，实需精确之规定”①，尤以其难民救济委员会的功能设置不能草率为之。“为在处理难民问题时避免无用功，并更好地提升合作”②，该会不得不改变原本的难民救济策略，主动放弃自办难民收容所这一初始计划。

当然，放弃自办难民收容所以后，上海国际红十字会的难民救济工作该如何办理呢？唯有另辟他径。鉴于各救济团体办理难民收容所的情形殊不一致，优劣各异，以致难民生活水平悬殊，“情形最劣之数处系因于地点及房舍之不适用故，但担任管理人员对于处理该项事务之无经验，以致造成无秩序及不划一之状态”③。所以，上海国际红十字会决定“集中财力，统一救济，并协助各善团办理收容所事宜”④，以改善难民收容所的设施和环境，并最终使它们在收容条件等方面趋于一致，实现标准化。

然而，可以想见的是，难民收容所标准化的实施并不容易，因为上海国际红十字会对难民收容所没有直接管理权限，所以“欲形成难民救济标准化之初阶，遂有视察队之组设”⑤。即专门派遣视察员赴收容所视察，并提出意见，“如某些事情可以改进，某些优点可资其他收容所仿效等等”⑥，然后提交视察报告分组讨论，由视察组办公处将视察结果和改进意见提供给各主管团体。至于后续如何处理，概由各救济团体自行负责。

又为了更好地进行此项视察工作，上海国际红十字会还商请工部局卫生处，给予合作和帮助，希望由该处提供2～5幅显示不同难民收容所位置的地图、因关闭或增设而变更的难民收容所编号、50份无论什么

① 彭望荃：《上海国际红十字会报告（民国二十六年十月至二十八年三月卅一日）》，中国红十字会上海国际委员会1939年编印，第8页。

② 《救济团体在新组织下工作》，上海市档案馆藏英文档案，档号U1-16-783，缩微号115。

③ 彭望荃：《上海国际红十字会报告（民国二十六年十月至二十八年三月卅一日）》，中国红十字会上海国际委员会1939年编印，第8页。

④ 《红会国际会四月来工作汇报》，《救灾会刊》第15卷第1期（1938年3—4月），第139页。

⑤ 彭望荃：《上海国际红十字会报告（民国二十六年十月至二十八年三月卅一日）》，中国红十字会上海国际委员会1939年编印，第8页。

⑥ 彭望荃：《上海国际红十字会报告（民国二十六年十月至二十八年三月卅一日）》，中国红十字会上海国际委员会1939年编印，第8页。

时候发布的难民收容所完整名单、200份关于难民收容所饮食供给的油印复印件，以及一份由工部局视察员所提交的关于收容所办理优点、需要和建议的每日视察报告摘要的复印件①。

此种视察办法实行以后，颇有效果，“多数收容所内有长足之改进，更有少数收容所之管理人因渎职而竟被撤换者”②。如慈联会所属新亨收容所主任李仁生、恒丰收容所主任高叔卿，“非法侵蚀难民给养，业经法院严治应得之罪”③。该会也因此特别发布通告，告诫所属办事人员力守廉洁。

除此之外，问题仍然多多，工部局卫生处职员玻利泽尔（Dr. R. Pollitzer）就曾向杜达提出三点抱怨：一是南京路中二区第三难民收容所管理不善，随意允许难民私自离所，时间可达3～5天，其中包括外出购买热水和食物者，可见该收容所秩序维持和难民安全保障都有一定的隐患；二是孟德兰路（今江阴路）101号西一区第62难民收容所设施不全，缺乏热水供应；三是延平路体育馆附近三处难民收容所缺乏毯子，虽经衣服组极力供给衣物，但该三处难民收容所系搭建席棚而成，最需要的是毯子，而衣服组却无法提供④。

这些虽是个别现象，但从中可窥见难民收容所的整体情况不甚乐观，其中最为明显的是环境卫生极为不理想。譬如康脑脱路（今康定路）1120号第104难民收容所，以化粪池为公厕，秽物时常溢出，由于工部局工务处每日派人收集粪便，并不需要此类化粪池，工部局卫生处于是一再要求该所管理员停止使用，却无回应。又如极司非而路135号第35难民收容所，在入口处即有一不卫生公厕，工部局卫生处于是要求该收容所将此公厕搬迁，“但是到目前为止，并没有采取任何行动”⑤；另外，该收容所搭建席棚仅以泥涂地板或者没有地板，使用一段时间以后就会变脏，“他们本应该用水泥涂地板，但他们说担

① 《杜达1937年10月28日致杜克的信》，上海市档案馆藏英文档案，档号U1-16-1032，缩微号77。

② 彭望荃：《上海国际红十字会报告（民国二十六年十月至二十八年三月卅一日）》，中国红十字会上海国际委员会1939年编印，第8页。

③ 《慈联会诫员属力守廉洁》，《申报》1937年12月1日；《中国红十字会月刊》第31期（1938年1月），第63页。

④ 《工部局卫生处职员玻利泽尔1937年11月6日致杜达的信》，上海市档案馆藏英文档案，档号U1-16-1032，缩微号83。

⑤ 《杜克1937年12月8日致杜达的信》，上海市档案馆藏英文档案，档号U1-16-1055，缩微号25。

负不起，要知道他们仅收容了400多难民，却声称收入不足”①。从上述两处收容所的表现可以看出，收容所管理员对于环境卫生并不重视，而且不配合处理。

有鉴于此，上海国际红十字会提出组织难民集中清理的办法②，得到工部局的同意，“清理队收集到的任何垃圾，均须放入工部局工务处定期收集的垃圾桶内，任何需处理的粪便也会以适当的方式运离”③。可见，上海国际红十字会审时度势，放弃自办难民收容所计划之后，在督促其他救济团体所办收容所改善环境卫生方面，发挥了积极作用，但也遇到很多问题，有待进一步破解。

## 二、收容所标准化尝试

以视察之法协助救济团体办理难民收容所事宜，无疑是上海国际红十字会参与难民救济事业的一条理想之途，但是该方法并不能完全满足改善难民收容所的设施及环境卫生的需要，而且上海国际红十字会作为第三方监督组织，所起到的作用也十分有限，更何况在1937年12月底以前，该会并未真正着手难民收容所的环境卫生改善之事，“盖此乃工部局之职责，似可无庸过问，但工部局既表示愿与该会在此类工作上合作，于是是项工作亦即列入该会工作范围内”④。毫无疑问，这是上海国际红十字会能够进一步介入难民收容所管理事宜的一个契机，该会也及时抓住了这样不可多得的机会。为了达成使上海难民收容所标准化的目的，上海国际红十字会采取了多项举措：

一是编印《收容所管理指南》，发给各难民收容所管理员参阅遵照。因为经视察，全沪难民收容所的基本状况总体不佳，“其设备完善、管理严密者，固非全无，而布置草率、秩序紊乱者，亦所在多有”⑤。各所设备欠完善、环境不卫生等情形，对收容所管理和难民生活不无影响，于是上海国际红十字会决定从情况最为恶劣的收容所先行着手，“安置

① 《杜达1937年12月21日致杜克的信》，上海市档案馆藏英文档案，档号U1-16-1055，缩微号26。

② 《贝克1937年11月15日致工部局总办菲利普的信》，上海市档案馆藏英文档案，档号U1-16-1055，所缩微号178。

③ 《菲利普1937年11月18日致贝克的信》，上海市档案馆藏英文档案，档号U1-16-1055，缩微号181。

④ 《中国红十字会上海国际委员会医务委员会第一季工作概要》，《中华医学杂志（上海）》第24卷第3期（1938年3月），第243页。

⑤ 《刊发收容所管理指南》，《中国红十字会月刊》第32期（1938年2月），第60页；《救灾会刊》第14卷第12期（1938年2月），第124页。

排水道、修筑道路、改善厨房、增设病室、增设停尸房、设立收容所内之清洁部等等”[①]。不仅如此，上海国际红十字会由难民委员会视察组拟订《管理难民收容所方法草案》[②]（见附录四），以可同时容纳四五千名难民的收容所为标准，首先规范了收容所管理体系，即在所长之下，辅以登记、卫生、供应组长各1名，分别负责难民入所出所、教育、手工等各项登记，住处、厨房、厕所等卫生管理，粮食、厨子等安排。其次，上海国际红十字会还一一规定了收容所职员的任职资格、薪资及职务等主要内容，并附上《医药要则》和《组织难民自助自治项目》。总之，《管理难民收容所方法草案》虽立说简明，但考虑周详，经执行委员会核准付印，以《收容所管理指南》为名，一面发给各难民收容所参照执行，一面提供给各视察员作为视察参考标准。

二是制定两种难民收容所设备标准，由视察员考核打分。《收容所管理指南》的刊发，对救济团体办理难民收容所有一定的参考作用，但同样不具有任何约束功能。因此，为提高难民收容所的标准和工作效率起见[③]，上海国际红十字会特由视察组威廉士（M. C. Williame）拟定《难民收容所最低（乙种）设备》[④]和《难民收容所较好（甲种）设备》[⑤]两种标准，分发各所依照施行。

---

① 《中国红十字会上海国际委员会医务委员会第一季工作概要》，《中华医学杂志（上海）》第24卷第3期（1938年3月），第243页。

② 《中国红十字会上海国际委员会难民收容所监察员须知纲要》，中国红十字会上海国际委员会视察组1938年编印，第14—29页；《管理难民收容所方法草案》，上海市档案馆藏英文档案，档号U1-16-1039，缩微号79-84。

③ 《杜达1938年2月17日致工部局卫生处处长朱尔登的信》，上海市档案馆藏英文档案，档号U1-16-1039，缩微号85。

④ 《颁发收容所设备标准》，《救灾会刊》第15卷第1期（1938年3—4月），第140—141页；《红会国际会订定收容所最低设备标准以谋改进难民生活》，《生活日报》1938年5月14日；《中国红十字会月刊》第36期（1938年6月），第28—29页；《难民收容所B种标准》，上海市档案馆藏英文档案，档号U1-16-1039，缩微号88-89；《中国红十字会上海国际委员会难民收容所监察员须知纲要》，中国红十字会上海国际委员会视察组1938年编印，第31—34页；孙孟刚：《中国红十字会上海国际委员会视察组报告书（民国二十七年七月至十月）》，中国红十字会上海国际委员会1939年编印，第26—28页。

⑤ 《国际红会规定难民给养及收容设备标准》，《中国红十字会月刊》第33期（1938年3月），第35—37页；《颁发收容所设备标准》，《救灾会刊》第15卷第1期（1938年3—4月），第140页；《难民收容所A种标准》，上海市档案馆藏英文档案，档号U1-16-1039，缩微号86-87；《中国红十字会上海国际委员会难民收容所监察员须知纲要》，中国红十字会上海国际委员会视察组1938年编印，第36—39页；孙孟刚：《中国红十字会上海国际委员会视察组报告书（民国二十七年七月至十月）》，中国红十字会上海国际委员会1939年编印，第29—31页。

这两种难民收容所设备标准，以乙种设备标准为基本标准或最低标准，包括居住、饭食、衣被、健康、卫生及清洁、组织及登记办法、训练等7项总纲，具体要求各所宜地高而易排水，日照充足，房屋及门窗无破漏，屋内地板坚固，所置放卧床须与泥地或湿地板用稻草或棉隔开相当距离；若该所为竹棚，则须在棚内涂泥或褙纸，用作抵御风雨；食物均须炊煮，按量定时分予，不准私自烹饪，豆浆也应按时尽量供给乳母和儿童，且开水足用；各所长须随时查视和报告所内难民衣服是否足用，应保证每人有一套棉衣、棉裤及换洗内衣，每两人至少有一条棉被；难民生病应立即报告办事室公布，并由医生诊视，其中重病者送往医院，传染病患者还须另房居住或送往医院；各所房屋、地板、道路等处俱应清洁，厕所及粪桶每日清除，还应保证洗涤有充足清水，水沟流通，无积水储留；各所长应每日在所负责指挥和联络工作，准确登记每日难民人数，以及收到食物分量和分用情况，所内重要职务实行分组管理，每组由组长负责，各段各房由段长或房长负责；所中应有警卫，难民须执凭证出入，未得准许，不能离所；各所还应为难民组织体育运动，至少每日须有步行运动。“凡收容所须对基本标准之各项条件完全合格，方得升至甲种标准。”①

甲种设备标准在乙种基础上，进一步要求各所有适宜的办公场所、课室及游戏活动场所，沐浴及洗衣设备，卧室及走廊有夜间小灯各1个，卧室内每人卧床须有12方尺之地，且留有供人出入空间；厨房清洁干燥，具备处置污水之处，内中炉灶须有烟囱，并与厕所远隔，厕所有门可关，男女分开，每50人须有高18英寸、口径20英寸粪桶1个；失养难童须给以牛乳等补品；每人须有换洗内衣，及1条棉被，小孩可两人共用1条棉被；所内应具备急救药品和救护人员，至少使十分之八难民种痘，并使全体难民知晓孤儿、老人、残废收容所和肺病疗养院、产妇医院各设在何处；各所须保持清洁，所内垃圾、煤灰及残屑要按时清扫，粪桶、厕所、水沟及污湿之处常洒臭药水或石灰，卧室窗户每日打开通气，铺盖每星期晾晒1次；各所按公定账单格式，将每月收支及各项工作制备报告书，并须随时研究改善办法；另将“训练”更改为“各项运动”，要求实施难民教育，保证四分之三学龄儿童能够正常上课，同时为成人开设特别班，组织自助会及规划手工业，每星期举办1





① 孙孟刚：《中国红十字会上海国际委员会视察组报告书（民国二十七年七月至十月）》，中国红十字会上海国际委员会1939年编印，第10页。

次火警训练，定期举行唱歌、游戏及宗教相关活动。

上海国际红十字会各视察员便“随时依照标准加以指示”①，详为指导，根据此两项标准对各个难民收容所进行逐条考核，并填写记分表（表5－1）。

表5－1　上海国际红十字会难民收容所视察员记分表

| |
|---|
| 分数： |
| 不及格之条款： |
| 日期： |
| 视察员： |

注：按照设备标准某条办理及格者得1分。

资料来源：《中国红十字会上海国际委员会难民收容所监察员须知纲要》，中国红十字会上海国际委员会视察组1938年编印，第30、35页。

为易于考核，上海国际红十字会特别组织了“巡环视察团”，由救济团体共同派员组成，经常赴各个难民收容所巡回视察，“并随时监督各收容所负责人员进行工作”②；又请各主管善团督促改进，“一二月内，经审核及格者，即给予奖状，以资鼓励”③。上海市第一特区市民联合会便曾受此嘉奖，上海国际红十字会致函该市民联合会云：“迳启者，查贵会所属收容所，成绩优良，督率有方，良深钦佩，兹为鼓励起见，填发奖状一纸，相应随函送达，至希查照转发为荷。”④其奖状略谓：“兹查该会所属收容所，管理设备事项，与本会所订难民收容所甲种标准符合，合行嘉奖，以资鼓励。”⑤

三是为老弱残废难民设置特别收容所。上海国际红十字会在视察中

① 《红会国际委会规定收容所设备标准》，《中国红十字会月刊》第35期（1938年5月），第26页。

② 《国际委员会设立巡环视察团》，《译报》1938年7月28日；《中国红十字会月刊》第38期（1938年8月），第26页。

③ 《促进收容所管理》，《中国红十字会上海国际委员会救济月刊》第1卷第3期（1938年8月），第3页；《中国红十字会月刊》第40期（1938年10月），第42页。

④ 《国际红十字会嘉奖市联收容所》，《申报》1938年11月7日；《新闻夜报》1938年11月7日；《中国红十字会月刊》第42期（1938年12月），第22页。

⑤ 《国际红十字会嘉奖市联收容所》，《申报》1938年11月7日；《新闻夜报》1938年11月7日；《中国红十字会月刊》第42期（1938年12月），第22—23页。

发现，各难民收容所难民的处境参差不齐，“而老弱残废，能力缺乏，尤堪悯惜”①。于是，上海国际红十字会在小沙渡路、澳门路转角设立1处特种难民收容所，委由救世军管理，并函知各救济团体选送老弱残废难民优予赡养。其后又将现有16处难民收容所辟为特别用途，其中收容难童者7所、收容自给难民者3所、收容妇孺者2所，以及收容老人、残疾人、乞丐及备遣难民者各1所（详见表5-2）②。

**表5-2　特种难民收容所概览**

| 主管善团 | 收容所编号或名称 | 用　途 | 备　注 |
|---|---|---|---|
| 慈联分会 | 26 | 备遣难民 | |
| 慈联分会 | 72 | 乞　丐 | 第一庇寒所 |
| 慈联分会 | 89 | 老　年 | |
| 慈联分会 | 88 | 残　废 | |
| 慈联分会 | 58 | 自给难民 | 第一自给所 |
| 慈联分会 | 77 | 自给难民 | 第二自给所 |
| 慈联分会 | 12 | 自给难民 | 第三自给所 |
| 慈联分会 | 33 | 难　童 | |
| 慈联分会 | 44 | 难　童 | |
| 中国妇女联合会 | 难童收容所 | 难　童 | |
| 太仓、嘉定、宝山同乡会 | 孤儿收容所 | 孤　儿 | |
| 中华慈幼协会 | 难童中学 | 难　童 | |
| 慈联会 | 45 | 孤　儿 | |
| 中华慈幼协会 | 难童收容所 | 难　童 | |
| 上海女青年会 | 12 | 妇　孺 | |
| 慈联会 | 57（新安） | 妇　孺 | |

资料来源：孙孟刚：《中国红十字会上海国际委员会视察组报告书（民国二十七年七月至十月）》，中国红十字会上海国际委员会1939年编印，第34—35页。

① 《老弱残废难民收容所成立》，《中国红十字会上海国际委员会救济月刊》第1卷第1期（1938年6月），第6页；《中国红十字会月刊》第38期（1938年8月），第32页。

② 孙孟刚：《中国红十字会上海国际委员会视察组报告书（民国二十七年七月至十月）》，中国红十字会上海国际委员会1939年编印，第17—18页。

## 三、特别指导团的组建

难民收容所设备标准颁发以后，办理成绩尚佳，唯独视察员的职能发生了些许微妙的变化，又恰逢各救济团体向上海国际红十字会申请经济援助者不断增多，故该会视察员除办理所述视察和考核职务外，“复担任调查各所措理食粮情形，点查给养难民人数”① 等职务。视察组职能因此进一步扩大，于是决定将其改组为收容所管理组，设办事处于华洋义赈会406号房间②，仍以杜达为组长，同时会同各善团专员曹临川、朱德亮、杨昌镛、朱启鉴等，成立特别指导团，“前往各所分别指导，以谋设备、管理等项之进步”③。

难民收容所特别指导团组建于1938年7月间，设指导长（员）、义务指导长（员）及干事若干，指导长以下又分设区指导和助理指导两个层级。以李广诚为总干事，孙孟刚为干事，何文安为义务干事，徐润勋、李良鹏为指导长，派金斯为义务指导长，俞国尧为指导员，巴秀珍为义务指导员，俞翼青、陈国庠、史丹莹、赵懿为区指导，朱云峰、姚福民、吴仁忠、苏盛茂、陈康夫、姚肇高、平洪兴、冯懋华为助理指导，并由慈联会及其分会派来合作员担任监察等职务。特别指导团所承办职务以视察难民收容所为主，“随时与主管善团之区监察员尽量合作，实地商讨妥善办法，商由各收容所主任及善团监察员推行，使收容所内容随时改善”④。为此，各区指导于每周一早晨集会商议工作事项，并报告上周视察情形，其会议记录均分送各主管善团阅看，以悉知晓。各助理指导均于上午9时参会，由邀请专家或富有经验的慈善家演讲收容所管理方法、视察方法等，9时半散会后始分别外出工作。关于每日视察情形，各助理指导员均须以日记体裁编报视察日报，再由区指导将各视察日报中应注意事项汇编成视察周报，呈报给难民收容所管理组组长；倘若有特别情况发生，则由区指导编造特别报告，经干事核阅后整理出摘要，送请组长鉴核裁决。

难民收容所特别指导团于8月1日开始实地视察，以公共租界、法

---

① 孙孟刚:《中国红十字会上海国际委员会视察组报告书（民国二十七年七月至十月）》，中国红十字会上海国际委员会1939年编印，第5—6页。

② 《增设收容所管理组》，《中国红十字会上海国际委员会救济月刊》第1卷第3期（1938年8月），第2页；《中国红十字会月刊》第40期（1938年10月），第41页。

③ 《收容所指导团成立》，《中国红十字会上海国际委员会救济月刊》第1卷第3期（1938年8月），第4页；《中国红十字会月刊》第40期（1938年10月），第43页。

④ 孙孟刚:《中国红十字会上海国际委员会视察组报告书（民国二十七年七月至十月）》，中国红十字会上海国际委员会1939年编印，第9页。

租界及越界筑路等处为视察范围，将其划分为中、北、西、南四区，每区由1名区指导和4名助理指导担任视察工作。各难民收容所经分别登记和考核，被划分为甲、乙、丙三等，“凡属于甲等每周视察一次，乙等每周二次，至丙等则每日一次”[①]，复派助理指导员每日轮流驻所约3小时，负责帮助改善。各难民收容所应需改善之处颇多，概而言之，(1）收容所管理方面：主任往往遇事武断、不肯合作，任由眷属戚友占住房屋、侵用难民食粮者大有人在；办事人员冗杂，常不到所，且多有不诚实或欠灵敏者；未实行难民分类、登记及请假制度，也未组织难民纠察队或委员会。(2）设施及环境卫生方面：收容所屋顶、门窗及墙壁漏水者甚多，所中亦不设阴沟或阴沟常常阻塞；住屋多光线不足、空气不甚流通，睡处也未做垫高，且人太拥挤；房间内外每日不打扫清洁，垃圾也不按时清除，不适用之便桶倾倒、清洗不清洁，甚者无洗浴及洗衣设备。(3）难民给养方面：食品进物不作登账，置放于潮湿、不通空气的贮物房内，或积存或耗费或遗失或非法搬移，数目不清，实存数目与报告单数目不相符；厨房不洁净，且选址不适宜，厨具不合适；发与厨司物品不过秤，煤及木柴未曾燃尽，烧过一半之煤竟被私自出售，油盐分配也不适当，仅供给职员及所役；食物不洁，烹煮不当，混合食品亦不按照规定比例制备，且分配不公，职员较难民所食为佳，随意耗费或私自出售之事时常发生[②]。

经特别指导团勤勉工作，至10月末结束难民救济工作时，该指导团在3个月内共计举行区指导会议15次，以及为助理指导演讲20次；除视察日报外，计呈送周报58件、汇报13件及特别报告69件，纠革舞弊送租界法院惩处3起。另在各收容所举行工艺调查，并于夜间或用膳时查点难民人数11次，调查难民经济状况77856人次。

在与各主管善团及工部局合力纠正之下，各难民收容所始有显著改善，原先登记的31所丙等难民收容所中，有21所获得相当进步，按规定升为乙等；又经各指导员详密查核，努力减去各所冗员及附带人口，难民饭食因而得以改善，“例如每日向供稀粥二餐者，视已多数改进为

① 孙孟刚：《中国红十字会上海国际委员会视察组报告书（民国二十七年七月至十月）》，中国红十字会上海国际委员会1939年编印，第13页。

② 孙孟刚：《中国红十字会上海国际委员会视察组报告书（民国二十七年七月至十月）》，中国红十字会上海国际委员会1939年编印，第36—39页。

一饭一粥”[1]，并节省食粮、柴火费用共5763.74元。

总之，由自办难民收容所转为协助救济团体办理以后，上海国际红十字会便立足于监察之法，设法统一改善全沪难民收容所的设备及环境卫生状况，“但它并未完全控制所有难民营，然而国际红十字会清楚知道，在该机构内存在某些缺陷，并想改善营地的管理状况”[2]。由于没有直接的管理权，上海国际红十字会视察员发现的这些缺陷，并没有全部及时得到纠正，使上海难民收容所标准化计划，仍然停留在一个美好的愿景之中。这一点也是上海国际红十字会予以承认的，该会曾坦言，“惟以种种关系，未能全达期望之域，各界人士其谅诸”[3]。

## 第二节　难民给养危机的出现与解决

难民给养直接维系难民的生命，是难民救济工作的重中之重。“自沪战开始以迄上年（1937）年底，所有难民给养，均由各该善团自行筹措”[4]。上海国际红十字会在初次调整难民救济策略以后，似无须再关心难民给养一项，但其在制订难民救济计划时仍有所预筹，即当各善团不胜负担时，直接向其所办难民收容所给予物质或劳务援助。果不其然，由于各救济团体所需经费，“每月至少须八十万元，盖每收容一难民，则供给其衣食住，每月至少须四元也”[5]。以慈联分会为例，每日所需给养费用达到10477.60元，并且该会“并无基金，只靠各方捐款”[6]，故而各团体虽经勉力维持，终以开支浩繁、经费来源枯竭而无力再行负担，便先后商请上海国际红十字会继续担任，所以“在今年（1938）正

① 孙孟刚：《中国红十字会上海国际委员会视察组报告书（民国二十七年七月至十月）》，中国红十字会上海国际委员会1939年编印，第16页。

② 上海市档案馆编：《工部局董事会会议录（1936—1939）》第27册，上海古籍出版社2001年版，第573页。

③ 《中国红十字会国际委员会一年来工作概况》，《中国红十字会月刊》第41期（1938年11月），第62页；《中华民国红十字会总会三年来总报告（续）》，《中国红十字会月刊》第58期（1940年4月），第26页。

④ 《担任收容所难民给养》，《救灾会刊》第14卷第12期（1938年2月），第126页；《中国红十字会月刊》第32期（1938年2月），第66页；《沪市收容所难民现有十二万人》，《生活日报》1938年3月8日；《中国红十字会月刊》第34期（1938年4月），第26页。

⑤ 《特区难民经费每月须八十万元》，《大公报》1937年11月17日；《中国红十字会月刊》第30期（1937年12月），第61页。

⑥ 《难民救济分会给养日需万金》，《申报》1937年12月12日。

月初，（难民给养）便统一于上海国际红十字会了”①。

## 一、统筹难民给养

首先向上海国际红十字会提出经济援助申请的，是上海国际救济会、慈联会及其分会，这三家救济团体为当时上海救济难民规模较巨者，“国际救济会设有收容所六处，留养难民二万三千人；慈联会难民救济委员会有收容所三十五处，难民四万余人；其分会则有收容所九十五处，难民五万余人”②。接到申请以后，上海国际红十字会慨然允诺，并“依据办事原则，以物质而不以现款相援助”③，是以将食粮直接供给于各难民收容所，因此从 1938 年 1 月 1 日起，“该三善团所属一百三十六处收容所，难民十一万二千余人之给养，概行按时供给”④。上海国际红十字会于是由协助“一变而为直接救济”⑤，但各难民收容所的内部管理等事，仍由各原主管善团负责办理⑥。

其后，世界红卍字会、中华黄卍字会、白卍字会（尊圣善会）、祇园法会、广东旅沪同乡难民救济委员会、镇金丹溧扬五县同乡会、至圣善院和江宁六县公所等善团继起申请，亦经上海国际红十字会许可，于是从 2 月起，由该会供养之难民收容所增加至 155 处，合计收容难民 129050 人。具体而言，“世界红万字会收容所九处，难民四千人；中华黄万字会收容所一处，难民一千人；白万字会收容所一处，难民六百五十人；祇园法会收容所二处，难民八百五十人；广东同乡救济难民委员会收容所二处，难民七千人；镇丹金溧扬五县同乡会收容所二处，难民四百人；江宁六县公所收容所一处，难民一千五百人；至圣善院收容所

① 密勒氏：《沪战一年来难民救济概况》，《中国红十字会月刊》第 39 期（1938 年 9 月），第 34 页。

② 《担任收容所难民给养》，《救灾会刊》第 14 卷第 12 期（1938 年 2 月），第 126 页；《中国红十字会月刊》第 32 期（1938 年 2 月），第 66 页；《沪市收容所难民现有十二万人》，《生活日报》1938 年 3 月 8 日；《中国红十字会月刊》第 34 期（1938 年 4 月），第 26 页。

③ 彭望荃：《上海国际红十字会报告（民国二十六年十月至二十八年三月卅一日）》，中国红十字会上海国际委员会 1939 年编印，第 10 页。

④ 《担任收容所难民给养》，《救灾会刊》第 14 卷第 12 期（1938 年 2 月），第 126 页；《中国红十字会月刊》第 32 期（1938 年 2 月），第 67 页；《沪市收容所难民现有十二万人》，《生活日报》1938 年 3 月 8 日；《中国红十字会月刊》第 34 期（1938 年 4 月），第 26 页。

⑤ 《本会今后之任务与对于上海难民救济协会之希望》，《中国红十字会上海国际委员会救济月刊》第 1 卷第 6 期（1938 年 11 月），第 1 页。

⑥ 《国际红会本月份起担任本市难民给养》，《华美晚报（晨刊）》1938 年 1 月 9 日；《中国红十字会月刊》第 32 期（1938 年 2 月），第 44—45 页。

二处，难民六百五十人”[①]。

逾二月，上海市地方协会、上海市第一特区市民联合会、上海基督教普益社等救济团体，亦以经费竭蹶，“所办收容所无法维持，难民给养一项请为供应”[②]。上海国际红十字会以能力所及，乐为接济，同样允其所请，自4月起按名输送给养。至此，上海国际红十字会共接济了14个善团，给养难民总数达到17万人以上[③]。

6月，上海国际红十字会复接受中华慈幼协会的援助申请，担任极司非而路181号难童收容所的膳食供给，“从此又增一重负担”[④]。8月3日，经慈联分会主席黄延芳函请，又应承威海卫路私立难童初级中学全体教职员及学生给养。旋接该难童初级中学校长致函，略谓：“学生年龄均在发育时期，其食量非难民可比，倘不任其饱食，身体健康将蒙不良影响，请特准增加膳蔬，俾利营养。”[⑤] 上海国际红十字会一直重视维系难民的身体健康，认为此事并无不合，亦予照准。

可见，对于各救济团体的援助请求，上海国际红十字会始终秉持来者不拒的原则，这应该说是一个非常大胆的决定。其时上海战局虽然已定，难民人数也已锐减，但各救济团体所办难民收容所，“尚有百数十处，被留养者约十五万人”[⑥]，若是全部统归给养，耗费之巨可想而知。它能否凭借一己之力挑起此项重担，是否会因此造成不可估量的后果，都是难以预见且十分不确定的事情。即使是红十字人道组织，它也完全有理由置身事外，避免重蹈救济团体的覆辙。然而，让人意外的是，上海国际红十字会并未选择退却，而是以责无旁贷的精神全力而为，究其原因主要有两点：

---

① 《沪市收容所难民现有十二万人》，《生活日报》1938年3月8日；《中国红十字会月刊》第34期（1938年4月），第27页。

② 《三善团收容所难民又归给养》，《中国红十字会上海国际委员会救济月刊》第1卷第1期（1938年6月），第5页；《中国红十字会月刊》第38期（1938年8月），第32页。

③ 《红会国际委员会给养难民达十七万人》，《新闻报》1938年4月21日；《中国红十字会月刊》第35期（1938年5月），第31页；《三善团收容所难民又归给养》，《中国红十字会上海国际委员会救济月刊》第1卷第1期（1938年6月），第5页；《中国红十字会月刊》第38期（1938年8月），第32页。

④ 《担任难童收容所给养》，《中国红十字会上海国际委员会救济月刊》第1卷第2期（1938年7月），第4页；《中国红十字会月刊》第40期（1938年10月），第34页。

⑤ 《担任难童中学给养》，《中国红十字会上海国际委员会救济月刊》第1卷第4期（1938年9月），第5页；《中国红十字会月刊》第40期（1938年10月），第52页。

⑥ 李广诚：《统一救济平议》，《中国红十字会上海国际委员会救济月刊》第1卷第3期（1938年8月），第1页。

一是救济形势的发展必然需要难民给养趋于统一。由于各救济团体的工作原则和财力不尽相同，“捐款较多或收容较少者，尚可从容应付，待遇难民亦较优，反是则左支右绌，维持为难，给养自亦较薄”①。然难民同罹此战祸，又同被救济，只因投身之所各异而待遇悬殊，这明显是不公平的。若要使之平衡，由各救济团体共同合作，恐多有阻碍，所以非统一救济不可。而问题在于各救济团体显然不会悉行合并，各难民收容所也不可能尽数统一，最好的办法就是推选或联合成立一大规模组织统筹负责。然而，相比于成立全新的组织，选择上海国际红十字会担此重任明显更为合适。

二是难民给养事关重大，一旦中断，后果不堪设想。初受战事影响，上海水陆交通阻滞，波及米粮运输，造成严重的米荒，“虽经租界当局设法接济，无如到货无多，仍感供不应求，且收容所难民众多，给养浩繁，设非预储大宗粮食，日后难免无断餐之虞”②。于是，上海国际红十字会执行委员会议决，“拨款五万元，分赴泰县、温州等处，采办食米六千石，办理平粜，以供各收容所及市民之购求”③。又向暹罗订购大量白米，先后运到2000余吨，“照进价售于各善团，以供收容所难民之食”④。此举有效缓解了上海米粮来源减少的问题，为各救济团体采购大米提供了极大便利，得到各方的一致肯定。但是对于救济团体而言，其给养难民而产生的经济压力，并未因此帮助而获得根本解决，给养危机随时都有可能发生，而一旦中断给养，若涉及难民众多，将会变成非常棘手的问题。广东同乡会难民救济委员会在向上海国际红十字会发出的请求援助函件中，以及慈联分会致工部局的信件中，都曾明确提到，如果他们突然中断给养，势必会对租界乃至整个上海的公共安全和难民救济工作形成威胁⑤。所以，面对如此不利局面，上海国际红十字会义难

---

① 李广诚:《统一救济平议》,《中国红十字会上海国际委员会救济月刊》第1卷第3期（1938年8月），第1页。

② 《红会国际会购米平粜》,《申报》1937年12月9日；《红会国际会购米举办平粜》,《中国红十字会月刊》第31期（1938年1月），第71页；《采办粮食接济善团》,《救灾会刊》第14卷第12期（1938年2月），第125—126页；《中国红十字会月刊》第32期（1938年2月），第64页。

③ 《红会国际会购米平粜》,《申报》1937年12月9日；《红会国际会购米举办平粜》,《中国红十字会月刊》第31期（1938年1月），第71页。

④ 《采办粮食接济善团》,《救灾会刊》第14卷第12期（1938年2月），第126页；《中国红十字会月刊》第32期（1938年2月），第65页。

⑤ 《广东同乡会难民救济委员会1938年4月26日致上海国际红十字会全体同仁的信》,上海市档案馆藏英文档案，档号U1-16-1037，缩微号54；《慈联分会为救济工作致总办的信件译文》,上海市档案馆藏英文档案，档号U1-16-1040，缩微号36。

推诿，便早做准备，预先制定了难民救济原则，以便事后从容应对。所以，在负担难民给养之初，上海国际红十字会就找到了切入口，以膳食与难民健康休戚相关，“其种类之选择与数量之分配，苟不得其宜，每足酿成营养不良及其他种种疾病，而调制不适于口胃，更足令人减少食欲”①。首先特制了难民膳食制作法（见表5－3），分发难民收容所参照办理，规定每日进膳两次，“膳食方面亦需时常更易”②，两种膳食间隔供给，即每周一、三、四、六为一种膳食，二、五、日为另一种膳食。

**表5－3　难民膳食制作法（以百人一日计）**

<table>
<tr><th></th><th colspan="3">星期一、三、四、六</th><th colspan="3">星期二、五、日</th></tr>
<tr><td rowspan="2">早膳</td><td>米</td><td>15.0磅</td><td rowspan="2">调和煮成厚粥</td><td rowspan="2">米</td><td rowspan="2">42.0磅</td><td rowspan="2">煮熟成饭</td></tr>
<tr><td>面粉</td><td>17.5磅</td></tr>
<tr><td rowspan="3">晚膳</td><td>米</td><td>33.5磅</td><td rowspan="2">（1）二种可合煮豆饭；（2）以米制饭，豆加盐煮熟作菜用；（3）以豆制成发芽豆，加盐煮熟，亦可佐饭</td><td>米</td><td>45.0磅</td><td>煮熟成饭</td></tr>
<tr><td>豆</td><td>21.0磅</td><td rowspan="2">菜蔬</td><td rowspan="2">14.0磅</td><td rowspan="2">菜加油盐制成汤，早晚均可佐餐。如遇市上菜蔬缺乏，则代以适量之豆，加入油盐，煮熟佐餐</td></tr>
<tr><td>菜蔬</td><td>14.0磅</td><td>菜蔬加油盐炒热，或制成菜汤，早晚均可佐餐</td></tr>
<tr><td colspan="7">说明：上开膳食数量，下列人等，尚有不足，应依下法办理。<br>一、哺乳妇人应给双份食物；<br>二、将分娩之孕妇以给两份食物为原则，但所中如有6岁以下儿童食量较成人为小时，可将儿童余食分给孕妇；<br>三、劳力者如有工资收入，其不足之食品，应出资添购。</td></tr>
</table>

资料来源：《规定难民给养标准及膳食制法》，《救灾会刊》第14卷第12期（1938年2月），第128页；《中国红十字会月刊》第32期（1938年2月），第69—70页；《国际红会规定难民给养及收容设备标准》，《中国红十字会月刊》第33期（1938年3月），第35页。




① 《规定难民给养标准及膳食制法》，《救灾会刊》第14卷第12期（1938年2月），第127页；《中国红十字会月刊》第32期（1938年2月），第68页。

② 《中国红十字会上海国际委员会经济概况》，《中国红十字会月刊》第36期（1938年6月），第46页。

另外，经贝克授权并参照救世军救济难民的经验和食粮平衡的需要，上海国际红十字会拟定了难民给养标准，于1月14日通函各难民收容所知晓，令参酌本所收容难民人数，依规定领取给养，即以每百人一日所需计，可领取米65磅、豆12磅、麦10磅、菜蔬6 $\frac{2}{3}$磅、油$\frac{1}{3}$磅、盐1 $\frac{1}{3}$磅①及烹饪用煤53磅、燃灯用木柴13磅②。照此给养标准，“生谷每磅约可炊成熟饭31两”③，若不论男女老幼之分，所有难民日均供给熟饭26.97两，假使以直径5寸饭碗盛之，可得5碗有余，当不受忍饥挨饿之虞。然而，欲使难民能够摄入足够的营养，以预防因营养不良而引发疾病，及增强其抵抗传染病的能力，是项膳食标准尚不能完全满足，于是上海雷氏德医学研究院生理科学组的侯祥川医师提议提高给养标准，并根据当时上海市场可得食料，拟订了一份难民最低限度膳食表。他认为难民每人每日应食“白米10两、黄豆、落花生或其他之豆类2两、绿青菜类1磅、山芋（白菽）10两左右、未去糠之麦或未去糠之谷浆3两、猪肉$\frac{1}{3}$两（或每周2两）”④。但迫于经济压力，在实际执行中仅稍加改良，将菜蔬增加至14磅。该给养标准虽不及当时欧洲不从事劳力者维持健康所需食料的四分之三，可每人每日也能从中摄取约1600卡路里的热量，加上一部分难童以豆乳和豆饼为食，而且华人平均体重本就约为欧人的四分之三，“故此项食粮之规定视为十分适宜，在以往诸救灾工作中业已证明殊为满意者也”⑤。

该给养标准实施以后，难民膳食明显优于以往，摄入营养成分也相

① 侯祥川：《华人饮食标准及难民饮食问题》，《中华医学杂志（上海）》第25卷第3期（1939年1月），第135页。

② 《规定难民给养标准及膳食制法》，《救灾会刊》第14卷第12期（1938年2月），第128页；《中国红十字会月刊》第32期（1938年2月），第68—69页；《国际红会规定难民给养及收容设备标准》，《中国红十字会月刊》第33期（1938年3月），第35页；孙孟刚：《中国红十字会上海国际委员会视察组报告书（民国二十七年七月至十月）》，中国红十字会上海国际委员会1939年编印，第10—11页；彭望荃：《上海国际红十字会报告（民国二十六年十月至二十八年三月卅一日）》，中国红十字会上海国际委员会1939年编印，第10页。

③ 《难民给养之分配》，《中国红十字会上海国际委员会救济月刊》第1卷第3期（1938年8月），第5页。

④ 《介绍给难民收容所应用之食物》，上海市档案馆藏英文档案，档号U1-16-1032，缩微号6。

⑤ 彭望荃：《上海国际红十字会报告（民国二十六年十月至二十八年三月卅一日）》，中国红十字会上海国际委员会1939年编印，第10页。

对丰富，从而使得难民中广泛存在的营养不良现象有所改观。起初各救济团体匆忙成立，所给膳食仅为白米饭和咸菜而已，大多营养成分不均（见表5－4），只有那些逃亡时携有零钱的难民，可自添鱼、肉、蔬菜等物佐食。其后各难民收容所组织稍优，又得社会各界踊跃接济，难民膳食略见改善，所以难民因营养不良引发疾病者并不多见。然而，时间一长，待难民手头零钱用罄，不复能自添膳食之时，患营养不良的病人便逐渐增多起来。

**表5－4　八一三抗战初期上海公共租界各难民收容所膳食标准**

| 饮食种类 | 食　物 | 补充食物 | 收容所数目 | 难民人数 |
|---|---|---|---|---|
| 尚　佳 | 白米或面粉加咸菜与鲜菜加豆及豆类制品 | 难民自行添购 | 6 | 5799 |
|  |  | 无 | 13 | 11766 |
| 不　良 | 白米加咸菜、鲜菜（极少）随时加豆少许 | 难民自行添购 | 7 | 5575 |
|  |  | 无 | 11 | 5563 |
|  | 面粉加咸菜 | 无 | 3 | 2000 |
| 极不良 | 白米加咸菜、葡干少许 | 无 | 15 | 8221 |
| 难民自备 | 不等 | — | 6 | 2293 |
| 总　计 |  |  |  | 41219 |

资料来源：侯祥川：《华人饮食标准及难民饮食问题》，《中华医学杂志（上海）》第25卷第3期（1939年1月），第134页。

为控制情势计，工部局卫生处乃向救济团体提议改良难民膳食，每人每日供给米10两、山芋10两、全麦或小米3两、黄豆或花生等豆类2两、青而多叶的蔬菜1磅、葱及红辣椒或萝葡2两、猪肉$\frac{1}{3}$两（或每星期2两），但各救济团体绌于经费，未能满足这一要求[①]。于是，难民“有因食物不宜、营养不良，发生脚气、麻疹、天花等症者”[②]，有加无已，其中罹患脚气病难民最为普遍。据各难民医院报告，仅收治脚气病病人一种，就曾一度接近总住院病人数的一半（见表5－5）。



① 侯祥川：《华人饮食标准及难民饮食问题》，《中华医学杂志（上海）》第25卷第3期（1939年1月），第131—133页。

② 《红会国际委员会工作近讯》，《申报》1937年11月12日。

表5－5　某难民医院收治脚气病病人概况

| 年　月 | | 收治脚气病病人人数 | 住院病人总数 | 脚气病人占比（%） |
| --- | --- | --- | --- | --- |
| 1937年 | 9月 | 36 | 196 | 18.4 |
| | 10月 | 61 | 126 | 48.4 |
| | 11月 | 46 | 105 | 43.8 |
| | 12月 | 44 | 99 | 44.4 |
| 1938年 | 1月 | 18 | 93 | 19.4 |
| | 2月 | 25 | 101 | 24.7 |
| | 3月 | 14 | 201 | 7.0 |
| | 4月 | 12 | 225 | 5.3 |
| | 5月 | 24 | 214 | 11.2 |
| | 6月 | 10 | 186 | 5.4 |
| | 7月 | 13 | 175 | 7.4 |
| 总　计 | | 303 | 1721 | 17.6 |

资料来源：侯祥川：《华人饮食标准及难民饮食问题》，《中华医学杂志（上海）》第25卷第3期（1939年1月），第134页。

难民患脚气病，系膳食中缺含乙种维生素所致，多为急性病症，临床表现为心悸、腿肿或手足酸痛无力，“以白米和一些咸萝卜或其他腌菜组成膳食，即有助于缓解病情”①。所以，在上表中可以看到，患脚气病病人自1938年2月后便渐渐减少，“此种现象与膳食改良有关——膳食中加黄豆、整麦与（或）蚕（扁）豆 Broad Bean，盖斯时全体难民之膳食问题，有上海国际红十字会负责处理也”②。

## 二、减少难民人数

上海国际红十字会所定难民给养标准，虽对维持难民营养和健康多有裨益，却也要为此付出巨大代价。按照各给养品当时市价计算，“每人月需一元八角五分”③，加上衣、住等其他项支出，月需救济费用约

① 《难民收容所合适膳食注解》，上海市档案馆藏英文档案，档号U1-16-1032，缩微号7。

② 侯祥川：《华人饮食标准及难民饮食问题》，《中华医学杂志（上海）》第25卷第3期（1939年1月），第135页。

③ 《难民给养费见增》，《中国红十字会上海国际委员会救济月刊》第1卷第3期（1938年8月），第4页；《中国红十字会月刊》第40期（1938年10月），第44页；彭望荃：《上海国际红十字会报告（民国二十六年十月至二十八年三月卅一日）》，中国红十字会上海国际委员会1939年编印，第12页。

36.5万元[1]。所以，自担任难民给养以来，上海国际红十字会时感经费竭蹶，“惟以难民生活所关，不得不广事张罗，勉力维持”[2]。

除继续努力募捐筹款之外，上海国际红十字会并设法将难民遣送安置，“佥以四郊安全尚无保障，一时未便任令回里，且战区难民寄食亲友处者，情形日渐困难，倘请求收容，更无可拒绝，故给养问题，不可不预为妥筹”[3]。一面委托战区“难民移殖协会”组织遣送难民赴内地垦荒，得江西省政府拨定赣南及赣州数县为垦荒地点，唯登记难民仅1500人左右[4]，首批选择遣送122人，经香港转粤入赣[5]；一面重新组织近郊救济委员会外籍视察团，分赴上海近郊如江湾、南翔、昆山、苏州、无锡、嘉兴等地视察，以便在可能范围内酌量将难民逐渐送往上述地方垦殖，此项办法颇得各救济团体的赞同[6]。

在救济难民过程中，上海国际红十字会原本所办的粮食及燃料，“尚可支持两月，而蔬菜则仅敷两周之用”[7]，后续给养须向市场采购。在前4个月中，总计供给西贡米4882吨、国米184吨、面粉600吨、黄豆1155吨、蔬菜780吨、豆油42吨、食盐100吨及煤2900吨、木柴360吨[8]，耗资甚巨，成为上海国际红十字会最大的一项支出，各项捐款也因之行将用罄，“前后所募一百四十万元，什九业已用尽，所余不满二十万金”[9]。更为糟糕的是，不仅国外风云日紧，内地灾情也日益严重，各项拨款及捐赠均向内地倾斜[10]，经费筹措因此日渐困难，而现有

① 《十七万难民粮食将罄，国际红会盼各界捐输》，《新闻报》1938年5月13日。

② 《担任难童收容所给养》，《中国红十字会上海国际委员会救济月刊》第1卷第2期（1938年7月），第4页；《中国红十字会月刊》第40期（1938年10月），第34页。

③ 《红会国际委会讨论难民给养问题》，《新闻报》1938年1月15日；《中国红十字会月刊》第32期（1938年2月），第46页。

④ 《遣送难民移殖垦荒》，《晨报》1938年1月7日；《中国红十字会月刊》第32期（1938年2月），第43页。

⑤ 《移殖协会吴薫报告吉水垦区近况》，《申报》（香港版）1938年9月15日。

⑥ 《国际委会派员视察近郊各地》，《文汇报》1938年3月5日；《中国红十字会月刊》第34期（1938年4月），第26页。

⑦ 《红会国际委会讨论难民给养问题》，《新闻报》1938年1月15日；《中国红十字会月刊》第32期（1938年2月），第46页。

⑧ 《中国红十字会上海国际委员会经济概况》，《中国红十字会月刊》第36期（1938年6月），第45页；《国际红十字会发表财务给养报告》，《新闻报》1938年6月27日；《中国红十字会月刊》第37期（1938年7月），第39页。

⑨ 贝克：《创立平民所意见书》，《中国红十字会月刊》第33期（1938年3月），第5页。

⑩ 《红会难民给养仅足维持至本月底》，《大英晚报》1938年9月9日；《中国红十字会月刊》第40期（1938年10月），第22页。

粮食储备又仅能支持至6月底，“除豆类及小麦，可就本市采办外，亟须向海外购米二十万元，以应七、八、九等月之需要，否则转瞬即将绝粮”①。上海国际红十字会深知难民给养已难以久持，面对即将发生的给养危机，除前章所述派遣饶家驹赴北美募捐等实施开源举措外，还果断采取了如下几项节流措施：

一是降低难民给养标准。自4月26日起，供米由65磅减为50磅，豆类由12磅增加至22磅，煤由52磅减至48磅（见表5-6）。且将白米换成糙米（即米糠未完全去尽），黄豆易为蚕豆，并由杜达函告慈联会及分会煮食蚕豆之法，略谓：“顷奉总干事通知，以蚕豆性硬，煮制需时。其法：（一）宜在水中浸四小时；（二）炊过晚膳后，尚有余火时，将豆与水入锅共煮，至火熄为止，豆任留锅中过夜；（三）翌晨造饭时，加米合煮。相应转达，至希转饬知照。”②

**表5-6 上海国际红十字会难民给养标准变更（以百人一日计）**

| 类别 | 1月1日 | 4月26日以后 |
| --- | --- | --- |
| 米 | 65磅 | 50磅 |
| 豆 | 12磅 | 22磅 |
| 碎麦 | 10磅 | 10磅 |
| 蔬菜 | 14磅 | 14磅 |
| 盐 | $1\frac{1}{3}$磅 | $1\frac{1}{3}$磅 |
| 油 | $\frac{1}{3}$磅 | $\frac{1}{3}$磅 |
| 食物总计 | $102\frac{2}{3}$磅 | $97\frac{2}{3}$磅 |
| 燃料（烹饪用） | 53磅 | 48磅 |
| 木材（燃灯用） | 3磅 | 3磅* |

*各大收容所之继续生有炉火者，停止发给。

资料来源：彭望荃：《上海国际红十字会报告（民国二十六年十月至二十八年三月卅一日）》，中国红十字会上海国际委员会1939年编印，第10页。

---

① 《国际红十字会发表财务给养报告》，《新闻报》1938年6月27日；《中国红十字会月刊》第37期（1938年7月），第39页。

② 《难民煮食蚕豆法》，《生活日报》1938年8月24日；《中国红十字会月刊》第39期（1938年9月），第26页。

经此一番变更，每名难民月需给养费用“乃减至一元六角五分”[①]，尽管侯祥川对此“复有所举议”[②]，但此无奈之举于维系难民健康“仍无不足”[③]，遂未招致其他反对意见。不过，将白米改为糙米的做法，却惹出较大麻烦。上海国际红十字会原本希望让难民“食苦”，以促使有自给能力者主动离所自谋生计，另外也是出于善意考虑，因为糙米富含滋养，对于预防脚气病卓有功效，以之替代白米，实为“预防脚气病之最经济法”[④]，而脚气病患者“需用甚贵之药品以治之，方可望得痊愈，间有因就治太迟而致死者。此病若先为预防，较易而费钱亦不多”[⑤]。但这一医学知识并不为常人所知，“乃有收容管理员不明此意，将糙米运出更换白米，或雇工打白，致表皮所含维他命大部丧失”[⑥]，加上难民食米性成，大有食不下咽之叹，并认为每人日食半磅过少，于是各主管善团“每自行补充（白米），或减豆增米，期合难民嗜欲”[⑦]。各该主管善团原属慈怀善意，然难民膳食参差由是而起，“并使本会对于食粮管理之企图，归于无效”[⑧]。

为此，上海国际红十字会不得不重申用意，函告各善团勿再任意增减难民膳食，原函略谓：“本会难民委员会经商讨给养问题，兹将议决案录请查照，希依照办理。议决案如下：（一）凡接受本会难民给养之各善团，对于所发给养，弗另加任何物品，但孤儿收容所（慈幼会）、产科医院（劳勃生路）、街童收容所等除外；（二）本会送至各收容所之

① 《难民每人给养费较前增多二角》，《大英晚报》1938年8月21日；《中国红十字会月刊》第39期（1938年9月），第23页。

② 侯祥川：《华人饮食标准及难民饮食问题》，《中华医学杂志（上海）》第25卷第3期（1939年1月），第140页。

③ 《变更难民给养》，《中国红十字会上海国际委员会救济月刊》第1卷第1期（1938年6月），第6页；《中国红十字会月刊》第38期（1938年8月），第33页。

④ 《难民之食物》，上海市档案馆藏英文档案，档号U1-16-1032，缩微号8；侯祥川：《华人饮食标准及难民饮食问题》，《中华医学杂志（上海）》第25卷第3期（1939年1月），第139页。

⑤ 《难民之食物》，上海市档案馆藏英文档案，档号U1-16-1032，缩微号8；侯祥川：《华人饮食标准及难民饮食问题》，《中华医学杂志（上海）》第25卷第3期（1939年1月），第139页。

⑥ 《糙米滋养丰富有益难民健康》，《文汇报》1938年8月23日；《中国红十字会月刊》第39期（1938年9月），第26页。

⑦ 《给养标准仍维现状》，《中国红十字会上海国际委员会救济月刊》第1卷第4期（1938年9月），第5页；《大晚报》1938年9月15日；《中国红十字会月刊》第40期（1938年10月），第23、53页。

⑧ 彭望荃：《上海国际红十字会报告（民国二十六年十月至二十八年三月卅一日）》，中国红十字会上海国际委员会1939年编印，第11页。

给养品，各主管善团弗为运出，但得本会给养组书面许可者，不在此例；（三）盛米之空袋皮本会派人收回时，须将原物归还，不得更换充数；（四）以上所开各条，请由各善团通知所属各所；（五）本议决案由总干事函送各善团知照，如在十日以内（即八月七日前）无接受表示到会，即认为无需本会给养。"①但是在接到慈联会的关于变更给养标准的意见后，上海国际红十字会遂延聘专家详加研究，以上议决案亦一并讨论，最后得出结论，"现定标准滋养尚丰，于健康尚无妨碍，应予维持"②，旋由难民救济委员会开会通过。

二是防止虚报难民人数。经各视察员报告，有若干难民收容所存在不煮食豆或麦而任令累积的现象，于是上海国际红十字会派出存货验证员前往查证，并由食粮管理组进行调整。对于拒收大豆及麦者，不再继续供给该项食料，其他给养则不变，由此引起各难民收容所管理员虚报现有难民人数的情况，以获得更多白米。为防止虚报及杜绝弊端起见，上海国际红十字会遂组织视察员于难民用餐或入睡时，突击检查难民人数，"遇有虚报人数时，食粮管理处即根据实在人数给粮"③。

三是继续组织难民"移殖"。第二批191人④，在战区"难民移殖协会"总干事王千里的率领下，于4月16日乘"棠赛"轮出发，经浙江宁波转入江西吉水⑤。第三批约300余人，于8月16日午乘"海龙"轮前往浙江温州，再转江西吉安⑥。其后第四批、第五批也在抓紧登记之中。⑦

四是剔厘平民，平等给养。所谓平民，指"尚有资力自备食品，或经派令工作，有相当收入，别于极贫至苦之难民"⑧。经上海国际红十字

---

① 《难民给养红会议决新要案》，《新闻报》1938年8月3日；《文汇报》1938年8月3日；《中国红十字会月刊》第39期（1938年9月），第18页。

② 《给养标准仍维现状》，《中国红十字会上海国际委员会救济月刊》第1卷第4期（1938年9月），第5页；《大晚报》1938年9月15日；《中国红十字会月刊》第40期（1938年10月），第23、53页。

③ 彭望荃：《上海国际红十字会报告（民国二十六年十月至二十八年三月卅一日）》，中国红十字会上海国际委员会1939年编印，第11页。

④ 《移殖协会吴薰报告吉水垦区近况》，《申报》（香港版）1938年9月15日。

⑤ 《难民移殖二批赴赣》，《通报》1938年4月23日；《中国红十字会月刊》第35期（1938年5月），第31—32页。

⑥ 《战区难民垦荒消息》，《国际劳工通讯》第5卷第9期（1938年9月），第158页。

⑦ 《四批垦荒难民赴桂》，《中国红十字会上海国际委员会救济月刊》第1卷第7期（1938年12月），第2页。

⑧ 贝克：《创立平民所意见书》，《中国红十字会月刊》第33期（1938年3月），第5页。

会特别指导团调查难民经济状况[①]，发现难民并非全无资力，甚有购买零食果腹者，“更有拒绝麦豆，仅食米饭，自备蔬菜充饥者”[②]；另有难民已觅得工作，“往往在外自备膳食，不用本会给养品”[③]。此两种难民均有自给能力，可为之提供另外住处，而不应再予给养，“其必须留养者，不准再受他方给养品，以符平等救济之旨”[④]。为此，上海国际红十字会特召开救济会议，议决由贝克录案并函告各救济团体妥善处理，其函内容如下：

查沪上办理难民救济工作瞬逾九月，因时期之旷久，致供应之浩繁，处此筹募艰难之秋，不独经费困难，渐形竭蹶，即受本会难民给养之各善团，亦不免同感困难。应付之法，或主遣散一部分难民，俾留养得照旧待遇；或主依赈款多寡支配给养，并平等待遇，使无厚薄之分。本会救济委会业于本月十八日开会讨论此问题，佥以凡能自给者不应再受救济。经议决：自本年六月一日起，凡受本会给养之收容所，如查有其他方面，不论个人、团体，同时供给食品者，本会即停止其全所给养。本议决案所以规定六月一日实行者，为留有余时间，各善团又剔厘难民使能自给，或由他方面给养者另行居住，并将本届议案及其原委遍谕留养之难民，俾共晓然办理救济者之苦心，凛遵恪守，互相劝勉，免得将来少数犯规，累及全群。为此录案函达，务恳鼎力合作，并转饬各

① 为查明难民经济状况，以施适当救济，特制定难民经济状况调查表一种，将难民划分为以下几类：“甲类为经济极度困难者，包括：（一）绝无依靠者，专指无亲属、无金钱、无援助、无工作技能的难民；（二）患重病者，专指患重病不能医治的难民；（三）患轻病者，专指病好之后，依旧无能力工作的难民；（四）孤儿，专指无父母及亲属的难童；（五）贫孩，专指父母及亲属等无力抚养的难童；（六）年老无能者，专指年龄在六十岁以上而无能力工作的难民；（七）患疯病者，专指患各种疯病而不能治疗的难民。乙类为经济比较困难者，包括：（一）轻病者，专指因病停工而能自理医药费及病好后有能力工作的难民；（二）失业难自给者，指失业而不能自己维持生活的难民；（三）无力供养家庭者，指收入不足自食，而不足供养家庭的难民。丙类为经济比较良好者，包括：（一）自能给养但缺住所者，专指能自理给养（且有余力帮助其他难胞），但需要住所的难民；（二）食宿能自理者，专指能完全自理食宿的难民。丁类为愿往他处者，包括：（一）愿往他处者，指愿往内地的难民；（二）愿遣送回乡者，指愿意回乡的难民。”〔详见《难民经济实况》，《文汇报》1938年5月24日；《中国红十字会月刊》第36期（1938年6月），第36页；《调查难民经济实况》，《中国红十字会上海国际委员会救济月刊》第1卷第2期（1938年7月），第4—5页；《中国红十字会月刊》第40期（1938年10月），第35—36页〕。

② 贝克：《创立平民所意见书》，《中国红十字会月刊》第33期（1938年3月），第4页。

③ 《红会变更难民给养展期》，《新闻报》1938年6月1日；《中国红十字会月刊》第37期（1938年7月），第21页。

④ 《剔厘难民平等给养》，《中国红十字会上海国际委员会救济月刊》第1卷第1期（1938年6月），第6页；《中国红十字会月刊》第38期（1938年8月），第33页。

所一体知照，如遇捐户以振款品指定特种用途，请与说明原委，劝其改作通常捐款，以期实惠普及，否则与本会给养组接洽办理为荷[①]。

据该议决案，剔厘尚能自给者，将有限的给养给予那些不能自给者，使物尽其用，是为良法。又为督促办理，以全所给养系之，并不允许难民收容所接受其他给养来源，以免平等给养遭到扰乱，也可谓煞费苦心。不久，又因为迁移难民而搭建的席棚多数未能按期完工，对该议决案的施行恐有妨碍，“复经议决，改为自六月十六日起实行”[②]，至于各难民收容所剔厘平民、仅供住所一节，“仍希切实进行，俾资撙节”[③]。

此事引起各难民救济团体的恐慌，上海国际救济会、慈联会及其分会三家主管善团特别召开联席会议，详细讨论应付办法，最后议决派人赴港劝募。又慈联会副主席黄涵之函请上海国际红十字会继续合作，“至于合作办法，乃将该会所属之收容所难民，互相平均负担，即假定难民食米日需一百包，两方各送五十包”[④]。于是，慈联会提赠白米2000袋，上海国际救济会襄助现金4万元。

虽然各救济团体极力分担，但上海国际红十字会十分清楚，上述各种开源节流办法只是临时之策，而非长久之计，促令难民生产方为正途，这也是始终保持难民小规模移殖内地的原因所在，“因多数难民均系工人，苟本埠工厂恢复营业时，彼等即可前往工作也”[⑤]。

## 三、组织难民生产

由于各难民救济团体一开始只为难民提供住所和膳食，上海国际红十字会对此甚为担心，因为难民中颇多年壮力富者，如此任其坐食闲居，长此以往，“不特给养方面发生困难，将来习惯性成，徒令壮健有

① 《红会国际委会通知变更难民给养办法》，《新闻报》1938年5月27日；《中国红十字会月刊》第36期（1938年6月），第38—39页；《剔厘难民平等给养》，《中国红十字会上海国际委员会救济月刊》第1卷第1期（1938年6月），第6页；《中国红十字会月刊》第38期（1938年8月），第33—34页

② 《红会变更难民给养展期》，《新闻报》1938年6月1日；《中国红十字会月刊》第37期（1938年7月），第21页。

③ 《剔厘难民平等给养红会通知暂缓执行》，《新闻报》1938年6月20日；《中国红十字会月刊》第37期（1938年7月），第32页。

④ 《难民给养发生问题》，《中国日报》1938年5月29日；《中国红十字会月刊》第36期（1938年6月），第41页。

⑤ 《中国红十字会上海国际委员会经济概况》，《中国红十字会月刊》第36期（1938年6月），第46页。

用之身，变为依赖游惰之民，日后即有职务，恐亦懒于操作，其影响于国家、社会及本人前途者甚巨”[①]。于是，上海国际红十字会借鉴以往慈善救济经验，计划组织难民实施工赈，“但调查结果，则上海、租界无大众工作计划之可能，而在军事行动之影响下，沪市近郊毗连地带之道路亦无法加以修筑，空地种植蔬果之提议经考虑后亦被弃置”[②]，因而只好专心于难民收容所内工作，予难民以教养兼施。虽然上海国际红十字会有此工赈失败经历，但进入1938年后环境已不相同，已经具备了开展难民生产的条件。

首先，舆论普遍支持。经上海国际红十字会向社会广泛征求意见[③]，舆论普遍认为应当组织难民进行生产，其中最具代表性的观点是：“以有限之捐款，供无尽的消耗，欲其持久，当非易事，而况平常的人，尚须工作，然后有吃有住，何以难民反而例外，倒能终日无事，安坐闲食？所以我们除向各方呼吁求助，救济难民衣食之外，尤应努力提倡难民生产工作。”[④] 此外，时人还就难民生产的重要性和规划多有阐述[⑤]。

其次，已有实践经验。上海国际救济会在外籍会员的建议下，先行试办手艺工场，并在所办难民收容所内选择难妇2000人加以训练[⑥]；上海市第一特区市民联合会救济难民委员会也组织了难民生产设计委员会，积极计划难民生产工作[⑦]；曾率领医药界战时服务团参加红十字战地救护的医师徐伟，联合海上名流组织难民习艺所，并呈请上海国际红十字会予以赞助[⑧]。

① 《红会国际会组织工作设计会》，《时报（号外）》1937年10月27日；《中国红十字会月刊》第29期（1937年11月），第72页；《征求难民工作意见》，《中国红十字会月刊》第30期（1937年12月），第81页；《救灾会刊》第14卷第11期（1937年12月），第114页。

② 彭望荃：《上海国际红十字会报告（民国二十六年十月至二十八年三月卅一日）》，中国红十字会上海国际委员会1939年编印，第12页。

③ 《红会国际会组织工作设计会》，《时报（号外）》1937年10月27日；《中国红十字会月刊》第29期（1937年11月），第72页；《征求难民工作意见》，《救灾会刊》第14卷第11期（1937年12月），第114页；《中国红十字会月刊》第30期（1937年12月），第81页。

④ 李百强：《难民生产工作的重要》，《中国红十字会上海国际委员会救济月刊》第1卷第1期（1938年6月），第3页；《中国红十字会月刊》第39期（1938年9月），第7页。

⑤ 程志良：《怎样推进难民生产工作》，《中国红十字会月刊》第34期（1938年4月），第2—4页；陆梅僧：《工赈刍议》，《中国红十字会上海国际委员会救济月刊》第1卷第7期（1938年12月），第1—2页；《中国红十字会月刊》第42期（1938年12月），第1—3页。

⑥ 《上海国际救济会试办难民工场》，《国际劳工通讯》第4卷第11期（1937年11月），第101页。

⑦ 《市联救济会等策划难民生产工作》，《申报》1937年12月13日。

⑧ 《设难民习艺所》，《申报》1937年12月13日。

最有利的条件是工厂生产需要。原先受战争影响，虹口、闸北等地工业大部中断，各工厂不仅厂房尽毁，工人亦因之离散，所以各厂主于1938年初在公共租界西区重建小规模工厂时，“因种种困难，殊不易招集原有之工人”[①]。然而各难民收容所中，“不乏曾习此项技术，或稍加训练，即能工作者”[②]。加之难民给养情形所迫，上海国际红十字会推行难民生产是势在必行。

不过，举办难民生产，与普通工厂究竟有所不同，前者受到的限制和困难要更多一些。由于难民大半是从乡村逃出来的农民，以耕种为生，有职业技能者毕竟是少数，所以必须授予职业技能才可从事工业生产，虽由教育委员会区别教导，但非组织工场不可。可是难民收容所房屋，“均属暂时借用性质，不能如固定的工厂，可以装置机器，所以只能举办简便的手工业，如花边、刺绣、草织、缝工、糊纸盒之类”[③]，而且是项工场使用经费不宜太多，以免增加经济负担。

为此，上海国际红十字会将难民工作组改组为收容所工作组，统筹难民手工艺生产及教育事宜，并公推陈鹤琴和收容所工作组委员兼秘书李百强，负责编辑难民问题特刊1种，每星期借《译报》发行1次，以集思广益[④]。经综合各项考虑，采用了如下几种办法：

一是创办小规模工场，组织难民训练和生产。初由收容所工作组在大世界收容所试办，成绩尚佳。又恰逢某厂商在战事之前承办外商大宗编草、刺绣出口品，因工人逃散而被迫中途停止发制，如此便不能照约按期交货，于是与上海国际红十字会取得联络，拟从难民收容所中挑选熟练工人继续承造，“经双方议定办法，商家将各项原料发交难民制造，依出品之多寡，给与相当工资”[⑤]。该厂商各项原料充足，“可供四千人六个月之用”[⑥]，惟以在难民收容所代工，人多手杂，良多不便。嗣经征

① 彭望荃：《上海国际红十字会报告（民国二十六年十月至二十八年三月卅一日）》，中国红十字会上海国际委员会1939年编印，第14页。

② 《上海难民生产工作》，《国际劳工通讯》第5卷第3期（1938年3月），第84页。

③ 李百强：《难民生产工作的重要》，《中国红十字会上海国际委员会救济月刊》第1卷第1期（1938年6月），第3页；《中国红十字会月刊》第39期（1938年9月），第6页。

④ 《编印难民特刊》，《救灾会刊》第15卷第1期（1938年3—4月），第143页。

⑤ 《筹设难民工场》，《救灾会刊》第14卷第12期（1938年2月），第127页；《中国红十字会月刊》第32期（1938年2月），第67页；《红会征求难民工作场所》，《新闻报》1938年2月24日；《中国红十字会月刊》第33期（1938年3月），第52页。

⑥ 《红会征求难民工作场所》，《新闻报》1938年2月24日；《中国红十字会月刊》第33期（1938年3月），第52页；《上海难民生产工作》，《国际劳工通讯》第5卷第3期（1938年3月），第84页。

求房屋，在文监师路（今塘沽路）730号慈联分会第47难民收容所原址设立一难民工场，又因房屋狭小，“仅容三百余人，不敷支配”[①]，复将其后进第49难民收容所合并扩充，更名为第1难民收容所，由李百强主持其事，并由该难民收容所管理员王菊洲、张耀昇两人协助之。该场从第1、第2、第17、第42、第52、第107及大连等难民收容所征集工人共218名（包括女工184名、男工34名），其中熟练工人78名、学徒140名，分别编入草织、刺绣、花边、缝工4部从事生产，每人月可收入3元至6元不等[②]。然而是项收入仅能领取一半现款，业经收容所工作组规定难民工资分配办法，“以百分之二十五抵偿伙食及训练费，百分之二十五代存银行，以备回籍之用，其余百分之五十则付给现币”[③]。此后进一步征求厂商合作，并在梵王渡圣约翰大学和惇信路愚园路各增设难民工场1处，包括花边、刺绣、手套、草织、木工、玩具及铜锡、洋铁、罐头等项，同时通函各救济团体，“凡受红会补助给养之收容所，均希一致推行难民生产工作；凡目前厂商与收容所订立之契约亦须作废，嗣后并须与该委员会直接商洽”[④]。

二是组织难民进行销售，以提倡难民生产。为此，教育委员会特组织难民生产教育推销团，招募具有小学文化程度的青年难友为团员，施以人格修养、体格锻炼、整洁与外貌的注意、谦恭的养成、智机语言的练习等特殊训练及生活谈话。自2月10日起，销售国产化妆品、日用品、文具、糖果4种，并推销难民生产的物品，以及代顾客定购各种货物[⑤]。又在福煦路（今延安中路）483号设立难民出品联合销售处，于10月4日开始营业，选择难民收容所中优良制品，低于市价发售[⑥]，

① 《难民工作汇志》，《救灾会刊》第15卷第1期（1938年3—4月），第143页。

② 《文监师路难民工场记》，《中国红十字会上海国际委员会救济月刊》第1卷第3期（1938年8月），第2页。

③ 《规定难民工资分配办法》，《中国红十字会上海国际委员会救济月刊》第1卷第1期（1938年6月），第6页；《中国红十字会月刊》第38期（1938年8月），第34页。

④ 《生产工作委员举办各种工业》，《大美晚报》1938年3月3日；《中国红十字会月刊》第34期（1938年4月）；《征求厂商合作》，《救灾会刊》第15卷第1期（1938年3—4月），第139页。

⑤ 《国际红会举办难民生产团》，《华美晨刊》1938年4月26日；《中国红十字会月刊》第35期（1938年5月），第36页；《难民推销团成绩良好》，《中国红十字会上海国际委员会救济月刊》第1卷第1期（1938年6月），第6页；《中国红十字会月刊》第38期（1938年8月），第34—35页。

⑥ 《设立难民出品联合销售处》，《中国红十字会上海国际委员会救济月刊》第1卷第5期（1938年10月），第5页。

"每日往该处采购者甚为踊跃"[①]。

三是成立职业介绍所，为难民推荐各种工作。1938 年 6 月，"为助成雇主及雇员之重复结合，藉以减轻慈善家之负担计"[②]，在九江路 113 号 308 室设立难民职业介绍所办事处。先经调查各难民职业技能状况，查得泥匠、木工、铁匠、汽车司机等被收容各业工人（见表 5－7），"统计不下数万人，均属经验丰富"[③]。爰设立难民职业介绍所代为接洽，不向双方收取任何费用，"颇得各方赞助"[④]。各工厂、商铺、普通住户等，"纷纷委托介绍，以书信、电话或亲往接洽者，日有多起"[⑤]。经该所推荐获得工作难民，"先后不下千余人，颇能博得雇主满意"[⑥]。

**表 5－7 上海失业难民职业分类统计**

| 类别 | | 人数 |
|---|---|---|
| 农夫 | | 3477 |
| 工厂工人 | 针织厂工人及绣工 | 2536 |
| | 卷烟厂工人 | 364 |
| | 刷印厂工人 | 163 |
| | 水手及船厂工人 | 115 |
| | 橡胶厂工人 | 87 |
| | 弹花厂工人及棉业商 | 87 |
| | 制革厂工人 | 77 |
| | 制酒厂工人 | 74 |
| | 藤柳家具厂工人 | 52 |
| | 造纸厂工人 | 52 |

① 《同胞爱国心切争购难民出品》，《申报》1938 年 10 月 19 日；《中国红十字会月刊》第 42 期（1938 年 12 月），第 17 页。

② 彭望荃：《上海国际红十字会报告（民国二十六年十月至二十八年三月卅一日）》，中国红十字会上海国际委员会 1939 年编印，第 14 页。

③ 《难民职业介绍所成立》，《中国红十字会上海国际委员会救济月刊》第 1 卷第 2 期（1938 年 7 月），第 6 页；《中国红十字会月刊》第 40 期（1938 年 10 月），第 38 页。

④ 《红会推进难胞生产》，《新闻报》1938 年 8 月 21 日；《华美报》1938 年 8 月 21 日；《中国红十字会月刊》第 39 期（1938 年 9 月），第 24 页。

⑤ 《红十字会为难民介绍职业》，《新闻报》1938 年 7 月 8 日；《生活日报》1938 年 7 月 8 日；《中国红十字会月刊》第 38 期（1938 年 8 月），第 16 页。

⑥ 《难民职业介绍所报告》，《中国红十字会上海国际委员会救济月刊》第 1 卷第 6 期（1938 年 11 月），第 5 页；《中国红十字会月刊》第 42 期（1938 年 12 月），第 24 页。

（续表）

| 类　别 | | 人　数 |
|---|---|---|
| 工厂工人 | 玻璃厂工人 | 42 |
| | 包糖工人及糖商 | 34 |
| | 染厂工人 | 31 |
| | 竹制家具厂工人 | 30 |
| | 锯木厂工人 | 28 |
| | 石作工人 | 19 |
| | 电灯泡厂工人 | 18 |
| | 化学厂工人 | 14 |
| | 模样（翻砂用）厂工人 | 13 |
| | 搪瓷厂工人 | 12 |
| | 帽厂工人 | 12 |
| | 香粉厂工人 | 12 |
| | 汽水厂工人 | 12 |
| | 纸盒厂工人 | 11 |
| | 电筒厂工人 | 10 |
| | 火柴厂工人 | 10 |
| | 箱厂工人 | 9 |
| | 面粉厂工人 | 8 |
| | 火药厂工人 | 7 |
| | 肥皂厂工人 | 6 |
| | 洋伞厂工人 | 6 |
| | 铁丝厂工人 | 6 |
| | 榨油厂工人 | 6 |
| | 砖瓦厂工人 | 5 |
| | 制罐厂工人 | 4 |
| | 炼钢厂工人 | 3 |
| | 牙刷厂工人 | 2 |
| | 热水瓶厂工人 | 1 |
| | 瓷厂工人 | 1 |
| | 合　计 | 3974 |

（续表）

| 类别 | | 人数 |
| --- | --- | --- |
| 手工业工匠 | 中西成衣匠 | 375 |
| | 铜匠 | 295 |
| | 木匠 | 292 |
| | 泥水匠 | 173 |
| | 编草辫工 | 116 |
| | 漆匠 | 109 |
| | 鞋匠 | 83 |
| | 铁匠 | 77 |
| | 银匠 | 52 |
| | 纸花工匠 | 31 |
| | 锡匠 | 26 |
| | 麻将牌工匠 | 23 |
| | 麻袋修理匠 | 21 |
| | 合计 | 1673 |
| 其他劳动者 | 小工 | 1099 |
| | 人力车夫 | 153 |
| | 洗衣作工人 | 20 |
| | 运输业工人 | 7 |
| | 合计 | 1279 |
| 商肆店主及雇员 | 百货商店雇员 | 537 |
| | 米商 | 64 |
| | 药材商 | 24 |
| | 书贾 | 23 |
| | 五金商 | 23 |
| | 鲜肉、咸肉商 | 19 |
| | 水果商 | 15 |
| | 酒菜馆主人 | 13 |
| | 鱼贩 | 11 |
| | 钱庄雇员 | 8 |
| | 典当雇员 | 2 |
| | 旧衣铺雇员 | 1 |
| | 合计 | 740 |

（续表）

| 类别 | | 人数 |
|---|---|---|
| 其他雇员 | 教员及学生 | 421 |
| | 厨司 | 183 |
| | 茶馆侍者 | 142 |
| | 园丁 | 79 |
| | 汽车夫及驾驶者 | 23 |
| | 合计 | 848 |
| 自由职业及其他服务门 | 机器匠 | 131 |
| | 水电修理匠 | 104 |
| | 剃发匠 | 73 |
| | 医生 | 33 |
| | 铅管装置匠 | 21 |
| | 修理打字机者 | 4 |
| | 钟表匠 | 2 |
| | 吹鼓手 | 1 |
| | 合计 | 369 |
| 小贩及独立职业 | 小贩 | 582 |
| | 屠夫 | 13 |
| | 合计 | 595 |
| 其他职业 | | 1367 |
| 总计 | | 14322 |

资料来源：《经济统计月志》第5卷第6期（1938年6月），第23—24页。

旋经各方努力，难民生产的成绩尚可，“然在难民方面，所得之反响却未尽善”[1]。由于难民中不乏游手好闲之辈，“在能获得食物与住所以后，即不愿工作”[2]。上海国际红十字会于是规定，“难民自十四岁至五十岁者，除有特殊情形，如哺乳残疾外，均须到场工作，余任意



① 彭望荃：《上海国际红十字会报告（民国二十六年十月至二十八年三月卅一日）》，中国红十字会上海国际委员会1939年编印，第14页。

② 密勒氏：《难民工作问题》，《血路》第36期（1938年10月29日），第568页。

愿”①。其他由难民职业介绍所推荐至各处工作者，亦有少数借口路远酬薄而中途怠工者，针对此种难民，该会特别规定，“凡经介绍职业者，如无正当理由，规避不去者，一律斥令出所，以示惩戒，而儆游惰”②。另外，大多数难民技能训练一经娴熟，便令其离所另谋工作，以致供给原料及加以指导厂商殊为不悦，“盖彼等支出费用以训练工作，而由他人坐享其利益，因此不久即自行引去”③。

以上所述种种办法，不论是消极救济，还是积极救助，均为达成减少给养难民人数以减轻经济负担的目的。从统计数据上看（见表5-8），受给养难民人数确有所减少，获得了一定的效果，但并非完全令人满意。又法币受投机市场影响，“对外币汇兑跌去百分之四十，此其影响立即及于米价及煤价，故二十七年七月时，每人食粮成本成为每月一元九角五分”④，较之前耗费更甚，好不容易积攒起来的给养优势顿时荡然无存。至9月间，只好以玉蜀黍代替麦类，“迨十月间，则豆类亦以玉蜀黍代之”⑤，已然走到“山穷水尽”的地步。

**表5-8 上海国际红十字会各月给养难民人数统计**

| | 1月1日 | 2月1日 | 3月1日 | 4月1日 | 4月26日 | 5月31日 | 6月29日 | 7月27日 | 8月31日 | 9月28日 | 10月26日 |
|---|---|---|---|---|---|---|---|---|---|---|---|
| 慈联会 | 43823 | 40000 | 40226 | 39100 | 34156 | 35246 | 34896 | 34340 | 36273 | 30142 | 27214 |
| 慈联分会 | 55512 | 50000 | 45066 | 42800 | 39281 | 34221 | 34896 | 27847 | 25952 | 22657 | 19334 |
| 上海国际救济会 | 24485 | 23000 | 19293 | 17000 | 13596 | 9872 | 7788 | 7880 | 9095 | 9622 | 9974 |
| 广东旅沪同乡救济委员会 | — | 7000 | 7607 | 7400 | 6967 | 5868 | 5868 | 6005 | 6005 | 6005 | 6005 |
| 世界红卍字会 | — | 4000 | 3696 | 400 | 2826 | 2365 | 2001 | 1839 | 822 | 146 | 128 |

---

① 《文监师路难民工场记》，《中国红十字会上海国际委员会救济月刊》第1卷第3期（1938年8月），第2页。

② 《难民怠工已规定处置办法》，《国民日报》1938年7月26日；《中国红十字会月刊》第38期（1938年8月），第24页；《国际劳工通讯》第5卷第9期（1938年9月），第158页。

③ 彭望荃：《上海国际红十字会报告（民国二十六年十月至二十八年三月卅一日）》，中国红十字会上海国际委员会1939年编印，第13页。

④ 彭望荃：《上海国际红十字会报告（民国二十六年十月至二十八年三月卅一日）》，中国红十字会上海国际委员会1939年编印，第12页。

⑤ 孙孟刚：《中国红十字会上海国际委员会视察组报告书（民国二十七年七月至十月）》，中国红十字会上海国际委员会1939年编印，第11页。

（续表）

| | 1月1日 | 2月1日 | 3月1日 | 4月1日 | 4月26日 | 5月31日 | 6月29日 | 7月27日 | 8月31日 | 9月28日 | 10月26日 |
|---|---|---|---|---|---|---|---|---|---|---|---|
| 镇丹金溧扬五县同乡救济会 | — | 400 | 356 | 500 | 361 | 362 | 310 | 306 | 302 | 302 | 302 |
| 中华黄卍字会 | — | 1000 | 784 | 700 | — | — | — | — | — | — | — |
| 江宁六县公所 | — | 1500 | 1535 | 1500 | 1525 | 1514 | 1513 | 1501 | 1470 | 1462 | 1448 |
| 祇园莲社 | — | 850 | 666 | 600 | 426 | 387 | 341 | 280 | 247 | 215 | — |
| 尊圣善会 | — | 650 | 591 | 600 | 495 | 506 | 506 | 472 | 423 | 371 | 374 |
| 至圣善院 | — | — | 577 | 500 | 486 | 413 | 371 | 358 | 329 | 276 | 251 |
| 上海市第一特区联合会 | — | — | — | — | 239 | 218 | 203 | 179 | 185 | 166 | 162 |
| 上海市地方协会 | — | — | — | 600 | — | — | — | — | — | — | — |
| 中华慈幼协会 | — | — | — | — | — | — | 642 | 642 | 642 | 642 | 642 |
| 难童中学 | — | — | — | — | — | — | — | — | 103 | 103 | 109 |
| 总计 | 123820 | 128400 | 120407 | 111700 | 100378 | 90972 | 85316 | 81649 | 81848 | 72109 | 65946 |

资料来源：彭望荃：《上海国际红十字会报告（民国二十六年十月至二十八年三月卅一日）》，中国红十字会上海国际委员会1939年编印，第11页。

而且其他需要解决的问题也着实不少，如原定供给各难民收容所烟煤，并与一煤号订立采购合同，依照难民给养标准按期运送，然而该煤号不久即因存煤不足而无法完成合同规定的数量，故不得不向其他煤号添购白煤应用。岂料该煤号又于5月中告知不复能履约，顿使烟煤供给为难，幸好大部分难民收容所均能设法勉强应付。另外，蔬菜供给同样不甚满意，不仅市价常随季节变动，更因交通阻滞而影响采购，“有时不得已用大蒜头或甘薯代之，然各收容所常拒不食用而任其腐烂”①。难民给养工作之复杂，由此可见一斑。尽管如此，至结束救济工作时，上海国际红十字会总共发出27746210份粮食②，是“孤岛”时期上海难民得以维生的最重要的给养来源。

① 彭望荃：《上海国际红十字会报告（民国二十六年十月至二十八年三月卅一日）》，中国红十字会上海国际委员会1939年编印，第11页。

② 《上海国际红十字会报告》，《上海医事周刊》第5卷第25期（1939年6月19日），第1页。

# 第三节　收容所迁让事件的发生与应对

正当上海国际红十字会专心于难民救济工作时，意外发生的强令难民收容所迁让事件，使其不得不分出相当的精力进行协调、处理。该迁让事件发生的起因，源于沪战爆发前后，两租界居民选择返国或迁往香港等地避难，留下大量空屋闲置，各救济团体开办难民收容所，“大都借用民间空屋”[①]，且没有获取业主的同意；另有部分难民私自占住，各业主及其代理人或出于人道或其他原因而没有及时制止。但随着淞沪会战失败，战争及难民形势变得不乐观，各业主担心房屋将会被长期占用，而不知何时能够归还，加上此时租界人口急剧膨胀，也使他们看到了商机[②]，“近以人口骤增，各业主均欲收回出租”[③]，遂于1938年初纷纷请求工部局转饬迁让。

## 一、工部局责任规避与事件升级

工部局鉴于此类“占住私人住宅及弃置之商店，于公共卫生、火警及警务管理方面，皆成为严重之问题”[④]，同时又一再收到业主肃清房屋以供出租的要求，于是决定在2月间将此非法占住难民迁出[⑤]。1月18日，副总办葛柏（T. W. Gubb）签发难民迁让通告：“为达到促进某些难民收容所从有其他需求房屋中迁出的目的，工部局已安排在西区圈出一些地点，供各善团建造席棚以收容难民。工部局也正准备与有关业主协商，以期合理支付占住期内的租金。相关咨询请径与工务处代理处长联

① 《工部局加紧迁难民收容所》，《中国红十字会上海国际委员会救济月刊》第1卷第3期（1938年8月），第3页；《工部局允缓迁难民收容所》，《中国红十字会月刊》第40期（1938年10月），第41页。

② 《工部局工务处代理处长斯坦布福德1938年6月4日致副总办葛柏的信》，上海市档案馆藏英文档案，档号U1-16-1040，缩微号87；档号U1-16-1041，缩微号25。

③ 《工部局加紧迁难民收容所》，《中国红十字会上海国际委员会救济月刊》第1卷第3期（1938年8月），第3页；《工部局允缓迁难民收容所》，《中国红十字会月刊》第40期（1938年10月），第41页。

④ 《红十字会建屋收容难民棚户》，《文汇报》1938年6月13日；《中国红十字会月刊》第37期（1938年7月），第30页。

⑤ 《请求驱逐》，上海市档案馆藏英文档案，档号U1-16-1041，缩微号41。

系。此令。”[①] 该通告发出后，各救济团体只好各自寻求可供难民迁移的场所，但因合适地点一时难以寻得，加上难民众多，“迁移他去，殊属困难，以致该项计划，迟未实行”[②]。

2月中旬，各业主在难民迁让无望之情形下，要求工部局警务处采取行动。警务处一面劝说各业主耐心等待，一面与有关主管善团联络，要求尽快安排难民迁让，以防警务处受业主压力而不得不进行驱逐，并要求在一个月内完成迁让[③]；同时下发了一份需迁移难民收容所名单，涉及超过50处非法占住房屋，大约3万名难民将被强制驱逐[④]。面对警务处较为强硬的表态，各有关救济团体纷纷致信工部局表达不满，事件由此升级。

4月6日，慈联会首先向工部局发难，声称：“各区巡捕房，按照业主单方面要求，而忽略难民之艰难困苦，频繁尝试从我们借用的房屋中武力驱逐难民，导致我们很难处理这种情形。例如，警务处和业主最近通知我们在一个月内将以下收容所腾空：杨宗，江西路63号……（共计19处）上述收容所收容难民14568人，我们已尽最大努力供给食物和其他必需品，警务处命令我们在规定时间内将他们从现住房屋中迁出，实则给我们抛出了另一道难题，工部局是否可以要求警务处命令有关巡捕房不要采取武力驱逐。当业主要求迁让时，我们必须有时间去获得新的场址或其他已经找到的合适地点。为了难民不被夺去已经搭建席棚的空置土地，可以安排我们和业主协商，以支付给他们一大笔租金。请考虑这些请求，并给予我们一个果断干脆的回复。”[⑤] 慈联分会也致信工部局总办菲利普（G. G. Phillips），动之以情、晓之以理：“我们难民收容所的许多业主最近要求我们腾出他们的房屋，因为他们是这些房产的业主，所以并不能否认他们正当行使业主的权利。但是如果强迫难民匆忙迁让，他们将无处容身，他们将流落在街头各处角落忍饥挨饿，却只能哀叹他们悲惨的命运，所有人都在无助地等待他们厄运的来临，谁

---

① 《第4989号通告难民收容所选址》，上海市档案馆藏英文档案，档号U1-16-1041，缩微号33。

② 《红十字会建屋收容难民棚户》，《文汇报》1938年6月13日；《中国红十字会月刊》第37期（1938年7月），第30页。

③ 《工部局警务处处长杰拉德1938年4月7日致总办菲利普的信》，上海市档案馆藏英文档案，档号U1-16-1040，缩微号32、41。

④ 《贝克1938年4月18日致总办菲利普的信》，上海市档案馆藏英文档案，档号U1-16-1040，缩微号33。

⑤ 《慈联会1938年4月6日致工部局的信译文》，上海市档案馆藏英文档案，档号U1-16-1040，缩微号39-40。

能出于同情和怜悯而帮助他们在令人同情的条件下不被迁移?”[①] 此番言论希望能博得工部局的同情而使之伸出援助之手，同时出于维持公共秩序的考量，慈联分会亦建议工部局协助与空置房产业主协商租用，并要求工务处提供与搭建难民席棚有关的所有便利，尤其在经费上提供补助。

除上述与迁让直接相关的两善团向工部局发出请求之外，上海国际红十字会也与工部局进行了沟通。4 月 18 日，贝克专就此事致信总办菲利普，请求工部局找出解决方法。他直言，尽管上海国际红十字会和相关主管善团在解决须迁让难民住房问题上非常努力，但仍旧陷入了僵局。“我们已与工部局工务处合作寻找可能的空置区域，但是我们找到的这些地方，要么已经出租，要么因业主或代理人的注视而将妨碍席棚搭建。除此之外，救世军所办正收容数千难民，位于小沙渡路和澳门路难民收容所，其业主警告我们，在今后三个月内，他们将使用该场所，如此一来，不仅开办收容所花费超过 15000 元已由我们支付，而且这另外的数千难民将流落街头”[②]。

接到各救济团体的请求之后，工部局并没有在第一时间给予回复，而是先在内部征求各方意见。卫生处处长朱尔登（J. H. Jordan）认为，起初肃清房屋，让难民更多地向市郊迁移，看上去是不错的，但是大规模迁让是非常危险的，“现在急切需要工部局竭力协助各善团获取适合一个或两个大型难民收容所的土地”[③]。警务处处长杰拉德（F. W. Gerrard）的意见是，“唯一的补救办法是将难民迁移到更大更好且有组织的收容所中”[④]。这是他依据一份关于西虹口区卫生条件的警务报告所做出的推断。这份报告详述了西虹口区极不卫生的居住环境：该区难民十分拥挤，老人和小孩大都蜗居在各个角落里，就连民居也平均住着 6 个家庭；难民居住的大多数房屋急需维修，没有下水道设施，粪便桶都放在屋子里，只能在巷弄里洗衣服；而且小贩益发造成交通拥堵和污秽物（特别是蔬菜和水果）。报告认为，直到将难民迁到一个更为开阔的地方，将占住的房屋归还给业主，否则没有任何希望能让这里回

① 《慈联分会致总办菲利普的信译文（无日期）》，上海市档案馆藏英文档案，档号 U1-16-1040，缩微号 36。

② 《贝克 1938 年 4 月 18 日致菲利普的信》，上海市档案馆藏英文档案，档号 U1-16-1040，缩微号 33。

③ 《朱尔登 1938 年 4 月 28 日致菲利普的信》，上海市档案馆藏英文档案，档号 U1-16-1040，缩微号 44。

④ 《杰拉德 1938 年 5 月 2 日致菲利普的信》，上海市档案馆藏英文档案，档号 U1-16-1040，缩微号 51。

到一个卫生的环境①。工务处代理处长斯坦布福德（C. H. Stableford）则建议应该让各救济团体知道，工部局没有经费可供支持购买席棚，但会为搭建提供所有可能的便利②。从各位处长的表态中可以看出，他们基本认同难民需要迁让这个事实，工部局也应当为此提供协助，但他们并不认为工部局在这件事情上要承担主要责任，而是将工部局摆放在一个第三方协助的位置上。

因久不见回复，上海国际红十字会杜达等人遂向工部局全体人员发去一封公开信，重申："由于难民问题取决于工部局及所涉及善团，我们希望提请你们注意某些眼前的问题，并在这件事情的解决上提供帮助和合作。"③ 同时明确提出6点要求：难民迁让时间进一步往后推迟；协助定位和获取合适的地点；为搭建席棚提供便利；在为迁让难民防疫注射时，要求卫生处和警务处提供深度合作；工部局巡捕驻进收容所或在附近定期巡逻；努力协调难民问题。针对此6点要求，朱尔登认为，大多都已在他先前的报告中有所涉及，并再次向副总办做了逐条评论。他认为，大型难民收容所更为容易处理，尽管这需要工务处提供更多协助；虽然搭建席棚过冬寒冷，也有火灾隐患，但在目前难民救济中运用效果良好，看似也是解决眼前问题的唯一办法；卫生处对于救济团体提供防疫注射没有异议，且已展开合作，但不需要警务处在这一点上提供协助，至少卫生处没有任何需要协助的问题；关于收容所驻警维持秩序，是一个非常好的建议，大型收容所尤其需要④。可见，卫生处基本认同上海国际红十字会提出的要求，没有需要过多商榷的地方，但最终的回复还须参考难民问题顾问委员会的意见。

难民问题顾问委员会干事纳什（E. T. Nash）综合各方意见，择其要者制成备忘录⑤，提交5月6日该委员会议讨论，主席普兰特、委员饶家驹等人悉数出席，副总董麦克诺登准将、警务处副处长伯恩（K. M. Bourne）、卫生处处长朱尔登、工务处代理处长斯坦布福德也都应邀与

① 《警务处第F2900/2（110）号文件》，上海市档案馆藏英文档案，档号U1-16-1040，缩微号52。

② 《斯坦布福德1938年4月29日致葛柏的信》，上海市档案馆藏英文档案，档号U1-16-1040，缩微号46。

③ 《杜达等1938年4月30日致工部局的信》，上海市档案馆藏英文档案，档号U1-16-1040，缩微号47。

④ 《朱尔登1938年5月4日致葛柏的信》，上海市档案馆藏英文档案，档号U1-16-1040，缩微号53。

⑤ 《难民问题顾问委员会关于迁让和收容难民备忘录》，上海市档案馆藏英文档案，档号U1-16-1040，缩微号49。

会，会议由普兰特主持并做陈述。普兰特首先指出：“难民救济机构请求工部局命令警务处推迟执行业主所要求的驱逐难民行动，这种推迟将为救济机构争取时间去找到可搭建席棚的合适地点，以供被从房屋中驱逐的难民居住，被驱逐难民总数约为三万人，其中有两万人将于5月10日被驱离，各善团希望工部局推迟警务处协助业主驱逐难民行动，自5月10日起至少一个月。”① 而后各委员围绕驱逐难民、用地选址、席棚、预防接种、维持治安、非法占住房屋等7项议题进行了简单讨论，最后议决向工部局董事会建议：“若无法庭命令，地产主要求捕房采取行动协助驱逐难民之事自5月10日开始将推迟1个月。正因为捕房认为驱逐合乎情理，并向将被驱逐的难民发出正式通告，捕房已协助地产主进行此种驱逐活动。延期1个月的目的是为了给各救济机构以时间，以便让他们能寻找合适地点搭建席棚供从房屋中撤出的难民居住。”②

5月12日，工部局召开董事会会议，采纳了难民问题顾问委员会的建议，决定“在无法庭命令情况下，捕房根据地产主的要求采取行动协助他们驱逐难民之事，应推迟至1938年6月10日”③。会后由葛柏向贝克传达了这一决议，并表示工部局工务处、卫生处、警务处都将尽力提供协助和合作，但对于越过公共租界范围的难民收容所，其治安维持会有困难，同时也指出，万一发生房产损坏或其他违反和平的行为，警方则必须向业主提供援助④。

经过协调，难民问题并没有得到解决，工部局也没有提出有建设性的解决方案，实则是将问题踢还给上海国际红十字会及各主管善团。工部局的低效率表明，他们在刻意规避责任，但又想在该事件的处理中维护工部局的利益。朱尔登曾向菲利普建言，“正因为工部局协助寻找场地，也就有可能增加一个条件，那就是卫生处在选择哪一个收容所迁移的问题上要拥有更多话语权”⑤。因为某些难民收容所糟糕的卫生条件，

① 《难民问题顾问委员会1938年5月6日会议记录》，上海市档案馆藏英文档案，档号U1-16-1040，缩微号56。

② 上海市档案馆编：《工部局董事会会议录（1936—1939）》第27册，上海古籍出版社2001年版，第571页。

③ 上海市档案馆编：《工部局董事会会议录（1936—1939）》第27册，上海古籍出版社2001年版，第571页。

④ 《葛柏1938年5月13日致贝克的信》，上海市档案馆藏英文档案，档号U1-16-1040，缩微号63。

⑤ 《朱尔登1938年5月11日致菲利普的信》，上海市档案馆藏英文档案，档号U1-16-1040，缩微号60；档号U1-16-1041，缩微号32。

使卫生处很多聪慧且训练有素的职员投身其中，导致卫生处人员捉襟见肘，从而影响到其他业务的处理。他的另一建议是保留位于胶州路和新加坡路（今余姚路）拐角处医院旧址上的难民收容所，他认为此处不仅适合开办难民收容所，而且产权归于工部局，易于控制，这样就能关闭许多无论如何努力也不能使卫生条件得到改善的难民收容所。但这一建议遭到斯坦布福德的强烈反对，“我不可能同意上述场地任由一个难民收容所无限期占用，我已经要求上海难民救济委员会干事安排尽早搬出，因为此地块不确定什么时候就要被使用”①。

工部局内部不同意见的产生，其原因是想在迁移难民与满足业主要求之间找到解决问题的平衡点，因此游离在工部局与各救济团体之间进行利益博弈。当董事米切尔（C. E. Mitchell）在5月25日工部局董事会会议上提出，“鉴于各难民机构日益严重的经济困难，需要工部局制订一项与此有关的处理整个难民问题的政策”② 时，普兰特就一再提醒，“由于已经注意到存在着一些救济难民机构可能迫切希望有机会将其所承担的责任及财政义务转交给工部局的危险，所以他警告工部局不要打算自己去改正这些缺点”③。总董樊克令（C. S. Franklin）对此甚为赞同，他告诫工部局“不要采取那种可能使他们（难民救济机构）觉得他们（工部局）不得不免除难民救济组织负担的措施”④，这是工部局在此次事件中不愿作为的根本原因。

## 二、上海国际红十字会的努力

若难民收容所的迁让事件不能妥善解决，不但无法保全各方利益，而且一旦难民失控也势必将严重影响租界的秩序和安全⑤，公共租界当局毫无疑问应当取代各救济团体对事件的解决负主要责任，但工部局很明显无意于这么做，而是施压于上海国际红十字会及各主管善团。上海

① 《斯坦布福德1938年5月13日致葛柏的信》，上海市档案馆藏英文档案，档号U1-16-1040，缩微号65。

② 上海市档案馆编：《工部局董事会会议录（1936—1939）》第27册，上海古籍出版社2001年版，第573页。

③ 上海市档案馆编：《工部局董事会会议录（1936—1939）》第27册，上海古籍出版社2001年版，第573页。

④ 上海市档案馆编：《工部局董事会会议录（1936—1939）》第27册，上海古籍出版社2001年版，第573页。

⑤ 《贝克1938年4月18日致菲利普的信》，上海市档案馆藏英文档案，档号U1-16-1040，缩微号33。

国际红十字会诸多办事委员来自于工部局，对工部局的主张和意图不可能不知晓。从前后两封致工部局的信中可以看出，上海国际红十字会对工部局的态度和要求的改变明显带有妥协的意味，却不料因此成为工部局保持第三方协助地位的“台阶”，而上海国际红十字会作为真正的第三方，却不得不在此次事件中担起寻求解决途径的主要责任。

为了难民救济，上海国际红十字会不得不带领各救济团体全力以赴寻找场地，然而却迟迟得不到有效的解决办法。除了迁让难民人数众多有所阻碍外，上海国际红十字会及各救济团体无法克服的困难之处主要有以下几点：

一是找不到合适的场地。贝克在致菲利普的信中已如实提出这个难题，上海国际红十字会曾委托麦克诺登主持寻找可容纳 2 万名难民的住处①，但经查寻的 8 处场地都被证明不可使用②。即便有了工务处的协助，仍旧“在防区范围内实际寻找地点的工作中遇到了很大的困难”③，这是由诸多因素共同导致的。

首先，以大营地替换分散的小收容所，提高了场地的标准，同时也增加了找到合适场地的难度。然而在这一点上，各方意见基本一致，这本是朱尔登的建议，他从改善卫生和防疫的角度坚持认为，“一些没有组织起来的小型营地的出现是控制流行病来临的最大困难之一，而诸如正在考虑中的大一些的营地将会为卫生和健康措施提供较好设备”④。这一主张为工部局所认同，其董事会认为这种营地“至少可以防止形成擅自居住在这块地上的人企图占有该地的情况”⑤。上海国际红十字会虽无明言，但它“积极试图以大营地取代小营地，并为此正在到处搜寻一切可能的地皮”⑥。的确，大营地相较于分散的小营地，更加便于管理和控制，也更能在土地租金上节约很多，这对于缓解当时难民救济经费紧张

---

① 《麦克诺登 1938 年 4 月 21 日致朱尔登的信》，上海市档案馆藏英文档案，档号 U1-16-1040，缩微号 35。

② 《斯坦布福德 1938 年 4 月 29 日致葛柏的信》，上海市档案馆藏英文档案，档号 U1-16-1040，缩微号 46。

③ 上海市档案馆编：《工部局董事会会议录（1936—1939）》第 27 册，上海古籍出版社 2001 年版，第 572—573 页。

④ 上海市档案馆编：《工部局董事会会议录（1936—1939）》第 27 册，上海古籍出版社 2001 年版，第 573 页。

⑤ 上海市档案馆编：《工部局董事会会议录（1936—1939）》第 27 册，上海古籍出版社 2001 年版，第 573 页。

⑥ 上海市档案馆编：《工部局董事会会议录（1936—1939）》第 27 册，上海古籍出版社 2001 年版，第 573 页。

的情形颇有裨益[①]。

其次，租界用地一向紧张，至少在西区很难觅到无主或空置的地块，许多场地要么已经出租，要么不适合使用[②]。譬如卫生处在西区第三分区找出的邻近槟榔路（今安远路）和胶州路的两块地皮：一在劳勃生路，新中国纺织有限公司持有的空置地块；一在胶州—槟榔路，亚洲房地产有限公司持有的未登记地块。但因地皮条件不理想，最终遭到工务处的拒绝[③]。为掌握第一手资料，米切尔曾在斯坦布福德、卫生处吕凯（H. H. Lücke）等人陪同下，于 6 月 29 日视察了延平路体育馆、胶州路和新加坡路交界处精神病院、北浙江路（今浙江北路）同仁辅元堂墓地等 12 处场地，除劳勃生路（今长寿路）140 号中国通用有限公司东北边一处 80 亩地块可作使用，其他"所到之处均相当拥挤，在这些地方没有建造难民收容所的机会"[④]。

再次，部分用地计划因不符合工部局的利益而遭反对或流产。法租界公董局曾表示愿意提供两块土地，一在贝当路（今衡山路）约 30 亩，一在海格路约 60 亩，仅后者就能单独容纳 2 万名难民，这是一个十分利好的消息，但公董局提出一个附带条件，即"当在他们区域搭建起这额外的住所，难民组织需要收容流落在他们街头上的 6 千难民"[⑤]。就这一要求而言，使朱尔登对公董局的"慷慨"持怀疑态度，他担心公共租界关于迁让难民收容所的利益，将最终只为法租界服务，并认为不能将难民迁移至法租界的大收容所中[⑥]。葛柏也持同样的意见，"恐怕我们很难指望法租界收容所单纯地帮助我们迁移难民，因为他们极可能打算只是收容法租界街头上的 6000 难民"[⑦]。还有因担心附近居民反对而被迫放

① 《朱尔登 1938 年 5 月 28 日致难民问题顾问委员会主席普兰特的信》，上海市档案馆藏英文档案，档号 U1-16-1040，缩微号 84。

② 《朱尔登 1938 年 4 月 20 日致麦克诺登的信》，上海市档案馆藏英文档案，档号 U1-16-1040，缩微号 34。

③ 《朱尔登 1938 年 5 月 19 日致西区卫生检查专员佩奇的信》，上海市档案馆藏英文档案，档号 U1-16-1040，缩微号 72-73。

④ 《难民收容所巡回视察》，上海市档案馆藏英文档案，档号 U1-16-1040，缩微号 103。

⑤ 《难民问题顾问委员会干事纳什 1938 年 5 月 5 日致主席普兰特的信》，上海市档案馆藏英文档案，档号 U1-16-1040，缩微号 54；《难民问题顾问委员会 1938 年 5 月 6 日会议记录》，上海市档案馆藏英文档案，档号 U1-16-1040，缩微号 57。

⑥ 《朱尔登 1938 年 5 月 11 日致菲利普的信》，上海市档案馆藏英文档案，档号 U1-16-1040，缩微号 61。

⑦ 《葛柏 1938 年 5 月 12 日致朱尔登的信》，上海市档案馆藏英文档案，档号 U1-16-1040，缩微号 62。

弃的，贝克曾建议使用中国内地会位于极司非而路（今万航渡路）和地丰路（今乌鲁木齐路）拐角处三亩五分空地，预计可容纳1600名难民，可将慈联分会第4、第14、第35、第20难民收容所共计1429名难民迁往[1]，但朱尔登认为该处过于接近民居，必然导致附近居民有所埋怨[2]。工部局也因此担心附近居民反对，而拒绝了这一建议[3]。

为此，米切尔提议“在租界范围以外另找一块合适的地皮”[4]。这是一个十分大胆的建议，因为此项建议的实施须与日本当局交涉，日方是否愿意提供这样一块地皮非常关键。日籍董事冈本乙一认为，“由于日本当局的目标是要将难民送回到乡下，他认为，日本当局也许会在租界外提供营地地皮方面给以合作”[5]，并建议工部局授权日籍副总办寺冈洪平与日本军事当局举行非正式会谈。米切尔旋即通过日本外务省一位非官方观察员与日方进行了初步接洽，得到一个令人可以接受的答复[6]：“大使要求工部局提交一份更为具体的报告。”[7] 5月27日，难民问题顾问委员会就此问题召开会议，“麦克诺登准将直言，他支持继续探索在界外获取一块地皮，但同时对该项计划的实际操作并不持乐观的态度，警务处副处长和卫生处处长也表达了同样的忧虑，尽管他们都看到了米切尔先生提议的价值”[8]。事实上，该提议在工部局董事会上一经提出，就遭到普兰特的反对，他认为“即使工部局能说服日本军事当局，从而得到一块可以安置难民的地皮，这样又能达到什么目的？因为现在对难民营地进行管理和提供资金的机构，是否愿意将他们的力量转移到位于

---

① 《贝克1938年9月29日致纳什的信》，上海市档案馆藏英文档案，档号U1-16-1041，缩微号58。

② 《朱尔登1938年9月30日致葛柏的信》，上海市档案馆藏英文档案，档号U1-16-1041，缩微号59。

③ 《葛柏1938年10月5日致贝克的信》，上海市档案馆藏英文档案，档号U1-16-1041，缩微号60。

④ 上海市档案馆编：《工部局董事会会议录（1936—1939）》第27册，上海古籍出版社2001年版，第573页。

⑤ 上海市档案馆编：《工部局董事会会议录（1936—1939）》第27册，上海古籍出版社2001年版，第573页。

⑥ 《难民问题顾问委员会1938年5月27日会议记录》，上海市档案馆藏英文档案，档号U1-16-1040，缩微号77。

⑦ 《难民问题顾问委员会关于越界营地备忘录》，上海市档案馆藏英文档案，档号U1-16-1040，缩微号74。

⑧ 《难民问题顾问委员会1938年5月27日会议记录》，上海市档案馆藏英文档案，档号U1-16-1040，缩微号80。

这样位置的一块地皮上去，不是没有疑问的”[①]。贝克对该提议的可行性同样表示怀疑，“但贝克博士现在认为，在所处的这样一个地点只为老年、妇女及儿童包办伙食也许切实可行”[②]。虽然反对声音占据优势，但米切尔并不想放弃这项提议，他声称要召集难民问题顾问委员会会议进一步研究此事，然而该项会议始终讨论不出结果，“因此未再继续与日本当局进行交涉”[③]，此项提议迫于流产。

米切尔的提议未能得到实行，还有一个非常重要的原因，那就是“确定难民营地地址的一个重要因素，特别是在难民们自己的心目中，是安全问题”[④]，尤其是租界外的安全没有保障，即便此处还是在欧美等国军事力量的控制区域。英军指挥官也曾表示，“如果难民收容所不建在离他的营房或前哨站太近的地方，并能有效控制卫生和纪律，他不反对将难民收容所建在这个区域，但他不能为任何收容所提供安全保卫”[⑤]。贝克也坦言，“他并不认为，界外营地将采取安全措施，能让前去的难民感到安全”[⑥]。上海国际红十字会外籍委员费起（Robert F. Fitch）通过对界外营地调查，得出结论：在当前环境下使用界外营地是不切实际的。他进一步解释道：“日本人只会加强限制货物和人流通行，而不是放松。”[⑦]

二是得不到搭建席棚所需的材料。所需材料如竹子，受宁波港关停的影响，难以从海外进口[⑧]；更为糟糕的是要想将这些材料从沦陷区运

① 上海市档案馆编：《工部局董事会会议录（1936—1939）》第27册，上海古籍出版社2001年版，第575页。

② 上海市档案馆编：《工部局董事会会议录（1936—1939）》第27册，上海古籍出版社2001年版，第573页。

③ 上海市档案馆编：《工部局董事会会议录（1936—1939）》第27册，上海古籍出版社2001年版，第577页。

④ 上海市档案馆编：《工部局董事会会议录（1936—1939）》第27册，上海古籍出版社2001年版，第572—573页。

⑤ 《难民问题顾问委员会1938年5月3日备忘录》，上海市档案馆藏英文档案，档号U1-16-1040，缩微号49。

⑥ 《难民问题顾问委员会1938年5月27日会议记录》，上海市档案馆藏英文档案，档号U1-16-1040，缩微号79。

⑦ 《难民问题顾问委员会1938年5月27日会议记录》，上海市档案馆藏英文档案，档号U1-16-1040，缩微号80-81。

⑧ 《贝克1938年5月14日致葛柏的信》，上海市档案馆藏英文档案，档号U1-16-1040，缩微号66。

进租界也存在不小的难度[1]，日本军事当局不予通过，贝克因此向工部局总裁费信惇（Stirling Fessenden）请求援助[2]。不久，依斯坦布福德建议[3]，由上海国际红十字会“委任一名代表拜访建筑师瓦特（J. D. Watt），他能提供关于获取难民收容所建筑材料所有可能的帮助”[4]。上海国际红十字会遂与有关救济团体约定，若有需要即与瓦特联系[5]。

三是没有足够的经费支付新营地的租金。获取新营地的困难之一是经费问题，在难民问题顾问委员会5月27日会议上，斯坦布福德对此多有抱怨，“难民组织在他的部门的帮助下找出一些可能的营地，但是他们获取这些营地的主要困难，是他们发现不能支付租金”[6]。经上海国际红十字会所寻8处营地，绝大部分遭拒也是因为业主的商业目的，若是能提供一份有利可图的租金，大多数反对意见就会消失。“为了获得合适的营地，卫生处建议工部局仅依市场利率制订一份财务计划”[7]。

虽然困难重重，但也不是一点收获都没有。“于过去数月中，上海（国际）红十字会当局，努力建筑新屋，以作迁移难民之准备”[8]。除在通新路（红十字会二厂原址）备有若干柴棚，可容1万难民以外，另在3处营地赶建新难民收容所，“其一在海格路，约可容纳万人；另一在大西路，占地颇广，可以随时扩充；惇信路（今武夷山路）之国际红十字会收容所，亦正在加搭草棚，又可收容万人”[9]。又在工务处的帮助下，

① 《麦克诺登1938年4月21日致朱尔登的信》，上海市档案馆藏英文档案，档号U1-16-1040，缩微号35。

② 《贝克1938年5月17日致总办费信惇的信》，上海市档案馆藏英文档案，档号U1-16-1040，缩微号67。

③ 《斯坦布福德1938年5月20日致葛柏的信》，上海市档案馆藏英文档案，档号U1-16-1040，缩微号68。

④ 《葛柏1938年5月23日致贝克的信》，上海市档案馆藏英文档案，档号U1-16-1040，缩微号70。

⑤ 《贝克1938年5月25日致葛柏的信》，上海市档案馆藏英文档案，档号U1-16-1040，缩微号71。

⑥ 《难民问题顾问委员会1938年5月27日会议记录》，上海市档案馆藏英文档案，档号U1-16-1040，缩微号79。

⑦ 《斯坦布福德1938年6月4日致葛柏的信》，上海市档案馆藏英文档案，档号U1-16-1040，缩微号87；档号U1-16-1041，缩微号25。

⑧ 《红十字会建屋收容难民棚户》，《文汇报》1938年6月13日；《中国红十字会月刊》第37期（1938年7月），第30页。

⑨ 《国际红会建新收容所》，《晶报》1938年6月4日；《中国红十字会月刊》第37期（1938年7月），第23页。

顺利租下同仁辅元堂墓地[1]。

图 5-1　某难民收容所一角[2]

然而，上述营地能否在6月10日之前完工还是一个未知数，如惇信路难民收容所，实为上海国际红十字会与中华基督教协进会合作推出的一项难民生产营计划，“在获得工部局批准之前就已付诸实施”[3]。5月9日，费起在中华基督教协进会总部正式提出这一计划，即在白利南路（今长宁路）、惇信路和凯斯威克路（今凯旋路）之间一空置地块上修建一个大型难民收容所，为难民提供住宿和工作。该难民收容所由上海基督教联合会主办，并授权费起夫妇负责管理，其中费起夫人作为上海国际红十字会工艺委员会主席，主要监管职业培训、组织工作和发放薪水[4]。该收容所占地约90亩（其中30亩土地由中国业主免费租给，并以费起名义在美国领事馆登记[5]，计划搭建25座席棚，每一席棚可容纳200人，建造及装备费用由上海国际红十字会承担，而收容所管理及建




① 《贝克1938年5月17日致费信惇的信》，上海市档案馆藏英文档案，档号U1-16-1040，缩微号67。

② 照片复制自《Refugee camp》，http：//www. virtualshanghai. net/Asset/Preview/dbImage_ ID-58_ No-01. jpeg。

③ 《西区越界筑路协会主席诺埃尔1938年5月16日致菲利普的信》，上海市档案馆藏英文档案，档号U1-16-1040，缩微号122。

④ 《费起1938年5月12日致菲利普的信》，上海市档案馆藏英文档案，档号U1-16-1040，缩微号121。

⑤ 《费起关于上海国际红十字会和难民营计划》，上海市档案馆藏英文档案，档号U1-16-1040，缩微号119。

造车间费用由中华全国基督教协进会资助3个月)[①]。

毫无疑问，该难民生产营计划是一个不可多得的选择，待其开放后，“现时占用中北两区内各私人房屋之难民，可望全数迁至该处”[②]。不过，该生产营仍然存在安全隐患，因为其中有一部分虽然处在上海租界道路边界线以内，但超出了公共租界的范围[③]。5月12日，费起就此事致信菲利普征求意见，并请求卫生等部门在卫生防疫、维持治安、道路建设等方面予以协助。然而，公共租界西区越界筑路协会对这一计划提出批评意见：“不用多说，这项计划将遭到所涉街区中外居民的极力反对……如果在外国人周边再修建一个难民收容所，为什么不把它建在铁路线以东、蒲汇塘以北的地方，而非要建在许多外国人居住的虹桥路以南?”[④] 好在工部局各处未受此影响，他们“并不反对在这块地皮上建一正规的营地”[⑤]。朱尔登表示，将为费起提供一切卫生方面的协助，并认为西区筑路协会的意见有些不近人情和无趣，因为他觉得不管难民收容所建在哪儿，都会有当地居民出来反对，更何况即便在不完善的地图上也能看出，该收容所离民居还有一段距离。同时，朱尔登对于西区筑路协会的建议也颇有微词，“该协会提出的仅有的建议，是将收容所建在受法租界保护的地方，这对于公共租界而言，毫无利用价值”[⑥]。斯坦布福德同样表达了支持意见，“如果费起先生有心召唤，我非常乐意提供更多细节和任何可能的帮助”[⑦]。普兰特也说，“法租界当局在他们的区域内开办这种大规模的营地并未受到居民明显的抗议”[⑧]，而且该难民收容所能集中大量难民，因此他找不到反对这项计划的充分理由。难民问题顾问委员会也十分支持这

① 《费起关于上海国际红十字会和难民营计划》，上海市档案馆藏英文档案，档号U1-16-1040，缩微号119。

② 《上月份工部局月报》，《申报》1939年1月31日。

③ 《费起1938年5月12日致菲利普的信》，上海市档案馆藏英文档案，档号U1-16-1040，缩微号121。

④ 《西区越界筑路协会主席诺埃尔1938年5月16日致菲利普的信》，上海市档案馆藏英文档案，档号U1-16-1040，缩微号122。

⑤ 上海市档案馆编：《工部局董事会会议录（1936—1939）》第27册，上海古籍出版社2001年版，第572页。

⑥ 《朱尔登1938年5月18日致菲利普的信》，上海市档案馆藏英文档案，档号U1-16-1040，缩微号123。

⑦ 《斯坦布福德1938年5月19日致葛柏的信》，上海市档案馆藏英文档案，档号U1-16-1040，缩微号125。

⑧ 上海市档案馆编：《工部局董事会会议录（1936—1939）》第27册，上海古籍出版社2001年版，第572页。

一计划，强烈建议工部局“直接允许在惇信路、凯斯威克路和愚园路之间难民生产营计划毫不迟延地继续进行”[①]。6月1日，葛柏据此做出回复，声称因所提议营地并没有近到对现有住宅产生任何损害，因此工部局对这项计划很感兴趣，并转达了各处的初步建议，希望费起准备一个更为详细的计划供各处参考，以就搭建棚屋提出建议和总体安排，特别是防火措施和合适的卫生安排。他还特意提醒费起：工部局粪工不在这个地方作业；不能忽视合适的供水；可向附近小溪排水，但须征得所受影响毗邻土地业主的同意；由于所提议营地超出公共租界警戒范围，警察只能在公共租界道路各入口处活动[②]。

尽管该难民生产营计划得到上海国际红十字会、工部局等多方的全力支持，但在建设过程中仍然遇到不少拖延工期的因素，诸如一些无道德的中国人在日本代理人的怂恿下重返此地，对当地租户以蛮横无理的方式进行勒索；建筑材料遭窃，使工程承包商感到忧虑等[③]。上海国际红十字会为此致信葛柏，“如果这些不道德个人行为阻碍了我们收容所席棚搭建工程，我们的双手将被绑在目前所照顾难民身上而无法腾出”[④]。于是，葛柏命令警务处“向难民收容所提供所有可能的帮助，不管该收容所是在公共租界界线以外，还是与租界道路相毗邻地区”[⑤]，并建议警务处与费起联系以扩大保护范围，同时设法与日本宪兵取得合作。旋得极司非而路日本宪兵指挥官木田少佐回复，表达了合作意愿，但在扩大合作之前，上海国际红十字会须向他提交关于该难民收容所所有详情和计划[⑥]。6月10日，葛柏专就此事与日本驻沪总领事日高倍六郎进行了沟通[⑦]。樊克令也曾就此事与日高倍六

① 《难民问题顾问委员会1938年5月27日会议记录》，上海市档案馆藏英文档案，档号U1-16-1040，缩微号81。

② 《葛柏1938年6月1日致费起的信》，上海市档案馆藏英文档案，档号U1-16-1040，缩微号132。

③ 《费起1938年5月31日致贝克的信》，上海市档案馆藏英文档案，档号U1-16-1040，缩微号131。

④ 《亨利1938年5月31日致葛柏的信》，上海市档案馆藏英文档案，档号U1-16-1040，缩微号130。

⑤ 《葛柏1938年6月1日致杰拉德的信》，上海市档案馆藏英文档案，档号U1-16-1040，缩微号129。

⑥ 《葛柏1938年6月7日致贝克的信》，上海市档案馆藏英文档案，档号U1-16-1040，缩微号134。

⑦ 《葛柏1938年6月10日致日本总领事的信》，上海市档案馆藏英文档案，档号U1-16-1040，缩微号135。

郎进行了两次会晤，日高信六郎表示“希望此事不久即可获得满意解决”①。

其他营地也面临相同的情况，“难民救济机构需要与日本当局达成一项协定而延迟竣工”②。6月10日，难民问题顾问委员会召开会议，贝克应邀与会，议决向工部局建议：“如果没有法庭命令，业主要求协助难民迁让的捕房行动，由6月10日进一步延迟至7月10日。”③ 慈联会也再次向工部局致信请求延期，略谓：“由于撤离时间已经到期，而在限定时间内完成席棚搭建工作又是不可能的，我们不得不陈述这一困难情形，以便于你们了解难民的困苦，以及寻找营地的困难。如果你们能足够支持往后推迟40天，也就是直到7月20日才从难民收容所撤离，以使我们能优先在那一天之前迅速完成建筑工作，我们将十分感激。”④ 6月14日，纳什分别致信上海国际红十字会、慈联会及其分会，告知工部局同意再缓期执行1个月，但同时强调“难民救济机构应重视加快为难民提供代替性住处所有可能的遣送，迁让将在1938年7月10日到期”⑤。贝克次日回信保证加快进度。⑥ 有鉴于此，“各难民救济机构正在赶造新收容所，以响应工部局强调在这方面有迫切需求的主张”⑦。

## 三、难民迁移方案的制订与最终解决

从5月10日到6月10日，再到7月10日，工部局不得不同意一再展缓难民迁让计划，其不作为表现颇受非议，米切尔便直接向樊克令表达了不满，“关于难民，我的观点是工部局在去年便犯了一个大错，当它首次出现的时候，没有控制住形势，以确定将难民集中在合适的营地

① 上海市档案馆编：《工部局董事会会议录（1936—1939）》第27册，上海古籍出版社2001年版，第577页。

② 上海市档案馆编：《工部局董事会会议录（1936—1939）》第27册，上海古籍出版社2001年版，第577页。

③ 《难民问题顾问委员会6月10日会议记录》，上海市档案馆藏英文档案，档号U1-16-1040，缩微号93。

④ 《慈联会致工部局的信》，上海市档案馆藏英文档案，档号U1-16-1040，缩微号92。

⑤ 《纳什1938年6月14日致上海国际红十字会等善团的信》，上海市档案馆藏英文档案，档号U1-16-1040，缩微号97、98、99。

⑥ 《贝克1938年6月15日回信》，上海市档案馆藏英文档案，档号U1-16-1040，缩微号100。

⑦ 上海市档案馆编：《工部局董事会会议录（1936—1939）》第27册，上海古籍出版社2001年版，第578页。

和完全卫生的条件之下……我的生活经验是，当你犯了一个错误，通常要花钱去避免，我相信最后工部局在这件事上将不得不花钱，但是推迟越久，花费得就越多，对于健康和稳定秩序的风险就越大……我谴责在这件事上采取的超然政策，我认为不能否认我们对选举我们进入工部局的纳税人的第一责任之一”[①]。米切尔对于各主管善团能否在7月10日前为被驱逐难民提供住房表示担忧，他认为，“虽然目前这一时刻尚未到来，但它会很快到来，届时工部局会被迫放弃目前对难民问题的超然政策，并且至少必须考虑租界合适地点为即将遭驱逐的难民提供住处以解燃煤之急”[②]。因为就算各主管善团所筹建的新难民收容所能赶在7月10日之前竣工，也只可收容1.8万名难民，还有1.2万名难民将无处可去，所以米切尔提出，“工部局应立即意识到它对难民问题应负的责任，他认为这种责任最终不可避免还是要落在它的身上”[③]。但是，财务处长福特（J. T. Ford）担心，一旦工部局资助租界难民收容所营地的租金，就会打开将救济难民的一般责任从各救济团体转移到工部局身上的大门。对此，樊克令毫不掩饰地强调，“工部局处理难民问题的政策的准确度是以财务处长对此问题的正确理解为限度，工部局的目的就是尽可能长时间地推迟承担日益增加的难民经济责任”[④]。

米切尔的批评和呼吁，虽不为工部局完全接受，但在工部局内部还是产生了一定的影响。朱尔登就认为，尽管措辞激烈，但米切尔的批评也不无道理，“对难民和临时收容所的控制是一个越来越困难的问题，毫无疑问，关于临时收容所迁移的可能性，以后并不比现在更容易……加上我们在采取一般补救措施的希望上，拘囿于一个自然姑息的建议”[⑤]。

然而，事态的发展证明，米切尔的担忧成了现实。7月4日，慈联会及分会、上海国际救济会、广东旅沪同乡会难民救济委员会、世界红卍字会等5家救济团体向工部局提交了一份联合申请，要求再次推迟巡

① 《米切尔1938年6月13日致总董的信》，上海市档案馆藏英文档案，档号U1-16-1040，缩微号107。

② 上海市档案馆编：《工部局董事会会议录（1936—1939）》第27册，上海古籍出版社2001年版，第577页。

③ 上海市档案馆编：《工部局董事会会议录（1936—1939）》第27册，上海古籍出版社2001年版，第578页。

④ 上海市档案馆编：《工部局董事会会议录（1936—1939）》第27册，上海古籍出版社2001年版，第578页。

⑤ 《朱尔登1938年6月29日致葛柏的机密文件》，上海市档案馆藏英文档案，档号U1-16-1040，缩微号108。

捕房的驱逐行动：

> 虽然工部局已允展期，以从公共租界范围内某些场地撤离难民，但我们仍然未能为他们觅得所需住所。正如你们所知，我们已尽最大努力去获取合适的空地，以为难民收容所搭建席棚或小屋，但到目前为止，我们所搭建的席棚加起来，尚不能满足我们的迫切需求。因此，很明显无法依从难民目前占住场地业主的意愿，而我们所能做的替代选择，就是请求工部局在为迁移大量难民提供必需收容所这件事情上给予帮助和支持。我们相信，工部局始终以公共租界的和平为核心，将会帮助我们为上述难民寻找合适的营地，直到住宿成为可能，而我们不可能在本月10日腾空场地。事出紧急，我们必须请求工部局尽早审议此信。与此同时，工部局毫无疑问要保证巡捕房或业主所考虑的加剧难民痛苦的行动不能采取，以免陷入我们和工部局同样担心的情形，那便使一切努力落空①。

上海国际红十字会鉴于各主管善团“因有择地建棚、移居难民之计划，第以觅地为难，而建筑材料又不易采办，虽经多方设法，殊难顺利进行，曾一再商请展期，均蒙当局允许，讵至七月十日限期，所盖席棚仍未完工”② 为由，向工部局申请再予展缓；同时也向工部局表示，“数千难民既无容身之地，如被强迫驱逐，势必流为乞丐盗贼，本市治安将大受影响，而难民流浪各处，或有增加病菌传播之可能，对于公众健康，亦不无危险”③。出于对公共秩序及卫生安全的考虑，工部局也无其他更好的办法，只得就业主所请巡捕房驱逐难民一节暂不照办。“然任何业主如依法获得法院命令而有驱逐难民之权力，则在法律上工部局应负实行驱逐之责”④，而且各业主有理由指控工部局“犯有怂恿难民继续

① 《上海国际救济会等5善团1938年7月4日致葛柏的信》，上海市档案馆藏英文档案，档号U1-16-1040，缩微号113。

② 《工部局加紧迁难民收容所》，《中国红十字会上海国际委员会救济月刊》第1卷第3期（1938年8月），第3页；《工部局允缓迁难民收容所》，《中国红十字会月刊》第40期（1938年10月），第41页。

③ 《难民收容所迁让工部局准再展缓》，《华美晨报》1938年7月12日；《中国红十字会月刊》第38期（1938年8月），第20页；《工部局加紧迁难民收容所》，《中国红十字会上海国际委员会救济月刊》第1卷第3期（1938年8月），第3页；《工部局允缓迁难民收容所》，《中国红十字会月刊》第40期（1938年10月），第41页。

④ 《难民收容所迁让工部局准再展缓》，《华美晨报》1938年7月12日；《中国红十字会月刊》第38期（1938年8月），第20页。

非法占住他们房产的过失”[1]。尽管工部局拒不承认此点，但难民非法擅自占住业主的房屋却是事实，抛却人道主义因素，就各业主所承受的负担和遭到损失而言是不甚公平的，工部局对此心知肚明。

事已至此，工部局内部也不得不商讨对策。7月6日，工部局董事会召开例行会议，华人董事奚玉书建议就能否利用法租界空闲难民收容所与法租界当局交涉。总董樊克令直接否定了这一建议，因为与法租界当局进行此种交涉几乎没有成功的可能，但他同时也保证，“除非找到另外的难民住处，否则工部局将不会准许捕房采取行动”[2]。葛柏询问是否可采取“逐渐而非一次全部驱逐，这样可有时间寻找另外住处，工部局应在使捕房采取行动前要求得到法庭命令”[3]。樊克令认为，“迫使地产主取得法庭命令甚不合适，因为这样做会使工部局不得不承担驱逐难民的责任。他赞成按照成规办事，与地产主达成协议，和平完成这一目标，逐个驱逐而无需法庭命令”[4]。逐个驱逐既可为迁让难民争取时间，同时也可起到安抚业主的效果，然而杰拉德并不认可此项建议，他的答复是，“无法作出一般的保证，按照这样的安排进行驱逐，能一直顺利进行，而不致妨碍治安”[5]。会议最后听取麦克诺登的建议，委托难民问题顾问委员会与南市难民区监察委员会磋商，争取将被驱逐的难民安顿在南市难民区，并正式委派米切尔参加难民问题顾问委员会，负责此项接洽。于是，米切尔就此事拜访了饶家驹，他对得到的答复“并不持乐观态度”[6]。

就在工部局束手无策之时，日本宪兵的干预使得事态进一步滑向不可控制的境地。据7月17日一篇中文报道，来自闸北的800名难民派出代表向日本宪兵提出抗议，原因是他们占住在新加坡路的一块空地上，并拒绝业主的搬出要求，而该业主却直接与日本宪兵接洽，日本宪兵随

① 上海市档案馆编：《工部局董事会会议录（1936—1939）》第27册，上海古籍出版社2001年版，第583页。

② 上海市档案馆编：《工部局董事会会议录（1936—1939）》第27册，上海古籍出版社2001年版，第580—581页。

③ 上海市档案馆编：《工部局董事会会议录（1936—1939）》第27册，上海古籍出版社2001年版，第580页。

④ 上海市档案馆编：《工部局董事会会议录（1936—1939）》第27册，上海古籍出版社2001年版，第580页。

⑤ 上海市档案馆编：《工部局董事会会议录（1936—1939）》第27册，上海古籍出版社2001年版，第580页。

⑥ 上海市档案馆编：《工部局董事会会议录（1936—1939）》第27册，上海古籍出版社2001年版，第583页。

之发出了驱逐通告①。

为避免事态失控，工部局不得不加速将难民迁出。7月20日，工部局董事会会议批准了致上海国际红十字会的信，建议上海国际红十字会组建难民收容所迁移委员会，负责制订和实施难民迁让计划②。信的主要内容如下：

为方便和加速难民自业主希望收回的房屋中搬出，工部局希望由上海国际红十字会代表自己及各难民机构直接设立一个难民收容所迁移委员会，目的是起草一份关于将难民从这些房屋中迁至新收容所去所持态度和次序的计划，并将逐步进行。建议该委员会的组成，由工部局难民问题顾问委员会、警务处、卫生处派出代表参加。如果需要，工部局难民问题顾问委员会干事纳什先生将为难民收容所迁移委员会服务，会议也可在工部局秘书处办公室进行。为此请与各难民机构接洽，工部局期望你们强调他们全身心合作的必要性，一旦有替代收容所可住，就要果断安排将这些房屋归还给急切希望收回的业主们”③。

旋由上海国际红十字会征得各主管善团的同意，组成难民收容所迁移委员会，由慈联会及其分会、广东旅沪同乡会、红卍字会、上海市第一特区联合会等救济团体分别提名和举荐代表1人为委员，上海国际红十字会杜达和贝克④、工部局难民问题顾问委员会麦克诺登和米切尔，以及工部局警务处吉尔伯特（G. W. Gilbert）、卫生处吕凯、秘书处纳什⑤、工务处休斯（L. J. Hughes）⑥ 均为委员，并选举纳什为干事。

同时，工部局也在寻找其他的解决办法。8月5日的董事会会议上，米切尔提及斯坦布福德曾提交过一份报告，建议直接占用公共租界内西区适合用作难民收容所的空闲地皮，而不必事先与业主商量，

---

① 《闸北难民抗议驱逐》，《上海时报》1938年7月18日；上海市档案馆藏英文档案，档号U1-16-1040，缩微号117。

② 上海市档案馆编：《工部局董事会会议录（1936—1939）》第27册，上海古籍出版社2001年版，第581页。

③ 《葛柏1938年7月21日致贝克的信》，上海市档案馆藏英文档案，档号U1-16-1041，缩微号2。

④ 《贝克1938年7月25日致葛柏的信》，上海市档案馆藏英文档案，档号U1-16-1041，缩微号26。

⑤ 《纳什1938年8月4日致贝克的信》，上海市档案馆藏英文档案，档号U1-16-1041，缩微号27。

⑥ 《纳什1938年8月10日致贝克的信》，上海市档案馆藏英文档案，档号U1-16-1041，缩微号29。

因为“假如要等待许多的私人产业主事先默许租借他们的地产，将会证明无法解决急需的难民收容所所需之地皮问题”①；有董事质疑直接占用或以这种方式帮助各救济团体的合法性，他认为，“工部局一面使地产主吃亏，征用其地产，一面又帮助那些要求将难民赶走的房产主克服困难是自相矛盾的”②。樊克令通过宣读工部局土地章程有关条款，认为其中并没有关于此种征用的明确规定，“在他看来，除了仅仅作为一种权宜措施的理由之外，并无约束力”③。对此，斯坦布福德声称：“由工部局直接进行占用和协商将是唯一有效的办法，理由是若由难民救济机构自身进行此类工作必然进展缓慢，花费巨大。”④ 他提出，经工务处勘查，公共租界内预计有11块空地可利用，加上在边界线上的1块，总共可提供90亩的土地，若以每亩平均人口密度360人计，足够容纳3万名难民。假定每年给业主以估计价的6%为利润，这90亩土地每月总租金约1万元。他进一步强调占用这些土地的紧迫性，因为很快就会有人使用。他也提出警告，“由各难民救济机构进行占用和磋商也许会导致获取所需全部土地的努力归于失败，并使工务处为所有被逐难民搭建席棚住所的计划成为泡影”⑤。据此，工部局代为觅定延平路的3处空地，可容纳难民约5000人，并依麦克诺登和米切尔建议，“工部局从市政难民救济金中支付新收容所工地的电费和排水设备费用约2300元”⑥。又慈联分会觅得海格路一块60多亩的空地，其主席蒉延芳要求工部局出资平整，麦克诺登和米切尔以难民收容所迁移委员会名义与其达成协议，以该营地优先用于安置非法占住难民为条件，向工部局建议承担处理首期36亩土地所需费用7000元，“由于这项建议与工部局的虽不承担维持难民的生活费用或席棚建筑费用的任何全部经济责任，但它准备承担直接与租借和设计规划

① 上海市档案馆编：《工部局董事会会议录（1936—1939）》第27册，上海古籍出版社2001年版，第584页。

② 上海市档案馆编：《工部局董事会会议录（1936—1939）》第27册，上海古籍出版社2001年版，第584页。

③ 上海市档案馆编：《工部局董事会会议录（1936—1939）》第27册，上海古籍出版社2001年版，第584页。

④ 上海市档案馆编：《工部局董事会会议录（1936—1939）》第27册，上海古籍出版社2001年版，第585页。

⑤ 上海市档案馆编：《工部局董事会会议录（1936—1939）》第27册，上海古籍出版社2001年版，第585页。

⑥ 上海市档案馆编：《工部局董事会会议录（1936—1939）》第27册，上海古籍出版社2001年版，第586页。

地皮藉以安置从房屋中迁出的难民的收容所有关的合理费用的政策无矛盾之处”[①]。遂得各董事及财务处同意，从工部局义务娱乐捐收入中所取得的难民救济金中支付。

有此保障，难民收容所迁移委员会便着手制订了难民收容所迁让计划，纳什就此事向工部局各处征询意见，并提出制订迁让次序的四个依据供参考：“（一）依据业主要求日期迁让；（二）按照警区依次迁让；（三）依据卫生紧急和其他公共卫生方面的理由依次迁让；（四）依据各区人口拥挤程度依次迁让。”[②] 伯恩建议，“迁让办法应该通过评估业主因其他目的对场地需求强度而制定”[③]。朱尔登则建议以须迁移难民收容所是否处在人口拥挤地区为标准，还建议“应该首先迁出不足100被收容者的较小收容所，因为这些收容所最难控制”[④]。而当时公共租界113个难民收容所中，收容不足100名难民的收容所仅有10个，但有94个收容所收容难民在100~1000名[⑤]，单从收容所收容难民人数上看，并不能判断收容不足100名难民的收容所需要优先迁让。后依吕凯建议，以业主申请驱逐日期为序，由卫生处在难民收容所迁移委员会的指导下制订表单，包括收容所序号和地址、收容难民人数、业主姓名、业主申请日期等要素[⑥]。经月余规划，首批收容所迁移名单于8月27日传给贝克并转发各主管善团执行（见表5-9）[⑦]，于11月初完成迁移，约向延平路新建收容所迁移了5500余名难民[⑧]。

---

① 上海市档案馆编：《工部局董事会会议录（1936—1939）》第27册，上海古籍出版社2001年版，第590页。

② 《难民收容所迁移委员会迁让计划》，上海市档案馆藏英文档案，档号U1-16-1041，缩微号4。

③ 《伯恩1938年7月25日致纳什的信》，上海市档案馆藏英文档案，档号U1-16-1041，缩微号7。

④ 《朱尔登1938年7月29日致纳什的信》，上海市档案馆藏英文档案，档号U1-16-1041，缩微号5。

⑤ 《各区收容所规模统计表》，上海市档案馆藏英文档案，档号U1-16-1041，缩微号20。

⑥ 《纳什1938年7月30日致杰拉德的信》，上海市档案馆藏英文档案，档号U1-16-1041，缩微号11。

⑦ 《纳什1938年8月27日致贝克的信》，上海市档案馆藏英文档案，档号U1-16-1041，缩微号34。

⑧ 上海市档案馆编：《工部局董事会会议录（1936—1939）》第27册，上海古籍出版社2001年版，第595页。

**表5-9　第一批迁移的难民收容所**

| 编号 | 地　址 | 所属机构 | 收容人数 | 警务档案号 | 申请日期(1938年) | 业主或代理人 |
|---|---|---|---|---|---|---|
| 1C/20 | 河南路110号 | 慈联会 | 403 | 2900/2（103） | 4月12日 | 四川路229号永宁公司 |
| 1C/48 | 山西路（今山西南路）142号 | 慈联分会 | 918 | 2900/2（124） | 5月20日 | 北京路（今北京东路）39号汉森代表丽莎·哈同 |
| 1C/55 | 山西路128号 | — | 57 | 2900/2（124） | 5月20日 | 同　上 |
| 1C/61 | 四川路511号、南京路154号 | 慈联分会 | 463 | 2900/2（124） | 7月18日 | 丽莎·哈同夫人 |
| 1C/65 | 四川路497号、北京路191号、南京路199号 | 慈联分会 | 1031 | 2900/2（124） | 7月18日 | 丽莎·哈同夫人 |
| 2C/10 | 山西路129-137号 | 慈联会 | 649 | 2900/2（124） | 7月18日 | 丽莎·哈同夫人 |
| 2C/16 | 盆汤弄（今山西南路）35、40号 | 慈联会 | 467 | 2900/2（124） | 5月20日 | 汉森代表丽莎·哈同夫人 |
| | | | | 2900/2（119） | 5月12日 | 北京路100号通和洋行 |
| 2C/32 | 南京路479、487号 | 慈联分会 | 1120 | 2900/2（124） | 5月20日 | 汉森代表丽莎·哈同夫人 |

资料来源：《卫生处推荐早期疏散收容所名单》，上海市档案馆藏英文档案，档号U1-16-1041，第35页。

在延平路各难民收容所均住满[1]的情况下，尚有约8500名难民需要从擅自占住的房屋中撤出。为了安置这余下的难民，各主管善团觅得惇信路一块30亩的地皮，该地块虽不收取租金，但需要在支付2000元左

① 《将难民从非法占住的房屋中迁出》，上海市档案馆藏英文档案，档号U1-16-1041，缩微号69。

右的义务金后，仍需支付准备场地和搭建席棚的费用，约在5万元左右，因而各主管善团申请工部局资助一半。11月2日，工部局董事会会议议决，“自义务娱乐捐收入中支付一笔数额为25000元的款项，以便在离惇信路不远的一块地皮上准备场地并搭建席棚供目前擅自居住在建筑物中的难民们居住”①。但超出5万元的任何费用均将由各主管善团自行负担，迁往此处难民收容所名单业于9月10日传给贝克转发②（见表5-10）。

**表5-10　第二批迁移的难民收容所**

| 编号 | 地　址 | 所属机构 | 收容人数 | 警务档案号 | 申请日期（1938年） | 业主或代理人 |
|---|---|---|---|---|---|---|
| 1C/43（分支） | 九江路380—384号、山西路124号 | 慈联会 | 224 | 2900/2（124） | 5月20日 | 汉森代表丽莎·哈同夫人 |
| 1C/50 | 江西路59—63号、江西路51/8弄 | — | 497 | 2900/2（99） | 4月4日 | 萨坡赛路（今淡水路）44号首善堂 |
| 1C/72 | 四川路443号 | — | 148 | 2900/2（124） | 5月20日 | 汉森代表丽莎·哈同夫人 |
| 3C/33 | 福建路84号 | — | 510 | 2900/2（133） | 6月2日 | 福煦路（今延安中路）687/44弄胡氏 |
| 1C/68 | 南京路212号 | — | 569 | 2900/2（124） | 5月20日 | 汉森代表丽莎·哈同夫人 |
| 1C/64 | 北京路368—374号 | 慈联分会 | 548 | 2900/2（128） | 5月27日 | 北京路83号普拉特白库伯洋行 |
| 1C/53 | 北京路360/11弄 | 慈联会 | 249 | 2900/2（128） | — | — |

① 上海市档案馆编：《工部局董事会会议录（1936—1939）》第27册，上海古籍出版社2001年版，第596页。

②《纳什1938年9月10日致贝克的信》，上海市档案馆藏英文档案，档号U1-16-1041，缩微号48。

（续表）

| 编号 | 地　址 | 所属机构 | 收容人数 | 警务档案号 | 申请日期（1938年） | 业主或代理人 |
| --- | --- | --- | --- | --- | --- | --- |
| 2W/39 | 新闻街外人公寓一部分 | 慈联会 | 4951 | 2900/2（126） | 5月14日 | 北京路100号通和洋行 |
| 3N/82 | 老东街136/11弄、146/11弄、七浦路427/33弄 | 慈联会 | 226 | 2900/2（116） | 4月26日 | 虹口地产公司 |
| 3N/85 | 阿拉白斯路（今曲阜路）12号224/10弄 | — | 350 | 2900/2（137） | 6月7日 | 夏豪公司（无地址） |
| 总计 | | | 8272 | | | |

资料来源：《卫生处推荐早期疏散收容所第二名单》，上海市档案馆藏英文档案，档号U1-16-1041，第49页。

几经拖延，须迁让难民均得到妥善安置，但要完成全部迁让仍需时日，直到1939年2月，随着愫信路大难民收容所的竣工，难民收容所迁让一事才得到最终解决，难民收容所迁移委员会也因职能结束而随之解散①。

回顾这一事件从发生到升级，再到最终解决，历时一年有余。之所以拖延这么长时间，是由诸多因素共同导致的，其中工部局有着不可推卸的责任，尽管它最后在解决问题方面发挥了重要作用，但它始终在担心各救济团体转移给其经济负担的危险，从而极力避免在此事中承担主要责任，反而多次将上海国际红十字会推向主要责任人的位置。从这一事件中也可以看出上海国际红十字会的努力，它处在工部局和各救济团体之间，在与工部局商洽并努力争取协助的同时，又与各主管善团一道积极寻找空地，在该事件中发挥的作用是显而易见的，但它也为此付出了大量精力和财力，并对其本就脆弱的难民救济工作产生了不利影响。



① 上海市档案馆编：《工部局董事会会议录（1936—1939）》第27册，上海古籍出版社2001年版，第607页。

# 小 结

难民救济是上海国际红十字会的重要工作之一。该会成立初期虽拟有工作计划，但随着救济形势的变化，遇到了很多困难；同时为了使更多难民得到有效救济，又不得不对这一工作不断进行调整，其调整思路可从两方面予以剖析：

一是围绕是否开办难民收容所，经历了从自办难民收容所到协助各救济团体办理，再到选址建设新难民收容所的变化。上海国际红十字会早在筹备期间，就由饶家驹组织着手开办难民收容所事宜，但因难民救济形势尚未恶化，以及现有的救济团体完全可以应付难民收容的需要等原因，该会遂对难民救济策略做出了初次调整，以协助和监督各主管善团改善难民收容所的设施和环境卫生为主要任务，以期使全沪难民收容所标准化。为达此目的，上海国际红十字会成立视察组，拟订《管理难民收容所方法草案》供各所参照改进，并制定难民收容所最低和较好两种设备标准，进行逐条打分考核。后来发生了难民收容所迁让事件，由于工部局力避承担主要责任，致使事件迟迟不能解决，于是上海国际红十字会带领各救济团体，一面寻找可能场地开设新的难民收容所，一面与工部局进行沟通，争取最大限度的协助，并在工部局的建议下，牵头成立了难民收容所迁移委员会，以找出事件的解决方案。上海国际红十字会虽然最终在工部局各部门的帮助下，完成了难民迁让任务，但在处理该起事件中，其难民救济策略实际上发生了些许微妙的变化，即由使各难民收容所标准化向建立新的大型难民收容所转变。

二是以救济难民为中心，将各难民救济团体惯用的暂时性消极救济办法转变为长期性的积极救助。上海国际红十字会统筹全沪难民给养之后，统一了难民膳食标准，使难民膳食品质得到明显改善。不过，受难民人数众多、物价上涨、经费筹措困难等问题困扰，上海国际红十字会亦不能避免出现给养困难的局面，虽采取了变更给养标准、难民移殖、剔厘平民等多项应对措施，但均收效甚微。经综合考虑，上海国际红十字会致力于创办工场、成立职业介绍所等，推行难民生产计划，取得了一定的成效，但未能从根本上逆转难民给养困难状况。

# 第六章　上海国际红十字会人道救护行动的成效

上海国际红十字会以人道主义为怀，救助伤兵和难民，均不遗余力。自成立以来，积极与中日两国及两租界当局联络协商，并与华洋义赈会、中华医学会及其上海支会、慈联会及其分会、上海国际救济会等慈善救济团体合作，共同开展人道救护活动，如“办理伤兵难民医药、衣服事宜，及本年（1938）一月复担任十四善团各收容所之难民给养，而教育、生产诸端亦次第举办”①，颇有建树。

## 第一节　救护行动的绩效考察与评析

总体而言，上海国际红十字会“自上海事变以来，对于救济工作颇著成绩”②，并有诸多值得称道之处。如前所述，该会在经费募集和支配方面，通过举办红十字募捐活动周、创立三元救命会、派遣饶家驹赴北美募捐等多种形式，成功地在国内外打开了募捐局面。至结束会务时，总计募得3129926.74元，同时支出2908088.70元。这些支出主要用于救济难民，其中包括拨助其他救济团体267156.05元，“供从事救济工作之用”③。又如在各救济团体陷于给养危机之时，上海国际红十字会统

① 《本会一年来工作概况》，《中国红十字会上海国际委员会救济月刊》第1卷第5期（1938年10月），第2页；《国际红十字会一年来会务报告》，《申报》1938年11月6日；《中国红十字会国际委员会一年来工作概况》，《中国红十字会月刊》第41期（1938年11月），第56页；《中国红十字会上海国际委员会一年来会务报告》，《国际劳工通讯》第5卷第12期（1938年12月），第105页。

② 《中国红十字会上海国际委员会医务委员会第一季工作概要》，《中华医学杂志（上海）》第24卷第3期（1938年3月），第241页。

③ 《上海国际红十字会报告》，《上海医事周刊》第5卷第25期（1939年6月19日），第1页。

筹承担全沪难民给养，及时缓解了各救济团体的压力，使上海难民救济事业得以维系，也使难民免于枵腹之苦。本节将从伤兵救护、难民救助和地域援助三个方面对此做进一步评述。

## 一、伤兵救护业绩辨析

上海国际红十字会以合作模式办理伤兵救护，取得了一定的成效。不过，其救护伤兵的具体业绩则有待商榷，就目前史料所见，主要有两种说法：一种记载是，“自八一三战事开始，以至十二月十五日，华军由沪郊撤退，本会伤兵救护委员会收容之伤兵共计四四、二七一人。其中一七、七二二人于施行急救手术后，由火车移送至后方，七、一二二人由运送伤兵站运往后方，而留在沪市医院（医治）者计一七、九八〇人”[①]；另一种说法则认为，“当沪战初起时，本会曾设伤兵医院多处，从事救治，经治愈出院者达数千人”[②]。这两种说法中的数据差别较大，前者数据详细具体，首先出自于彭望荃编写的《上海国际红十字会报告》，该报告书曾得到颜惠庆的认可并为之作序，其后《上海医事周刊》刊载了同样的数据，应该说具有较高的可信度；后者虽然模糊不具体，但同样出自上海国际红十字会的官方刊物——《中国红十字会上海国际委员会救济月刊》，并由《中国红十字会月刊》予以转载，可信度并不亚于前者。

毫无疑问，若依照第一种说法，上海国际红十字会所提交的是一份十分优异的成绩单，但事实可能并非如此。根据前述中国红十字会公布的救护业绩（这些救护业绩来之不易，是由其组织的 24 所救护医院、16 所特约医院及有合作关系的其他医院，合计超过 6482 张床位[③]所共同努力的结果），以上海国际红十字会名下 5 所伤兵医院的床位数量和开办时间来看，达到其所公布的伤兵救护数字是颇有难度的。因为即便假设上海国际红十字会真能取得这份成绩，那么减去有确切记载之第四伤兵医院收治的 176 人和第五伤兵医院收治的 178 人，其他 3 所伤兵医院

---

① 《上海国际红十字会报告》，《上海医事周刊》第 5 卷第 25 期（1939 年 6 月 19 日），第 1 页；彭望荃：《上海国际红十字会报告（民国二十六年十月至二十八年三月卅一日）》，中国红十字会上海国际委员会 1939 年编印，第 5 页。

② 《残废伤兵医院近况》，《中国红十字会上海国际委员会救济月刊》第 1 卷第 1 期（1938 年 6 月），第 8 页；《中国红十字会月刊》第 38 期（1938 年 8 月），第 38 页。

③ 池子华：《1937 年中国红十字会淞沪抗战救护简论》，《徐州师范大学学报》（哲学社会科学版）2003 年第 4 期，第 87—88 页。

则应当收治了17626名伤兵，这在床位不足2000张的条件下是不可能完成的任务。所以，《上海国际红十字会报告》中记载的数字，应当为中国红十字会在淞沪战场上所取得的伤兵救护业绩，而第二种“数千人”的说法则与实际情况更为吻合。

虽然上海国际红十字会隶属于中国红十字会，且对其他收治伤兵医院多有经费补助，但如此将中国红十字会及非红十字组织取得的救护业绩“归为己有”，似有极大不妥，当然也不能因此就否定上海国际红十字会在伤兵救护方面的贡献。该会除赞助5所伤兵医院直接收治伤兵以外，还成功创建了残废伤兵医院，为伤兵救护事业开辟了新的天地。在该残废伤兵医院开办10个月间，先后收治残废伤兵403人，实施截肢等各类手术288起，装置假肢等各种辅助器械299具（详见表6－1），并授以残废伤兵特种手艺技术，“使能于出院后各自为生”①，这在淞沪战场上尚属创见。

**表6－1　上海国际红十字会残废伤兵医院救护成绩**

<table>
<tr><th>项目</th><th colspan="2">类　别</th><th colspan="2">数量</th><th colspan="2">类　别</th><th colspan="2">数量</th></tr>
<tr><td rowspan="11">手术</td><td colspan="2">截　肢</td><td colspan="2">34</td><td colspan="2">腱切断</td><td colspan="2">6</td></tr>
<tr><td colspan="2">截　疤</td><td colspan="2">86</td><td colspan="2">关节手术</td><td colspan="2">15</td></tr>
<tr><td rowspan="2">截　肢</td><td>上臂</td><td>1</td><td rowspan="2">4</td><td colspan="2">神经解剖</td><td colspan="2">1</td></tr>
<tr><td>股</td><td>3</td><td colspan="2">排　脓</td><td colspan="2">30</td></tr>
<tr><td colspan="2">死骨截除</td><td colspan="2">40</td><td rowspan="2">矫形截骨</td><td>胫骨</td><td>2</td><td rowspan="2">3</td></tr>
<tr><td colspan="2">截　瘘</td><td colspan="2">16</td><td>腓侧</td><td>1</td></tr>
<tr><td colspan="2">成形手术</td><td colspan="2">15</td><td colspan="2">截除膝盖骨</td><td colspan="2">1</td></tr>
<tr><td colspan="2">异物—流弹及枪弹</td><td colspan="2">6</td><td colspan="2">残肢外生骨疣</td><td colspan="2">10</td></tr>
<tr><td colspan="2">皮移植</td><td colspan="2">7</td><td colspan="2">短腓侧截除</td><td colspan="2">6</td></tr>
<tr><td colspan="2">粗隆下截骨</td><td colspan="2">2</td><td colspan="2">坐骨神经注射酒精</td><td colspan="2">1</td></tr>
<tr><td colspan="2">坚定手术，邓氏手术，关节固定手术，使足垂直</td><td colspan="2">5</td><td colspan="2">腱切断</td><td colspan="2">6</td></tr>
</table>



① 彭望荃：《上海国际红十字会报告（民国二十六年十月至二十八年三月卅一日）》，中国红十字会上海国际委员会1939年编印，第5页。

（续表）

<table>
<tr><th>项目</th><th colspan="2">类　别</th><th colspan="2">数量</th><th>类　别</th><th>数量</th></tr>
<tr><td rowspan="7">器械</td><td colspan="2">长假腿<br>（装置于截除股部者）</td><td colspan="2">98</td><td>石膏假腿</td><td>4</td></tr>
<tr><td colspan="2">长假腿<br>（装置于截除上股者）</td><td colspan="2">6</td><td>肩　盖</td><td>1</td></tr>
<tr><td colspan="2">短假腿</td><td colspan="2">35</td><td>垂足带</td><td>5</td></tr>
<tr><td colspan="2">假　膝</td><td colspan="2">4</td><td>行路带</td><td>1</td></tr>
<tr><td rowspan="2">假　臂</td><td>上臂</td><td>10</td><td rowspan="2">12</td><td>膝　带</td><td>1</td></tr>
<tr><td>下臂</td><td>2</td><td>特制鞋</td><td>35</td></tr>
<tr><td colspan="2">假足及腿带</td><td colspan="2">2</td><td>暂用石膏假腿</td><td>95</td></tr>
</table>

资料来源：《上海国际红十字会残废伤兵医院报告》，《上海医事周刊》第4卷第45期（1938年11月7日），第2页。

该残废伤兵医院结束以后，其假腿工场迁入同仁医院难民部照常工作，“凡贫苦不幸断肢残腿者，可向该工场接洽医治，可予免费”[①]。所以，假腿工场毫无疑问是上海国际红十字会遗留下来的宝贵财富。

另外，上海国际红十字会在其他方面也有所作为，特别是加强了与两租界当局的联络和协作。如在与工部局卫生处就解除限制运送伤兵入内一事的沟通和协商中发挥了重要作用，这是其他组织或慈善团体难以办到的。此外，上海国际红十字会还与上海市妇女运动促进会建立了良好的合作关系，委托其代为征集“单被、棉被、纱头、棉背心、衬衫裤、拖鞋、牙刷、牙膏、漱口杯、面盆、痰盂、男式棉袍棉袄裤（伤兵出院时着用）”[②] 等伤兵住院生活用品。

无论如何，上海国际红十字会的积极参与，确实给当时紧张的伤兵救护形势带来一定的缓解和帮助作用[③]，其本身也取得了不错的伤兵救护业绩，尤以第五伤兵医院的顺利举办及其优良的办理成绩，“深得社会各界之称许”[④]。

---

① 《假腿工场讯》，《申报》1939年3月25日。

② 《妇运促进会征集伤兵医院用品》，《申报》1937年10月19日。

③ 《两所红十字伤兵医院开设，外籍医师和天主教姐妹进行医疗服务》，上海市档案馆藏英文档案，档号U1-16-784，缩微号145。

④ 《第五救护院结束》，《社会朝报》1937年12月22日；《中国红十字会月刊》第31期（1938年1月），第80页。

## 二、难民救助效果评估

救助难民是上海国际红十字会的重要任务之一，也是该会投入资金、人力最多的一项救护行动，在很大程度上弥补了中国红十字会的短暂“缺位”，使红十字在难民救助领域持续发挥了重要作用。其业绩主要包括以下几个方面：

（一）难民医疗救助方面

上海国际红十字会以难民医院为诊疗核心、以难民收容所诊疗所及流动诊疗所为基层网络、以其他合作专科医院为辅助，打造了一个多层次、多元化的难民医疗服务体系。上海国际红十字会与中华医学会及其上海支会的各办事委员为此倾尽心血，使这个难民医疗服务体系确实为维系上海难民的健康提供了重要保障，得到了中国红十字会总会的认可。中国红十字会总会尤其对其难民诊疗所的工作给予了较高评价：“八一三沪战发生，本市难民麇集，以环境欠佳，致疾病丛生，当由中国红十字会上海国际委员会组织难民诊疗队，设法施治，工作推行颇见成效。”①

首先，上海国际红十字会实施医疗服务效果显著。至该会结束救济工作时，其两所难民医院前后共收治患病难民 2861 人，经治愈出院 2686 人，住院总日数达 69651 天。其中，第一难民医院收治 1523 人，出院 1413 人，住院日数为 35123 天；第二难民医院收治 1338 人，出院 1273 人，住院日数为 34528 天，所主持难民诊疗所及流动诊疗所共计施诊 486316 起②（见表 6－2）。

表 6－2　上海国际红十字会主持难民收容所诊疗所及流动诊疗所工作统计

| 年　月 | 诊疗所 | | | 流动诊疗所 | | |
|---|---|---|---|---|---|---|
| | 收容所数目 | 患病难民数 | 诊疗号数 | 收容所数目 | 患病难民数 | 诊疗号数 |
| 1937 年 12 月 | 1 | 1136 | 2428 | 21 | 25750 | 10863 |
| 1938 年 1 月 | 11 | 13400 | 8738 | 58 | 28500 | 28241 |
| 2 月 | 11 | 10464 | 14670 | 47 | 21620 | 27277 |

① 《本会医务委员会难民诊疗队报告（廿七年十一月至廿八年十月）》，《中国红十字会月刊》第 58 期（1940 年 4 月），第 96 页。

② 彭望荃：《上海国际红十字会报告（民国二十六年十月至二十八年三月卅一日）》，中国红十字会上海国际委员会 1939 年编印，第 6—7 页；《上海国际红十字会报告》，《上海医事周刊》第 4 卷第 51 期（1938 年 12 月 19 日），第 4 页；《上海医事周刊》第 5 卷第 25 期（1939 年 6 月 19 日），第 2 页。

（续表）

| 年　月 | 诊疗所 | | | 流动诊疗所 | | |
|---|---|---|---|---|---|---|
| | 收容所数目 | 患病难民数 | 诊疗号数 | 收容所数目 | 患病难民数 | 诊疗号数 |
| 3月 | 12 | 13339 | 13523 | 62 | 28066 | 27496 |
| 4月 | 12 | 12597 | 13524 | 60 | 26369 | 30459 |
| 5月 | 13 | 16279 | 12480 | 63 | 29004 | 27143 |
| 6月 | 8 | 9943 | 9290 | 61 | 30085 | 39601 |
| 7月 | 7 | 9515 | 9095 | 55 | 28718 | 48045 |
| 8月 | 8 | 9514 | 9533 | 54 | 27309 | 49990 |
| 9月 | 8 | 9541 | 8120 | 54 | 25803 | 51555 |
| 10月 | 21 | 17715 | 21680 | 32 | 15537 | 22565 |
| 共　计 | — | — | 123081 | — | — | 363235 |

资料来源：《上海国际红十字会报告》，《上海医事周刊》第4卷第51期（1938年12月19日），第4页。

另外，上海国际红十字会按照进价向各医院售出酒精14000加仑、蚁醛液8000公斤及磷酸科点英560公分，并购入及接受捐赠医药用品计值77725.90元；同时向其他医院及难民诊疗所发放补助现金174330.01元及医药用品计值73489.35元；又分别向16所医院供应了病床、桌椅及其他用具，尚存留医药用品计值4236.55元（其中捐赠所得计值3767.83元），移交于中国红十字会总会医务委员会①。这些受上海国际红十字会补助的医院的工作也十分出色，合计门诊730976起，住院日数总计600598天（详情见表6－3）。

**表6－3　上海国际红十字会补助各难民医院及诊疗所情况一览**

| 年　月 | 受补助难民医院 | | | | 受补助难民诊疗所 | |
|---|---|---|---|---|---|---|
| | 住院日数 | 门诊号数 | 补助现款（元） | 补助药物（元） | 诊疗所 | 补助药物（元） |
| 1937年10月 | 12828 | 4264 | 6627.20 | — | — | — |
| 11月 | 24048 | 14564 | 12752.20 | — | — | — |
| 12月 | 27384 | 23234 | 14451.71 | — | 3 | 101.26 |





① 《上海国际红十字会医务委员会报告》，《上海医事周刊》第5卷第2期（1939年1月9日），第2页。

（续表）

| 年　月 | 受补助难民医院 | | | | 受补助难民诊疗所 | |
|---|---|---|---|---|---|---|
| | 住院日数 | 门诊号数 | 补助现款（元） | 补助药物（元） | 诊疗所 | 补助药物（元） |
| 1938 年 1 月 | 40829 | 58999 | 18271. 22 | 3751. 12 | 5 | 374. 11 |
| 2 月 | 47670 | 51187 | 21172. 88 | 4075. 67 | 4 | 235. 81 |
| 3 月 | 51035 | 54363 | 13033. 50 | 6099. 22 | 6 | 220. 13 |
| 4 月 | 57787 | 55334 | 15154. 35 | 6919. 32 | 9 | 270. 99 |
| 5 月 | 56183 | 69803 | 11555. 40 | 6923. 86 | 8 | 330. 00 |
| 6 月 | 57122 | 69679 | 12199. 05 | 6610. 66 | 9 | 174. 59 |
| 7 月 | 54206 | 62546 | 11781. 45 | 6266. 15 | 10 | 536. 24 |
| 8 月 | 58146 | 87942 | 12631. 20 | 7108. 17 | 12 | 805. 02 |
| 9 月 | 59666 | 98252 | 12754. 20 | 7419. 00 | 13 | 662. 60 |
| 10 月 | 54694 | 80809 | 11995. 85 | 6582. 20 | 14 | 739. 25 |
| 共　计 | 600598 | 730976 | 174360. 01 | 61755. 37 | — | 4450 |

资料来源：《上海国际红十字会医务委员会一年报告》，《上海医事周刊》第 5 卷第 1 期（1939 年 1 月 2 日），第 2—3 页。

其他方面的成绩包括由救护车服务组送院患病难民 4188 人次，其中 3465 人次系用汽车输送，其余 723 人次则用人力车输送①。由上海国际红十字会的医事人员任用组分配的医务人员计有 840 余人，其中改组以后分配者为 444 人，包括医师 129 人、护士 144 人及其他医务人员 171 人；化验诊断所共计收集化验标本 3028 件，共做细菌培养、结核杆菌检验、肥达氏试验、梅毒絮状试验、大小便及血液检验等化验 4260 次；中比镭锭医院则为患病难民，做胸部、骨骼、尿道、胃肠及异物等放射摄影 927 件，以及做胸部、胃肠等 X 光检查 624 次②。

其次，上海国际红十字会收治患病难民不带偏见。该会实施医疗服务，“无不以病者为前提，绝不因系难民而稍予改变”③。处治难民疾病，

① 《上海国际红十字会医务委员会报告》，《上海医事周刊》第 5 卷第 2 期（1939 年 1 月 9 日），第 2 页。

② 《上海国际红十字会医务委员会报告》，《上海医事周刊》第 5 卷第 2 期（1939 年 1 月 9 日），第 2 页。

③ 《本会第一难民医院报告（二十七年十二月至二十八年十月）》，《中国红十字会月刊》第 58 期（1940 年 4 月），第 92 页。

均慎重办理，“半年如一日”[①]。其人道主义表现主要有两点：

一是不因患病难民住院日数普遍较长而逼迫其出院。上海国际红十字会两所难民医院收治患病难民，其住院日数平均为26天，“是项数字较之其他公私立医院之统计稍有逾越”[②]。原因有三：其一，该两所医院收治患慢性病及顽固性疾病者较多，内科如老年衰弱、脚气病、结核病、痢疾、花柳病等，外科如骨折、溃疡等，治疗上颇费周章，皆非数月不能治愈，而且难民平日营养状况大都不良，对于疾病的抵抗能力非常薄弱，患病时又未能于日常膳食之外，充分供给富含营养的食物，导致病愈时间大大延长；其二，该两所医院设备尚称完善，每每收治重症患者，即便是病入膏肓亦不能不收治，因无法施行手术或使用适当治疗方法，而其死亡又需相当时日，故此类重症病人平均住院日数较长；其三，该两所医院收治患病难民，非俟痊愈不使之出院，即使治愈之后，常常因原送医收容所结束或地址变更等而无法送回，其中部分残废病人虽经治愈，但普通难民收容所已不便收容，需要时间设法遣送。除了上述原因外，有些患病难民本身意愿是非治愈不出院，甚至还有已愈难民以医院宿食较收容所舒适而借故不愿出院。如此种种均造成平均住院日数大幅增加，以致久占床位而无法收治新病患，这对该两医院的医疗服务效率不无影响。

二是不因承受病人死亡率较高的压力而不予收治。该两所医院收治重症患者居多，往往送院时已濒危，如由工部局救护车所送病人，十分之九为倒卧路旁病丐，以致未入病房而身已亡故，或入病房不久即死亡。尽管如此，该两医院无不竭尽全力，极尽医疗之能事，以尽人道之职责[③]。

（二）难民卫生防疫方面

租界的卫生防疫工作虽然一向由其卫生处负责，但是在数以万计难民涌入的情况下，面临着很多困难和挑战，所以上海国际红十字会的积极介入和合作，并不是重复和多余的，而是有相当大的作用和价值的，

---

① 朱功宏：《上海国际红十字会第二医院半年来治疗难民报告》，《中国红十字会上海国际委员会救济月刊》第1卷第4期（1938年9月），第4页；《中国红十字会月刊》第41期（1938年11月），第75页。

② 《本会第一难民医院报告（二十七年十二月至二十八年十月）》，《中国红十字会月刊》第58期（1940年4月），第94页。

③ 《本会第一难民医院报告（二十七年十二月至二十八年十月）》，《中国红十字会月刊》第58期（1940年4月），第95页；朱功宏：《上海国际红十字会第二医院半年来治疗难民报告》，《中国红十字会上海国际委员会救济月刊》第1卷第4期（1938年9月），第4页；《中国红十字会月刊》第41期（1938年11月），第74—75页。

对租界的卫生防疫工作是十分有益的补充。

当上海国际红十字会提出为全部难民进行预防伤寒霍乱注射时，工部局卫生处处长朱尔登就表示非常欢迎，并给予了较高评价，他说：“你们为大量难民进行两次预防伤寒霍乱疫苗注射，确实是非常好的，我很感激你们能给与我们这样良好的合作。”① 但他同时也担心该预防伤寒霍乱疫苗的免疫效果，认为“就某一种疫病而言，单一疫苗的免疫效果是十分确定的，但这种混合疫苗的免疫效果则要小的多”②，而且该疫苗和工部局卫生处注射的预防天花疫苗是否存在不良反应，也是不确定的。为了避免工作上的干扰和重复，工部局卫生处指定了上海国际红十字会的预防注射范围，即西以铁路线、南以法租界、北以愚园路和爱文义路、东以虞洽卿路为界，并要求该会于每周三提交一份已注射登记表，使用在工部局登记的收容所名称，以利识别③。旋经统一名称，上海国际红十字会提交了难民收容所和学校两种已注射登记表（见表6-4）④。

**表6-4　上海国际红十字会预防霍乱伤寒注射不完全统计**

**（仅包括难民收容所和学校）**

| 名称 | 第一次注射 | | 第二次注射 | | 名称 | 第一次注射 | | 第二次注射 | |
|---|---|---|---|---|---|---|---|---|---|
| | 日期 | 人数 | 日期 | 人数 | | 日期 | 人数 | 日期 | 人数 |
| 中央1C59 | 4.18 | 273 | 4.28 | 170 | 大慈 | 4.18 | 288 | 4.29 | 231 |
| 大运 | 4.18 | 106 | 4.25 | 91 | 16 | 4.19 | 203 | 4.28 | 61 |
| 63 | 4.19 | 53 | 4.28 | 31 | 40 | 4.19 | 251 | 4.28 | 211 |
| 68 | 4.19 | 169 | 4.28 | 117 | — | 4.19 | 136 | 4.30 | 130 |
| 慧成 | 4.19 | 228 | 4.28 | 199 | 明德 | 4.19 | 150 | 4.28 | 87 |
| 60 | 4.19 | 478 | 4.30 | 294 | 慈恩 | 4.20 | 334 | 4.29 | 180 |
| 工华 | 4.20 | 277 | 4.29 | 218 | 梅园 | 4.20 | 175 | 4.29 | 174 |

① 《朱尔登1938年5月7日致黄子方的信》，上海市档案馆藏英文档案，档号U1-16-1052，缩微号43。

② 《一九三七年后紧急状态难民防痨接种注射》，上海市档案馆藏英文档案，档号U1-16-1052，缩微号42-43。

③ 《朱尔登1938年5月26日致黄子方的信》，上海市档案馆藏英文档案，档号U1-16-1052，缩微号47。

④ 《黄子方1938年6月2日和9日致朱尔登的信》，上海市档案馆藏英文档案，档号U1-16-1052，缩微号78、82。

（续表）

| 名称 | 第一次注射 | | 第二次注射 | | 名称 | 第一次注射 | | 第二次注射 | |
|---|---|---|---|---|---|---|---|---|---|
| | 日期 | 人数 | 日期 | 人数 | | 日期 | 人数 | 日期 | 人数 |
| 46 | 4.20 | 335 | 4.29 | 252 | 48 | 4.20 | 144 | 4.30 | 80 |
| 天蜂 | 4.21 | 338 | 4.28 | 310 | 32 | 4.21 | 306 | 4.30 | 200 |
| 8 | 4.21 | 187 | 4.30 | 156 | 大悲 | 4.21 | 156 | — | — |
| 安养 | 4.21 | 177 | 4.30 | 143 | 1W148 | 4.21 | 63 | 4.30 | 61 |
| 1W95 | 4.21 | 69 | 4.30 | 58 | 36 | 4.22 | 181 | 4.30 | 86 |
| 18 | 4.22 | 323 | 5.2 | 322 | 39 | 4.22 | 342 | 5.2 | 84 |
| 90 | 4.22 | 361 | 5.2 | 500 | 93 | 4.23 | 250 | 5.2 | 441 |
| 15 | 4.23 | 416 | 5.3 | 566 | 53 | 4.23 | 340 | 5.3 | 418 |
| 58 | 4.23 | 285 | 5.3 | 413 | 87 | 4.23 | 147 | 5.3 | 323 |
| 国际第三 | 4.24 | 476 | 5.4 | 360 | 5 | 4.25 | 377 | 5.4 | 173 |
| 72 | 4.25 | 110 | 5.4 | 210 | 134 | 4.25 | 169 | 5.4 | 122 |
| 148 | 4.25 | 130 | 5.4 | 226 | 149 | 4.25 | 209 | 5.4 | 79 |
| 浦东第一同乡会 | 4.26 | 160 | 5.4 | 70 | 道德 | 4.26 | 143 | 5.5 | 140 |
| 慈乐 | 4.26 | 325 | 5.5 | 109 | 111 | 4.26 | 162 | 5.5 | 101 |
| 泰利 | 4.26 | 373 | 5.5 | 365 | 镇江 | 4.26 | 171 | 5.5 | 99 |
| 残废 | 4.26 | 126 | 5.5 | 126 | 81 | 4.27 | 188 | 5.2 | 36 |
| 42 | 4.27 | 288 | 5.4 | 284 | 棣隆 | 4.27 | 603 | 5.6 | 600 |
| 77 | 4.27 | 311 | 5.6 | 304 | 35 | 4.27 | 203 | 5.6 | 149 |
| 渭兴 | 5.6 | 780 | 5.17 | 704 | 34 | 5.7 | 150 | 5.14 | 34 |
| 广东 | 5.9 | 266 | 5.16 | 58 | 宝山 | 5.9 | 78 | 5.16 | 72 |
| 第二庇寒所 | 5.10 | 185 | 5.18 | 111 | 慈济 | 5.10 | 167 | 5.18 | 154 |
| 清凉 | 5.10 | 1742 | 5.18 | 485 | 新安 | 5.11 | 142 | 5.19 | 216 |
| 江宁 | 5.11 | 216 | 5.19 | 67 | 怀远 | 5.12 | 200 | 5.18 | 112 |
| 民毅 | 5.12 | 192 | 5.18 | 182 | 2 | 5.12 | 271 | 5.20 | 203 |
| 合泰 | 5.12 | 230 | 5.20 | 23 | 绿业 | 5.13 | 67 | 5.19 | 52 |
| 永宁 | 5.13 | 175 | 5.19 | 170 | 会宾 | 5.13 | 102 | 5.21 | — |
| 120 | 5.13 | 236 | 5.21 | 92 | 120（支所） | 5.14 | 83 | 5.21 | 19 |

（续表）

| 名称 | 第一次注射 | | 第二次注射 | | 名称 | 第一次注射 | | 第二次注射 | |
|---|---|---|---|---|---|---|---|---|---|
| | 日期 | 人数 | 日期 | 人数 | | 日期 | 人数 | 日期 | 人数 |
| 57 | 5.14 | 199 | 5.21 | 119 | 慈爱 | 5.16 | 314 | 5.23 | — |
| 54 | 5.18 | 331 | 5.24 | 111 | 第一庇寒所 | 5.18 | 189 | 5.25 | 156 |
| 宁安 | 5.18 | 188 | 5.25 | 172 | 新光 | 5.19 | 328 | — | — |
| 永园 | 5.20 | 293 | — | — | 23 | 5.21 | 183 | 5.27 | 87 |
| 49 | 5.24 | 322 | 5.31 | 265 | 胶州 | 5.24 | 210 | — | — |
| 47 | 5.25 | 746 | — | — | 52 | 5.25 | 320 | — | — |
| 慈生 | 5.26 | 348 | — | — | 29 | 5.26 | 86 | — | — |
| 1C54 | — | — | 6.2 | 128 | 3N6 | — | — | 6.2 | 24 |
| 3N10 | — | — | 6.2 | 154 | 3W48 | — | — | 6.2 | 352 |
| 9 | 6.18 | 195 | 6.24 | 29 | 51 | 6.21 | 137 | 6.27 | 62 |
| 11 | 6.28 | 415 | — | — | 国际第六所 | 6.28 | 348 | — | — |
| 13 | 6.28 | 167 | — | — | 44 | 6.28 | 187 | — | — |
| 月明 | — | 522 | — | 342 | 长康 | — | 180 | — | 120 |
| 大鸿 | — | 370 | — | 312 | 卡德 | — | 849 | — | 635 |
| 慈愿 | — | 1552 | — | 1340 | 康悌 | — | 850 | — | 800 |
| 华东基督教联合中学 | 4.11 | 149 | 4.14 | 149 | — | 4.18 | 89 | 4.25 | 89 |
| 街童第26及29班 | 5.12 | 85 | 5.20 | 85 | 上公（小学） | 5.13 | 50 | 5.20 | 50 |
| 上青街童小学 | 5.13 | 84 | 5.20 | 84 | 街童第6班 | 5.14 | 40 | 5.20 | 39 |
| 街童第10班 | 5.14 | 39 | 5.26 | 26 | 沪西公社 | 5.15 | 578 | 5.22 | 245 |
| 街童第9班 | 5.16 | 90 | 5.23 | 61 | 街童第17班 | 5.16 | 39 | 5.23 | 33 |
| 之江大学 | 5.16 | 164 | 5.23 | 164 | 街童第2、14、15班 | 5.16 | 57 | 5.25 | 40 |
| 街童第31、32、33班 | 5.16 | 85 | 5.25 | 83 | 道中女子中小学 | 5.17 | 512 | 5.24 | 512 |
| 中西女校 | 5.17 | 171 | 5.24 | 156 | 麦伦小学 | 5.18 | 41 | 5.25 | 36 |

（续表）

| 名称 | 第一次注射 | | 第二次注射 | | 名称 | 第一次注射 | | 第二次注射 | |
|---|---|---|---|---|---|---|---|---|---|
| | 日期 | 人数 | 日期 | 人数 | | 日期 | 人数 | 日期 | 人数 |
| 培本小学 | 5. 21 | 84 | 5. 28 | 84 | 清心女中 | 5. 23 | 429 | 5. 30 | 381 |
| 爱国女校 | 5. 23 | 257 | 5. 30 | 247 | 中华商业职业学校 | 5. 23 | 165 | 5. 30 | 156 |
| 景海女子中学 | 5. 24 | 69 | 5. 31 | 68 | 街童第27班 | 5. 24 | 59 | 6. 2 | 41 |
| 培本小学 | 5. 24 | 154 | 6. 2 | 150 | 福哑小学 | 5. 24 | 25 | 6. 2 | 17 |
| 短期小学 | 5. 25 | 45 | 6. 2 | 36 | 春朗妇女补校 | 5. 26 | 47 | 6. 2 | 47 |
| 震寰小学 | 5. 26 | 182 | 6. 3 | 223 | 国光小学 | 5. 26 | 170 | 6. 4 | 170 |
| 孤儿院（大西路） | 5. 27 | 57 | 6. 3 | 60 | 培　成 | 5. 27 | 205 | 6. 3 | 86 |
| 春朗补习学校 | 5. 28 | 45 | 6. 4 | 19 | 上海女子大学中学小学校 | 5. 28 | 464 | 6. 4 | 432 |
| 道一中小学 | 5. 28 | 300 | 6. 4 | 205 | 沪光中学 | 5. 28 | 75 | — | — |
| 求德女子中小学 | 5. 30 | 561 | 6. 6 | 481 | 苏州旅沪小学 | 5. 31 | 288 | 6. 7 | 288 |
| 景德小学 | 5. 31 | 446 | 6. 7 | 371 | 天潼小学 | 5. 31 | 94 | — | — |
| 国华小学 | 6. 2 | 181 | 6. 7 | 181 | 宁波同乡小学 | 6. 2 | 326 | 6. 8 | 326 |
| 南方中学 | 6. 2 | 317 | — | — | 美华小学 | 6. 2 | 104 | — | — |
| 審美女中 | 6. 2 | 209 | — | — | 文昌小学 | 6. 2 | 334 | — | — |
| 绍　兴 | 6. 2 | 286 | — | — | 香　港 | 6. 3 | 43 | — | — |
| 圣芳济 | 6. 3 | 395 | — | — | 南洋中学 | 6. 3 | 420 | — | — |
| 中　华 | 6. 3 | 54 | — | — | 万　象 | 6. 3 | 106 | — | — |
| 正　行 | 6. 3 | 249 | — | — | 乐　华 | 6. 3 | 212 | — | — |
| 南群及中华小学 | 6. 3 | 94 | — | — | 业余补习学校 | 6. 4 | 25 | — | — |
| 新　民 | 6. 4 | 50 | — | — | 怀　思 | 6. 4 | 92 | — | — |

（续表）

| 名　称 | 第一次注射 | | 第二次注射 | | 名　称 | 第一次注射 | | 第二次注射 | |
|---|---|---|---|---|---|---|---|---|---|
| | 日期 | 人数 | 日期 | 人数 | | 日期 | 人数 | 日期 | 人数 |
| 沈　家 | 6.4 | 99 | — | — | 贫民教养院 | 6.4 | 63 | — | — |
| 义成小学 | 6.4 | 152 | — | — | 亚东小学 | 6.4 | 154 | — | — |
| 协　进 | 6.6 | 168 | — | — | 家事高级学校 | 6.6 | 33 | — | — |
| 文化中小学 | 6.7 | 280 | — | — | 培仁小学 | 6.7 | 254 | — | — |
| 崇　化 | 6.7 | 158 | — | — | 爱　国 | 6.7 | 86 | — | — |
| 同义小学 | 6.7 | 270 | — | — | 公义小学 | 6.7 | 93 | — | — |
| 静安小学 | 6.7 | 738 | — | — | 民立中学 | 6.7 | 478 | — | — |
| 苏民小学 | 6.8 | 103 | — | — | 街童第3班 | 6.16 | 26 | 6.22 | 26 |
| 尚宗小学 | 6.22 | 131 | — | — | 街童第5班 | 6.22 | 38 | — | — |
| 上海幼稚师范 | — | — | 6.22 | 118 | 坤范女子中学 | — | — | 6.22 | 269 |
| 申江小学 | — | — | 6.22 | 206 | 持志学院 | — | — | 6.22 | 11 |
| 甬光小学 | — | — | 6.22 | 225 | 上海幼稚园 | — | — | 6.22 | 24 |
| 华　民 | — | — | 6.22 | 240 | 华群小学 | 6.23 | 15 | — | — |
| 西霞小学 | — | — | 6.23 | 3 | 上海小学 | — | — | 6.23 | 118 |
| 私立善群小学 | — | — | 6.23 | 43 | 惠　民 | — | — | 6.23 | 54 |
| 新　心 | — | — | 6.23 | 59 | 人　和 | — | — | 6.23 | 82 |
| 12 | 6.24 | 228 | — | — | 基督教联合中学 | — | — | 6.24 | 28 |
| 群　兴 | — | — | 6.24 | 38 | 新　旦 | — | — | 6.24 | 56 |
| 吾　粹 | — | — | 6.24 | 72 | 崇新小学 | — | — | 6.24 | 86 |
| 市中小学下午班 | — | — | 6.24 | 94 | 青华中学 | — | — | 6.24 | 150 |
| 市中小学 | — | — | 6.24 | 197 | 梵皇渡小学 | — | — | 6.25 | 30 |
| 青龙小学 | — | — | 6.27 | 23 | 女青年会第四 | — | — | 6.27 | 80 |
| 观北小学 | — | — | 6.27 | 118 | 培智小学及幼稚园 | — | — | 6.27 | 238 |

资料来源：《一九三七年后紧急状态难民防痨接种注射》，上海市档案馆藏英文档案，档号U1-16-1052，缩微号79-89。

从4月18日开始，到6月底止，由两租界卫生当局指定的难民收容所及学校均注射殆遍，于是自7月1日起，将3组注射队减为1队继续服务，“该队将重往各收容所，为新入所中之难民及其他未受注射者施行注射”①。至该项预防注射运动结束时，上海国际红十字会总计为96853人注射了182214人次（见表6－5），并施种牛痘6188人次②。

表6－5 上海国际红十字会预防霍乱伤寒注射运动结果统计

| 地　点 | 第一次注射 | 第二次注射 | 第三次注射 | 总　计 |
| --- | --- | --- | --- | --- |
| 收容所110个 | 30735 | 20119 | — | 50854 |
| 学校172所 | 24644 | 20651 | — | 45295 |
| 教会5个 | 1710 | 1434 | 1222 | 4366 |
| 医院21所 | 17007 | 7646 | 4193 | 28846 |
| 南市难民区 | 15714 | 12407 | 8364 | 36485 |
| 徐家汇 | 7043 | 5207 | 4118 | 16368 |
| 总　计 | 96853 | 67464 | 17897 | 182214 |

注：上项统计不包括两租界卫生处的预防注射结果。

资料来源：《黄子方7月份医务报告摘录》，上海市档案馆藏英文档案，档号U1-16-1052，缩微号90。

此次防疫注射的效果经受住了实践的考验，因为注射疫苗期间，有霍乱疫情出现，但并未大规模暴发。5月18日，虹桥路第72难民收容所中，“有一难民染真性霍乱而死，是为本年第一件证实之霍乱病例”③，其后逐渐蔓延，截至6月7日，报告感染霍乱135例，不过经检验证实仅有33例，其中公共租界9例、法租界7例、两租界附近17例，“经证实为真性霍乱者仅为全数（即经报告者）四分之一，且一半以上之病例发生于租界外难民收容所中”④。值得注意的是，从表6－4中可找出，第72难民收容所中的难民在发现霍乱病例之前，即4月25日就有110人接受了第一次注射，而5月4日第二次注射时增加到210人，其免疫效果不辩自明。倘若上海国际红十字会当初没有坚持做好防疫工作的

① 《上海国际红十字会》，《上海医事周刊》第4卷第28期（1938年7月11日），第4页。

② 彭望荃：《上海国际红十字会报告（民国二十六年十月至二十八年三月卅一日）》，中国红十字会上海国际委员会1939年编印，第7页。

③ 《上海霍乱之现状》，《上海医事周刊》第4卷第24期（1938年6月13日），第1页。

④ 《上海霍乱之现状》，《上海医事周刊》第4卷第24期（1938年6月13日），第1页。

话，那么这次霍乱疫情的大规模暴发很可能是不可避免的。

上海国际红十字会在卫生防疫方面不遗余力的努力，是维持难民健康的重要保障。据两租界卫生部门统计，难民中成人和未成年死亡人数每月都不超过670人。且就未成年死亡率而言，据上海国际红十字会难民收容所诊疗所前8个月的统计，其入院难童死亡率为19.3%；难民儿童医院的数据更为明显，“在过去的九个月中，未成年难民死亡率从1937年12月份的41.3%下降至1938年7月份的6.6%”①。当然，这其中有难民人数不断减少的因素，但不可否认的是，上海国际红十字会在此间发挥了巨大作用。

（三）难民教育方面

难民教育是特殊时期的一种特殊教育，没有现成的教育模式可供参考，完全根据现时的需要而推行。在难民收容所教育设施和环境都不理想的状况下，要在短时期内办理教育并取得极大效果，是有相当难度的。但是，上海国际红十字会迎难而上，交出了一份令人满意的难民教育答卷。

首先，上海国际红十字会取得了有目共睹的难民教育成绩。该会曾为使社会各界明了难民教育状况及成绩起见，特于7月1日至4日，在爱多亚路（今延安东路）浦东同乡会三楼中华第四职业学校，举办难民学艺成绩展览会，先向各收容所征求儿童、成人教育及职业教育成绩展示作品，如书法、试卷、笔记、图画、手工、刺绣等7000余件（见表6-6），共辟6室分别展览。据参观者回忆，“第一室中映庵、飞涯、月来的条幅书法，笔势很佳，图表方面，难民生产工作种类及参加人数统计表，是很详细的；第二室中二件藤制的汗背心，是精工的，新颖的作品；第四室中关于卫生方面的各种模型，尤其是对于蝇蚊之害，有着惊人的警告；第六室是展览难民习艺所的出品，出品较为精美，有肥皂、饮汽水用的纸管、毛巾、印刷品等”②。并在展览室内另开一角，调派难民现场演示工作情形，如来自上海国际救济会第3收容所某妇女，现场表演刺绣、制草篮和花纸；9岁难童沈彩琳等人表演了新文字手语③。

① 《未成年人死亡率并未过度》，《字林西报》1938年9月7日；上海市档案馆藏英文档案，档号U1-16-1032，缩微号29。

② 庭筠：《难民学艺成绩展览剪影》，《中国红十字会月刊》第38期（1938年8月），第3页。

③ 《难民学艺展览会参观者异常众多》，《中国日报》1938年7月2日；《中国红十字会月刊》第38期（1938年8月），第13页。

表6－6　上海国际红十字会举办难民学艺成绩展览会展览品统计

| 主办机关 | 儿童教育作品 | 成人教育作品 | 职业教育作品 | 总计 |
|---|---|---|---|---|
| 慈联会 | 1581 | 247 | 326 | 2154 |
| 慈联分会 | 1755 | 805 | 214 | 2274 |
| 上海国际救济会 | 869 | 215 | 394 | 1478 |
| 其　他 | 962 | 172 | 355 | 1489 |
| 总　计 | 5167 | 939 | 1289 | 7395 |

资料来源：《举办难民学艺成绩展览》，《中国红十字会上海国际委员会救济月刊》第1卷第2期（1938年7月），第6页；《中国红十字会月刊》第40期（1938年10月），第38页。

此次展览以儿童教育成绩展示为主，算是办理难民教育以来一个阶段性的总结。至全部结束时，“全沪收容所实施殆遍，计有儿童、成人七百二十五班”①，共计受教难童42508人、受教成人34080人②。

其次，所办新文字教育具有特殊的历史地位。新文字是一种拼音文字，也就是汉字拉丁化，“它只有28个字母。认识了这28个字母，再懂得拼音的方法，根据自己的语言基础，就可以开始识字了”③。与过于艰涩难学的传统中国文字相比，它最大的优点就是简单易学，“这是一个扫除文盲的优良和经济的方法”④。为谋教育普及，上海国际红十字会决定在难民教育中试行新文字教育以扫除文盲，并于2月8日在教育委员会办事处成立新文字研究会，“先事训练一般新文字之教育人材”⑤，还先后举办了4期训练班，经考核，

① 《本会一年来工作概况》，《中国红十字会上海国际委员会救济月刊》第1卷第5期（1938年10月），第2页；《中国红十字会国际委员会一年来工作概况》，《中国红十字会月刊》第41期（1938年11月），第57页；《国际红十字会一年来会务报告》，《申报》1938年11月6日；《本会国际委员会工作概况》，《中国红十字会月刊》第58期（1940年4月），第23页。

② 陈鹤琴：《一年来的上海难民教育》，《中国红十字会上海国际委员会救济月刊》第1卷第6期（1938年11月），第2页；《中国红十字会月刊》第42期（1938年12月），第6页。

③ 陈鹤琴：《新文字与难民教育》，见陈秀云、陈一飞编：《陈鹤琴全集》第6卷，江苏教育出版社2008年版，第132页。

④ 陈鹤琴：《新文字与妇女》，见陈秀云、陈一飞编：《陈鹤琴全集》第6卷，江苏教育出版社2008年版，第138页。

⑤ 《国际红会教委会推进新文字运动》，《中国日报》1938年2月7日；《中国红十字会月刊》第33期（1938年3月），第46页。

前两期合计及格22人，第3期及格53人，第4期及格64人，均视需要“委派至各所推行拉丁化中国字”①。又，陈鹤琴对于推行新文字教育颇为用心，亲自编写了两册新文字民众读本和16册新文字读物，作教授和阅读之用。

实践证明，新文字在难民教育中的试验是成功的。所开设新文字教育班共计171个，其中儿童80班、成人66班、妇女25班，受教儿童计有3144人、成人381人、妇女760人，总计受新文字教育难民人数为4285人。这些难民经授新文字教育，成绩殊佳。“有吴县某纱厂工人及江阴某铜匠，每日仅习一小时，三星期后，已能阅读新文字书籍，所作简单文字，亦尚通顺”②。还有正大收容所中有一个叫邢握真的湖北籍难民，年近40岁，曾受过4年小学教育，经学习新文字两星期，便用新文字给陈鹤琴写了一封信：

鹤琴先生：

我是本所的一个难民，没有机会拜会你，昨天读过你的民众读本，才知道你是研究新文字的学者，而且很热烈地提倡新文字教育。因此给你这封信，请你看一下。

我从前本不认识新文字，从去年在正大收容所请朱先生教了一星期，我因为求知识的心切，不分日夜地研究，所以不到10天就能看书、写信、做文章。我又用即知即传的方法教不识字的难友，他们也很有兴趣。不过本所学新文字的班次很多，课本还不够，希望你继续努力，你的教育工作，使在这孤岛里面的大众文盲都叫你是救星呢！

邢握真上③

阅读这封信之后，陈鹤琴曾做出这样一番表述：“写这封信的难胞当然不是文盲，但是在这封信里可以证明新文字是很容易学的，费两星期就可以写了。如果完全是文盲的话，只要他说话没有问题，他就可以照他说的话写出来。如若要把文字写得优美文雅，那当然也要费些时间。现在在难民所中会看会写新文字的人不止他一个，如果用这个工具

① 陈鹤琴：《一年来的上海难民教育》，《中国红十字会上海国际委员会救济月刊》第1卷第6期（1938年11月），第5页；《中国红十字会月刊》第42期（1938年12月），第13页。

② 《实验推行新文字》，《救灾会刊》第15卷第1期（1938年3—4月），第144页。

③ 陈鹤琴：《新文字与难民教育》，见陈秀云、陈一飞编：《陈鹤琴全集》第6卷，江苏教育出版社2008年版，第133页。

去扫除难胞文盲，自然是不难达到目的的。”①

而在此之前，新文字在国内的推行是颇受挫折的。新文字的产生，是受苏联文字拉丁化的影响。1929 年 2 月，瞿秋白在郭质生的帮助下，初步拟订了第一份中文拉丁化方案，当年 10 月写成《中国拉丁化的字母》一文，于 1930 年用笔名“瞿维托”发表在苏联刊物《中国问题》第 2 期上，引起苏联语言学界的注意，嗣在苏联推行，以帮助在苏中国工人脱盲。1932 年，经国内杂志介绍，引起一番大讨论，既有赞成意见，也有反对意见。1934 年 8 月，全国第一个新文字团体——中文拉丁化研究会成立，新文字开始在国内推行，并迅速在全国范围内推广。由于与中国共产党有关，南京国民政府从 1936 年起开始查禁，使新文字推广进入低潮期。随着淞沪会战爆发，国民政府放松了控制，上海便率先恢复了新文字运动，尤其是新文字在难民教育中的推行，“不论在国内或海外，都产生了影响”②。

综上所述，上海国际红十字会的难民教育工作取得了十分可观的成绩，但也确实存在很多不足。诸如未能完全统一上海的难民教育事业，由于各难民收容所主办善团及其“负责教育工作者的立场不同，所以上海难教还不能在战时教育的总目标下开展”③；另对具体工作开展的考虑尚不足够细致，如关于中等程度难民求学的问题，虽经请求上海公私立中学免费入读，但住食仍由各自收容所供给，“实行以来，因各收容所与各学校相隔穹远，走读颇感不便，且上课与开饭时间为上午十时及下午四时，过时不能重开，各学生以此时适为学校上课时间，宁愿上课枵腹读书者大有人在”④。

此外，纵观上海国际红十字会整个难民教育事业，从无到有，从幼小到壮大，主要得益于它的组织模式，能将优秀的教育资源吸收为我所用，诚如陈鹤琴所总结的那样，“在极短时期，极困难环境的中间，能够得到相当的发展，当然是经各方面的努力，方能有这种成就，国际红十字会教育委员会不过总其成罢了”⑤。这当然是谦虚的说辞，该会从着

① 陈鹤琴：《新文字与难民教育》，见陈秀云、陈一飞编：《陈鹤琴全集》第 6 卷，江苏教育出版社 2008 年版，第 133 页。

② 倪海曙编著：《拉丁化新文字运动的始末和编年纪事》，知识出版社 1987 年版，第 18 页。

③ 雅庸：《一年来的上海难民教育》，《团结周报》第 25 期（1938 年 7 月 3 日），第 11 页。

④ 《难民学生挨饿亟应筹谋补救》，《申报》1938 年 10 月 25 日；《中国红十字会月刊》第 42 期（1938 年 12 月），第 18 页。

⑤ 陈鹤琴：《一年来的上海难民教育》，《中国红十字会上海国际委员会救济月刊》第 1 卷第 6 期（1938 年 11 月），第 5 页；《中国红十字会月刊》第 42 期（1938 年 12 月），第 14 页。

手到结束，“一年来的经验和表现的事实，虽不能说是全部达到完善的境界，但也可说是相当的成效。就数量和内容，与所用的经费，和平时的普通学校相比较，那所得的比率，当然有过之无不及”[①]。

## 第二节　地域援助及其成效剖析

除在上海展开救护行动外，上海国际红十字会也时刻关注着全国其他地方的救济工作，并向各地救济团体提供了一定的经费和人员支持；即便在自身陷入困境之时，上海国际红十字会仍在想方设法加强地域联系和援助工作。该会原本旨在“专事救济上海境内各国难民，协助各医院救护事业”[②]，其章程也明文规定救济范围以上海、两租界及周边区域为限；迩以战区展伸，“难民、伤兵既已逐渐增加，救护收容自须随而扩大”[③]，救济工作自然应形势而变更，不宜再限于上海局部。因此，上海国际红十字会拟扩大救济范围，并呈准中国红十字会颁发特许证书，“全国各地被难兵民，均予援救”[④]。

### 一、近郊救济的实施

1937年11月，由于淞沪会战不利，随着上海近郊相继沦陷，战火迅速由上海市区向内地延烧，致使被灾兵民愈众，且多地难民逃难无所，救护工作愈显重要。但是在上海沦陷以后，对外交通阻断，上海国际红十字会困处“孤岛”，忙于应付“岛内”的救护工作，无力对外开展大规模的救护行动，而且该会一贯实行以经费支持为主的合作救济模式，也不适合组织异地救护。于是，经该会执行委员会议讨论，特于12月8日设立近郊救济委员会（又称战区救济委办会），专司近郊赈济工作。当时推定朱友渔为该委员会主席，李劳生为办事处主任，施思明、蔡增基和贝克等人为委员，“负责筹办，力谋进行”[⑤]。

---

① 陈鹤琴：《一年来的上海难民教育》，《中国红十字会上海国际委员会救济月刊》第1卷第6期（1938年11月），第2页；《中国红十字会月刊》第42期（1938年12月），第5页。

② 《国际红十字会募捐周开幕》，《新闻报》1937年12月2日；《红十字募捐周开幕》，《中国红十字会月刊》第31期（1938年1月），第64页。

③ 《近郊救济分委办会成立》，《救灾会刊》第14卷第11期（1937年12月），第112页。

④ 《扩大救济范围》，《救灾会刊》第15卷第1期（1938年3—4月），第141页。

⑤ 《红会国际委会组战区救济委办会》，《申报》1937年12月10日；《新闻报》1937年12月10日；《近郊救济分委办会成立》，《救灾会刊》第14卷第11期（1937年12月），第112页。

近郊救济委员会成立以后，立刻着手开展上海周边地区的救济事宜。为尽快形成报告以供赈济参考起见，近郊救济委员会派出人员分赴松江、吴淞、宝山、江湾、浦东等处访问，调查难民情况，“惟因战事关系，交通梗阻，致实际访视工作无法施行”①。

另外，近郊救济委员会还视各地救济情形给予援助，除向闵行、松江分别拨发9000元及1000元难民救济经费以外，首先筹备吴兴难民救济事宜，先期拨款1000元，交由湖州教会医院，作医药治疗之用②。其后苏州沦陷，有难民8000余人麇集光福镇难民收容所，待救孔亟，近郊救济委员会得悉此情，当即拨给吴县国际委员会1万元，用于此间难民救济③。继之南京沦陷，为援救首都难民，特拨助南京国际救济委员会2万元，借给救国公债10万元④。又杭州、嘉兴沦陷以后，杭甬、杭江各路闾里成墟，流亡载道，尤以杭州乡间贫民，“日有数百人，由四乡蜂拥入城，故实际上杭州已成为无数难民之聚居所，估计难民人数达二十万名”⑤。虽经难民救济委员会浙江省分会奋起救济，基督教与天主教各教会均予协助，但因粮食、被服、药品、车辆缺乏，办理救济殊感困难，该分会主任王先强于1938年2月19日特电上海国际红十字会请求接济，“业允酌量拨助衣被、药品，而粮食等项则以仅敷给养本市难民，碍难分惠”⑥。

从实际工作情况来看，近郊救济委员会的作用十分有限。不过，该委员会的存在表明上海国际红十字会的救济视野，开始由上海局部向全国范围扩展，这是该会对救济工作的一次横向调整。尽管援助数量不多，但也可暂时缓解苏州、南京、杭州等地难民救济工作经费拮据的燃眉之急。

① 彭望荃:《上海国际红十字会报告（民国二十六年十月至二十八年三月卅一日）》，中国红十字会上海国际委员会1939年编印，第14页。

② 《近郊救济委员会最近工作》，《救灾会刊》第14卷第12期（1938年2月），第123页；《中国红十字会月刊》第32期（1938年2月），第60页。

③ 《红会国际委员会成立战区救济委办会》，《中国红十字会月刊》第31期（1938年1月），第73页；《红会国际委会组战区救济委办会》，《申报》1937年12月10日。

④ 《红会国际会四月来工作汇报》，《救灾会刊》第15卷第1期（1938年3—4月），第138—139页。

⑤ 《费吴生夫人由杭返沪》，《申报》1937年12月9日。

⑥ 《拟拨发衣被药物救济浙江难民》，《救灾会刊》第15卷第1期（1938年3—4月），第143页。

## 二、地域援助的提供

近郊救济委员会之外，上海国际红十字会医务委员会也常与各地红十字会国际委员会“发生联系”[①]，先后调派240名医师及护士[②]前往各地救护医院参与服务。这一数字接近该会医师及护士调派总人数的一半，尤以派往汉口、南京的为多。

其时各地受上海方面的影响，均已成立了由中外人士合组的、像上海国际红十字会这样的红十字会国际委员会，在各地开展救护工作。其中，华中国际红十字会影响稍大，该会由英国驻汉口总领事马斯（G. S. Moss）及汉口市长吴国桢等人发起，1937年9月成立，开展救护工作颇为用心。该会还在贵阳设立了办事处，以统筹管理华中、华西救济工作[③]，另购置了药物提供给全国各地54所医院，“这些医院设置在河北、河南、湖南、江西、山西以及其他诸省”[④]。至1938年底，该会总计用去87.9万元，包括40.8万元用于医院床榻津贴、28.5万元用于治疗伤兵、5.5万元用于办理难民收容所、3.4万元用于购置药物、6.7万元用于收容所诊病室内诊及3万元用于门诊，平均每人每日花费1角[⑤]。

各地的红十字会国际委员会虽颇有成绩，但就实力而言，较上海国际红十字会仍然逊色许多，故常向上海国际红十字会申请援助。除拨助经费以外，上海国际红十字会也常调派医师、护士等前往服务。不过，由于日军想要隐藏在南京的暴行，断绝了一切对外联络，使得上海国际红十字会对国际红十字会南京委员会的援助颇费周折。

在日军进入南京之前，美国圣公会牧师约翰·马吉（John G. Magee）鉴于形势紧张，打算成立一个红十字会的欧洲分会，遂于12月8日通过美国大使馆，致电驻汉口国际红十字会，说明意在南京成立一个委员会，“想把它作为国际红十字会的一个分支机构”[⑥]，但未能得到

---

① 《中国红十字会上海国际委员会医务委员会第一季工作概要》，《中华医学杂志（上海）》第24卷第3期（1938年3月），第242页。

② 《上海国际红十字会医务委员会报告》，《上海医事周刊》第5卷第2期（1939年1月9日），第2页。

③ 《华中国际红十字会赈款已达二百万元之多》，《中国红十字会上海国际委员会救济月刊》第1卷第9期（1939年2月），第2页。

④ 《国际红十字会工作成绩卓越》，《大美报》1938年5月3日；《中国红十字会月刊》第36期（1938年6月），第22页。

⑤ 《华中国际红十字会一年余来之工作》，《新闻报》1939年1月20日。

⑥ ［德］约翰·拉贝：《拉贝日记》（刘海宁等译），江苏人民出版社1999年版，第516页。

回复。后在德商西门子洋行南京办事处主任拉贝（Sihn H. D. Rabe）等人的帮助下，于12月13日建立了国际红十字会南京委员会，马吉为委员会主席，中国红十字会南京分会会长李春楠、洛（W. Lowe）为副主席，福斯特（Rev. Ernest H. Forster）为秘书，克里斯蒂安（Christian Kroeger）为财务主管，戴籁三夫人（Mrs. Paul de Witt Twinem）、金陵女子文理学院教务长及教育系主任美国人魏特琳（Miss Minnie Vautrin）、威尔逊（Dr. Robert O. Wilson）、福勒（P. H. Munro Faure）、特里默（Dr. C. S. Trimmer）、麦卡伦（Rev. James McCallum）、金陵大学美籍教授贝德士（Dr. M. S. Bates）、拉贝、金陵大学教授美国人史迈士（Dr. Lewis S. C. Smythe）、美国长老会牧师米尔斯（Rev. W. P. Mills）、波德希沃洛夫（Cola Podshivoloff）、沈玉书等12人为委员①。国际红十字会南京委员会成立当天，解除了设在外交部、铁道部和军政部三处伤兵医院内全体人员的武装，随即接管了这三所伤兵医院，并在外交部大楼悬挂了一面红十字旗帜②。

次日，为得到有关方面的承认，该委员会委托拉贝首先向日军陈明详情，并保证“负责这里的建筑物将来不得用于医院以外的其他用途”③。但由于未能与日军指挥官取得联系，14日该委员会即被日军禁止进入外交部及军政部医院。福斯特遂于15日致信日本大使馆参赞福田德康，提请注意“目前已经有大量士兵和平民受伤，为了能够应付由此形成的困难局面，我们成立了国际红十字会南京分会。我们已经采取了必要的步骤，以便该分会能得到上海国际红十字会和中国国际红十字会的承认。现在我们恳请您，帮助我们获得南京日本军事当局的批准，以便我们开展人道主义工作。随本函附上委员会名单。谨致良好的问候”④。

然而，诸多努力的结果不甚理想，并未能得到日方的回应，于是国际红十字会南京委员会只能为上述两所医院内的中国医护人员及病人提供食物，而不能入内实施救护，这种情况一直持续了一月有余。为改变现状，马吉向日本大使馆提出交涉：“我们再次请求你们准许我们进入这所医院，以便我们能够查明至今仍由我们负责的食品供应情况是否令



① 徐淑希：《南京安全区档案》（英文版），上海别发书局1939年版，第4页。

② ［德］约翰·拉贝：《拉贝日记》（刘海宁等译），江苏人民出版社1999年版，第171页。

③ ［德］约翰·拉贝：《拉贝日记》（刘海宁等译），江苏人民出版社1999年版，第179页。

④ ［德］约翰·拉贝：《拉贝日记》（刘海宁等译），江苏人民出版社1999年版，第183—184页。

人满意，由于已有一个月不了解实际情况，我们恳切盼望贵使馆能尽快答复。”[①] 随后，马吉拟向上海国际红十字会请求帮助，然而求援电报因故未能发出，直到1938年1月27日才发送成功。该电文说明了向日本当局请求承认的经过：“12月8日，我曾通过美国大使馆致电目前驻汉口的国际红十字会中国分会会长潘先生，关于这份电报，不知已采取了哪些步骤，请告知。在这份电报中通报了我们在此成立了一个委员会，并想把它作为国际红十字会的一个分支机构。此项申请得到了陆先生的支持。关于此事详情请参阅斯迈思博士先生写于12月14日及15日的信。12月14日，日本当局禁止委员会进入外交部及军政部医院，此处挤满了中国伤兵，然而此前委员会已接管了这两所医院。我们想心平气和地达成一个协议，然而一切尝试均以失败告终。我们有证据表明，挤满了500名伤员的上述两所医院的情况不能令人满意（重复一遍：不能）。在我们采取进一步的步骤之前，我们建议，我委员会作为红十字会的一个分支机构能够得到贵组织的正式承认。请迅速答复。”[②]

上海国际红十字会收到电报以后，立即给予回复，询问对方红十字会应以何种方式给予帮助，以及伤兵医院的运行状况等。国际红十字会南京委员会于2月7日接到电报，于当天下午5时在平仓巷3号举行会议进行讨论[③]。其实在稍早之前，上海南京国际红十字会[④]于1月25日召开了第一次常务委员会议，上海国际红十字会总干事贝克等10余人出席，讨论救济南京难民的具体办法，对于委托代捐处、粮食种类及数量、运输及粮食散发办法、具领公债、经费筹集办法、会址等问题均有详尽计划。恰好在会议之后，国际红十字会南京委员会会计、礼和洋行工程师克里斯蒂安搭乘火车来到上海，向该会报告了南京难事，“希望能征求二个医生、二个看护，速赴南京为难民诊治”[⑤]。上海国际红十字会医务委员会随即调派人员前往南京服务。

---

① ［德］约翰·拉贝：《拉贝日记》（刘海宁等译），江苏人民出版社1999年版，第419页。

② ［德］约翰·拉贝：《拉贝日记》（刘海宁等译），江苏人民出版社1999年版，第516页。

③ ［德］约翰·拉贝：《拉贝日记》（刘海宁等译），江苏人民出版社1999年版，第592—593页。

④ 上海南京国际红十字会又称南京国际救济会，由屈文六、赵晋卿、熊希龄、刘鸿生、黄涵之、朱吟江、陆伯鸿、闻兰亭、颜惠庆、林康侯、张兰坪、邓骏声、伍仲文、顾石臣、冯仰山、李迪光及美教士毕牧师等数十人发起，成立后曾向银行界呼吁抵现上海国际红十字会前曾拨助南京的10万元救国公债。详见《本市发起南京国际救济会》，《新闻报》1937年12月23日；《中国红十字会月刊》第31期（1938年1月），第80页。

⑤ 《京中廿五万难民嗷嗷待哺》，《力报晚刊》1938年1月26日；《中国红十字会月刊》第32期（1938年2月），第52页。

## 三、地域联系的强化

鉴于战时与全国各地救济团体的联络存在殊多不便，为能及时调查知晓各地被难情形，以及有效派拨救济经费，上海国际红十字会决定设立支配赈款顾问委员会，“用资咨询，俾款项之分配益为适宜”①，并将兼行近郊救济委员会的工作。故而该委员会成立之时，近郊救济委员会即自动宣告终止。

1938 年 5 月 26 日，经上海国际红十字会广为接洽，支配赈款顾问委员会在国际饭店召开成立大会。会议由颜惠庆主持并致辞，他向与会人员申述了设立原委，略谓：“上海国际红十字会，业经特许并授权派拨中国各地国际救济委员会赈款，为便利进行计，因由上海国际红十字会、广东国际红十字会、南京国际救济委员会、杭州国际红十字会、汉口国际红十字会、苏州国际救济委员会、重庆国际救济委员会、天津国际救济委员会（宁波、福州及芜湖等地国际救济会，成立后再请参加），各选在沪中西代表各 1 人，会同美国红十字会驻沪顾问委员会、英国华灾救济会、全国基督教协进会战事救济委员会代表各 1 人，组成支配赈款顾问委员会，赈款不论指充全国何处灾区之用，本会均得处理之。本会主旨在与各地善团联络，互通声气，以便彼此建议，用利救济，各位务与所代表之团体常川通讯，俾本会得悉各会在当地之工作进行状况。”②

其后，各代表一致公推颜惠庆为该委员会主席，贝克为副主席，施思明为秘书（施氏时不在沪，由贝克暂代职务），并议决各案如次：一是制订调查表格，分发各救济团体，填送其收入、支出及请拨经费数目；二是由各代表负责将会议议定事项，向各所属团体做简明报告；三是请贝克和施思明拟订工作纲要。

支配赈款顾问委员会成立后，积极与各地代表“常川通讯”，使上海国际红十字会加强了与各地救济团体的联系，“以故赈灾情报益见周

① 彭望荃：《上海国际红十字会报告（民国二十六年十月至二十八年三月卅一日）》，中国红十字会上海国际委员会 1939 年编印，第 14 页。

② 《国际红会组织振款顾问委会》，《导报》1938 年 6 月 4 日；《中国红十字会月刊》第 37 期（1938 年 7 月），第 22—23 页；《支配赈款顾问委员会成立》，《中国红十字会上海国际委员会救济月刊》第 1 卷第 2 期（1938 年 7 月），第 3 页；《中国红十字会月刊》第 40 期（1938 年 10 月），第 29—30 页。

悉，而于赈济各问题，亦得更妥适之讨论焉”①。至于拨给各地救济经费数目，计有南京国际救济会3511元、华中国际红十字会10033.47元、广东国际红十字会1万元、开封国际救济委员会2500元、苏州国际救济会2000元、华北调剂委员会2000元②。

通过上述方式，上海国际红十字会逐步加强了地域联系和援助，向各地难民救济事业提供了力所能及的帮助，而且直到其终止直接救济工作时，该会的地域援助工作亦未受到影响，“而为本外埠救济机关所利赖”③。

## 第三节 “饶家驹区”的建立及其影响

“饶家驹区”，即为南市难民区④，是饶家驹以上海国际红十字会名义商洽中日当局允许在南市开辟的一处收容难民的安全区。从性质上来讲，所谓“安全区”，是战时完全出于人道主义目的洽商交战双方同意而设立的为非战斗人员提供保护的无政治及宗教性质的难民区，它“并非中立区域，盖既非中立，亦非一区域也，且不能称为非军备地”⑤。这一“安全区”概念起源于第一次世界大战后的欧洲。鉴于战争暴行给平民带来的痛苦，饶家驹及其朋友、同事曾开展过一场关于战时保护平民的大辩论，参与讨论的法国外科医生乔治·圣保罗（Georges Saint-Paul）在1929年首次公开发表了设立“安全区”的想法。为推动这一想法的实施，他又于1931年在巴黎创建了“日内瓦地方协会”，得到法国国民议会的支持。法国政府随即向国联提议，请求将“日内瓦地方协会”迁至日内瓦，试图使“安全区”概念正式化，但遭到很多人的质疑。1937年，“日内瓦地方协会”出版了一本名为《日内瓦区：白区》的小册子，宣扬“安全区”概念。不幸的是圣保罗在这一年去世，继其衣钵者为瑞

① 彭望荃：《上海国际红十字会报告（民国二十六年十月至二十八年三月卅一日）》，中国红十字会上海国际委员会1939年编印，第14页。

② 《国际红会组织振款顾问委员会》，《导报》1938年6月4日；《中国红十字会月刊》第37期（1938年7月），第23页；《支配赈款顾问委员会成立》，《中国红十字会上海国际委员会救济月刊》第1卷第2期（1938年7月），第3页；《中国红十字会月刊》第40期（1938年10月），第30页。

③ 《红会三元救命会新会员参加踊跃》，《申报》1938年11月10日。

④ 南市难民区，据英文档案应直译为“饶家驹区”。美国学者阮玛霞的《饶家驹安全区：战时上海的难民》一书出版以后，“饶家驹安全区”这一称谓便流传开来。

⑤ 《国际红十字救济难民委员会促成南市安全区》，《申报》1937年11月7日。

士人亨利·乔治（Henry George）。他负责在日内瓦重新组建了“日内瓦国际协会”，进一步开展实践“安全区”概念的活动，包括向内战中的西班牙当局呼吁为妇女和儿童建立安全区。此事经瑞士政府同意并请求国际红十字会予以推动。不过，由于当时国际红十字会公约中没有保护平民的条款，国际红十字会及有关各方均认为该呼吁并无实质性的意义，因而“安全区”概念在欧洲的实践遭到很大挫折①。但是，差不多同时在遥远的东方，在上海国际红十字会的推动下，饶家驹运用“安全区”概念，在上海南市成功建立了难民区，其后在中国各地得到广泛实践，也因此对1949年《日内瓦第四公约》（即《关于战时保护平民之日内瓦公约》）的制订产生了深远影响。

## 一、“谎言”中建立起来的南市难民区

1937年11月9日，经择定区内天主堂、面粉交易所、万竹小学等公共场所首先设立了难民收容所，南市难民区从是日下午5时起开始对外开放。该难民区北起民国路、南至方浜路、西至方浜桥、东至小东门（初以安仁街为界），包括城隍庙、豫园等处，呈月牙形状，东西间距约1.5公里，南北间距约0.5公里②，面积约占旧城厢的三分之一（见图6-1），可同时容纳约20万难民③。至1940年6月30日难民区结束时，估计总共为25万~36万难民提供了保护④，许多生命、财产由此免遭破坏和毁灭。那么，为何选择在南市设立这样一个区域呢？这是由多种原因共同决定的。

一是南市有符合建立难民区的条件。首先，南市地理位置优越，东临黄浦江，西北以民国路与法租界接壤，是通往法租界的交通要衢。在此建立难民区，便于从租界得到援助。后经饶家驹与法租界当局极力疏通，得以开放老北门一扇铁栅门用于运输给养，“并由法租界接入大号

① 详见［美］阮玛霞：《饶家驹安全区：战时上海的难民》（白华山译），江苏人民出版社2011年版，第62—66页。

② 郑少民、沈士伟：《抗战时期的南市难民区》，见吴汉民主编：《20世纪上海文史资料文库（9）》，上海书店出版社1999年版，第309页。

③ 航僧：《南市难民区之筹设及战区人民罹劫惨况》，《救灾会刊》第14卷第11期（1937年12月），第110—111页；《中国红十字会月刊》第30期（1937年12月），第73—75页。

④ ［美］阮玛霞：《饶家驹安全区：战时上海的难民》（白华山译），江苏人民出版社2011年版，第62页。

自来水龙头三具，放置新开河、老北门及方浜路，饮料问题予以解决”①。其次，南市有大量空屋可辟为收容所。南市作为上海老城区，有许多可改造成难民收容所的公共场所，“斯时诸外籍天主教、基督教等教友，亦以南市教堂颇多，现皆空闲，殊堪作收容之用”②，而且沪战以来，南市居民占据地理优势，大多已避入法租界，留下大量闲置的私人空屋。

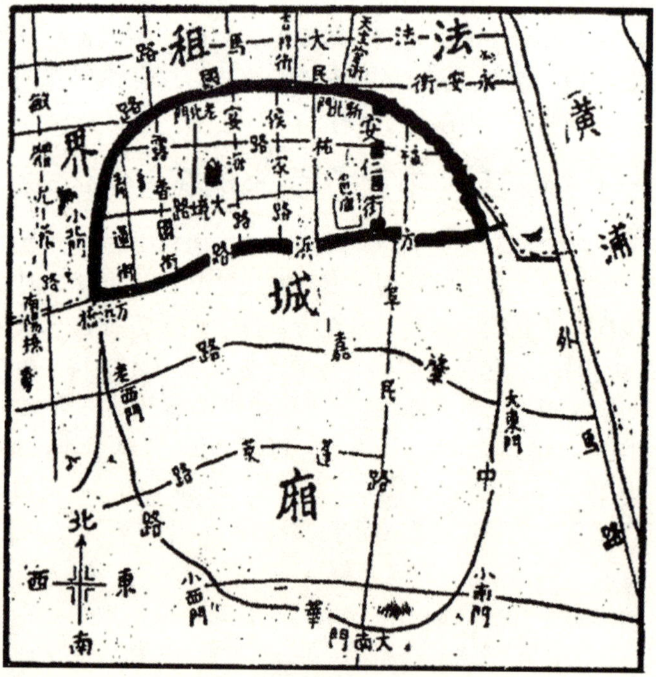


图6-1　南市难民区区域范围③

二是流落南市街头的难民亟待援救。早在江浙战争期间，法租界用铁丝网、铁栅门和砖墙在华法边线筑起隔离障碍，“从东面的十六铺向西，再向南直到斜桥，在长距离中布置了多达36处的铁栅门”④，位于

① 航僧：《南市难民区之筹设及战区人民罹劫惨况》，《救灾会刊》第14卷第11期（1937年12月），第111页；《中国红十字会月刊》第30期（1937年12月）第76页。

② 《南市划设难民区，警权全归我主持，地点暂定，广阔约三里许，不订协定，我方允予考虑》，《申报》1937年11月5日。

③ 图片复制自《南市划设难民区大体计划拟定，根据不涉政治交涉原则，警权、秩序均由我方负责》，《申报》1937年11月6日。

④ 郑祖安：《八一三事变中的租界与中国难民》，《史林》2002年第4期，第58页。

民国路上的就有22处。这些铁门平时是对外开放的，并不影响华法两界的交通往来。淞沪会战爆发后，出于安全考虑，法租界在失去河浜天然屏障的斜桥至日晖港之间筑起长达两千米的砖墙，并对华法交界各处通道实行了管制，“仅在交通要道之十六铺、新北门、老北门、郑家木桥街、东新桥街、民国路口、小北门外、八里桥路口、南阳桥、辣斐德路等各要道口开启旁边之小铁门，以通行人，其余各处铁栅门暂行关闭”①。由于华法通道仅供有限通行，于是大量难民逗留于南市街头，尤其是浦东一带逃难而来的难民，经渡黄浦江，在小东门登岸，由方浜路穿越南市到达西端南阳桥②，麇集于铁门外而无法进入，“坐守终日，未得一食，餐风宿雨，饥寒交迫，实人间之悲惨事也”③。更加令人不安的是，天气即将转寒，难民的生存环境势将变得更为恶劣，若“不加收容，将如何了结?”④

图6-2　难民风餐露宿于南市街巷⑤

三是南市受到敌机轰炸的威胁。“南市为沪市根据”⑥，虽不是要冲之地，却极具战略意义。10月初，日军就拟订了新的作战计划，“集中兵力沿罗店浏河一线取攻势，拟一举而占据沪太公路，直取嘉定，其余

① 《法租界酌开铁门》，《申报》1937年8月15日。

② 《南市难民区由警察维持秩序》，《中央通信社稿》（1937年11月上），第298页。

③ 《南市难民十余万人啼饥号寒雨宿风餐》，《战事画刊》第3卷第19期（1937年11月21日），第12页。

④ 《国际红十字救济难民委员会促成南市安全区》，《申报》1937年11月7日。

⑤ 图片复制自《餐风宿雨伫立终宵之无数难民》，《战事画刊》第3卷第19期（1937年11月21日），第13页。

⑥ 《杨虎谈保南市即保上海》，《中央通信社稿》（1937年11月上），第350页。

大队集中杨树浦虬江码头一带，准备进攻浦东、南市”[1]，并派军舰由黄浦江外白渡桥南行，准备进犯南市方面[2]，但对英、美等国海军拒绝移泊军舰于黄浦江下游[3]而有所顾忌。直到10月31日上午，日军才通知各国驻沪领事，将在当日下午轰炸南市[4]，次日便派军机在南市上空盘旋侦察，但并未投弹[5]。自日军通知轰炸南市后，南市居民纷纷迁入法租界避难，“有近进口处，几轮总长达半里许者，其中尤以南阳桥及老北门为最”[6]。

图6-3　难民麇集于法租界铁门外[7]

然而，在如此险境之下，“至少有25万名难民没有受到任何保护，一想到日本飞机轰炸这一人口密集地区，而居民很可能被卷入轰炸和燃烧的建筑物之中，这对所有的人来说都是不寒而栗的”[8]。可是，随着中

---

① 《沪敌军改变作战计划，拟向南市浦东进攻》，《中央通信社稿》（1937年10月上），第172页。

② 《敌舰谋犯南市》，《国际言论》第4期（1937年9—10月），第123页。

③ 《长谷川无理要求各国军舰移泊》，《申报》1937年10月1日。

④ 《敌通知各领事将轰炸南市》，《申报》1937年10月31日、11月1日。

⑤ 《苏州河两岸激战》，《申报》1937年11月2日。

⑥ 《南市巡礼，居民向租界逃难，商店仍照常营业》，《申报》1937年11月2日。

⑦ 图片复制自《Refugees massed behind at the Porte du Nord iron gate（French Concession）》，http：//www.virtualshanghai.net/Asset/Preview/dbImage_ ID-15321_ No-1.jpeg。

⑧ ［美］阮玛霞：《饶家驹安全区：战时上海的难民》（白华山译），江苏人民出版社2011年版，第67页。

国军队在淞沪南线的节节败退，南市成为淞沪会战最后的堡垒，守卫军警奉令固守，“即剩一枪一弹，亦必奋斗到底，决不轻易让敌人完全占领上海”①。南市化作战场已然不可避免。

四是得到欧美各国的支持。在南市设立难民区，英、美、法等国是极为赞同的，并推定饶家驹、工部局董事麦克诺登、法租界公董局董事巴布德（C. Baboud）、法租界公用事业司库贾斯帕（A. S. Jaspar）、柏韵士、安献金、普兰特组成南市难民区监察（管理）委员会，负责难民区的筹划和管理。这 7 人分别来自法国、英国、美国和挪威，3 名法籍委员除去饶家驹，其他两人都供职于法租界，可见法租界当局对于设立南市难民区是相当重视的，这大概是出于两个方面的考量：第一，数十万难民麇集于法租界铁门外嗷嗷待哺，不仅容易引发疫病、治安等社会问题，还对法租界形成巨大的人道压力②。这是法租界当局所不愿意背负的道义罪名。第二，保全南市关乎以法国为代表的欧美各国侨民的切实利益。“南市城厢一带，天主教与基督教所置房产极多，几占全部房产三分之一以上，就中尤以法国籍天主教堂所占最巨”③，倘若南市失守，诸外侨财产必然遭殃。这恐怕是法国等欧美国家最不愿看到的结果。此外，“侨界领袖都怀着一个通常不愿明说的愿望，就是设法在他们享有特权的，而确实也过于拥挤的外国租界之外找一个地方来安置难民”④。据工部局卫生处保守统计，南市难民区成立前夕，公共租界计有收容所 132 处，共收容难民 71452 人⑤，加上租界内流落街头未被收容者，狭小的租界里早已人满为患，对于界外不断增加的难民，“租界区域内收容所已无余屋及空地再行收容”⑥。

集此诸多因素，在南市开辟一片安全区域容纳难民，以缓解租界收容难民的压力，实在是一种可用作解决难民问题并亟须实现的有效方案，然而想要把设立南市难民区由提议变为现实并非易事。首先，要征得中国政府的同意，南市虽为 1932 年《淞沪停战协定》规定的非武装区域，但仍在中国行政管辖之下，而且此时南市还未陷落，中国对南市拥有毫无争议



① 《蔡劲军发表谈话》，《申报》1937 年 11 月 9 日。

② 张化：《饶家驹与南市难民区》，《文汇报》2012 年 7 月 9 日。

③ 《法籍天主教堂反对轰炸，请政府提出抗议》，《申报》1937 年 11 月 2 日。

④ ［美］阮玛霞：《饶家驹安全区：战时上海的难民》（白华山译），江苏人民出版社 2011 年版，第 69 页。

⑤ 《工部局公布租界难民统计》，《申报》1937 年 11 月 6 日。

⑥ 《国际红十字救济难民委员会促成南市安全区》，《申报》1937 年 11 月 7 日。

的主权；其次，要取得日方的安全承诺，南市已为日军的进攻目标，只有获得日军不轰炸或袭击这个区域的保证，南市难民区才能称作真正意义上的安全区。但在交战过程中，显然很难将双方邀请到同一谈判桌上进行心平气和的谈判，并为此达成任何协议，而且中日双方就对方是否会将南市难民区用作军事用途都表示怀疑，中方还为法租界是否就此向南扩张存有忧虑。毫无疑问，如此种种原因都会增加成立南市难民区的难度。

但是，当战争持续到10月底时，南市已然岌岌可危，可麇集于此地的难民却越来越多，而且各救济团体收容难民渐见疲软，所以“目下工作紧张，最著者为成立南市难民区一事”①。有鉴于此，上海国际红十字会诸位同人“从人道的动机”②，不愿坐视不理，决议由饶家驹主持谋划。

为此，饶家驹积极奔走联络，爰请英、法、美驻沪外交当局协助。他首先向上海市政府提出，在南市划出一部分作为收容难民区域的建议。上海市市长俞鸿钧接到建议后，遣派要员赴南市调查难民情况，并向国民政府请示③。由于涉及领土主权，中方表态较为谨慎，而对于外界谣传将在南市划立中立区，俞鸿钧于11月3日发表声明予以郑重否认：“中国红十字会上海国际委员会为安插本市战区难民事，曾由法教士姚神甫向本人建议，指定城内某一小区为收容难民之处，此纯系友邦人士热心人道之举动，故允予考虑，惟地点尚未定，闻该会亦曾向敌方提出同样之请求云。”④

经磋商，俞鸿钧认为，“在不损主权原则下，为人道及非战斗员之平民计，尚属可行”⑤，即同意此项建议。事后，饶家驹以南市难民区监察委员会的名义起草了致俞鸿钧的“信”，末尾有俞鸿钧、淞沪警备司令杨虎、饶家驹三人的亲笔签名。“信”的内容明确指出，难民区北面和西面以民国路为界，东面以安仁街为界，南面以方浜路为界，并声明此区域仅系暂时性质，不能以任何方式损害中国领土主权，日军不得以

① 《参加战时救济》，《救灾会刊》第14卷第11期（1937年12月），第114页。

② 宜：《南市难民区的建议》，《申报》1937年11月4日。

③ 航僧：《南市难民区之筹设及战区人民罹劫惨况》，《救灾会刊》第14卷第11期（1937年12月），第110—111页；《中国红十字会月刊》第30期（1937年12月）第73—74页。

④ 《俞市长发声明郑重否认》，《中央通信社稿》（1937年11月上），第92页；《俞市长郑重否认，南市划定中立区系由法国教士姚神甫建议，指定城内一小区收容难民》，《申报》1937年11月4日。

⑤ 航僧：《南市难民区之筹设及战区人民罹劫惨况》，《救灾会刊》第14卷第11期（1937年12月），第111页；《中国红十字会月刊》第30期（1937年12月）第74页。

任何方式对此发动进攻，区内治安交由中国警察负责，任何违反协议的事项须立即报告[①]。

这封“信”经饶家驹报告给了日本总领事冈本季正，由冈本季正转发日本军事当局协商。饶家驹旋即获得冈本季正的回信：“现在我很高兴地证实，日本军政府和海军当局受到国际红十字会难民委员会主席的人道关怀和所提供保证强烈的触动……他们同意将不会攻击所说的区域，只要它如所保证的那样，依然是一个专门为平民设立的地区，并完全杜绝任何军事行动或武装的敌对行为。”[②] 日方的表态并不令人惊讶，因为日本曾在1934年国际红十字会第15次大会上极力推动《关于在交战方领土或在被交战方占领的领土上敌国平民的保护和状况的国际公约草案》，以此向国际社会树立其人道主义形象，所以日方对饶家驹关于南市难民区的提议不会感到陌生，并有借此摆脱当时不利的国际舆论环境之嫌[③]。

面对日方开出的条件，俞鸿钧颇为不悦，但经过饶家驹的沟通和劝说，俞氏答应“现存两个打算用作军事目的的设施将不作使用”[④]，并在11月5日致饶家驹的另一封信函中向他保证，在难民区内维持治安的中国警察将随时接受国际委员会的检查和调查，以证明协议中的条款得到切实遵守[⑤]。同时，中方坚持四点原则：“（一）不与日方洽商；（二）此系国际间难民救济性质，绝非变相之租界，任何外邦不得干涉中国领土主权；（三）外邦不得派兵驻扎，亦不需外邦武装保卫，至该区域之治安，则由我方警察负责；（四）不订任何协定。凡不违反上述原则，我当局当予考虑。”[⑥] 当天下午4时，俞鸿钧还同饶家驹、潘公展在市政府再度商讨，决定将难民区向东由安仁街扩展至小东门[⑦]。于是，饶家驹在给冈本季正回信时，字里行间显得非常有底气，除称赞冈本季正以

① 《饶家驹神父致上海市市长俞鸿钧的信》，见南市难民区监察委员会编：《中国上海“饶家驹区”的故事》（英文版），上海别发书局1939年版，附录。

② 《日本总领事冈本季正致饶家驹神父的信》，见南市难民区监察委员会编：《中国上海“饶家驹区”的故事》（英文版），上海别发书局1939年版，附录。

③ 张化：《饶家驹与南市难民区》，《文汇报》2012年7月9日。

④ 《大上海市长俞鸿钧致饶神父的信》，见南市难民区监察委员会编：《中国上海“饶家驹区”的故事》（英文版），上海别发书局1939年版，附录。

⑤ 《大上海市长俞鸿钧致饶神父的信》，见南市难民区监察委员会编：《中国上海“饶家驹区”的故事》（英文版），上海别发书局1939年版，附录。

⑥ 《南市划设难民区，警权全归我主持，地点暂定，广阔约三里许，不订协定，我方允予考虑》，《申报》1937年11月5日。

⑦ 《国际红十字救济难民委员会促成南市难民区，饶神甫阐明创议之意义关系方面了解顾全人道》，《申报》1937年11月7日。

及日本军政府和海军当局的人道之举，并确信南市难民区将获得成功①。

经过紧张的秘密谈判，饶家驹分别与中日双方就成立南市难民区达成基本意见。南市难民区监察委员会认为协议中的承诺已经遵守，南市难民区自然可对难民开放，同时各委员也获得中日双方签发的通行证明，遂于9日对外发表声明书谓："难民区设立之提议，现已获得中日双方之同意……此项办法绝不损害中国主权……不受任何形式之攻击，不设武装军队军事机关，亦不作武装的敌对活动之行为，在中国民事行政权之下，由中国警察维持治安。"② 同时强调，"该（委员）会在此区内享有行使其视察权之完全便利，倘发生使该委员会不能继续担保之形势，则该委员会将通知中日当局解除诺言，所有安全担保随之撤销"③。此前一日，上海市政府就已特发公告，宣布南市难民区成立事实及缘起，"案查迭据中国红十字会上海国际委员会建议，在本市沪南区，南至方浜路、东西北至民国路之区域划为难民区，以为战区难民暂时寄托之所，并声明此系国际间一种难民救济性质，绝不损害我方丝毫领土主权，所有该区域内治安维持，仍由我方派警负责等语，本府以事关救济难民，为维护人道起见，业经呈奉中央核准照办在案。兹准于本月九日中午十二时起实行，除分别函令暨呈报外，合行布告周知。此布。中华民国二十六年十一月八日。市长俞鸿钧"④。

至此，成立南市难民区一事告成，从谋划到实现"先后约经半月"⑤，饶家驹在中日之间斡旋，取得了"令人难以置信的成功"⑥。但是有一点必须提出，中日双方就此事"无所谓签字与否"⑦，并且

① 《饶家驹神父给日本总领事冈本季正的信》，见南市难民区监察委员会编：《中国上海"饶家驹区"的故事》（英文版），上海别发书局1939年版，附录。

② 《南市难民区实现，昨日开始收容，四周屋顶悬红十字旗，市警察武装维持治安，委员会发表声明》，《申报》1937年11月10日。

③ 《南市难民区今午成立，外籍委员发表声明》，《中央通信社稿》（1937年11月上），第310页。

④ 《南市划难民区，市府布告，实行纯系国际救济性质，绝不损害领土主权，今日中午起开始》，《申报》1937年11月9日；《国际劳工通讯》第4卷第12期（1937年11月），第118页。

⑤ 航僧：《南市难民区之筹设及战区人民罹劫惨况》，《救灾会刊》第14卷第11期（1937年12月），第111页；《中国红十字会月刊》第30期（1937年12月）第74页。

⑥ 原载《医院位置与安全区》，国际红十字会文件，第15页，转引自［美］阮玛霞：《饶家驹安全区：战时上海的难民》（白华山译），江苏人民出版社2011年版，第157页。

⑦ 《南市难民区定明日起实行，区域扩大占旧城三分之一，一切办法今晨已详细规定》，《申报》1937年11月8日。

日方从未收到中方的书面确认①。也就是说，“南市非战斗安全区并非由中日双方缔结协定而成，不过由双方核准救济难民委员会之申请而已”②。饶家驹实则在此运用了数学上一种简单的计算方法，将与中方达成的意见，“代入”到与日方的谈判中，尽量消除双方分歧，使双方达成一致意见，而中日双方却并未进行直接接触，也未签署任何协议，“他的策略是让日本和中国当局逐渐接受南市保护区即饶家驹安全区的存在，但却不用术语来暗示交战双方已达成一份‘协议’”③。

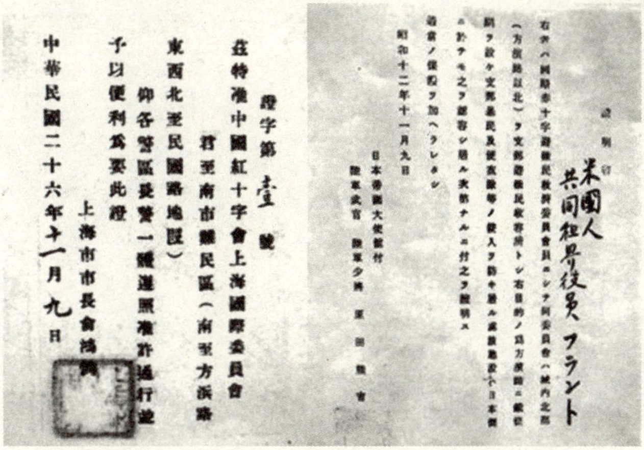
證字第壹號
茲特准中國紅十字會上海國際委員會
君至南市難民區（南至方浜路
東西北至民國路地區）
仰各警區長警一體遵照准許通行並
予以便利爲要此證
上海市市長俞鴻鈞
中華民國二十六年十一月九日

證明書
米國人 共同租界役員 フラント
右ハ國際赤十字避難民救濟委員會員ニシテ同委員會ハ城内之部
（方浜路以北）ヲ支那避難民收容所トシ右目的ノ爲方浜路ニ鐵柵
ヲ設ケ支那兵民及便衣隊等ノ侵入ヲ防キ居ル處該地區ハ日本軍
ニ於テモ之ヲ認容シ居ル次第ナルニ付之ヲ證明ス
諸官ノ保護ヲ加ヘラレタシ
昭和十二年十一月九日
日本帝國大使館付
陸軍武官 陸軍少將 原田熊吉

图 6-4　中日当局签发给南市难民区监察委员会委员的通行证明④

通过这样的方式，饶家驹成功地实现了成立南市难民区的计划，但其不急于让中日双方签订正式协议的原因，在于饶家驹在谈判过程中有一些隐瞒。冈本季正给饶家驹回信的当天，紧接着又给他发了一封信函，提出：“日本军政府和海军当局的观点是，在之前信件明确提到的中国城市的附近地区发生的战事，或多或少会影响到谈判中的部分地区，这是不可避免的。而且，在中国军队被从毗邻地区赶出去之后，他

① ［美］阮玛霞：《饶家驹安全区：战时上海的难民》（白华山译），江苏人民出版社 2011 年版，第 74 页。

② 《国际红十字救济难民委员会促成南市安全区》，《申报》1937 年 11 月 7 日。

③ ［美］阮玛霞：《饶家驹安全区：战时上海的难民》（白华山译），江苏人民出版社 2011 年版，第 74 页。

④ 图片复制自南市难民区监察委员会编：《中国上海“饶家驹区”的故事》（英文版），上海别发书局 1939 年版，附录。

们的打算是接管这一地区。”[1] 饶家驹收到该信函以后，没有将该信中敏感内容告知中方，而是擅自做主回复冈本季正：日方的要求是“完全被理解和接受的”[2]。如此一来，俞鸿钧完全被饶家驹“欺骗”了。他在毫不知情的情况下与饶家驹达成了妥协意见，而南市难民区也因此多了一道安全隐患。这一隐患在南市沦陷以后就显现了出来，在日军不断冲扰之下，最终由日伪警察接管了这一地区的治安。

图6-5　南市难民区成立时的升旗仪式[3]

## 二、“安全区”模式在其他城市的援用

南市难民区虽然存在一定的安全隐患，但不可否认的是，它的确给困境中的难民救济事业开启了一扇全新的大门。饶家驹本人也由此深信“安全区”概念大有用处，值得推广到上海以外的全世界各个地方。他曾公开表示：“鄙人深知此种办法，乃属创见，且望如欧洲等处，亦能仿行，为益匪浅，谅不河汉余言焉。”[4] 正如饶家驹所希望的那样，南市

① 《日本总领事冈本季正致饶家驹神父的信》，见南市难民区监察委员会编：《中国上海“饶家驹区”的故事》（英文版），上海别发书局1939年版，附录。

② 《饶家驹神父致日本总领事冈本季正的信》，见南市难民区监察委员会编：《中国上海“饶家驹区”的故事》（英文版），上海别发书局1939年版，附录。

③ 图片复制自《国际委员会组织难民区成立时之升旗礼》，《国闻周报》第14卷第45期（1937年11月15日），第1页。

④ 《国际红十字救济难民委员会促成南市安全区》，《申报》1937年11月7日。

难民区创建成功的消息，很快就传到全国其他城市，于是“安全区”模式被广泛援用。所建立的安全区，依是否得到日方的正式认可，可分为两种类型：

一种是以南京安全区为代表的未获批准的安全区。南京作为下一个实践“安全区”概念的城市，也是在11月间，“若干热心公益的人士，曾经一度讨论是否可能在南京设立同样性质的难民区，对是否可避免空军的轰炸，也曾经过热烈的辩论，一时未获结果”①。但当日军逼近南京，国民政府开始撤离之时，这一问题愈见急切。那时，金陵大学校董会董事长、中英文教基金会总干事杭立武看到报纸上关于饶家驹创立南市难民区的报道，萌生了在南京设立难民区的想法，于是邀集一二十个在各教会学校工作的美国人、有来往的英国人及德国商人进行讨论。据杭立武回忆，他曾向各位外国友人表示要设立一个难民区，得到一致同意，并当场划定安全区域，“划好后，我们就写信给上海饶神父，请他把地图给日本的司令看，请他同意我们成立难民区，并且答应以后不要骚扰难民区”②。旋于11月19日，“援照上海难民区的先例”③，杭立武等人首先成立了南京安全区国际委员会；22日，选举拉贝为该委员会主席，斯迈思为秘书，杭立武为总干事④，负责筹备设立安全区事宜。

在南京设立安全区的计划，得到了英国、美国、德国驻华大使的同意，然而为使这一计划得以顺利实施，同样必须征得交战双方的同意才行。由于在17日，米尔斯、贝德士及斯迈思造访过美国驻华大使馆官员派克（W. R. Peck），就设立安全区一事做了简要说明，即当南京发生战斗时，提议设立安全区，以为一般市民避难，而且决定在城西开辟场所。此建议得到了美国大使馆罗伯兹上校的赞同，并由杭立武对教育部长王世杰做了说明，由王世杰跟首都卫戍司令唐生智商议，但唐生智没有陈述意见，只是同意向蒋介石报告此项计划，不过蒋介石当时不在南京。恰好当天魏特琳给派克写了一封信，也建议仿效南市难民区，在南京设立一个安全区域。对此，派克表示乐于将这一情报向日方传达，同

① ［英］田伯烈：《外人目睹中之日军暴行》（杨明译），江西人民出版社1986年版，第1—2页。

② 杭立武：《筹组南京沦陷后难民的经过》，见张生等编：《南京大屠杀史料集》第12辑《英美文书·安全区文书·自治委员会文书》，江苏人民出版社2006年版，第426页。

③ 程振粤：《费吴生对我国的伟大贡献》，见秦孝仪主编：《革命文献》第109辑《日军在华暴行：南京大屠杀》下册，（台北）“中央文物供应社”1987年版，第149页。

④ 旋因杭立武奉命负责护送国家文物西迁而离开南京，总干事一职由南京基督教青年会的费吴生（George Ashmore Fitch）担任。

时他也指出，为避免自己因这项计划失败而受到责难，应使中国当局主动加入到计划中来。正好是日晚上，派克陪同美国大使纳尔逊·詹森（Nelson Trusler Johnson）与孙科、张群、南京市长马超俊共进晚餐，席间转述了安全区计划，但张群认为讨论这个问题还为时太早①。不过，杭立武26日向拉贝表示，不必为中国政府是否同意建立安全区而担心，因为"最高统帅（蒋介石）本人已经表示赞同"②，需要等待的是日方的意见。

为了征得日方同意，南京安全区国际委员会22日曾拟就了一份电文，通过美国大使馆（有一个电台）电发给美国驻沪总领事，再转交给在上海的日本驻华大使川越茂，并且决定在日本大使收到电报以前，不准公开发表电报的内容：

考虑到可能在南京或南京附近爆发敌对行动这一情况，由丹麦、德国、英国和美国公民组成的国际委员会特此建议中国政府和日本政府为逃难的平民建立一个安全区。

国际委员会有责任取得中国政府的特别保证：撤除拟建的安全区内所有军事设施和包括军事交通指挥机构在内的军事机构；安全区内不准驻扎武装人员，携带手枪的平民警察除外。禁止所有士兵与军事团体进入安全区，无论这些军事团体具有什么性质，无论其军官军衔为何种级别。国际委员会将努力使上述保证得到尊重和令人满意的执行。

以下具体标明的地区，国际委员会认为适合用来保护逃难的平民。这个区域位于城区的西部，迄今为止，日本空军在空袭时始终注意使其免遭破坏。

所建议的安全区界定如下：

东面：以中山路为界，从新街口至山西路交叉路口；

北面：从山西路交叉路口向西划线（即新住宅区的西边界），至西康路；

西面：从上面提到的北界线向南至汉口路中段（呈拱形）（即新住宅区的西南角），再往东南划直线，直至上海路与汉中路交叉路口；

南面：从汉中路与上海路交叉路口起，至新街口起点止。

---

① 《（备忘录）关于暂定在南京设立安全区的提案》（1937年11月17日），见张生等编：《南京大屠杀史料集》第12辑《英美文书·安全区文书·自治委员会文书》，江苏人民出版社2006年版，第84—86页。

② ［德］约翰·拉贝：《拉贝日记》（刘海宁等译），江苏人民出版社1999年版，第109页。

国际委员会将负责用白色旗帜或其他有待确定的标志清楚地标出这些边界，并将其公布于众。委员会建议从收到双方政府表示完全同意的通知之日起，视安全区为正式建立。

国际委员会特别希望日本政府从人道主义出发，保证安全区的民用性质得到尊重。委员会认为，为平民采取这种人道主义的预防措施，将会给双方负有责任的政府带来荣誉。委员会恳请日本政府迅即回复，以便能够尽快结束与中国政府进行的必要谈判，为保护难民做必要的准备。

国际委员会满怀信心地希望此建议能够得到友善考虑。

顺致崇高的敬意

J. M. 汉森

G. 舒尔彻·潘丁

P. H. 芒罗·福勒

约翰·马吉

P. R. 希尔兹

艾弗·麦凯

约翰 H. D. 拉贝

J. F. 皮克林

M. S. 贝茨

爱德华·施佩林

W. P. 米尔斯

C. S. 特里默

D. J. 利恩

查尔斯 H. 里格斯

刘易斯 S. C. 斯迈思①

然而，这份电报的内容次日就被路透社提前发布了。为避免激怒在上海的日本当局，南京安全区国际委员会发出电报致歉，同时由斯迈思对报道做了更正，表态安全区计划不是美国大使馆倡议的，而是由一个私人性质的委员会发起的。不过，东京方面还是对此提出了抗议，并且质问已经离开南京的美国大使馆与安全区计划有什么关系。又鉴于日方不给答复，拉贝决定通过德国驻沪总领事和国社党中国分部负责人向德

① ［德］约翰·拉贝：《拉贝日记》（刘海宁等译），江苏人民出版社 1999 年版，第 98—99 页。姓名有下划线者，在南京被日军占领期间，选择留在了南京。

国元首希特勒寻求帮助，以劝说日本政府同意安全区计划，并通过美国大使馆再次向川越茂发去电报，请求给予答复；另外，决定召开国际委员会会议讨论预防措施，杭立武在会上反对采取进一步行动，他认为要耐心等待日方的答复。不过，在11月29日英国文化协会例会上，马超俊当众宣布了南京安全区国际委员会的成立，其后还参加了国际委员会会议，答应给予3万袋大米和1万袋面粉。可南京安全区国际委员会很难决定是否继续开展建立安全区的工作，因为始终没有得到日本当局的答复，他们担心如果让南京市民搬进安全区，之后又遭到日方断然拒绝，那么他们将负有很大的责任①。

就在拉贝等人不知如何是好之时，饶家驹转来了日方的答复："日本政府已获悉你们建立安全区的申请，却不得不遗憾地对此予以否决。若中国军队对平民及（或）其财产处理失当，日本政府方面对此不能承担任何责任。但是，只要与日方必要的军事措施不相冲突，日本政府将努力尊重此区域。"② 虽然南京安全区计划遭到日方否决，但拉贝对于这样的答复还是较为满意的。他也回复饶家驹，希望他以最友善的方式再次与日本当局取得联系，以获得"一个带有保证性的通知"。如此，根据日本当局这个半官方声明，南京安全区国际委员会决定开始建立安全区的工作。

另一种是以汉口安全区为代表的获得日方批准的安全区。在南京陷落前夕，国民政府外交部、卫生部及财政部等机关迁往汉口，汉口成为临时首都，同时也成为日军下一个进攻目标。在武汉的圣公会和罗马天主教会，鉴于难民数量不断攀升及保护自身利益起见，希望创建武汉难民区。他们试图通过美国政府促成此事，但美国国务院并不愿意在中日之间承担中介责任，只是建议在汉口的美国官员向当地难民委员会提供非官方帮助。巧合的是，当时饶家驹正在汉口募捐，对于创建武汉难民区一事十分关心，他积极与日本当局协商，但中途奉上海国际红十字会遣派前往北美募捐，等到返回上海时才继续与日方接洽。

1938年9月5日，日本政府照会英、美、法、德、意等国大使，声称"日军愿'尊重'汉口安全区之中立地位，但华方不得利用该区作为军用，即该区不得由华军或其军火通过，且不得有中国军官居留此

① ［德］约翰·拉贝：《拉贝日记》（刘海宁等译），江苏人民出版社1999年版，第101—123页。

② ［德］约翰·拉贝：《拉贝日记》（刘海宁等译），江苏人民出版社1999年版，第124页。

地”[1]。其后，饶家驹与日高倍六郎进行了数次谈判，以安全区绝对的非军事化为基本条件，获得日本当局的同意。接着，他前往重庆与宋美龄就建立汉口安全区进行了商谈，最终说服了宋美龄[2]，因而得到蒋介石及国民政府的支持，以及拨款30万元及价值25万元白米的承诺。汉口国际委员会甫一成立，首先划定了安全区界线，包括前英德俄租界、现法租界及西至平汉铁路而达长江左岸之华界，食住、治安、清洁各项工作均筹备妥帖[3]。10月25日，饶家驹正式对外公布汉口安全区成立。“汉口上海委员会筹划多时之汉口难民区，现已被承认，其面积系依汉口委员会原来最低之请求，委员会现正进行，以完成其一切筹备，中政府现已接济难民区之金融，而中国全国救济会与政府银行亦接济购米所需之金融。”[4]

## 三、南市难民区与《日内瓦第四公约》

从南京的失败到汉口的成功，“安全区”概念在中国的实践，虽未获得完全意义上的成功，但从上海到南京、杭州、汉口、吴江、香港、广州、福州等地，至少为50万难民提供了救助[5]，这足以证明“安全区”模式是一种在战争环境下切实可行且行之有效的保护难民的方法。

这一了不起的成就，得到了国际社会的广泛肯定。南市难民区更被国际红十字会选作交战国在战时保护平民的成功范例而写入《日内瓦第四公约》，其第15条“一般背景”中明确提出：“只能这样说，第15条是一定数量的实际经验积累的结果：……1937年中日战争期间，一个中立区也在上海建立起来……它被称为饶家驹区，是为了纪念成立这个区的人。”[6] 其后在1977年生效的《日内瓦第四公约关于保护国际性武装冲突的受难者的附加议定书》（第一议定书）第四部《平民居民》第一编第五章《受特殊保护的地方和地带》评注中再次提及该案例。所以

① 《外人在汉筹设“中立区”计划》，《申报》（香港版）1938年9月7日。

② ［美］阮玛霞：《饶家驹安全区：战时上海的难民》（白华山译），江苏人民出版社2011年版，第108—109页。

③ 《汉口难民区成立》，《中国红十字会上海国际委员会救济月刊》第1卷第6期（1938年11月），第8页；《汉口之难民区已成立》，《新闻报》1938年10月26日；《中国红十字会月刊》第42期（1938年12月），第18—19页。

④ 《汉安全区委员会组安全区》，《申报》1938年10月25日。

⑤ ［美］阮玛霞：《饶家驹安全区：战时上海的难民》（白华山译），江苏人民出版社2011年版，第117页。

⑥ ［美］阮玛霞：《饶家驹安全区：战时上海的难民》（白华山译），江苏人民出版社2011年版，第180—181页。

说，“安全区”概念在中国的运用，对保护平民条款写入国际人道法，起到了非常重要的作用，故而作为“安全区”概念运用过程中的关键人物，饶家驹和南市难民区一起被载入了《日内瓦第四公约》。

除此之外，饶家驹的努力还获得了其他“丰厚”的回报。南市难民区的事实存在，让他成为一颗光彩夺目的明星，得到来自国际社会各方的赞誉，包括日本外相广田弘毅、法国驻华大使那齐亚、美国海军上将颜尔露（H. E. Yarnell）以及英国驻军司令陆军少将特尔弗·斯莫利特（A. D. Telfer Smollett）等人都曾写信致以敬意①，蒋介石也曾专函致谢：“饶家驹神父道席：寇氛张盛，淞沪沦陷，我同胞锋镝余生，重遭荼毒，蔽无片瓦，储无斗粮，饥寒待毙者，二十余万人。乃荷贵神父及难民救济委员会诸同仁抱己饥己溺之怀，施解衣推食之仁，奔走勤劳，迄今不懈。中正忝主戎行，缅怀弥感，用特专函代表全民，敬致最诚挚之谢忱！专此敬颂大安！蒋中正谨启。（1938 年）三月九日。”② 饶家驹还因此获得了中国玉质勋章和法国“荣誉军团骑士勋章”。

饶家驹上述种种荣誉的取得，可以说是实至名归，因为“要在中日之间充当中介，实现所有的安排不是一件容易的事情”③。目前，学界普遍认为，饶家驹“纯粹出于人道主义动机”④，以及其外国侨民的身份，使他获得了中日当局相当的信任，这是他取得成功的主要原因；同时也毫无疑问，他的个人才干和魄力在其中亦发挥了重要作用，由于他在母语法语以及英语之外，还能流利地讲中文、日语甚至上海方言，这种语言天分为他能及时与中日当局沟通提供了极大的便利；另外，敢对俞鸿钧说出那般“善意的谎言”，其勇气和担当也颇为关键。

不过，饶家驹耀眼光环背后的支撑力量也功不可没，可惜往往为人们所忽视。可以想见，仅以饶家驹的个人力量，“要进行庞大的救济计

① 《蒋介石致饶家驹神父的信》《日本外相广田弘毅致饶家驹神父的信》《法国驻华大使那齐亚致饶家驹神父的信》《美国海军上将颜尔露、英国陆军少将特尔弗·斯莫利特致饶家驹神父的信》，见南市难民区监察委员会编：《中国上海“饶家驹区”的故事》（英文版），上海别发书局 1939 年版，附录。

② 《蒋介石致饶家驹神父的信》，见南市难民区监察委员会编：《中国上海“饶家驹区”的故事》（英文版），上海别发书局 1939 年版，附录。

③ 南市难民区监察委员会编：《中国上海“饶家驹区”的故事》（英文版），上海别发书局 1939 年版，第 3 页。

④ 《饶家驹神父致大上海市长俞鸿钧的信》，见南市难民区监察委员会编：《中国上海“饶家驹区”的故事》（英文版），上海别发书局 1939 年版，附录。

划，非得要有政府、社会与国际组织在人力、财力上的支助不可”①。作为上海国际红十字会副主席兼难民委员会主席，饶家驹得到了上海国际红十字会的全力支持，他的言行所代表的实则是上海国际红十字会，所以处在中日之间充当中间人身份的不是饶家驹个人，而是以饶家驹为谈判代表的上海国际红十字会这一具有红十字背景的慈善组织，此般定论是有事实依据的。

图6-6　南市难民区边界悬挂上海国际红十字会旗帜②

首先，中日双方都以上海国际红十字会为第三方。在已提及的信函或正式公文中，均有上海国际红十字会的称谓出现，或在“饶家驹”名字之前冠以其在上海国际红十字会的职务，说明中日双方认可饶家驹并与之进行谈判的基础是他代表着上海国际红十字会，而不是其他的组织如上海国际救济会等，并且双方都声称是与上海国际红十字会达成了“协议”③，正如中方新闻发言人所强调的那样，“重要的一点是，任何

① 许秀孟：《评 Marcia R. Ristaino, The Jacquinot Safe Zone: Wartime Refugees in Shanghai》，(台北)《国史馆馆刊》2013 年第 37 期，第 137 页。

② 图片复制自《南市难民区各屋顶悬挂之中国红十字会上海国际委员会旗帜》，《战事画刊》第 3 卷第 19 期（1937 年 11 月 21 日），第 15 页。

③ 《饶家驹神父致大上海市长俞鸿钧的信》，见南市难民区监察委员会编：《中国上海“饶家驹区”的故事》（英文版），上海别发书局 1939 年版，附录。

谅解都是与国际委员会达成的，而不是同日本。日方也是这样”①。值得注意的是，中日双方对上海国际红十字会的称谓并不一致，中方称作“中国红十字会上海国际委员会”或简称“国际委员会”，而日方则称为“国际赤十字避难民救济委员会”或“国际红十字会难民委员会”。其间微妙的变化在于，中方将其视作中国红十字会的附属组织，而日方则认为它是国际性的红十字组织，这恰好说明中日当局都选择相信：上海国际红十字会是一个可以信任的中立的红十字组织。

其次，南市难民区遍悬上海国际红十字会旗帜。1937 年 11 月 8 日起，南市难民区四周屋顶及各路口处都插上了红十字旗帜以资识别，旗帜左侧有“上海国际救济会”中文字样，上方为英文“INTERNATIONAL RELIEF COMMITTEE”，中间为带圈的红十字，下方为英文“SHANGHAI”。此处“上海国际救济会”并非是指成立于 8 月 13 日的上海国际救济会，而是上海国际救济委员会的简称。它并不是一个新成立的组织，实际指的就是上海国际红十字会，遂也有直接译作中国红十字会上海国际委员会的②。国民社记者曾就南市难民区的发起经过及其进行情况采访了某西人，略谓：“当沪战发生后，战区难民流离失所者触目皆是，租界区又无法容纳。本市多数西人目击心伤，筹议在租界区域外设立难民区，以资安插。经多次接洽，已渐见具体。但此事关系重大，非少数人力量所可胜任，故决由各国领事及热心中外人士共同组织一国际救济委员会（非国际救济会）负责救济等一切责任。”③ 当时，由中外人士在上海共同成立的慈善组织只有上海国际救济会和上海国际红十字会，此处括号内特别说明不是上海国际救济会。又“上海国际救济委员会已向市政府领得会员许可证，可以前往难民区观察，难民区所悬旗帜为中国红十字会及上海国际救济委员会会旗”④，而上海市政府签发的通行证上就是中国红十字会上海国际委员会，而且有明确规定红十字标记不得随意使用，所以相关文献中关于所悬为上海国际红十字会旗帜⑤的说法是成立的。也只有悬挂上海国际红十字会的旗帜，才能将南

① ［美］阮玛霞：《饶家驹安全区：战时上海的难民》（白华山译），江苏人民出版社 2011 年版，第 74 页。

② 《上海国际救济会主办难民之乐园：南市难民区成立》，《战事画刊》第 3 卷第 19 期（1937 年 11 月 21 日），第 15 页。

③ 《南市划设难民区大体计划拟定》，《申报》1937 年 11 月 6 日。

④ 《南市难民区定明日起实行》，《申报》1937 年 11 月 8 日。

⑤ 航僧：《南市难民区之筹设及战区人民罹劫惨况》，《救灾会刊》第 14 卷第 11 期（1937 年 12 月），第 111 页；《中国红十字会月刊》第 30 期（1937 年 12 月）第 74 页。

市难民区纳入红十字的庇护之下。另外，中日双方对此事并无任何异议，说明上海国际红十字会是得到双方认可的。

再次，日方就南市划设难民区一事直到上海国际红十字会成立后才有回应。9月21日，饶家驹曾约同法国驻沪海军司令赴日领署，商请日本海军司令长谷川等人，要求日军勿再中途轰炸遣送回籍之难民，同时提出拟在南市划出收容区，专以收容难民，日机不得随意轰炸。但此事“乃因日方军事负责之人无切实肯定之答复，致无圆满结果，而饶神父仍具百折不挠之心，拟再设法进行，正在往返商洽中”①，无奈该提议被日方无限期搁置。上海国际救济会也曾拟在华界徐家汇一带设立难民收容所，由会长奥尔负责向日方接洽②，可是并无下文。直到饶家驹以上海国际红十字会的名义与日方交涉，日方才有回应并很快给予了肯定答复。

由此可见，仅仅凭借饶家驹外国侨民的中立身份和个人才能，并不能获得中日当局的充分信任，上海国际红十字会的第三方作用才是他能够促成此项难民救济计划的前提条件。然而，上海国际红十字会与南市难民区成功设立之间的微妙关系，并未为时人所注意。该会虽为南市难民区提供经费补助和难民医疗卫生等项服务③，但没有承担直接管理工作，也没有将南市难民区监察委员会纳入体制内，甚至一度认为，“该委员会虽非国际红会之一部，但在办理救济难民事宜，殊有相互联络之必要也”④，故而未能为南市难民区提供更多的保护，这是十分遗憾的。

## 小　结

上海国际红十字会在中外办事委员的共同努力下，通过与沪上其他慈善救济团体和机关的合作，在伤兵救护和难民救济两个领域开展了许多救护行动，均取得了良好成效，并有不少创见，包括开办残废伤兵医

① 《饶神父救护难民热忱，商敌方勿再轰炸，敌尚无切实答复》，《申报》1937年9月23日。

② 《国际救济会拟办华界收容所》，《申报》1937年9月20日；《国际救济会拟在华界设收容所》，《申报》1937年9月28日。

③ 南市难民区监察委员会编：《中国上海“饶家驹区”的故事》（英文版），上海别发书局1939年版，第13页。

④ 《中国红十字会上海国际委员会经济概况》，《中国红十字会月刊》第36期（1938年6月），第42页。

院、设立假肢工场、授予残废兵士职业技能，研制并为难民注射预防伤寒霍乱的混合疫苗，在难民中推行新文字教育，等等。这些创见为救护伤兵和难民发挥了重要作用，也因此获得了较好的社会反响。此外，上海国际红十字会的良好表现，在地域援助方面也有所体现。其通过设立的近郊救济委员会、支配赈款顾问委员会及医务委员会，向各地拨助了一定的难民救济经费，并且向南京、汉口两地调派了不少医务人员参与当地的救护活动。

另外，为了使麇集于南市无法进入租界的难民能有避险之处，上海国际红十字会公推饶家驹牵头，在分别征得中日当局同意后，于南市成功设立了难民区。这一救济难民模式其后在全国其他城市广为援用，虽然有的成功了，有的失败了，但都为难民提供了相当程度的保护。同时，“安全区”概念在上海的成功运用，为战时保护平民条款写入《日内瓦第四公约》提供了范例，为国际人道法的制定做出了重要贡献。

# 余　论

上海国际红十字会是淞沪会战期间在上海临时成立的一个民间慈善组织。它不仅是当时“孤岛”上最大的难民救济团体，而且更成为维持上海难民救济事业不致中断的一支十分重要的人道力量。该会虽独立从事抗战救护工作，但在名义上隶属于中国红十字会，并且在总会力量退出上海以后，在某种程度上扮演了总会的角色，是中国红十字会的重要组成部分，为抗战救护事业和中国红十字运动的发展做出了不可磨灭的贡献。至于上海国际红十字会为何能够取得如此出色的业绩，是诸多因素共同作用的结果，这其中除了红十字因素之外，国际因素也是不容忽视的。

## 一、国际因素的积极作用

国际因素是上海国际红十字会得以诞生的基础条件，也为该会开展各种救护行动提供了诸多便利，主要表现在以下几个方面：

一是颜惠庆能够成功发起并创建上海国际红十字会，与诸多外籍人士的呼吁和帮助有很大关系。颜惠庆在上海国际红十字会首次筹备会议上曾报告，“有多数之中外友人曾向渠表示意见”[①]，希望成立“国际红十字委员会”，这其中外籍人士的呼吁占有相当大的比重。另外，从负责筹备建会的16名执行委员来看，外籍委员多达11人，他们为上海国际红十字会的成功创建做出了重要贡献。

二是外籍人士秉持国际主义精神，加入上海国际红十字会为办事委员，为维持组织的顺利运行和各项救护行动的展开发挥了至关重要的作用。上海国际红十字会为中外人士合组，外籍委员几乎占到办事委员总人数的三分之一，经查照《中国红十字会上海国际委员会委员名单》





① 彭望荃：《上海国际红十字会报告（民国二十六年十月至二十八年三月卅一日）》，中国红十字会上海国际委员会1939年编印，第1页。

（见附录三），该会办事委员明确有记录在案者，共计 540 余人，包括 390 多名华人委员、150 余名外籍委员。这些中外办事委员进入不同部门，各司其事，但除该会组织章程规定执行委员会主席和秘书为各部门委员会当然委员以外[①]，也不乏分属两个或两个以上部门者，其中以伤兵救护委员会和医务委员会最为明显，这是该会开展各项救护工作所依赖的不可或缺的一支重要力量。以总干事贝克为例，由于总干事一职关系重大，非热心慈善并富有工作经验之人难以胜任，于是颜惠庆等人举荐贝克担任，因为贝克从事慈善事业已久，向来名声相当不错，其时正担任华洋义赈会总干事职，对于是项工作并不陌生，实在是出任总干事的不二人选，而且那时华洋义赈会总办事处由北京搬迁上海不久[②]，“他与他的职员们适值没有事情做，国际委员会将他们都借调过来”[③]，贝克及其同仁“遂全体参加战时救济事务矣”[④]。事实证明，“他们专心致志地进行管理，这项管理工作随着时间的推进越来越成为头等大事”[⑤]。还有难民救济委员会主席饶家驹、财务委员会主席贝纳德等人，“热心办事，为本会同人所钦佩”[⑥]。

三是两租界当局新旧职员的加盟，提升了与该租界两当局联络和协商中的话语权。毫无疑问，两租界在此次伤兵救护和难民救济方面扮演了重要角色，但由于各救济组织与之沟通不畅，救济工作每每多有窒碍，因而成立上海国际红十字会的一大任务，就是与两租界当局建立起沟通联络机制。所以，在两租界当局有任职经历的钟思、普兰特、卡奈、贝纳德等人得以先后加入执行委员会。他们对于各项决策和会务处理拥有很大的决定权，尽管颜惠庆对此一直耿耿于怀，但为获得两租界当局的支持，并与之形成有效的沟通机制，最终也是不得不妥协，“为了使这个国际委员会在这非常形势之下能行使非常职责，同时还要维持租界这个国际社会的司法地位，因此在委员会的组成方面仍然采取了妥

① 《中国红十字会上海国际委员会组织大纲》，《中国红十字会月刊》第 30 期（1937 年 12 月），第 32 页；《救灾会刊》第 14 卷第 11 期（1937 年 12 月），第 117 页。

② 《华洋义赈总会总办事处定期迁沪》，《申报》1937 年 2 月 26 日。

③ 颜惠庆：《颜惠庆自传：一位民国元老的历史记忆》（吴建雍等译），商务印书馆 2003 年版，第 303 页。

④ 《参加战时救济》，《救灾会刊》第 14 卷第 11 期（1937 年 12 月），第 114 页。

⑤ 颜惠庆：《颜惠庆自传：一位民国元老的历史记忆》（吴建雍等译），商务印书馆 2003 年版，第 303 页。

⑥ 《本会司库更替》，《中国红十字会月刊》第 40 期（1938 年 10 月），第 30—31 页；《中国红十字会上海国际委员会救济月刊》第 1 卷第 2 期（1938 年 7 月），第 3 页。

协做法，两租界当局的一些成员也被吸收进国际委员会中”①。抛去这方面的消极因素，这部分外籍委员在上海国际红十字会与两租界当局之间充当的桥梁作用是显而易见的，也是值得肯定的。

四是国际主义援助是上海国际红十字会非常重要的经费来源。除在国内募捐时，在沪各外籍人士多有捐赠外，日内瓦国际红十字会以及美、英、意、澳、加等国红十字会赞助甚巨，特别是当上海国际红十字会陷入难民给养危机时，美国红十字会及时伸出援助之手，邀请该会派遣代表赴北美募捐，缓解了很大的经济压力。国外其他慈善团体和个人也给予了极大的支持。

## 二、国际因素的消极作用

虽然在国际因素的支持下，上海国际红十字会取得了很多积极成果，但这种因素也存在消极的一面。那就是中外委员在救济理念上存在一定的差异，导致工作中时有摩擦发生，且最终演变成为直接的冲突，产生了很多不利影响。

随着上海国际红十字会的难民给养工作日形困难，其中外办事委员在是否变更难民给养标准问题上出现严重分歧。由于双方都坚持己见，互不退让，于是发生了上海国际红十字会建会以来最为严重的一次内部对立。

对立的核心内容是，外籍办事委员提出应该降低难民给养标准，以维持救济能力。他们并对此进行了解释，给出了两点理由：其一，“减粮可以省费，而延长救济时期”②；其二，“难民或因减粮而不满，自动出所，藉此解决整个问题”③。不难看出，外籍办事委员是出于长远考虑而提出该意见。但对于这一提议和解释，中方办事委员并不赞同，因为中方办事委员认为，“现时减低之标准，实不足以维健康，而国人一般心理，大抵以为不救济则已，既施赈矣，必使之饱食，方可告无愧于社会”④。

① 颜惠庆：《颜惠庆自传：一位民国元老的历史记忆》（吴建雍等译），商务印书馆 2003 年版，第 302 页。

② 《沪市难民救济问题》，《译报》1938 年 9 月 5 日；《中国红十字会月刊》第 40 期（1938 年 10 月），第 13 页。

③ 《沪市难民救济问题》，《译报》1938 年 9 月 5 日；《中国红十字会月刊》第 40 期（1938 年 10 月），第 13 页。

④ 《沪市难民救济问题》，《译报》1938 年 9 月 5 日；《中国红十字会月刊》第 40 期（1938 年 10 月），第 13 页。

这两种意见由于出发点不同，不能简单地判断对错，不过是各有利弊。外籍办事委员建议降低难民给养标准以减粮省费，在粮食采购价格基本不变的情况下，确实是一种可行的办法。然而，对于变相迫使难民离所，以减轻给养负担的想法，并不能令人从心理上完全接受。各收容所中固然有部分难民有自给能力，可以出所生活，但绝大多数难民仍依赖于救济才能生存。何况，作为一个红十字组织，这一解释显然是不合适的。当然，中方办事委员的意见也不完全正确，维持难民健康固然重要，但在此特殊情形之下，能够维持长期救济能力，对于难民和难民救济事业而言，显然更为重要。

经此分析，虽然双方的意见都不完善，但显然外籍办事委员的意见对救济难民更为有利。中方办事委员均为贤能之士，对此不可能不有所考虑，所以仅此一点，并不能造成十分严重的对立。真正使双方彻底走向对立面的，是贝克不止一次在公开场合随意发表过激言论。

贝克曾屡次公开发表主张性言论，对外阐发外籍办事委员的观点。他曾向媒体表示，“若夫减低给养，约举其利，厥有数端：少壮有力之难民，可因不甘食苦而生利自给，一也；若辈既能自立，善团负担，即可减轻，二也；善团可分其力量，扩充救济，使老弱残废皆有所养，三也；此外因生产之增加，贫困之获救，于社会安宁、国家元气，均有直接间接之利益”①。这番言论尚属平和，当然对于争取外界的理解和支持有所裨益，但他的言论不尽如此，往往还暗示或夹杂着对中方办事委员的质问，譬如他曾声称：“一旦款项告罄，固难为无米之炊，万一迫而停办收容，则此数十万难民，自必尽填沟壑；小不忍而乱大谋，此岂办理救济者之初心哉？”② 甚至是对中方办事委员所持观点的直接批评，他说：“今慈善家之施赈，每主张以难民之温饱舒适为准则，而受赈者亦以得享寻常生活相期望。此在赈款充足，赈务简便，赈期短暂之时，亦何尝不合，但以今日情形而论，实不宜出此。盖自战事发生以来，流亡遍地，饥寒交迫，凡吾慈善界同人，应不分畛域，一体援救，倘竭其财力，仅图满足当地一部分难民之欲望，非特向隅者有不幸之感，尤恐此盈则彼绌，若辈将因求必需品而不得，致妨碍其生存……顾或者每以上海难民给养太薄为苦，不知他处难民，其苦有十倍于此者……而真正孤



① 贝克：《施赈方针之商榷》，《中国红十字会上海国际委员会救济月刊》第1卷第2期（1938年7月），第1页；《中国红十字会月刊》第37期（1938年7月），第4页。

② 贝克：《创立平民所意见书》，《中国红十字会月刊》第33期（1938年3月），第5—6页。

苦无依者，反不获普遍救济，此岂施赈者之本旨哉？”①

贝克将内部不同意见公之于众的做法，不管其目的如何，都是不可取的。他作为上海国际红十字会的总干事，对外言行本就应该慎重，更何况批评性言论。这些言论会给中方办事委员造成很大的舆论压力，招致中方办事委员的强烈不满，使双方冲突进一步加剧。这既不利于协商，也不利于内部团结。就连颜惠庆对此也颇有微词，他在7月29日的日记中写道：“贝克又在《大陆报》上滥写文章，他这个人太不慎重了。”②

上海国际红十字会成立以来的很长一段时间内，中外办事委员致力于救护工作，均能互助合作。为何此时却发生如此大的思想冲突？其根本原因不在于贝克，而在于中外办事委员对于救济理念的理解上存在本质上的不同。

中外办事委员所提两种救济观点，虽然都以人道为先，其实质却有着根本性的区别。从外籍办事委员所做出的解释和贝克的言论分析，外籍办事委员之所以提出降低难民给养标准，其目的是要维持上海国际红十字会的救济能力，以便能够救济更多的难民，这明显体现了西方慈善理念中的博爱思想，即一种源于基督教教义的“绝对而普遍的爱”③；而中方办事委员过于注重救济质量，宁愿牺牲长期救济能力，这其实就是救急性的举措，即“以少量的物资解救特殊群体的燃眉之急”④，是中国古代非常普遍的慈善救济手段。在中国古代，由于慈善机构规模不大，救助能力十分有限，所以只能救急于眼前，因而得到救济的人不多。近代慈善家经元善对此有过总结，即“养老、育婴、恤嫠非不善也，然惠仅一身，不能及一家也；施粥、施衣、施药非不善也，然惠仅一时，不能及永久也”⑤。这主要是因为中国传统慈善思想受儒家仁义学说影响，以人伦之爱为中心，倡导的是有差等的仁爱思想。它与博爱思想有着本质区别，而且同近代慈善事业赖以产生和发展的普世主义伦理不易协调⑥。

---

① 贝克：《施赈方针之商榷》，《中国红十字会上海国际委员会救济月刊》第1卷第2期（1938年7月），第1页；《中国红十字会月刊》第37期（1938年7月），第3—4页。

② 颜惠庆：《颜惠庆日记（一九三七—一九五〇）》第三卷（上海市档案馆译），中国档案出版社1996年版，第127页。

③ 王俊秋：《中国慈善与救济》，中国社会科学出版社2008年版，第144页。

④ 王俊秋：《中国慈善与救济》，中国社会科学出版社2008年版，第130页。

⑤ 虞和平编：《经元善集》，华中师范大学出版社1988年版，第246页。

⑥ 任云兰：《近代天津的慈善与社会救济》，天津人民出版社2007年版，第21页。

虽然近代中国慈善事业受到西学东渐浪潮的影响，引进了西方的“教养并重”等慈善理念，但毫无疑问，在当时中国传统慈善理念对中方办事委员选择救济方法，仍然产生了重要影响。不过，与外籍办事委员降低难民给养标准的主张相比，中方办事委员的反对意见并不符合当时上海难民救济形势的需要，加上外籍办事委员在上海国际红十字会组织体系中占据主导地位，对于各项决策拥有绝对的话语权，所以此次冲突的结果是显而易见的，中方办事委员的意见不会被采纳。

也许是中方办事委员自知主张理亏，在此次冲突中，即便面对贝克的咄咄逼人，也未发生其他激烈反应。不过，双方矛盾只是暂且被搁置了，并没有获得根本解决，只要条件成熟，这一矛盾还会在其他问题上爆发的。

不久，先是在采购给养品问题上，中方办事委员对总干事贝克独断专权的行事风格心生不满，屡有不敬之言，这令贝克心灰意冷，因而提出辞呈，幸得颜惠庆好言挽留。后又与施肇基就是否开展“节约救难运动”发生了争执，虽然贝克在此之前曾极力主张并阐述开展这一运动的重要性，但他在争执发生后断然拒绝参加，并“对施（肇基）在上次会议上对他的批评不满”[1]，因而于1938年9月26日再一次提出辞职。10月7日，贝克以受美国华灾协济会驻沪顾问委员会的委托为由[2]，选择离开上海，只身前往西南川、黔、滇、湘等省调查难民救济状况，直到12月5日晚间返沪[3]。总干事一职不得不由史慕尔兼理[4]。此外，在贝克之前，贝纳德辞职时，也曾与“医药委员会发生了争执”[5]。

事实证明，中外办事委员因救济理念的不同而造成的关于是否降低难民给养标准的意见冲突，虽得暂时解决，但双方的隔阂也因此产生，并在其他问题上继续引起或大或小的冲突，最终造成一系列严重后果，给身陷困境中的上海国际红十字会和上海难民救济事业增加了困难。

---

① 颜惠庆：《颜惠庆日记（一九三七—一九五〇）》第三卷（上海市档案馆译），中国档案出版社1996年版，第141页。

② 《国际红十字会昨致善团两函》，《申报》1938年10月18日；贝克：《西南救济情况调查报告书》，《中国红十字会上海国际委员会救济月刊》第1卷第8期（1939年1月），第1页。

③ 《贝克氏查灾竣事回沪》，《中国红十字会上海国际委员会救济月刊》第1卷第8期（1939年1月），第3页。

④ 颜惠庆：《颜惠庆日记（一九三七——一九五〇）》第三卷（上海市档案馆译），中国档案出版社1996年版，第140—141页。

⑤ 颜惠庆：《颜惠庆日记（一九三七——一九五〇）》第三卷（上海市档案馆译），中国档案出版社1996年版，第113页。

首先，引发了内部矛盾，导致直接救济工作的全部终止。很显然，如此内部矛盾的激化，中外委员明显无法再继续合作共事，分崩离析已经不可避免，由此造成难民救济工作全面停滞。故而就在贝克离开之前的9月20日，上海国际红十字会执行委员会会议通过议决案，决定终止难民救济工作，“而专事收受捐款及分配其用途”①。案文略谓：

由于去秋上海国际红十字会之组成，原以对付沪市及其近郊因中日战事而发生之紧急情况，为其主要之目的，当时对于成千难民之即刻救济，实为必要；由于因上海国际红十字会在过去数月间之援助，沪市伤兵问题在事实上已有满意而终局之解决，又由于沪市难民问题亦已大见减少而入解决之途；由于目下残余之难民，其善后已非紧急问题，而成为重新调整之问题，但此问题实非上海国际红十字会工作及权限以内之事。兹议决：自二十七年十月三十一日起，中国红十字会上海国际委员会之工作范围，限于接收捐款及分配款项，而于审查及斟酌情形后，拨款于其他赈灾之团体，以为救济因战事而成之难民，及其他受灾人民之工作”②。

其次，停止难民给养，使上海难民救济事业陷入被动局面。上海国际红十字会萌生退意时，各救济团体颇感忧虑，因为倘若该会果真终止直接救济工作，即意味着难民给养将再归各救济团体自行负责，而其时各救济团体所属难民收容所中尚有8万余名难民，给养负担依然繁重，“若干力量薄弱之善团，此后必将无法维持其所属收容所难民之给养，而被迫至于流离失散”③。于是，以慈联会及其分会为代表，再次函请该会继续维持，函文如次：

迳启者：顷展国际委员会关于难民问题意见书，以工作进行将期年，筹募维艰，未能长期救济，拟在九月底办理结束云云。查救济工作原为慈善事业之一部，端赖社会人士之热心赞助，方克有功。贵会国际委员会自本年度担任各会给养以来，虽因购货假手于商号，品质较劣，与给养供给之标准未尽允洽，但能明了真相之人，均可释然。且以贵会本身并无难民收容所，而专供他会给养，为敝会等所极端信仰者也。此时本市租界内虽尚有难民八万人，敝会等正在设法遣送与筹备生产工

① 《上海国际红十字会》，《上海医事周刊》第4卷第45期（1938年11月7日），第1页。

② 彭望荃：《上海国际红十字会报告（民国二十六年十月至二十八年三月卅一日）》，中国红十字会上海国际委员会1939年编印，第15页。

③ 《红会将停止直接救济，难民给养益见严重》，《新闻报》1938年9月30日。

作，当可逐步减少。惟所需给养，不可或缺，仍请贵会继续工作，以全始终。如以办事棘手，敝会等均负有救济专责，可推选公正人员共同参加办理，以资合作。如以经济筹募不易，敝会等正积极组织统筹经济机关，公请虞洽卿先生负责进行。贵会同属救济团体自当权义均等，毋烦独立筹募也。总之，我国家抗战一日不停，我等之救济责任不可一日中辍。贵会热心慈善，当不后人，尚祈努力为国，造福灾黎，是深企幸①。

尽管陈情挽留，但结局已不可逆转，这对于上海难民救济事业而言是一次沉重的打击。更为严重的是，其时上海难民总数尚有 12 万人左右，包括法租界有 2 万余人、南市难民区约有 3 万人、公共租界约五六万人，“包括膳食、教育、医药等费在内，则每月救济费预算当需三十万之数”②，难民救济压力仍在，并非像上海国际红十字会议决案中所言的“已非紧急问题”。为了避免难民救济问题更形严重，上海社会各界一致提出“上海人救上海难民”的口号，并于 10 月 9 日在香港路银行俱乐部成立节约救难委员会，公推裴云卿、陈鹤琴、陈济成、姚惠泉等 11 人为常务委员，通过了委员会简章及募捐办法等项，开始推行“节约救难运动”③。又于 10 月 18 日在宁波同乡会成立上海难民救济协会，公推虞洽卿为主席兼理事长，麦克诺登、徐寄庼、奚玉书等中外 15 人为理事，继续推进上海难民救济工作④。

由此可见，因为所持救济理念不同，中外办事委员爆发了冲突，进而引发了内部矛盾，造成贝克出走的局面，并促使上海国际红十字会做出提前停止各项直接救济工作的决定。尽管该会将难民救济相关工作悉数移交给上海难民救济协会⑤，且为后者提供了力所能及的支持，在工作经验方面也有所传授，“若夫本会对于上海难民救济协会，尤抱有无穷之希望。盖筹款方面，固期其能普遍劝募、集中分配；而救济方面，

---

① 《慈联会等函请红会国际会继续维持》，《新闻报》1938 年 9 月 17 日；《中国红十字会月刊》第 40 期（1938 年 10 月），第 24—25 页。

② 《救济难胞问题》，《申报》1938 年 10 月 16 日。

③ 《节约救难委员会开始工作》，《中国红十字会上海国际委员会救济月刊》第 1 卷第 6 期（1938 年 11 月），第 6 页；《中国红十字会月刊》第 42 期（1938 年 12 月），第 26—27 页。

④ 《上海难民救济协会成立》，《中国红十字会上海国际委员会救济月刊》第 1 卷第 6 期（1938 年 11 月），第 6 页；《中国红十字会月刊》第 42 期（1938 年 12 月），第 25—26 页。

⑤ 《难民救济协会监视组成立》，《中国红十字会上海国际委员会救济月刊》第 1 卷第 7 期（1938 年 12 月），第 2 页；《本会难民教育将由救济协会接办》，《中国红十字会上海国际委员会救济月刊》第 1 卷第 7 期（1938 年 12 月），第 2 页；《中国红十字会月刊》第 43 期（1939 年 1 月），第 18 页。

实贵能老有所养、壮有所事、幼有所教也”①，但是该会结束直接救济工作，对尚未完全好转的上海难民救济事业带来的不利影响，却是无法消除的。

综上所述，在上海国际红十字会的产生、发展直至最终走向结束的过程中，国际因素产生了非常重要的作用。它既为该会取得诸多业绩提供了便利，同时也带来了很多消极影响，但相比之下，利总体大于弊。由此可见，上海国际红十字会的工作既有好的一面，也有不完善的一面。经过全面客观的考察，其值得肯定之处颇多：

首先，上海国际红十字会始终以人道主义为怀，开展救护行动不遗余力。该会着手救护伤兵和难民事宜，早在筹备建会期间就已进行。待正式成立以后，其首先提出募集法币1000万元的目标，积极向国内外广为宣传和劝募，通过举办红十字募捐周、成立“三元救命会”等多种募捐形式，以及动用各种人脉关系，迅速打开了募捐局面，为各项人道事业的进行争取到相当多的经费支持。除资助名下5所伤兵医院、上海及外地慈善团体的救济经费外，上海国际红十字会募集的款项主要用于救济上海难民：一是开办难民医院、难民收容所诊疗所和各种专科医院，为难民打造了一个立体式的医疗救助体系，免费救治患病难民；二是组织卫生宣传、清理工作及实施伤寒霍乱预防注射运动，推进了上海难民卫生防疫工作，避免了传染病疫情大规模暴发；三是成立难民收容所视察及考核机关，督促各主办善团改善收容所内设施及卫生，以提高难民居住环境水平；四是开展难民教育，使难民教养兼施；五是寻找合适空地，搭建席棚，领导解决了难民收容所迁让事件；六是应上海国际救济会、慈联会及其分会等慈善团体的援助请求，承担全沪难民给养，避免难民陷于枵腹之苦。在这些难民救济工作中，难民给养一项耗费最巨，最终将上海国际红十字会拖入经费枯竭的泥潭，但是面对给养危机，该会并没有轻言放弃，而是努力寻求解决办法，并在实施各种开源节流办法效果不佳的情况下，转变旧有的消极救济的思路，推行难民生产方式，使部分难民走上自立之路。

其次，上海国际红十字会在组织架设和开展救护工作中，多有创见。组织方面，在向日内瓦国际红十字会申请独立章程失败之后，该会重新接受了中国红十字会的授权，为组织解决了合法性问题，凭借红十字旗帜使救护行动师出有名。又以执行委员会为核心，搭建了一个相对





① 《本会今后之任务与对于上海难民救济协会之希望》，《中国红十字会上海国际委员会救济月刊》第1卷第6期（1938年11月），第1页。

稳定、高效的组织体系，做到分科设层、分工合作，并在以后的工作中随时注意完善，包括设立联络与协调委员会、难民卫生合作委员会这样的机构，加强了对内和对外交流，同时以会议的形式使交流常态化。救护方面，譬如开办了残废伤兵医院，设立了假肢工场，为失去作战能力的残废士兵进行手术及装置假肢，并施以针线、缝纫、园艺等职业技能培训，使其出院后可自立谋生，为上海伤兵救护事业开辟了新的天地。又如运用“安全区”概念在南市成功建立难民区，由此推动了“安全区”模式在中国其他地方的实践，为战时保护平民提供了新的选择，在国内外产生了重大影响，尤其是对国际人道法的订立产生了深远影响。

总之，在淞沪战场上，上海国际红十字会的出现，打破了很多慈善救济方面的常规办法，为人道事业增添了新的内容，也为后世提供了诸多可借鉴的经验。

# 附　　录

## 一、《中国红十字会上海国际委员会组织大纲》

（1937年11月23日修正）

（一）定名　本会定名为中国红十字会上海国际委员会。

（二）宗旨　本会以办理善举为宗旨，尤注重于筹募款项，用以救济伤兵、难民，并协助与本会主旨相同之各种慈善事业，但各项事工以与市政当局及其他慈善团体已经实施者不相妨碍为限，并力谋与之合作。

（三）会址　本会设会所于上海，其工作区域以上海市区、英法两租界及其附近各地为范围。

（四）职员　本会设委员长一人，副委员长若干人，书记、司库各一人，由执行委员会每年选任之。

（五）执行委员会　本会执行委员会定额十九人，由中国红十字会特聘之，主持各项会务，为谋会务进行顺利及办理各项善举起见，得规定章程细则，所有会员均应遵守之，执行委员会开会时以满十人为法定人数，如委员遇有缺额，得自行补充之。

（六）财务委员会　由执行委员会推选委员三人组织财务委员会，对于执行委员会负责，按月报告财务情形，必要时得随时报告之。

（七）分委员会　执行委员会得依其需要设立各种分委员会，授权办理各项事业，在各分委员会中，本会委员长及书记为当然委员。

（八）责任　本会会员对于本会因工作而负之债务不负任何责任。

（九）财务　本会所收各项捐款应由司库存入执行委员会指定之银行，每月收支账目并应列表，依照财务委员会规定之办法审计后，提出月会中报告之。

（十）会员　本会会员分下列四种：

甲、特任会员　中国红十字会特许委任者；

乙、基本会员　曾出席本会第一次会议者；

丙、普通会员　由执行委员会认可加入者；

丁、名誉会员　由执行委员会认可聘请者。

（十一）会期　本会全体会员大会经会员五人以上之请求，得由委员长随时召集之。

（十二）职权　本会章程细则之解释及一切会务，经执行委员会决定后不得再加变更。

（十三）修改　本组织大纲如有未尽事宜，经执行委员会十三人以上之同意，得修改之。

## 二、中国红十字会上海国际委员会组织系统表

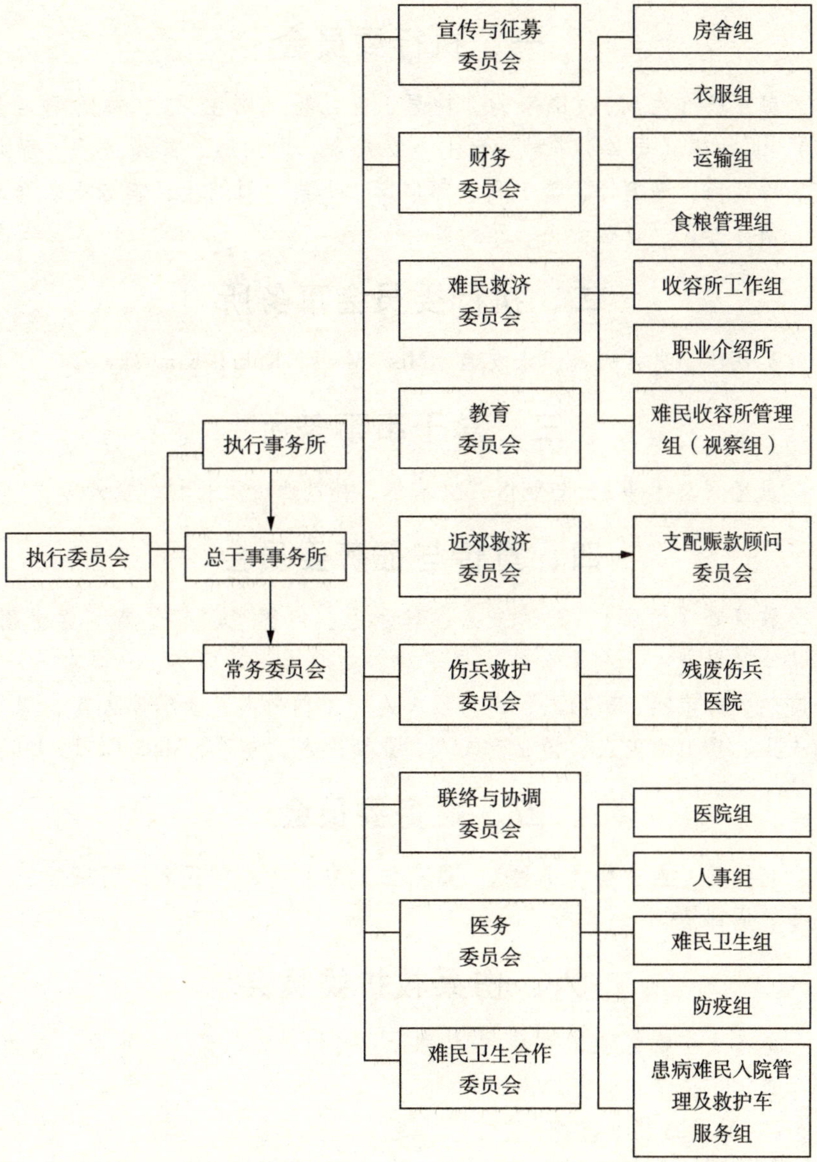

# 三、中国红十字会上海国际委员会委员名录

（不完全统计）

## 一、执行委员会

颜惠庆（主席）、饶家驹、钟思、普兰特（副主席）、施思明（秘书）、贝纳德（司库）、爱兰女士、安献今、白约翰、陈逵夫人、蔡增基、冯炳南、冯振铎、盖士利、郝尔斯、卡奈、刘鸿生、李劳士、马晓尔、南施夫人、史蒂女士、雅树答

## 二、执行委员会事务所

贝铁德、史蒂夫人、朱友渔、Mrs. M. E. Kukel-Kraevsky

## 三、总干事事务所

贝克（总干事）、陆航僧、史慕尔、孙琴西、王长利、张云珍

## 四、宣传与征募委员会

施肇基（主席）、陈逵夫人、郭承恩、何德奎、郝尔斯、黄稗澜、骆传华、勒斐夫人、罗公侠、李规庸、刘鸿生、李瑞冬、林英芬女士、马晓尔、彭望荃、田伯烈、田伯烈夫人、汤纳夫人、唐纳德夫人、唐士煊夫人、杨少南夫人、杨亚德夫人、亚斯夫人、郑莱、Mrs. C. F. Liu

## 五、财务委员会

贝纳德、盖士利（主席）、邓克兰、黄秉章、李实甫、田宗旺、周锦才、周锦椿

## 六、伤兵救护委员会

颜福庆、富文寿（主席）、栢德、白良知、方尔孟、单惠泉、穆德、柏尔森、丁伯兰

（一）残废伤兵医院

单惠泉（院长）、虞心炎（副院长）、巴宝珍、陈翠珍、陈锦波、陈耀、陈一志、陈兆玉、方祖成、顾连元、顾守昌、葛嗣骏、洪彩霞、洪

婉霞、江澄秋、陆崇善、李慕兰、李鸿儒、李明霞、陆鸣玉、柳蓉芳、柳永昌、潘济时、钱文莲、戚子萍、沈初兴、苏桂枝、邵鸿宾、施有政、唐慧珍、王和庭、王洵芬、吴永锦、徐如玉、薛卓莹、严剑雄、殷来寿、严祖根、余卓然、周康铫、周群、张乾齐、郑学典、赵性芳、周祥瑛、郑尹耕

## 七、医务委员会

施思明、黄子方（主席）、曹晨涛、陈鸿达、曹健、陈洁稚、陈善芬、陈毓秀、戴安乐、丁守仁、丁希庆、董银珠、范承俊、冯连珍、冯五昌、富文寿、傅秀阶、顾慧珠、顾美珍、高维、郭志坚、黄惠光、胡蕙英、黄景惠、黄静宜、黄美珍、侯祥川、蒋伯真、蒋锡棠、柯德华、梁北和、罗长淳、李长治、李桂贞、卢佳、陆建华、刘培、卢祺英、陆庆云、陆润之、刘瑞贞、蓝寿、李淑华、林士钰、李雪峰、林琇洁、梁小榴、李永彬、刘以洋、林仰芝、区斯深、潘国铭、庞能一、齐大治、钱惠珍、钱建初、钱淑贞、任彩英、任廷桂、孙爱德、孙成璧、孙翠娟、沈成武、沈鹤臣、孙景蕴、邵润生、沈世杰、沈诗义、施锡钦、施玉美、宋英士、孙祖尧、童绮娟、王秉卿、吴国良、翁静芬、王淑贞、吴旭丹、王新英、翁秀珍、翁之昌、巫振芳、汪璋华、汪仲钰、徐纪法、许敏柔、徐漱青、薛素行、许同庆、徐宪青、余鼎声、俞恩梅、俞福真、余濒、叶经甫、颜遂良、姚石年、叶希英、殷玉符、俞蕴芝、俞祖光、章保华、朱宝珠、周彩宝、周诚浒、张承学、郑德祷、朱德洪、朱功宏、朱恒璧、赵惠然、朱吉甫、周家肇、张乐仁、朱铭恩、朱仁、朱漱贤、朱文珍、朱纨章、张秀、张学成、张信培、张锡祺、钟月娟、邹宇清、曾耀仲、赵鋆章、朱子明、Dr. A. C. Bryson 、Dr. A. M. Dunlap 、Dr. L. M. Disosway 、Dr. T. S. Dunn 、Dr. Ellen Fullerton 、Dr. J. Gray 、Dr. Lestel. Huizenga 、Mr. C. H. Li 、Dr. Claude M. Lee 、Dr. Edmund Lee 、Dr. E. L. Marsh、Dr. J. C. McCracken 、Dr. D. W. Nance、Dr. W. H. Pott 、Dr. B. E. Read、Dr. Frederick Reiss 、Miss G. Selzer 、Dr. T. Stearns 、Dr. James C. Thoroughman

（一）第一难民医院

张信培（院长）、李廷安、Miss F. H. Au、Miss L. H. Au、Dr. C. M. Bau、Miss C. Y. Chan、Dr. S. K. Chung、Dr. T. C. Chang 、Miss Y. K. Chau、Miss S. Y. Fu、Dr. H. H. Hung、Dr. S. P. Kwong、Dr. T. Siu、Dr. P. J. Todd、Dr. Matthew Wnog、Dr. S. T. Woo、Dr. T. K.

Wong、Dr. T. W. Wong、Dr. Z. T. Wu

（二）第二难民医院

朱功宏（院长）、栢德、柏尔森、陈从真、曹汉杰、崔祥宾、达应堃、丁钟秀、龚仲清、黄克勤、胡秀三、黄振群、蒋芸、李桂生、刘念祖、李星耀、李元德、南施、潘志衡、沈复生、唐淑之、唐熹、王惠卿、王巨源、王霖生、王慰曾、徐在贵、应耘耕、颜连庆、言潘景芝、俞松文、应元岳、朱益栋、Dr. Blcckmann、Sister Daniel、Sister Eulalic、Dr. E. G. Gauntlett、Sister Lucy、Sister Maria Montana、Dr. F. T. Ranson、Mrs. Ida Stock、Dr. A. D. Wall、Mrs. A. Y. Wilson、Mrs. Woosley

## 八、难民救济委员会

饶家驹（主席）、安献今、柏尔森、蔡增基、惠尔森、卡奈、蒉延芳、李规庸、李廷安、龙筱云、麦克诺登、麦克唐纳、牛惠生夫人、普兰特、沙凡尔、宋汉章、施思明、谢祖仪、雅树答、赵朴初、钟思、朱友渔、Mr. Y. Y. Pan

（一）伙食及房舍组

Rev. S. C. Farrior、Dr. O. C. Crawford（组长）、史慕尔、唐瑞全、赵蓥章、Mr. S. M. Chiou、Dr. Robett Fitch、Mr. William Fong、Rev. L. L. Hale、Mr. Mark Huang、Miss Etha M. Nagler、Mr. B. Ward Perkins、Dr. P. F. Price、Mr. T. W. Sih、Mr. Alfred Tam、Mr. D. K. Wong、Miss Rose Walldron、Mr. Yang Yien-tao

（二）衣服组

牛惠生夫人、谢祖仪女士（组长）、栢端立、栢平立、黄志坚、李良鼎、谢云英女士、朱觉方女士

（三）难民收容所管理组

杜达（组长）、栢端立、栢平立、巴秀珍、陈国庠、陈康夫、崔美宝、方雪来、何文安、黄志坚、李广诚、李良朋、平洪兴、史丹莹、孙孟刚、苏盛茂、王福泉、吴仁忠、徐润勋、俞国樑、俞国尧、姚心正、俞翼青、姚肇商、周文斌、赵懿、朱云峰

（四）视察员

包文骏、陈子初、戴逊、戴逊夫人、冯家声、华渊若、梁畅明、马劼刚、吴力、韦廉士、韦廉士夫人、王梅娥、王敏莫、王守芳、吴颂敏、王元龄、项烈、项烈夫人、徐亚英、叶德和、Miss Edith M. Adlam、

Mr. Bao Shui-ching、Mr. Chang Er-hang、Miss L. F. Chow、Mr. W. A. Estcs、Mr. Frank Ferguson、Miss L. Fleming、Miss Lucy Fletcher 、Mrs. R. N. Fox、Miss Alice Green、Miss Freda Girsberger、Miss Matilde Killingworth、Miss M. Koetz、Mrs. Claude Lee、Mr. Thomas O' Neill、Mrs. J. W. Paxton、Miss Nettie Peacock、Miss Margaret Rue、Miss Helen Scally、Mrs. Hollis Smith、Dr. P. B. Sullivan、Mr. S. W. Tong、Mr. H. T. Vanhengel、Mrs. Walker

（五）运输组

栢乃德（组长）、栢乃德女士、汉门

（六）收容所工作组

费起夫人（组长）、Miss Margaret H. Brow、Miss K. B. Evans、Miss Elizabeth Hale、Miss T. C. Kuan、Mr. P. C. Li、Mr. Li Ping-yung、Miss Ellen Petersen、Miss Nina Stallings

（七）难民职业介绍所

叶桂馥（组长）、艾黎、杜达、郭荣宗、蒉延芳、林琲玉、王邦才、Mr. Chang Che Ming、Mr. Feng Cheng-to、Mr. Fong Yi Sen、Mr. Lo Yin Kung、Mr. P. Y. Koo、Mr. Thomas Sze

## 九、难民教育委员会

陈鹤琴（主席）、刘湛恩（副主席）、赵传家（秘书）、陈济成、陈科美、陈汝惠、陈荣真、蔡哲传、杜达、戴树生、傅若愚、高步阶、龚启锐、华丁夷、何清儒、黄祺升、胡叔异、柯豪、柳大经、雷汉伯、李锦芳、林康侯、陆嵋良、李瑞华、李文浩、李万育、李永涛、萌惠廉、萌卢爱德、马天英、倪海邻、庞国樑、庞国棨、潘寿恒、钱颂平、钱学源、施彭年、唐荣恺、王复旦、王惠民、王怀琪、吴季荪、文献征、王一方、王元骏、吴毓馨、徐黻华、奚均礽、项同奎、徐巽华、杨奋程、杨馥根、姚惠泉、叶镜英、叶梁露、姚荣隄、朱少屏、张经、郑通和、郑文汉、张文鸶、张仰高、褚应瑞、朱泽甫

## 十、支配赈款顾问委员会

颜惠庆（主席）、贝克（副主席）、施思明（秘书）、蔡竞平、陈文渊、李劳士、项烈、杨永清、Mr. A. D. Calhoun、Rev. R. J. McMullen

# 四、《管理难民收容所方法草案》

沪上现在所办之收容所内容颇不一致，各有所长，其中有办理至为完备，粮食颇为优美者，惟其中亦有勉强支持，每餐不敷果腹者。

按实地考察之经验及调查员之报告，欲使各收容所以最经济之方法得收最完满之效果，应为拟出一种方式以为各收容所取法之标准。

根据调查所得，人数较少之收容所办理多欠完美而费用反大，凡收容所其职员之薪给，亦在救济款项开支者，此种情形尤见实在。

根据经验所得，理想之收容所须有难民四千人乃至五千人左右，以下所提办法即系根据此种人数所拟定者。

此种办法之拟定，其目的欲使办理收容所之人得有标准可循，并使调查员于调查各收容所时得有一定的标准，以资建议如何改善。

## 一、收容所组织表

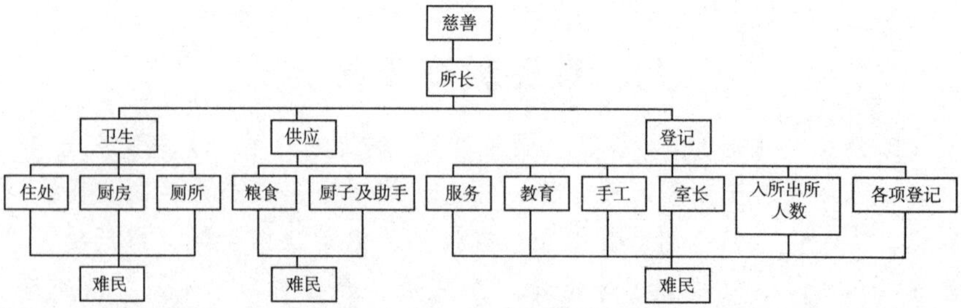


## 二、管理员之薪水与工人之工资

收容所中之所长、登记组长、供应组长、卫生组长应为所内负责之职员，其薪俸应由所内支给，至薪俸之多寡应视当地情形而定，至所内之厨子及其助手，与其他必要之工人对于所内负有常责者，每日应给与一角至二角之工资，难民担任手工者，其应得之工资可分如左：

（甲）按出品；

（乙）按件计算；

（丙）按日计算。

## 三、收容所职员之资格

收容所内所聘之职员应至廉洁、勤慎，能终日在所服务，倘所用之职员缺少服务精神，则所中难免有舞弊及紊乱之虞。

收容所之义务职员，每日由所给予二角津贴费者，每一百难民约需一人，此项义务职员不可无，亦不必太多（在收容所内男、女童子军、难民，其中共同服务亦非必要）。义务职员之眷属不可居住所内，职员之伙食不可优于难民之伙食，免滋物议。据查，凡收容所费用较大者，多因此项开支太大。

各职员于未正式就职之先，应先明了其所担任之职务、所中之规则及其所应具之报告，各职员亦须轮流参观办理较完善之收容所，以资取法。

## 四、职务

（一）所长

所长应指导并联络登记组、卫生组及供应组之工作，凡所内之布置与措施及与办理本所之慈善机关接洽与联络，并与各医生及卫生指导员合作，均为其职责。

（二）登记管理员

(1) 登记管理员应将所内所收容之难民按男女及小孩人数，每日保守准确之登记，并按下列表格详细登记之。

**难民履历登记表**

| 将来通讯 | 离所原因 | 离所日期 | 来所日期 | 职业技能 | 体格 | 从何处逃来 | 原籍 | 年龄 | 性别 | 姓名 | 号数 |
|---|---|---|---|---|---|---|---|---|---|---|---|
| | | | | | | | | | | | |

(2) 登记之方法

当难民一到收容所，即须到登记组登记，登记管理员应按照到所难民数目、次序给与该难民一号数及房间之号数，并给与该难民徽章一枚，书明难民姓氏、号数及房间之号数，是项徽章或用白布或用厚纸（最好用各书局出售之圆式纸制标牌）俱可。

(3) 难民入所，既经登记之后，须先将其带来之衣服及其他物品点验，凡不洁之衣服须令其洗净，若所内设有沐浴室，亦须令其先行沐浴，而后导其至所指定之房间床位，若该难民衣服、被褥有不足之处，亦应为之详细登记，以备待后补给。

(4) 倘收容所设在人民之住宅，或工厂，或未建筑完工之处所，应将其每个房间或每层之房舍分作单位，惟在特建之竹篷收容所，应以每篷作一单位，此种特建之竹篷，应为宽二十五尺，长一百十尺，以便容纳二百人至二百五十人，每一单位各举一人为正长，管理该单位内各难民，并略给微薄之津贴费，每单位除一正长外，须再举佐长十人或二十人，以便将该单位内所有难民分为十队或二十队，归各佐长分别管理，凡佐长所辖之难民有疾病者，即由该佐长报告于正长，再由正长转报所长，以便决定将病人送往医院，或只须邀请医生到所诊察，倘正长有贻误职务之处，该佐长得以不经正长直接报告于所长，各佐长亦须每日将所属难民之人数报告正长，该正长于每晚难民就寝后，须亲往点视，以核各佐长所报之数有无错误。

(5) 报告牌

在收容所入口之处应悬一报告牌，将本日及昨日所内难民人数分别公告，该牌应行报告之事件如左：

(a) 所内之男女及小孩数目及其总数

| | | | | |
|---|---|---|---|---|
| 昨日难民人数 | | | | |
| 总共病人 | | 小孩 | 女 | 男 |
| 人 | 人 | 人 | 人 | 人 |
| 三月十四日星期一 | | | | |
| 统计病人 | | 小孩 | 女 | 男 |
| 人 | 人 | 人 | 人 | 人 |

(b) 病人之数目

报告病人数目，须将病人之号数、病人之房间号数及床位同时公告，以便医生、卫生处职员及视察员得以明白所中病人情况。

(6) 登记处应将所内属于同一家族之难民再行汇集，作为单位登记，以备参考。

(7) 所内更有其他各项登记事项，该所长认为必须具备者，亦得举行，但所登记各项均须准确，其目的在为谋难民之福利及考查之便利。

(8) 登记处应悬一难民名片牌

该牌应将每个难民之名片按房位及床位之次序分别插入，使人一觉便明某人居于某号之床位，倘该难民离所，即将该难民之名片抽出，使知某号床位空悬，至在每名片上作较详尽之登记，虽非必要，但于将来调查事项时，有莫大之补助。

(9) 告假

难民离所往外走动，于难民健康大有关系，各收容所应尽量设法使于不妨碍市政之治安及收容所之秩序，能多得此项走动之机会，但难民出外均须取得离所之许可证。

(10) 当登记处给予难民出外许可证时，须将其徽章留下，俟其回所时须检验其许可证及有无携带禁物入所，如无情弊，始准入所，追交纳许可证后再将徽章交其佩带（戴），许可证只准当天使用。

(11) 倘难民离所，无故逾时未返，即取销其返所居住之资格，未返所之难民，一查留所之徽章便知。

送往医院之难民应经之手续，与出外之难民同，但须将名牌之名片取下，以示该床位现在空悬。

(12) 难民出所、入所登记表如左

| 在所人数 | | | | 离所人数 | 在所病人 | 本日新来 | 本日离所 | 统计来所人数 |
|---|---|---|---|---|---|---|---|---|
| 男子人数 | 妇女人数 | 小孩人数 | 总计人数 | | | | | |

(三) 供应组

供应组之职务如左：

(1) 将总会送来或外来的喫（吃）用物品详细登记；

(2) 将每日所用之食物登记，将所交与厨夫之米粮分量，向厨夫取得收条，预备报告单送与所长；

(3) 监视厨夫备办及分配食物；

(4) 随时留心察视难民粮食、饮料是否足用，因饮料充足可免许多疾病；

(5) 每房或每一行道及厕所，每晚须各有一灯，若无电灯，油灯亦可，但须高悬及清洁。

(四) 卫生组

卫生组与难民收容所关系极大，所以卫生指导员之职务，须随时留意将收容所内外保持整洁。

(1) 每日一次，使室内难民离室，洞开门户窗，以通空气，并整理床铺、扫除地坪；

（2）厕所每隔几点钟俱应洗除一次；

（3）所内积水应使其流入水沟，勿任居积；

（4）扫除垃圾要有定时，每天于必要时，俱应用臭药水及石灰洒在必要地点；

（5）每层或每一走道，须置痰盂一具；

（6）所内扫除之责，应由难民轮流担任，由佐长指挥；

（7）扫除工作每天至少两次，于必要时，可增加次数，以保所内整洁为原则；

（8）粪桶——若收容所有一千难民，须备置粪桶二十个，每个须八寸高，直径须二十寸大，每天须清除两次，清除之后须加臭药水于桶内，并洒石灰于桶外之地上；

（9）衣服与居位——各收容所关于衣服与被褥，按照难民之需要供给之，难民睡卧之处，至少须睡在木板上，若不得已睡卧之处系水门汀，则床下须铺以稻草或棉被，此外每两个难民至少须有棉被一条盖在身上，并须有一套外衣、两套内衣，以便换洗；

（10）每一收容所最好指派一人，专司监视难民衣服之事，如督促难民按定期将衣服洗涤，以便其整洁，随时调查难民所需要之衣服，报告于衣服供给部或所长或办理本所之机关，并监视防止难民勿将衣服典当出卖；

（11）特盖之竹篷在天气寒冷之时，不但使其不漏，而且须使其温暖，如使竹篷温暖，按最经济办法有二种：用泥涂在竹篷之里面；用油纸扎在竹篷上，里面再糊以报纸或普通之纸张。

（五）手工组

妇女可做之手工，如针织、挑花、刺绣、织绒绳，物品做纸花、发网、草帽、搓绳等等，此项工作须视收容所经济情形及市面之需要而定；男子可做之手工，如织席、搭竹篷、扎扫帚、拖帚、草席、草鞋等等，此外男子可按其职业技能，为其介绍到各处工作，如成衣匠、木匠、泥水匠及其他工作等。

（六）账目

收容所之收支账目，俱须详细登记，所收款项俱给以收据，并保留存根，支付之款亦须有收据及发票或函件为凭。

收容所收支之款目，至少须每月一次，按照公定格式具报于有关系之机关。

流水账簿之项目，须每日填入于总账簿。

甲附：医药要则

（一）凡关于卫生、医药事宜，统属于卫生指导员及巡回诊疗医师之职务。

（二）凡有五千难民之收容所，须有一卫生指导员指导该所卫生工作，并挑选及训练该所之青年男女难民，使能辅助看护该所之病人。

（三）凡难民拥挤之区域，须设一产妇科医院以救助难民之孕妇，该医院须分三组：一为待产组；一为临产及产后组；一为办公及人事组，须包括办公人员、医师、扶产师、看护、交际人员及助理看护等。

（四）须设病房，使病者得以安静休养，以资治疗。

（五）收容所中有死亡者，须将死者移置于停尸场，以免妨碍收容所之生活。

（六）凡一收容所内有五千以上之难民，必须设置沐浴室。

（七）关于卫生方面，每日应行登记者，如左：

（1）死亡人数；

（2）送往医院之人数，并将其姓名、性别、年龄、病症分别登记之；

（3）送何医院；

（4）在所病人之数，及有无将其隔离；

（5）指定医生有无来所，若不来，有何理由？

（6）其他重要之点。

注意：以上关于卫生报告，每日须送一份与卫生调查员。

乙附：组织难民自助自治项目

各收容所应提倡各该收容所之难民实行自助自治之工作，在难民中推出若干人组一委员会办理，此事由收容所之职员指导扶助之。

（一）总务

如管理、警卫、督察等事，由所长负责指导；

（二）卫生

由卫生组负责指导；

（三）饮食居住；

（四）手工；

（五）教育、娱乐、体育、宗教及其他，如演讲、无线电、电影等；

（六）定期火警训练，如防止火灾、灭火方法及如何脱离火场。

# 参考文献

## 一、史料

（一）档案资料

1. 上海市档案馆藏英文档案：档号 U1-16-745、U1-16-783、U1-16-784、U1-16-785、U1-16-786、U1-16-787、U1-16-788、U1-16-793、U1-16-1032、U1-16-1037、U1-16-1038、U1-16-1039、U1-16-1040、U1-16-1041、U1-16-1051、U1-16-1052、U1-16-1053、U1-16-1054、U1-16-1055、U1-16-1056、U1-16-1057、U1-16-1059、U38-2-（1）-366。

2. 中国第二历史档案馆藏档案：全宗号 476，卷号 3198；全宗号 573，卷号 72。

3. 孙孟刚：《中国红十字会上海国际委员会视察组报告书（民国二十七年七月至十月）》，中国红十字会上海国际委员会 1939 年编印，现藏于上海图书馆。

4. 上海市档案馆编：《工部局董事会会议录（1936—1939）》第 27 册，上海古籍出版社 2001 年版。

5. 贵阳市档案馆编：《战地红十字——中国红十字会救护总队抗战实录》，贵州人民出版社 2009 年版。

6. 李筑宁主编：《抗战时期的中国红十字总会救护总队》，贵阳市档案馆 1995 年编印。

7. 南市难民区监察委员会编：《中国上海“饶家驹区”的故事》（英文版），上海别发书局 1939 年版，现藏于日内瓦国际红十字会图书馆。

8. 彭望荃：《上海国际红十字会报告（民国二十六年十月至二十八

年三月卅一日)》，中国红十字会上海国际委员会1939年编印，现藏于上海图书馆。

9. 徐淑希：《南京安全区档案》（英文版），上海别发书局1939年版，现藏于中国国家图书馆。

10. 中国红十字会上海国际委员会视察组编：《中国红十字会上海国际委员会难民收容所监察员须知纲要》，中国红十字会上海国际委员会视察组1938年编印，现藏于上海图书馆。

11. 中国第二历史档案馆编：《抗日战争正面战场》，凤凰出版社2005年版。

12. 张生等编：《南京大屠杀史料集》第12辑《英美文书·安全区文书·自治委员会文书》，江苏人民出版社2006年版。

（二）报刊资料

《晨报》《大公报》《大美晚报》《大美报》《导报》《大英晚报》《大晚报》《国际言论》《各报》《国际劳工通讯》《国闻周报》《公平日报》《国民日报》《华美夜报》《华美晚报（晨刊)》《华美晨刊》《华美报》《红十字月刊》《救灾会刊》《救亡日报》《晶报》《抗敌画报》《抗日画报》《经济统计月志》《今日评论》《立报》《力报晚刊》《力报》《申报》《申报月刊》《时事月报》《世界军情画报》《时事新报》《时报（号外)》《上海时报》《时报》《社会朝报》《申报（汉口版)》《申报（香港版)》《生活日报》《上海医事周刊》《同工》《通报》《团结周报》《文汇报》《新闻报》《血战画报》《新南星》《血路》《新闻夜报》《译报》《中国红十字会月刊》《战事画刊》《中华医学杂志（上海)》《中央通信社稿》《战时教育》《战地画报》《战时日报》《中国日报》《自由谭》《中华（上海)》《中国红十字会上海国际委员会救济月刊》《中华日报》

（三）翻译资料

1. ［英］安东尼·艾登：《艾登回忆录：面对独裁者》（武雄等译)，商务印书馆1977年版。

2. ［日］今井武夫：《今井武夫回忆录》（天津市政协编译委员会译)，中国文史出版社1987年版。

3. ［日］日本防卫厅战史室编：《日本军国主义侵华资料长编》上卷（天津市政协编译委员会《大本营陆军部》译校组摘译)，四川人民出版社1987年版。

4. ［英］田伯烈：《外人目睹中之日军暴行》（杨明译)，江西人民出版社1986年版。

5. [英] 温斯顿·丘吉尔：《第二次世界大战回忆录·风云紧急》(吴万沈译)，南方出版社 2005 年版。

6. [美] 约翰·本杰明·鲍威尔：《鲍威尔对华回忆录》(邢建榕等译)，知识出版社 1994 年版。

7. 颜惠庆：《颜惠庆日记(一九三七——一九五〇)》第三卷(上海市档案馆译)，中国档案出版社 1996 年版。

8. [德] 约翰·拉贝：《拉贝日记》(刘海宁等译)，江苏人民出版社 1999 年版。

9. 颜惠庆：《颜惠庆自传：一位民国元老的历史记忆》(吴建雍等译)，商务印书馆 2003 年版。

(四) 其他史料

1. 陈诚：《八年抗战经过概要》，国民政府国防部史料局 1946 年编印。

2. 白崇禧：《白崇禧回忆录》，解放军出版社 1987 年版。

3. 陈秀云、陈一飞编：《陈鹤琴全集》第 6 卷，江苏教育出版社 2008 年版。

4. 陈诚：《陈诚回忆录：抗日战争》，东方出版社 2009 年版。

5. 池子华、严晓凤、郝如一主编：《〈申报〉上的红十字》，安徽人民出版社 2011 年版。

6. 池子华、张丽萍、傅亮、汪丽萍主编：《〈大公报〉上的红十字》，合肥工业大学出版社 2012 年版。

7. 池子华、丁泽丽、傅亮主编：《〈新闻报〉上的红十字》，合肥工业大学出版社 2014 年版。

8. 冯玉祥：《我所认识的蒋介石》，中国文史出版社 2004 年版。

9. 复旦大学历史系编：《日本帝国主义对外侵略史料选编(1931—1945)》，上海人民出版社 1983 年版。

10. 黄绍竑：《五十回忆》，上海世界书局 1945 年版。

11. 何应钦：《八年抗战之经过》，(台北) 文海出版社 1946 年版。

12. 抗战汇报社编：《上海血战记》，战时出版社 1937 年版。

13. 马强、池子华主编：《红十字在上海资料长编(1904—1949)》，东方出版中心 2015 年版。

14. 平心：《九一八以来的抗日战争》，世界书局 1937 年版。

15. 庞京周：《抗战与救护工作》，商务印书馆 1938 年版。

16. 庞京周：《抗战两年中之中国红十字会总会》，中国红十字会总会1939年编印。
17. 秦孝仪主编：《中华民国重要史料初编——对日抗战时期》第2编《作战经过》第2册，（台北）“中国国民党中央委员会党史委员会”1981年印行。
18. 秦孝仪主编：《革命文献》第109辑《日军在华暴行：南京大屠杀》下册，（台北）“中央文物供应社”1987年版。
19. 上海社会科学院历史研究所编：《“八一三”抗战史料选编》，上海人民出版社1986年版。
20. 上海淞沪抗战纪念馆编：《口述淞沪抗战二》，上海人民出版社2008年版。
21. 唐德刚：《李宗仁回忆录》，华东师范大学出版社1995年版。
22. 王叔达：《八一三上海抗战史》，民强出版社1937年版。
23. 魏宏运编：《中国现代史资料选编》第4辑《抗日战争时期》，黑龙江人民出版社1981年版。
24. 王铁崖主编：《战争法文献集》，解放军出版社1986年版。
25. 吴汉民主编：《20世纪上海文史资料文库（9）》，上海书店出版社1999年版。
26. 徐百齐编：《中华民国法规大全》第1册，商务印书馆1936年版。
27. 徐百齐编：《中华民国法规大全》第2册，商务印书馆1937年版。
28. 杨再思：《抗战中的伤兵问题》，全民出版社1938年版。
29. 张秉辉：《抗战与救济事业》，商务印书馆1937年版。
30. 张一望：《沦陷前后的上海》，战时读物编译社1938年版。
31. 朱作同、梅益主编：《上海一日》第2部第1辑，上海书店1938年版。
32. “中华民国外交问题研究会”编：《中日外交史料丛编》第4辑《卢沟桥事变前后的中日外交关系》，（台北）“中国国民党中央委员会党史委员会”1966年印行。
33. 中国人民政治协商会议全国委员会文史资料研究委员会《八一三淞沪抗战》编审组编：《原国民党将领抗日战争亲历记·八一三淞沪抗战》，中国文史出版社1981年版。
34. 中国红十字会总会编：《中国红十字会历史资料选编，1904—1949》，南京大学出版社1993年版。

35.《八一三救济征信录》，世界红卍字会中华东南各会联合总办事处1939年编印。

36.《八一三抗战史》，中国文化服务社东北区社1946年选印。

37.《抗战以来重要外交文献》，祖国社1943年编印。

38.《上海国际救济会年报（廿六年八月至廿七年八月十五日止）》，上海国际救济会1938年编印。

39.《中华民国红十字会战时工作概况》，中华民国红十字会编宣股1942年编印。

## 二、专著

（一）外文译著

1. ［英］阿诺德·托因比主编：《第二次世界大战史大全》第7卷《大战和中立国》（郑玉质等译），上海译文出版社1995年版。

2. ［美］格哈特·温伯格：《希特勒德国的对外政策》下编《发动第二次世界大战，1937—1939年》上册（何江译），商务印书馆1997年版。

3. ［日］江口圭一：《日本帝国主义史研究：以侵华战争为中心》（周启乾等译），世界知识出版社2002年版。

4. ［美］莫里斯·艾泽曼：《美国人眼中的第二次世界大战》（刘群译），当代中国出版社2006年版。

5. ［日］日本防卫厅防卫研究所战史室：《中国事变陆军作战史》第1卷第2分册（齐福霖译），中华书局1981年版。

6. ［美］阮玛霞：《饶家驹安全区：战时上海的难民》（白华山译），江苏人民出版社2011年版。

7. ［日］石岛纪之：《中国抗日战争史》（郑玉纯等译），吉林教育出版社1990年版。

8. ［英］泰勒：《第二次世界大战的起源》（潘人杰等译），华东师范大学出版社1991年版。

（二）中文专著

1. 陈雁：《颜惠庆传》，河北人民出版社1999年版。

2. 池子华：《红十字与近代中国》，安徽人民出版社2004年版。

3. 池子华、郝如一主编：《中国红十字历史编年（1904—2004）》，安徽人民出版社2005年版。

4. 池子华、郝如一主编：《近代江苏红十字运动（1904—1949）》，安徽人民出版社2007年版。
5. 池子华主编：《中国社会史教程》，安徽人民出版社2009年版。
6. 池子华、郝如一主编：《红十字运动与慈善文化》，广西师范大学出版社2010年版。
7. 池子华、郝如一主编：《中国红十字会百年往事》，合肥工业大学出版社2011年版。
8. 戴斌武：《抗战时期中国红十字会救护总队研究》，天津古籍出版社2012年版。
9. 戴斌武：《中国红十字会救护总队与抗战救护研究》，合肥工业大学出版社2012年版。
10. 葛业文编著：《淞沪抗战》，团结出版社2005年版。
11. 黄文德：《非政府组织与国际合作在中国：华洋义赈会之研究》，（台北）秀威资讯科技2004年版。
12. 郝如一、池子华主编：《〈红十字运动研究〉2007年卷》，安徽人民出版社2007年版。
13. 郝如一、池子华主编：《〈红十字运动研究〉2009年卷》，安徽人民出版社2009年版。
14. 郝如一、池子华主编：《〈红十字运动研究〉2011年卷》，安徽人民出版社2011年版。
15. 刘国新主编：《中华人民共和国史长编》第7卷《人物卷》，天津人民出版社2010年版。
16. 马强、池子华主编：《红十字在上海，1904—1949》，东方出版中心2014年版。
17. 倪海曙编著：《拉丁化新文字运动的始末和编年纪事》，知识出版社1987年版。
18. 任建树主编：《现代上海大事记》，上海辞书出版社1996年版。
19. 任云兰：《近代天津的慈善与社会救济》，天津人民出版社2007年版。
20. 孙艳魁：《苦难的人流：抗战时期的难民》，广西师范大学出版社1994年版。
21. 孙柏秋主编，池子华、杨国堂等著：《百年红十字》，安徽人民出版社2003年版。
22. 沈予：《日本大陆政策史（1868—1945）》，社会科学文献出版社2005年版。

23. 苏智良主编：《饶家驹与战时平民保护》，广西师范大学出版社2015年版。

24. 陶菊隐：《孤岛见闻——抗战时期的上海》，上海人民出版社1979年版。

25. 陶文钊、杨奎松、王建朗：《抗日战争时期中国对外关系》，中共党史出版社1995年版。

26. 王卫平、黄鸿山：《中国古代传统社会保障与慈善事业：以明清时期为重点的考察》，群言出版社2004年版。

27. 王建朗、曾景忠：《中国近代通史》第9卷《抗日战争：1937—1945》，江苏人民出版社2005年版。

28. 王俊秋：《中国慈善与救济》，中国社会科学出版社2008年版。

29. 王思斌主编：《社会学教程》，北京大学出版社2010年版。

30. 徐蓝：《英国与中日战争1931—1941》，北京师范学院出版社1991年版。

31. 熊月之主编：《上海通史》第8卷，上海人民出版社1999年版。

32. 严晓凤、池子华、郝如一主编：《〈红十字运动研究〉2012年卷》，安徽人民出版社2012年版。

33. 严晓凤、池子华、郝如一主编：《〈红十字运动研究〉2013年卷》，合肥工业大学出版社2013年版。

34. 张忠绂：《欧美在远东的平行行动》，国民图书出版社1940年版。

35. 中山大学历史系编：《第二次世界大战》，广东人民出版社1978年版。

36. 中国红十字会总会编：《中国红十字会的九十年》，中国友谊出版公司1994年版。

37. 张铨、庄志龄、陈正卿：《日军在上海的罪行与统治》，上海人民出版社2000年版。

38. 张宪文主编：《中国抗日战争史（1931—1945）》，南京大学出版社2001年版。

39. 张秀章编著：《蒋介石日记揭秘》下册，团结出版社2007年版。

40. 张建俅：《中国红十字会初期发展之研究》，中华书局2007年版。

## 三、论文

1. 陈民：《抗日战争中救死扶伤的华侨生理学家林可胜》，《抗日战争研究》1992 年第 2 期。

2. 蔡勤禹：《近代中国民间组织——民国华洋义赈会个案研究》，华东师范大学2003 年博士后研究工作报告。

3. 池子华：《抗战初期中国红十字会的战事救护》，《江海学刊》2003 年第 4 期。

4. 池子华：《1937 年中国红十字会淞沪抗战救护简论》，《徐州师范大学学报》（哲学社会科学版）2003 年第 4 期。

5. 池子华：《中国红十字会救护总队部的"林可胜时期"》（上），《南通工学院学报》（社会科学版）2004 年第 2 期。

6. 池子华：《中国红十字会救护总队部的"林可胜时期"》（下），《南通工学院学报》（社会科学版）2004 年第 3 期。

7. 池子华、丁泽丽：《中国红十字会华北救护委员会与抗战救护》，《河北学刊》2014 年第 6 期。

8. 戴斌武、池子华：《中国红十字会救护总队抗战救护述论——以武汉广州会战时期为中心》，《深圳大学学报》（人文社会科学版）2010 年第 5 期。

9. 戴斌武、池子华：《抗战初期中国红十字会战地救护工作述论》，《历史教学》2010 年第 18 期。

10. 戴斌武：《红十字会救护总队与战时三合一政策》，《贵州社会科学》2011 年第 2 期。

11. 董根明：《抗战时期中国红十字会组织的整建与救护工作述评》，《抗日战争研究》2011 年第 3 期。

12. 董晓航、高翔宇：《全面抗战时期国际红十字会对华援助述论——以〈申报〉为中心的考察》，《黑龙江史志》2011 年第 13 期。

13. 傅亮：《江西红十字运动研究，1911—1949》，苏州大学 2012 年硕士学位论文。

14. 呙盼盼：《近代山东红十字运动研究（1904—1949）》，苏州大学 2012 年硕士学位论文。

15. 罗义俊：《"八一三"时期上海的难民工作》，《社会科学》1982 年第 8 期。

16. 罗义俊：《上海南市难民区述略》，《上海师范大学学报》（哲学社会科学版）1990 年第 2 期。

17. 吕运明：《林可胜与中国红十字会救护总队》，《贵州文史天地》1995 年第 5 期。

18. 李筑宁、李丽：《战火中飘扬的中国“红十字”——林可胜与救护总队》，《党史纵横》1996 年第 9 期。

19. 李筑宁：《图云关的“红会”支部——抗战时期我党在救护总队的工作》，《党史纵横》1997 年第 9 期。

20. 李湘敏：《外国顾问与蒋介石政权》，《福建师范大学学报》（哲学社会科学版）1999 年第 4 期。

21. 李国林：《民国时期上海慈善组织研究（1912—1937 年）》，华东师范大学 2003 年博士学位论文。

22. 李微：《试析抗战时期中国红十字会的救护活动》，《贵州师范大学学报》（社会科学版）2004 年第 4 期。

23. 李日升、丁留宝、罗国辉、朱海城：《抗日战争史研究综述》，《湖南工程学院学报》2009 年第 1 期。

24. 陆赛楠：《南京红十字运动研究，1911—1949》，苏州大学 2012 年硕士学位论文。

25. 李长莉、唐仕春、李俊领：《中国近代社会史研究扫描：2013》，《河北学刊》2014 年第 3 期。

26. 汤重南：《我国抗战史研究方兴未艾、大有作为——纪念抗战胜利 65 周年》，《社会科学战线》2010 年第 8 期。

27. 徐蓝：《布鲁塞尔会议与中日战争》，《民国档案》1990 年第 1 期。

28. 薛庆煜：《记中国红十字会救护总队与战时卫生人员训练所》，《中国科技史料》1999 年第 2 期。

29. 薛丽蓉：《红十字会在江苏的抗战救护研究》，苏州大学 2008 年硕士学位论文。

30. 许秀孟：《评 Marcia R. Ristaino, The Jacquinot Safe Zone: Wartime Refugees in Shanghai》，（台北）《“国史馆”馆刊》2013 年第 37 期。

31. 徐璐：《淞沪会战中红十字会的人道救援》，苏州大学 2014 年硕士学位论文。

32. 杨红星、池子华：《近年来中国红十字运动研究综述》，《河北大学学报》（哲学社会科学版）2009 年第 4 期。

33. 杨红星：《老协和的留学生与抗战救护》，《北京档案》2011 年第 9 期。

34. 阎智海：《全面抗战时期国际红十字组织对华援助研究》，苏州大学 2012 年硕士学位论文。

35. 中国第二历史档案馆：《“八一三”淞沪抗战史料选》，《历史档案》1985 年第 2 期。

36. 中国第二历史档案馆编：《中国红十字会上海国际救济会工作报告（1937 年 8 月—1938 年 2 月）》，《民国档案》1998 年第 1 期。

37. 张建俅：《抗战时期救护总队外籍医护人员名单考证》，（台北）《近代中国史研究通讯》2001 年第 32 期。

38. 郑祖安：《八一三事变中的租界与中国难民》，《史林》2002 年第 4 期。

39. 张建基：《八一三淞沪抗战中国军队参战部队考》，《军事历史研究》2006 年第 1 期。

40. 张智清：《安徽红十字运动研究，1911—1949》，苏州大学 2012 年硕士学位论文。

# 后　记

本书是在本人博士学位论文的基础上修改完善而成的，所以脱稿之际，心中难免有些感慨和不安。这种不安主要还是对于文稿质量的担忧，之前为了能按时参加毕业答辩，在写作中刻意追求速度，忽视了对语句和论证的打磨，致使文中存在很多语句不畅、语意不通之处，这一点在答辩时为答辩委员所指出，并给予了委婉的批评。所以在本书出版之前，我又对书稿进行了逐字逐句的修改，但是毕业工作以后，受时间、精力和个人写作能力的限制，对书稿的完善恐怕并不尽如人意。而且，从最初草拟框架到最终定稿，对部分章节的安排始终不能做到满意，直到正式答辩完毕也未能予以彻底解决，这是我对本书的最大遗憾。

虽说本书不是完美无瑕之玉，但面对它的即将问世，作为它的创造者，我也满怀期待和感激。若从查找资料之日算起，至今日脱稿付梓，已历时三年有余，这期间既有孤独和艰辛，但更有收获和快乐。

当然，这一点一滴的收获，与老师、朋友们的帮助和关心是分不开的，所以在本书面世时刻，在此特别一一致谢。

首先，感谢恩师池子华教授，从选题到定稿再到出版，他都付出了不少精力和心血！

其次，感谢苏州大学王卫平教授、臧知非教授、余同元教授、朱从兵教授、朱小田教授、王玉贵教授的平日教诲，以及提出的宝贵意见；感谢安徽师范大学李琳琦教授、梁仁志副教授及各位同门一直以来的关心和支持；感谢德国海德堡约翰·拉贝交流中心驻北京办事处主任姜郁春先生提供的珍贵资料；感谢同窗好友刘玄启博士、王宏旭博士、刘莉博士、陈艳君博士、张帆博士、霍耀宗博士的关怀和鼓励；感谢同门诸君袁灿兴、傅亮、郭进萍、梁旻、徐璐、袁玲、丁泽丽、王萍、庞向南、李欣栩、欧贺然、刘思瀚、侯如晋、赵婕等的帮助和照顾；感谢中国国家图书馆、中国第二历史档案馆、上海市档案馆、上海图书馆、湖北省档案馆、苏州大学图书馆为查找资料提供的便利；感谢前人学者提供了良好的研究基础！

最后，感谢表弟王宏云在我于上海查档期间提供的便利和照顾，也在此祝福他的刚出生不久的小公主健康快乐地成长！

不知不觉毕业已近一年，在经历跳槽风波之后，我终于得偿所愿回到家乡工作，得以在周末陪陪家人，享受一下快乐的家庭生活。我想，本书的出版，也是送给他们最美好的礼物。

**崔龙健**

**2017 年 4 月于芜湖**

**图书在版编目(CIP)数据**

抗战时期中国红十字会上海国际委员会研究/崔龙健著. —合肥:合肥工业大学出版社,2017.9

(红十字文化丛书)

ISBN 978-7-5650-3548-7

Ⅰ.①抗… Ⅱ.①崔… Ⅲ.①红十字会—研究—上海—1937-1945 Ⅳ.①D632.1

中国版本图书馆 CIP 数据核字(2017)第 224383 号

**抗战时期中国红十字会上海国际委员会研究**

崔龙健 著

| | |
|---|---|
| **责任编辑** | 章　建　张　燕 |
| **出版发行** | 合肥工业大学出版社 |
| **地　　址** | (230009)合肥市屯溪路 193 号 |
| **网　　址** | www. hfutpress. com. cn |
| **电　　话** | 总　编　室:0551-62903038<br>市场营销部:0551-62903198 |
| **开　　本** | 710 毫米×1000 毫米　1/16 |
| **印　　张** | 20.25 |
| **字　　数** | 324 千字 |
| **版　　次** | 2017 年 9 月第 1 版 |
| **印　　次** | 2017 年 9 月第 1 次印刷 |
| **印　　刷** | 安徽昶颉包装印务有限责任公司 |
| **书　　号** | ISBN 978-7-5650-3548-7 |
| **定　　价** | 56.00 元 |